KB205890

헤이스는 본 책에서 바울이 이스라엘의 성경을 어떻게 옛 선지자들과 지혜자들처럼 해석했는지 설명하면서 바울의 구약 해석을 현 시대에 실제로 활용할 수 있도록 안내한다. 바울은 구약의 본문을 단순히 증거 본문으로 삼기 보다는 해당 본문의 더 넓은 문맥의 의미로 돌아가서 과거의 계시를 새로운 환경 안에서 재해석한다. 또한 바울은 교회의 정체성을 구약의 예에서 찾으며 교회 공동체의 삶에 참여하는 자들 안에서 성경의 의미가 드러난다는 사실을 실제 주해를 통해 증명한다. 헤이스는 해석의 원리를 로마서, 갈라디아서, 고린도후서 등의 본문에 직접 적용함으로써 바울의 해석 원리가 독자들의 시각을 얼마만큼 충격적으로 열어 주고 삶의 변화를 이끌어 내는지 생생하게 체험하도록 만든다. 신약의 구약 사용에 있어서 교과서인 헤이스의 두 저술(바울 서신, 1989년; 복음서, 2016년)을 읽지 않고 '신약의 구약 사용'을 논의한다는 것은 상상할 수 없다!

강대훈 | 개신대학원대학교 신약학 교수

신약성경은 철두철미 구약성경의 바탕 위에 서 있다. 이는 바울 역시 마찬가지다. 우리는 신약이 복음이라 생각하곤 하지만, 바울은 창세기에서 칭의의 복음을 발견했고, 아브라함에게서 의롭게 하는 믿음의 전형을 보았다. 하여 바울을 통해 복음을 배우려는 우리의 노력은 언제나 구약성경이 함께 참여하는 삼중적 대화다. 바울이 선포한 복음을 이해하려는 노력은 자연히 그가 (구약)성경을 어떻게 읽고 있는지에 대한 물음을 포함한다. 구약과 신약의 기계적 본문 비교를 넘어, 바울의 구약사용이 그의 복음 이해에 어떻게 작용하는가 하는 해석학적 물음과 씨름하는 본서는 이 분야의 가장 핵심적 연구 중 하나다. 바울 본문의 폭넓게 골라 거기 드러난 주요 이슈들을 검토하면서, 그는 교회중심의 해석학이라는 관점에서 바울의 성경읽기를 탐구한다. 그리고 이 결론을 바탕으로 오늘의 교회를 위한 공동체적 해석학의 가능성을 묻는다. 저자의 결론에 어떤 입장을 취하든, 본서는 바울과 우리의 구약 읽기에 관해 생각하는 모든 이들에게 더없이 유용한 탐구의 디딤돌이 되어 줄 것이다.

권연경 | 숭실대학교 기독교학과 교수

리처드 헤이스의 『바울서신에 나타난 구약의 반향』은 바울의 구약사용 연구에 코페르니쿠스적 전환을 가져온 책이다. 헤이스의 이 책 이전의 학자들의 연구방향은 주로 바울의 직접적인 구약 인용문에 국한되어 바울서신의 구약 해석을 연구하는 것이 대세였다. 하지만 헤이스는 이 연구 방향의 물줄기를 틀어 구약본문이 직접 인용되지 않는 미세한 반향(echo)의 부분까지도 사실은 바울의 의도적인 구약사용임을 보게 만든 획기적인 연구서이다. 이제 바울의 구약사용연구를 하는 이들은 헤이스의 이 책을 긍정적이든 부정적이든 반드시 평가를 내리고 연구를 해야 하는 상황에 이르렀다. 바울의 구약 사용 연구의 지평에 큰 분수령을 이룬 헤이스의 책을 통해 이제 국내 독자들은 구약과 구약의 원래 문맥이 바울신학에 얼마나 깊고 넓은 영향을 미치고 있는지를 보게 될 것이다.

김경식 | 웨스트민스터 신학대학원대학교 신약학 교수,
한국복음주의신약학회 총무

리처드 헤이스 교수님은 해석이라는 미명(美名) 아래 독자를 더 깊은 혼돈으로 끌고 가는 해석학 책과는 다른, 시간과 사상의 문맥 위에 공동체를 줄기 삼으면서도 가능성을 배제하지 않는 겸손한 필체로 엮인, 전문적이지만 우리네 얘기에 곁들일 만한 해석학 책을 바울서신과 관련하여 거의 삼십 년 전에 내놓으셨습니다. 이후 이 책은 설교에 사용되던 방법이 논문에 적용되게 도왔습니다. 이제 그 귀한 책이 날카롭지만 예민하고 투박할 것 같지만 부드러운 지혜로운 번역자에 의해 우리말로 옮겨졌습니다. 성경 말씀을 깊이 사색하고 교회를 위해 올곧게 적용하려는 해석자들에게 적극 추천합니다.

박형대 | 총신대학교 신학대학원 신약학 교수

바울 이해를 위해서 반드시 넘어야 할 산이 있다면 '바울의 구약 해석' 분야이다. 바울의 구약 해석 분야에서 한 사람을 꼽으라면 나는 주저 없이 리처드 헤이스를 꼽는다. 그는 바울 연구를 위해 전통적으로 사용되어 왔던 주석적, 신학적 방법에 해석학과 문학 이론을 통합하여 새로운 연구의 길을 연 장본인이다. 방법론적으로, Hays는 명시적 구약 인용뿐만 아니라 암시적 구약 사용이 바울의 구약 해석 이해에 결정적일 수 있음을 보인다. 해석학적으로는, 바울의 구약 해석이 '성경'과 '예수를 만난 바울'이라는 두 지평의 '변증법적 융합'이었음을 설득력 있게 보인다. 그를 통해 바울학계는 바울이 '신학자'였을 뿐만 아니라 '성경 해석자'였음을 비로소 인정하게 된 셈이다. 이 책을 정독한 후 얻게 될 유익은 분명하다. 바울처럼, 헤이스처럼, 새로운 신학적 상상력과 해석학적 자유를 가지고, 성경과 깊고 넓게 대화하는 자신을 발견하게 될 것이다. 바울의 학생이라면 반드시 손에 닿을만한 거리에 이 책을 놓아두어야 한다.

정성국 | 아세아연합신학대학교 신약학 교수

바울의 구약성경 사용에 관하여 새로운 해석을 제시하고 있는 … 이 중요한 연구는 바울의 구약 인용과 인유가 전통적으로 이해하던 것보다 수사학적으로 훨씬 의미가 깊고 '다성부적'(polyphonic)이라는 것을 잘 보여준다.

데이비드 헤이 David M. Hay ︱ *Interpretation: A Journal of Bible and Theology*

대단한 해석이다. … 섬세하고 새로운 [헤이스의] 성경 주해는 … 당연한 것으로 간주되었던 전통적인 해석들에 대하여 도전한다. … 구약성경과의 살아있는 대화를 통하여 바울 연구 및 초기의 기독교 신학에 대한 우리의 이해를 풍성하게 해준다.

제임스 던 James D.G. Dunn ︱ *Literature and Theology*

해석학에 관한 주요한 작품으로서 … 모든 바울 신학자들과 바울의 구약 사용을 연구하는 모든 신학도들은 헤이스의 연구를 참고하게 될 것이다. … 신학적이면서도 문학적으로 정교한 이 작품은 위트와 확신으로 가득하다.

카롤 슈토켄하우젠 Carol L. Stockenhausen ︱ *Jounal of Biblical Literature*

훌륭한 도전이다!

칼 돈프리드 Karl P. Donfried ︱ *Theological Studies*

헤이스는 각별히 중요한 문제를 다루면서 확신을 가지고 적시에 정확한 질문을 던진다. … 이 작품은 신약에 나타난 구약 사용에 관한 새로운 시발점이 될 것이다.

한스 휘브너 Hans Hübner ︱ *Theologische Literaturzeitung*

바울서신에 나타난 구약의 반향

1쇄발행 2017년 9월 15일
2쇄발행 2017년 11월 15일

지은이 리처드 B. 헤이스
옮긴이 이영욱

발행인 이영욱
편집 이지혜

발행처 여수룬
주소 서울시 강동구 아리수로 66, 401호
총판 기독교출판유통(031-906-9191)
ISBN 978-89-7103-100-1

책값은 뒤표지에 있습니다.

이 도서의 국립중앙도서관 출판예정도서목록(CIP)은 서지정보유통지원시스템 홈페이지
(http://seoji.nl.go.kr)와 국가자료공동목록시스템(http://www.nl.go.kr/kolisnet)에서 이용
하실 수 있습니다(CIP제어번호: CIP2017020285).

ECHOES OF SCRIPTURE
IN THE LETTERS OF PAUL

Richard B. Hays

바울서신에 나타난 구약의 반향

리처드 B. 헤이스 지음

이영욱 옮김

• 옮긴이의 일러두기

1. 모든 역주는 소괄호 안에 '–역주'로 표기하였습니다.
2. 원서에서 사용되고 있는 수많은 콜론(:) 및 세미콜론(;)은 모두 적절한 접속 사로 바꾸었지만, 부연기호(—)는 그대로 사용하려고 했습니다.
3. 헤이스가 인용한 학자들의 말은 그 함의를 침해하지 않기 위하여 가급적 그 대로 번역하였습니다. 혹, 문장의 흐름을 위하여 용어를 풀어 쓰거나 대체한 경우(예, historical contingency는 보통 '역사적 우연성'이라고 번역했지만, 한 차례 '역사적 상황'이라고 번역했습니다)에는 소괄호로 원문을 재차 제시 하였습니다.
4. 헤이스가 사용한 신약 성경 본문은 모두 본인의 사역이기에, 개역성경을 사 용하는 대신(한두 곳 제외), 헤이스의 번역을 그대로 옮겼습니다.
5. 독자들에게 다소 생소할 수 있는 용어가 드문드문 나타나는 경우, 원문 및 번 역어의 한자어와 역주를 반복적으로 제시하였습니다.
6. 외경에 대한 명칭은 공동번역을 따랐고, 위경에 대한 명칭은 본서의 영문 제 목을 번역한 것입니다(예, 외경의 경우 시락서 대신 집회서라고 번역했고, 위 경의 경우 요벨서 대신 희년서라고 번역했습니다).
7. 미주의 기능과 목적을 고려할 때, 주 용어(예, cf., e.g., et passim) 및 인명과 서명을 번역하지 않고 그대로 실었습니다.
8. 한국어판에 나타나는 모든 헬라어/히브리어는 원서에서 영문 음역으로 되어 있던 것입니다. 하지만 헬라어/히브리어를 영문이나 국문으로 음역 하는 것이 한국의 독자들에게 전혀 도움이 되지 않는다는 점과 본서를 찾을만한 독자들 은 기본적으로 헬라어/히브리어를 음독할 수 있는 역량이 된다는 점을 고려할 때에, 음역 대신 원어로 기록하였습니다. 다만 헬라어/히브리어 단어이더라도 그것이 하나의 용어로 자리 잡은 경우는 한국어로 음역하였습니다(예, 문학비 평용어인 ἀγών은 ἀγών으로 쓰거나 '갈등'이라고 번역하지 않고 '아곤'이라고 기록했습니다). 또한 용어가 히브리어에서 유래했더라도 저자가 외래어로 받아 들인 경우에는(즉, 이탤릭체가 아닌 경우) 원어를 첨가하지 않았습니다(예, 이탤릭체로 된 *kashurut*는 '카슈루트'라고 옮기면서 히브리어를 제시하였지 만, kosher는 단지 '코셔'라고 옮기기만 했습니다).
9. 헤이스가 말하는 성경(Scripture)이란 기독교에서 말하는 구약성경(Old Testament)을 가리키는 말입니다. Scripture나 OT가 가리키는 것은 동일하지 만 두 용어의 함의는 서로 다릅니다(서문, 제1장, 제5장 참조). 하지만 한국어 에는 Scripture와 OT를 구분할만한 번역어가 존재하지 않기에, 두 경우 모두 '구약성경' 내지는 '구약'으로 번역했습니다. Scripture을 단순히 '성경'으로 번

역할 경우 현대의 기독교 독자들이 이 용어를 보고 신구약을 모두 포함한 것으로 오해할 가능성이 있기 때문입니다.

10. 헤이스에 따르면, 의(righteousness)란, 철저히 신정론(하나님이 자신이 선택한 이스라엘을 버릴 수 있는가?)을 배경으로 하고 있는 용어이기에, 헤이스에게 있어서 의와 정의(justice)의 의미는 동일합니다(실제로, 헤이스는 이 두 용어를 교호적으로 사용합니다). 이에 독자들이 혼란을 겪지 않도록 본서에서는 righteousness와 justice를 모두를 '의'라고 번역했습니다.

11. 본서의 토라(Torah) 및 율법(Law)은 구약성경(Scripture)을 가리키는 용어로 사용되기도 합니다. 이에 '구약'으로 번역된 것 중 더러는 Torah 내지는 Law의 번역어인 경우가 있습니다.

12. 본서에서 '상호텍스트성'이라고 번역된 intertextuality라는 용어는, 성경신학 안에서 주로 '상호본문성', '간본문성', '본문간상관' 등으로 번역되나, 본문(text)뿐 아니라 다양한 매체(text)를 다루는 문학·예술 분야에서는 예외 없이 '상호텍스트성'이라는 번역어를 사용합니다. 이 성경신학 내에서 사용되는 intertextuality라는 용어 역시, 문학비평가인 쥘리아 크리스테바(Julia Kristeva)와 롤랑 바르트(Roland Barthes)가 썼던 개념으로, 헤이스에 의하여 도입된 것이기에 '상호텍스트성'이라는 번역어를 그대로 사용하였습니다. 아울러 이는 번역어의 사회성 역시 고려한 번역어입니다.

13. allusion은 문학비평 용어로 '간접 인용'을 가리킵니다. 물론 '암시'라는 번역어를 사용할 수도 있었겠지만, 그럴 경우 본서에서 allusion이 비평 용어로 사용 되지 않은 경우와 구별이 어렵기에, 독자들에게는 생소하겠지만, '인유'라는 번역어를 사용했습니다. 따라서 allusive라는 단어의 경우, 이것이 문맥에서 비평용어를 가리킬 때에는 '인유적'이라고 번역하였고, 그것이 아닌 경우에는 '암시적'이라고 번역했습니다.

14. 본서의 핵심 용어 중 하나인 metalepsis와 transumption(transume, transumptive)는 각기 '환용'과 '환제'로 번역하였습니다. 이는 문우일, "상호텍스트성에서 미메시스 비평까지," 「신약논단」 91/1 (2012): 313-351에 나타난 번역어를 차용한 것으로, 이 역시 번역어의 사회성을 고려한 것입니다. 본서에서 환용은 광의의 상호텍스트적 현상을 가리킬 때에 사용되고, 환제는 그보다는 협의로 사용됩니다.

삶으로 복음의 진정한 해석을 보여주었던
존 해럴드 깁스(John Harold Gibbs)를 기리며
(1940–1982)

지혜로운 건축자(σοφὸς ἀρχιτέκτων)
조지 홉슨(George Hobson)에게
이 책을 바칩니다.

차례

서문

    본서의 원고를 마칠 무렵, 저는 『성경에 대한 문학적 가이드』(*The Literary Guide to the Bible*, ed. by Robert Alter & Frank Kemode)에[1] 대한 조지 슈타이너(George Steiner)의 박식하고 도전적인 서평을 우연히 읽게 되었습니다.[2] 거기에서 슈타이너는 『성경에 대한 문학적 가이드』의 기고자들이 히브리 성경과 그에 대한 기독교의 해석 사이의 까탈스러운 관계를 다루지 않았던 것에 대하여 다음과 같이 혹평했습니다.

> 시편과 제2이사야서에 나타난 고통 및 그리스도의 역할에 대한 분명한 예표가 그저 부수적인 것으로 간주된다. 이러한 태도로 인하여 결국 현대의 독자들은 로마서에 표현된 유대인들의 참담함과 그 결과로 나타나는 유대인들에 대한 혐오를 이해하기 어려울 것이다—유대인에 대한 혐오는 바울의 메타포를 통하여 놀랍게 진술되었기에 사람들은 그것을 느낄 수밖에 없는데, 이는 우리 세대에 사망의 열매(death fruit)를 맺는 결과를 가져왔다. 구약의 시편과 예언서는 예수에 대하여 매우 생생하게 그리고 있기에, 바울에게 있어서, 1세기 유대인들이 예수를 거부했던 것은 자멸적인 신성모독이자 인류를 역사에 가두어 두는 자기 부정 행위와 같았다.

    이렇게 사도 바울에 대한 이야기가 흘러가듯 언급되고 있지만, 이에 대하여 반드시 대답해야 할 것을 느낍니다. 슈타이너와 같은 박식한 문학 비평가가 바울 및 로마서에 대하여 이와 같이 오해를 하고 있었다면, 본서에서 제안하고 있는 바울에 대한 해석은 이러한 입장을 교정하는 데에, 아마도 제가 원고를 쓰기 시작했을 때에 생각했던 것보다도, 더욱 많은 도움이 될 것입니다.

"유대인에 대한 혐오"라니! 바울이 말했던 것처럼, μὴ γένοιτο(결코 그럴 수 없습니다)! 저는 본서에서, 다른 무엇보다도, 하나님이 이스라엘을 버린 것이 아니라는 것을 최대한 보여주려 노력했습니다. 더 나아가, 시편과 선지서의 기독론적 해석이 슈타이너에게는 명백한 사실이겠지만, 이스라엘의 성경을 다루는 바울에게 있어서는 그저 작은 역할을 할 뿐입니다. 말하자면, 슈타이너의 언급이 마태복음과 요한복음에 대해서는 옳다 하더라도, 바울서신에는 적용되기 어렵습니다. 더욱이, 기독교 전통이 맺은 "사망의 열매"로 인하여 기독교 신학은 종말론적 회복을 향한 바울의 비전, 곧 유대인과 이방인을 모두 품으시는—무엇보다도 로마서에서—하나님의 헤아릴 수 없는 자비를 이해할 수 없게 될 것입니다.

하나님의 백성과 이스라엘의 성경을 향한 바울의 신학적인 입장을 적절하게 평가하기 원한다면, 우리는 바울이 하나님의 말씀으로 여기고 있는 텍스트를 어떻게 읽고 있는지를 관찰함으로써 바울의 관점에 설 필요가 있습니다. 그렇기 때문에 저는 "바울이 이스라엘의 성경을 어떻게 읽고 있는가?" 하는 질문을 통하여 본 연구를 개진하였습니다. 이 질문을 역사적인 관점에서 적절히 다루기 위하여, 몇 가지 중요한 사실을 기억하고 있는 것이 좋을 것 같습니다.

첫째, 바울서신은 신약성경 중 가장 초기의 저작으로 볼 수 있습니다. 신약 정경의 관습적인 배열을 생각한다면 다소 의아할 수도 있겠지만, 바울의 서신들은 모두 복음서가 쓰이기 훨씬 이전부터 특정 교회들을 목양하기 위한 목적으로 보낸 것들입니다. 결과적으로, 본서에 나타나고 있는 복음이라는 용어는 바울 자신이 사용했던 의미로서, 곧 복음서라는 구체적인 내러티브 텍스트를 가리키는 것이 아니라 초기 기독교의 선포의 내용을 의미합니다.

둘째는, 첫 번째 사실과 논리적으로 연관이 됩니다. 즉, 바울은 권위 있는 기독교 저작인 신약성경이 없었던 시대에 서신을 썼기 때문에, 그가 말했던 성경(Scripture)은 이스라엘의 신성한 문서를 구성했던 저작들, 곧 후대의 기독교인들이 구약성경(Old Testament)이라고 불렀던 것을 가리킵니다. 물론 바울은 성경에 대하여서, 자신이 바리새인으로서 알고 있었던 성경이 부르심—십자가에 달리신 메시아의 복음을 선포하도록—을 받은 후에도 여전히 성경이었고, 이후에 신약이 추가될 것은 고려하지 않았다고 말한 적은 없습니다. 하지만 제가 성경(Scripture)이라는 용어를 사용할 때에는, 바울 자신이 사용했던 의미, 곧 유대인들의 성경(Bible)을 가리키는 것이지(기독교의 용어로는 구약성경[OT]), 여기에 더해 신약성경과 같은 다른 어떤 기독교의 저작들이 포함되어 있는 것은 아닙니다.

또한 이 성경(Scirpture)이라는 것이 "히브리 성경"(Hebrew Bible)을 가리키고 있는 것은 아닙니다. 왜냐하면 바울의 관심이 히브리어로 된 본래의 성경에 있지 않기 때문입니다. 바울의 인용문들은 특징적으로 히브리 성경에 대한 헬라어 번역판인 칠십인역(Septuagint, LXX, 주전 2-3세기)을 따르고 있습니다. 이는 바울 당대에 헬라 회당에서 보편적으로 사용되던 것으로서, 바울의 인용이 칠십인역을 거스르고 마소라 히브리 텍스트(MT)를 좇아가는 경우는 거의 없습니다. 히브리 텍스트를 따라가는 몇 안 되는 경우조차도 "히브리식 개정본"(hebraizing revisions)과 같은 다양한 칠십인역 본문 형태로 설명이 가능하며, 어떤 곳에서는 아퀼라(Aquila), 심마쿠스(Symmachus), 데오도티온(Theodotion)과 같은 헬라어 역본들로 입증되는 경우도 많습니다. (바울이 사용한 본문들에 대한 전문적인 논의에 대하여는 다음의 연구를 참고하십시오. Dietrich-Alex Koch, *Die Schrift als Zeuge des Evangeliums: Untersuchungen zur Verwendung und zum Verständnis der Schrift bei Paulus.*)[3] 주로 소아시아와 그리스 지방에서 이방인 선교에 집중했던 바울은 당대 동부 지방의 공통 언어였던 헬라어로 성경을 읽고 인용했습니다.

본서에서 인용된 칠십인역은 알프레드 랄프스(Alfred Rahlfs)의 비평본인 *Septuaginta*입니다.[4] 또한 칠십인역 본문들에 대한 번역은 모두 저의 사역이고, 마찬가지로 본서에서 사용한 신약성경 본문 역시, 출처가 명기되어 있는 경우를 제외하고는, 모두 저의 사역인데, 특별한 이유가 있지 않는 한 RSV(Revised Standard Version)를 크게 벗어나지 않을 겁니다. 성경 본문에 나타난 이탤릭체(한국어판에서는 고딕체—역주) 역시 다른 표기가 없는 한 제가 제시한 것입니다. 미주에 사용한 약어는 *JBL*(*Journal of Biblical Literature* 107 [1988]: 588-96)의 체계를 따랐습니다. 학술지 약어는 이탤릭체로, 단행본 시리즈는 로마체로 기록했습니다.

저는 본서를 통하여 바울서신에 대한 역사적인 비평 문제와는 전혀 다른 질문들에 집중했습니다. 바울서신을 해석함에 있어서 그 수신자들에 대한 역사적인 상황을 재구성하거나 바울이 반박하고 있는 대적들을 가설적으로 추측하는 것이 아니라, 문학적인 차원에서 바울서신과 구약 성경과의 복잡한 상호텍스트적(intertextual) 관계를 탐구하려 했습니다. 이러한 접근 방식은 바울이 속한 사회적 세계나 서신이 형성된 역사적 배경을 묘사하려는 접근방식들과는 원천적으로 다릅니다. 사실, 그러한 역사적인 연구 없이 바울서신을 온전히 이해하는 것은 불가능합니다. 이 책 자체가 그 증거가 될 겁니다. 그럼에도 불구하고 저는 바울 신학자들이 전통적으로 사용하였던 방식과는 다른 분석적인 도구를 사용할 생각입니다.

그 결과, 제 해석은 현재의 역사적인 가설에 대하여 도전하기도 합니다. 예를 들어, 고린도후서 3장에 나타나는 모세의 직분과 바울의 직분 사이의 정교한 대조가 반유(dissimile)라는 시적 수사학을 통하여 설명될 수 있다면, 그 단락의 내적 논리를 설명하기 위하여 출애굽기 34장에 대한 미드라쉬(midrash)와 연관 지어 생각할 필요는 없습니다. 저의 문학적인 읽기는 앞선 주석가들이 재구성한 역사를 반박하고 있는 것이 아니라, 그 방식이 본문 내에 불일치하는 어떤 간극들—다른 설명으로는 성에 차지 않았던—을 설명하기 위한 추측에 불과하다는 것을 강조하고 있습니다.

그럼에도 불구하고 저는 바울서신을 다루는 본서의 방식이 비역사적인 것은 아니라고 주장하는 바입니다. 상호텍스트성을 연구하는 작업에서는 통시적인 관심을 배제할 수 없습니다. 제가 제안하고 있는 해석은, 1세기 유대 기독교인들이 유대교의 해석학적인 유산을 수용하려는 것과 같이, 바울을 전적으로 역사적인 배경 위에 세우게 됩니다. 저는 본서의 해석이 바울을 1세기 중반의 신흥 유대교와 기독교 공동체들의 스펙트럼 위에 보다 정확하게 위치시키는 데에 공헌할 수 있었으면 하는 바람을 가지고 있습니다.

더 나아가, 바울에 대한 상호텍스트적 접근은 신학적으로 유익한 결과를 낳게 될 것입니다. 저는 바울서신을 다루면서 유대교와 기독교의 관계에 대한 질문이나 성경의 권위, 해석 공동체로서 교회의 역할, 해석 공동체 안에서의 자유와 그 제한사항들과 같은 문제를 집중하여 다루고자 합니다. 만일 본서가 이러한 문제들에 대하여 계속적인 논의를 이끌어낼 수 있다면, 저는 소기의 목적을 달성한 겁니다.

이 연구의 목적은 바울서신의 몇몇 본문들을 가지고 그곳에 나타나는 구약의 반향들을 주의 깊게 탐구하는 것에 있습니다. 이는 바울의 구약 사용에 대한 포괄적인 연구나 문학 이론에 관한 논고가 아니라, 바울의 상호텍스트적 반성에 의해 창출된 대표적인 본문들을 가지고 그 안에 내포된 중요한 의미들을 탐구하려는 시도를 담고 있습니다. 제1장에서는 바울서신에 나타난 구약의 반향들(echoes)을 해석하는 방식에 대하여 다루고, 이러한 방식을 바울의 구약 사용에 대한 기존의 접근 방식과 대조해 보았습니다.

제2장은 구약 인용들이 엄청나게 나타나고 있는 로마서 안에서 상호텍스트적 반향 효과들을 집중적으로 다룹니다. 로마서는 이스라엘에 대한 하나님의 신실하심의 문제를 집중적으로 다루고 있습니다. 즉, 현재 할례 받지 못한 이방인들이 하나님의 백성이 되었다는 것은 하나님 자신이 이스라엘과의 특별한 언약적 관계를 저버린 부당하신 분이라는 것을 의미할까요? 다시 말해, 하나님의 말씀이 폐하여졌다는 것을 의미하는 것일까요? 바울은 구약성경을 통해 복잡하게 얽힌 이 질문에 대하

여 답하려 합니다. 이 장에서는 구약의 논리를 살피고 그것이 로마서에서 어떠한 의미를 불러일으키는지 관찰합니다.

제2장에서 발견할 수 있는 것은 바울이 로마서 내내 구약을 사용하면서 교회를 위한 독특한 비전을 설명한다는 것입니다. 이러한 관점은 제3장에서 구약에 예표된 교회공동체에 관한 몇몇 본문들을 연구함으로써 확장됩니다. 바울은 예언의 성취를 단지 예수에 관한 것(마태복음이 그러하듯이)이 아닌 유대인과 이방인으로 구성된 교회 공동체에 관한 것으로 간주합니다. 그래서 바울의 해석학은 기능면에 있어서 그리스도중심적이라기보다는 교회중심적이라고 할 수 있습니다. 이러한 통찰을 위한 상호텍스트적인 읽기의 예로써 고린도전서와 갈라디아서를 다룹니다.

제4장에서는 바울의 새로운 구약 읽기가 확실하게 명시된 해석학의 인도를 받는지에 관한 문제를 다룹니다. 그 질문은 고린도후서 3:1~4:6의 "문자와 영"에 관한 논의를 통하여 다루어지는데, 여기에서 우리는 바울이 구약을 단지 인유적으로만 사용하는 것이 아니라 성령에 의하여 창조된 새 언약 백성들을 위한 성경으로도 사용하고 있다는 것을 확인하게 될 것입니다. 이곳에서 바울은, 앞 장에서 다루었던 본문들보다도 더욱 명백하게, 구약의 진정한 의미가 믿음 공동체의 변화된 삶 안에 드러나는 것이라는 주장을 폅니다.

마지막으로 제5장에서는 앞선 장들에서 관찰한 해석들을 모으고 요약합니다. 저는, 이 요약을 제시하면서, 바울의 구약 읽기에 함의된 해석학적 의미에 대하여 제시하려 합니다. 바울의 구약 반향에 나타난 시적인 자유로움은 바울의 저작들을 성경으로 인정하는 공동체에게 복잡한 문제들을 양산하게 됩니다. 말씀이 우리의 입과 마음에 살아서 역사하고 있다면, 우리는 구약성경을 어떻게 읽어야만 하는 것일까요?

본서의 제2장은 이미 여러 학술지에서 출판된 것입니다. 몇몇 단락은 제 논문인 "Have We Found Abraham to Be Our Forefather according to the Flesh?: A Reconsideration of Rom. 4:1," originally published in *Novum*

Testamentum 27 (1985): 76-98에서 수정하여 사용하였습니다. 또한 "Relations Natural and Unnatural: A Response to John Boswell's Exegesis of Romans 1," originally published in the *Journal of Religious Ethics* 14, no. 1 (1986): 184-215에서도 한 부분을 가져와 발전시켰습니다. 또한 제 논문, "Psalm 143 and the Logic of Romans 3," originally published in the *Journal of Biblical Literature* 99 (1980): 107-15에서도 간략하게 발췌한 부분이 있습니다. 저는 이 학술지를 다시 이용할 수 있게 허락해 주신 편집자들에게 감사의 말씀을 드리고 싶습니다. 또한 존 홀랜더 (John Hollander)의 시 "묘지 넓히기"("The Widener Burying-Ground," originally published in *The Figure of Echo*)의 앞 두 행과 마지막 열두 행을 사용할 수 있도록 허락해준 캘리포니아대학교 출판부(University of California Press)에 감사의 말씀을 전합니다.

제가 공동체의 해석학적 역할을 강조하는 만큼, 본서가 나오기까지 저의 많은 동료들과 친구들, 학생들의 공헌을 인정하는 바입니다. 특별히 이 연구의 초기 단계에 비평과 격려를 해준 브레바즈 차일즈 (Brevards Childs)와 웨인 믹스(Wayne Meeks)에게 감사를 드립니다. 마찬가지로, 존 어거스틴(John Augustine)과 길 그레그스(Gil Greggs), 스티브 크래프트칙(Steve Kraftchick), 레지나 플렁켓(Regina Plunkett), 배리 셀처(Barry Seltser)는 본서가 쓰여지는 과정에서 원고의 주요한 부분들을 읽고 통찰력 있는 질문들을 서슴없이 해주었습니다. 원고가 완성되었을 때에는 J. 루이스 마틴(Louis Martyn)과 엘리너 쿡(Eleanor Cook, 예일대학교 출판부의 독자)과 재너 잭슨(Janna Jackson) 모두는 도움이 될 만한 편집상의 제안들을 해주었습니다. 편집자 칼 로즌(Carl Rosen)의 세심한 작업으로 인해 본문의 많은 논점들을 명료하게 할 수 있었습니다. 색인(index)은 레지나 플렁켓이 예일신학교 교원연구비로 만든 것입니다.

또한 통찰력 있는 주석들을 제공해준 A.K.A. 아담(Adam), 윌리엄 베어즐리(William Beardslee), 줄리 칼하운-브라이언트(Julie Calhoun-

Bryant), 베벌리 가벤타(Beverly Gaventa), 로원 그리어(Rowans Greer), 피터 호킨스(Peter Hawkins), 주디 헤이스(Judy Hays), 존 홀랜더(John Hollander), 티모시 잭슨(Timothy Jackson), 루크 존슨(Luke Johnson), 조지 린드벡(George Lindbeck), 데이비드 럴(David Lull), 허버트 막스(Herbert Marks), 스테픈 무어(Stephen Moore), 버나드 브랜든 스콧(Bernard Brandon Scott), 마가렛 윔서트(Margaret Wimsatt), 벤 위더링톤(Ben Witherington)에게 감사를 드립니다. 이 책 안에는 이들의 좋은 조언이 은연중에 반향으로 울리고 있습니다. 이 친구들의 목록을 돌아보면서, 저는 이들과 함께한 수많은 기쁨의 교제에 감사하고 있습니다. 여기에서 부르기에는 너무나도 많은 예일신학교 학생들 역시 귀중한 질문들과 통찰들로 제게 많은 도움을 주었고, 바울의 구약 해석을 이해하는 데에 늘 정직할 수 있도록 해주었습니다.

마지막으로 제 아내 주디(Judy)와 자녀 크리스(Christ), 세라(Sara)는 바울이 μακροθυμία("긴 고통의 참음")라고 부른 인내를 가지고 저자의 고통을 함께 견뎌주었습니다. 가족들의 격려는 제 자만함을 꺾어주었고, 가족들의 사랑은 저를 낙심에서 건져 주었습니다. 또한, 가족들의 인내는 제 학생 수잔나 컬리(Suzanne Carley)가 명료하게 표현했던 이 단순한 진리를 늘 떠오르게 합니다. "무엇보다도, 당신이 생명을 가지고 있지 않다면, 해석학이 무슨 의미가 있을까요?" 이는 아마도 고린도후서 3:1-6이 의미하는 바에 대한 최고의 주석일 겁니다.

제1장

당혹스러운 바울의 해석학

The Puzzle of Pauline Hermeneutics

구약성경의 독자인 바울은 구약을 오독했는가

사도 바울은 오래 전에 기록된 이스라엘의 성경(Israel's Scripture)을 가지고 '믿음으로 말미암는 의'(The Righteousness from Faith)의[1] 특징을 소개했다.

> "네 마음에 '누가 하늘에 올라가겠느냐?' 하지 말라. … 혹은 '누가 무저갱에 내려가겠느냐?' 하지 말라. … 말씀이 네게 가까이 있으니, 네 입과 네 마음에 있다" 하였으니, 이는 곧 우리가 전파하는 믿음의 말씀이다(롬 10:6-8).

이 말씀은 모세가 이스라엘에게 율법을 잘 지키도록 촉구하는 신명기 30:11-14에 대한 반향(反響, echo)이다. 모세가 말한바, 율법이 이스라엘에게 가까이 있다는 것은, 은혜롭게도 "이 율법책"이 이스라엘 백성에게 수여 되었기에, 그들이 율법의 내용을 알 수도 있고 지킬 수도 있다는 것을 의미한다. 그런데 바울은 당혹스럽게도, 신명기가 말하는 "가까이 있는 것"을 율법이 아닌 "우리가 전파하는 믿음의 말씀"(롬 10:8b)을 가리키는 것으로 해석했다. 즉, 바울은 율법을 지칭하는 모세의 말을 가지고 율법의 대척점에 서있는 '믿음으로 말미암는 의'의 특징을 설명하고 있는 것이다. 이렇게 바울은 모세의 말을 해석하면서 모세를 복음의 증인으로 내세운다.

바울의 이러한 절묘한 솜씨는 비단 이 본문에서만 나타나는 것이 아니다. 바울은 끊임없이 당대 독자들이 놀랄만한 방식으로 구약성경을 해석해 나간다. 예컨대, 로마서 10:18에서는—로마서 10:6-8에서 신명기 30장을 바꾸어 읽은 후에—복음을 받아들이지 않는 유대인들이 비난받아 마땅하다는 것을 증명하기 위해 창조자의 영광을 말없이 증거 하는 하늘에 관한 시적 묘사인 시편 19:4("그 소리가 온 땅에 퍼졌다")를 인용하였다. 또 고린도전서 10:4에서는 갑자기 광야에서 물을 낸 반석을 가리켜 그리스도라고 하기도 하며, 갈라디아서 3-4장에서는 할례에 반대하기 위하여 아브라함이 받은 할례—하나님과의 언약적 관계의 표지로서 처음으로 받은 할례—이야기를 끌어오기도 한다. 이러한 해석들을 볼 때, 성경을 순전한 하나님의 말씀으로 여겼던 많은 유대인들이 바울을 적대시했던 것은 충분히 이해할 만하다.

우리는 바울의 글에서, 자신이 속한 종교 전통과의 심각한 단절을 감내하면서도 동시에 이스라엘의 성경을 신학적으로 재사용하려고 서슴없이 씨름했던, 1세기 유대 사상가 바울을 만날 수 있다. 복음 안에서 갖게 된 새로운 확신과 기존의 전통 사이에 큰 간극이 있음에도 불구하고,[2] 바울은 자신이 선포하는 복음이 신적 계시인 이스라엘의 성경에 근거했다는 것을 끊임없이 보여주고자 했다. 하지만 기독교인들은 이러한 바울의 태도를 잘 이해하지 못하는 것 같다. 바울의 해석학적 렌즈를 가지고 "구약성경"을 읽는 데에 거부감이 없는 기독교인들은 바울의 구약 독법이 당대에 얼마나 독특한 것이었는지, 그리고 얼마나 빈축을 살 만한 것이었는지 잘 알지 못한다. 그렇기 때문에 바울의 구약성경 사용을 비평적으로 검토함에 있어서 우리는 가장 먼저 바울의 해석학에 대한 문제의식(defamiliarization)을 갖는 것이 필요하다.

로마서 10:5-10에 나타난 바울의 해석학적 독특함은 상당수 논의되어 왔던 탈무드의 한 대목—바울이 사용한 신명기 30장을 가지고 전혀 다른 이야기를 하고 있는—과 비교해 볼 때에 더욱 부각된다. 바벨론 탈무드(Babylonian Talmud)가 로마서보다 후대의 작품이기는 하지만, 바울의 해석은 탈무드의 어떤 민감한 관습을 위반하는 것으로 나타난다. 『바바 메찌아』(בבא מציעא, Baba Meṣia) 59b에는 랍비 엘리에제르(Eliezer)와 다른 랍비들 간의 논쟁이 나타나는데, 여기에서 다루고 있는 이슈(어떤 종류의 화덕이 제의적으로 정결하고 불결한지 논함)를 통하여 성경과 성경 해석에 대한 랍비들의 기본적인 태도를 엿볼 수 있다.

그 날 랍비 엘리에제르는 생각할 수 있는 모든 논거들을 제기했지만, 랍비들은 그것을 받아들이지 않았다. 엘리에제르가 랍비들에게 말했다. "내 주장이 '할라카'[הכלה, *halachah*: 율법적 가르침]에 부합한다면, 이 구주콩나무(carob-tree)가 그것을 증명해 줄 것이오!" 그러자 구주콩나무가 곧바로 그 자리에서 100 규빗의 거리만큼 밀려났다—그 거리가 족히 400 규빗은 될 것이라 말하는 사람들도 있었다. 랍비들은 "구주콩나무로는 그것을 증명할 수는 없소"라며 반박했다. 엘리에제르가 다시 랍비들에게 말했다. "내 주장이 할라카에 부합한다면, 시냇물이 그것을 증명해 줄 것이오!" 그러자 시냇물이 거꾸로 흘렀다. 랍비들은 "시냇물로 증명할 수는 없소"라며 반박했다. 엘리에제르가 다시 소리쳤다. "내 주장이 '할라카'에 부합한다면, 학당 건물의 벽이 그것을 증명해 줄 것이오!" 그러자 벽이 기울어지기 시작했다. 그때 랍비 요슈아(Joshua)가 벽에게 꾸짖었다. "왜 랍비들의 논쟁에 네가 관여하려느냐?" 그러자 그 벽은 요슈아를 존중하여서 무너지지도 못했고, 엘리에제르를 존중하여서 바로 서지도 못했다. 벽은 그렇게 기울어 진 채 서있었다. 엘리에제르가 다시 랍비들에게 말했다. "내 주장이 할라카에 부합한다면, 하늘이 그것을 증명해 줄 것이오." 그러자 하늘에서 음성이 들렸다. "너희들은 만물을 통해 엘리에제르의 주장이 할라카에 부합한다는 것을 보면서, 어찌 엘리에제르와 논쟁하는가!" 그때 요슈아가 일어나 소리쳤다. "증거는 하늘에 있지 않소"(신 30:12). 그는 무슨 의미로 이러한 말을 하고 있는가? 랍비 예레미야(Jeremiah)가 말했다. "토라는 시내산에서 이미 주어졌소. 당신들이 시내산에서 기록된 토라를 받으면서 토라(Torah)를 소유하게 되었기에, 우리는 하늘의 소리에 귀기울일 필요가 없소. 성경이 '다수를 따라가야 한다'(랍비 예레미야는 출 23:2, "다수를 따라가서 악을 행하지 말라. 그리고 재판에서 다수를 따라서 증언하지 말라"에서 일부 단어들만을 선택하여 사용했다-역주)고 말하지 않소?"

랍비 나탄(Nathan)이 엘리야(Elijah)를 만나서 물었다. "그 때에 하나님이 뭐라고 하셨소?" 엘리야가 대답했다. "그분은 웃으시며, '나의 아들들이 나를 이겼구나, 나를 이겼어'라고 하셨소."[3]

앞서 언급했듯, 바울은 신명기 30:11-14를 가지고 하나님의 말씀이 가까이에 있다는 것을 주장하면서 과거의 독자들이 상상할 수 없었던 방식으로 신명기를 자유롭고 유연하게 해석―그리하여 하나님의 은혜를 드러냈다―한 반면, 요슈아는[4] 바울이 사용한 것과 같은 본문을 가지고서 하나님의 말씀이 이미 고정된 형태로 주어졌기에 말씀의 의미가 해석자의 일시적인 기분이나 착각에 의해 침해될 수 없다고 주장했다. 바울은 율법이 수여되었다는 신명기의 말씀을 계시의 계속성에 관한 약속으로 읽은 반면, 요슈아는 그 본문을, "우리는 하늘의 음성에 귀 기울일 필요가 없다"라고 말하는 예레미야와 같이, 계시의 경험이 중단 된 것에 대한 증거로 생각하였다. 요슈아는 모세의 입을 빌려 하나님의 말씀을 과거에 묶어두었지만, 바울은 동일한 모세의 말을 가지고 하나님의 말씀을 현재, 곧 자신의 케리그마(kerygma)에 적용하는 데에 사용하였다.

탈무드에 나타난 랍비들의 성경 해석이 바울의 해석보다 신명기의 원래 의미에 더 가까운 것처럼 보일지도 모르겠지만, 사실 양자의 독법은 모두 해석학적으로 크게 변형된 것이다. 신명기 30:12을 그 자체의 문맥 안에서 읽는다면, 하나님께서 그의 백성들에게 계속 말씀하시는 것을 금하기 위한 증거본문으로 사용―요슈아처럼―할 수 없다. 율법이 가까이 있다는 말씀의 핵심은 이스라엘 백성들이 율법에 불순종했을 때 율법을 몰랐다고 변명할 수 없다는 것을 확인 시켜주는 데에 있다. 그런데 랍비들은 그 말씀을 가지고 계시의 종결이라는 교리를 이끌어냈다. 요슈아는 명령과 규례가 "이 율법책에 기록되었다"라고 말하는 신명기 30:10에 의거하여 "하늘에 있는 것이 아니다"(신 30:12)라는 구절을 해석했다. 반면, 바울의 신명기 30:12 해석은 신명기 30:14의 영향을 받았다(롬 10:8, "그러면 무엇을 말하느냐? '말씀이 네게 가까이 있으니, 네 입과 네 마음에 있다'"). 양자의 해석은 모두 "하나님의 말씀"에 대한 전반적인 개념에서 비롯했다.[5] 랍비들에게 있어서 하나님의 말씀이란, 구전을 통하여 흘러온 모세의 율법이다. 그러나 바울에게 있어서 하나님의 말씀이란, 성령 충만한 기독교 공동체가 경험한 예수 그리스도, 바로 그분을 뜻한다. 이렇게『바바 메찌아』59b과 로마서 10:5-10은 서로 독립적이면서도 대립적으로 신명기를 해석하고 있다. 각각의 해석은 신명기를 각기 새로운 상징적 세계에 연결시킨다.

바울과 랍비의 신학적 입장은 상당히 다르지만, 실제적인 해석 작업에 있어서는 그리 큰 차이를 보이지 않는다. 양자는 모두 구약성경을 독창적으로 해석하여 성경에 내포된 진리를 드러내기 위한 정당성을 가지고 있는데, 그들이 자신들의 해석을 정당화하는 데에 사용한 근거는 본질적으로 다르다. 바울은 직접적인 계시의 조명에 의존함으로 자신의 해석에 대한 지지를 받고, 랍비들은 공동체 내에서 다수의 의견에 근거하여 지지를 받는다.

그렇기에 기록된 성경이 있기에 해석학이 닫혔다는 그들의 주장은 모순으로 드러난다. 이 탈무드 이야기가 보여주는 바와 같이, 텍스트는 언제나 새롭게 해석될 수 있다. 심지어 하나님께서 단번에 써주신 돌판의 계명조차도 해석이 종결된 것은 아니다. 실제로 그렇게 기록된 계시는 오히려 더 깊은 해석들을 요구함으로써 해석학적 작업에 불을 지핀다.[6] 결과적으로 구약을 새롭게 해석하고 있는 탈무드 이야기는 기록된 율법 외에 더 이상 새로운 계시가 없다는 랍비들의 주장과 충돌하게 된다. 바울은 자신의 파격적인 신명기 해석에 문제가 있다는 기색을 보이지 않지만, 랍비들은 자신들의 해석에 스스로 난색을 표한다. 어떻게 그렇게 하는가? 하나님이 웃으시며 랍비들의 재치 있는 해석에 두손 두발다 들었다는 서술은 성경 본문이 하나님이 전혀 의도하지 않았던 방향으로 해석되었다는 것을 은연중에 인정하고 있는 것이다. 이 이야기에서 하나님은, 마치 아버지가 아들과 체스를 둘 때에 기쁘게 져주듯, 랍비들의 해석학적 상상력에 기쁨을 표하시면서, "다수를 따라가서 악을 행하지 말라. 그리고 재판에서 다수를 따라서 증언하지 말라"라고 읽어야 할 출애굽기 23:2를 예레미야가 얼토당토하지 않게 제시한 것을 지적하지 않으셨다.[7]

사실 출애굽기 23:2은 법적 절차에 있어서 다수의 취지가 정의를 왜곡시켜서는 안 된다고 경고하는 본문이다. 그런데『바바 메찌아』59b에 등장하는 예레미야는 본래 법리학적 원칙에 관한 것을 일반적인 해석학적 원리를 가리키는 것으로 전환함으로써 출애굽기 23:2의 의미를 변형시켰다.[8] 더 나아가 예레미야는, 원래 히브리어 문장에 나타나는 문두의 부정어를 제외하고 그 뒤의 세 단어만을 선택적으로 인용하여서, 다수가 휘두르는 힘을 경고하는 모세의 말을 다수결 원칙을 허용하는 말씀으로 바꾸어놓았다.[9] 이보다 더 기발하게 성경 구절을 가져다 붙이기는 쉽지 않을 것이다. 탈무드는 랍비들이 성경을 이러한 방식으로 짜깁고 있는 것을 허용함으로, 기록된 율법으로 인해 해석이 닫혔다는 주장이 순전히 허구라는 것을 은연중에 인정하고 있는 것이다.[10]

필자가 바울과 랍비를 비교하고 있는 이유는 어느 한 쪽을 변호하거나 책망하려는 것이 아니라, 바울의 해석학적 관점이 랍비들 못지않게 독특하다는 것을 독자들에게 주지시키기 위함이다.『바바 메찌아』59b와 로마서 10:5-10은 모두 구약성경의 의미를 새로운 방향—혹, 우리는 오독이라고 여길지도 모르는—으로 확대시켜 해석하였다.

바울은 서신을 쓰면서 자신이 성경을 쓰고 있다고 생각하지 않았다. 그는 그저 미숙한 교회들에게 보내는 목회적인 서신을 쓴 것뿐이다. 바울은, 여러 문제들로 고군분투하는 교회들이 복음을 깊이 알기 위해 노력할 때, 성경(Scripture; 후대에 기독교인들은 이 성경을 "구약성경"[Old Testament]이라고 불렀다)을 풀어주며 그들을 지도하였다. 바울서신이 기록될 때에는 신약성경 개념이 없었다는 사실을 기억하기는 쉽지 않은데, 웨인 믹스(Wayne Meeks)는 이러한 현상에 대하여 다음과 같이 일갈했다. "신약성경은 후대에 가서야 기독교의 구성 요소가 되었다. 기독교가 발흥하였을 때에는 신약성경이 없었다. 이 사실이 갖는 해석학적 의미는, 지금까지도, 우리의 신학에 충분히 반영되어 있지 않다."[11] 따라서 본서에서는, 구약성경만이 경전이었던 시기에 쓰인 바울서신을 통하여, 기독교 해석가인 바울의 구약 해석학을 탐구하려 한다. 혹여 바울서신이 애초부터 경전으로 읽혔다고 간주한다면, 우리는 바울서신을 신성한(hieratic) 문자로 읽게 될 것이고, 결국 서신의 역사적 우연성(historical contingency: 역사적인 상황에 따라 우연하게 발생하는 현상—역주)이나[12] 바울의 해석학적 독특함을 이해하지 못하게 될 것이다. 따라서 우리는 우선 바울서신을 성경이 아닌 그저 보통의 편지로 다루며 바울이 구약을 어떻게 읽었는지에 주목할 것이다. 역설적이지만, 그 후에야 비로소 성경으로서의 바울서신을 바르게 읽는 법을 배우게 될 것이다. 본서의 목적은, 바울의 구약 읽기를 되짚어봄으로써 그 방식의 새로움을 이해하고, 바울이 독자들을 인도했던 복잡한 해석학적 길을 추적하는 데에 있다.

바울의 해석학에 대한 비평적 접근

바울의 구약성경 해석: 논의의 현주소

수많은 신학자들은 바울의 구약 사용 방식에 관한 난해한 문제들을 해결하기 위하여 힘써왔다. 여기서 필자는, 바울의 구약 해석에 대한 학자들의 장황한 연구사를 세세하게 추적하기보다, 이 이슈에 관한 논의의 현주소를 요약한 후에 전통적인 난제들에 대한 새로운 접근을 제안 하려 한다.

기독교 신학의 유구한 역사 내내, 바울의 구약 해석학을 틀 삼아 구약성경을 읽었던 기독교 독자들은 바울의 독창적인 구약 읽기에 대하여 문제를 제기—바울(및 다른 신약성경 저자들)이 구약의 본래 의미에 대하여 어떻게 해석했든 간에—하지 않았다. 하지만 역사비평 학자들이, 바울의 구약 해석과는 다른, 구약 자체의 본래 의미를 적절하게 제시하면서(보다 적절하게 이야기하자면, 비평가들은 합창에서 성부가 나뉘듯 바울과 구약이 서로 다른 성부를 노래하고 있는 것으로 이해했다), 독자들은 바울이 자신의 메시아 경험을 통하여 구약성경을 새롭게 읽고 있다는 것을 알게 되었다. 하지만 이러한 인식으로 인해 독자들은 바울의 구약 해석과 구약 본래의 의미 사이의 불협화음을 들을 수밖에 없었다.

적어도 성경비평 작업이 계몽주의의 영향을 받아 시작된 이래로, 독자들은 구약 본문 자체와 신약에서 인용된 구약 인용문이 문자적으로 현저한 차이를 보인다는 것에 각별히 주목해왔다.[13] 초기에 학자들은 둘 사이에 나타나는 차이를 본문비평(textual criticism)을 통하여 해결하곤 했다. 하지만 지난 세기에 이르러, 그저 본문의 다양한 전승을 검토하는 것만으로는 바울이 구약을 원문과 다르게 사용한 것을 설명할 수 없다는 것을 인정하게 되었다. 또한 구약 인용문이 칠십인역과 완전히 일치하는 경우에조차도 구약성경이 의도한 "본래 의미"와 바울이 해석한 의미 사이의 부정할 수 없는 간극으로 인해, 바울의 구약 인용과 관련한 문제들은 사본학적 이슈가 아닌 해석학적 이슈로 간주되기 시작했다. 이 문제는 다양한 반응을 불러 일으켰는데, 어떤 이들은 격분하며 바울의 해석들을 오류로 치부하였고, 반대로 어떤 이들은 바울을 변호하기 위해 사력을 다했다.

어떤 비평학자들은 슐라이어마허(Schleiermacher)의 후계자인 조지 린드벡(George Lindbeck)이 종교의 "경험 – 표현적"(experiential-expressive)[14] 해석이라고 부른 것을 표방하면서, 바울의 구약 해석을 그의 종교적인 경험에 비하여 부차적인 것으로 여기며 바울의 해석학적 독특성을 무시하기 일쑤였다. 그 예로, 퍼시 가드너(Percy Gardner)는 자신의 1913년 저작에서 자연스럽게 다음과 같은 이야기를 했다.

> 대사도가 영적 경험을 지적인 형태로 전환하려 애쓰는 과정에서
> 온갖 오류의 가능성이 개입하게 된다. 이 오류들의 가장 큰 원천
> 은 그의 구약성경 사용이다. 바울은 구약을 1세기 랍비들의 성경
> 해석 방식으로 읽는데, 이러한 방식은 진정한 비평 방법론에 부
> 합하지 않는다. … 바울은 구약의 단어에 면밀히 주목하는 랍비
> 들의 연구 방식을 가지고 특정한 단어들의 형태들을 강조하였는
> 데, 이러한 작업은 구약 저자들에게는 매우 낯선 것이었다.[15]

이에 따르자면, 혹여 바울이 자신의 문화적 배경으로 인해 구약을
오독했다 하더라도 그것은 문제가 되지 않는다. 왜냐하면 바울 메시지
의 본질은 그러한 해석 환경에서 비롯한 것이 아니라 그리스도와의 연합
이라는 경험에 기초하고 있기 때문이다. 그렇다면 이스라엘의 성경은 바
울의 신학을 형성한 요소가 아니다. 환언하면, 바울은 자신이 구약을 어
떻게 해석하느냐와 관계없이 이미 획득한 경험적 근거를 가지고 (기독
교) 신앙의 양상을 설명하기 위하여 구약성경을 이용한 것뿐이다. 이러
한 입장에 서서 가장 단호한 진술을 했던 사람은 바로 아돌프 폰 하르낙
(Adolf von Harnack)이다. 하르낙은 바울이 구약을 전승하는 "경전의 종
교"(book-religion)를 만들 의도가 전혀 없었으며, 단지 유대교로 개종한
대적자들의 공격에 대답해야 할 때에만 구약성경을 사용하였다고 주장
했다.[16]

루돌프 불트만(Rudolf Bultmann)은 이러한 관점을 신학적으로 보다
더 정교하게 발전시켰다. 불트만은 자신의 『신약신학』(*Theology of the
New Testament*)에서 구약성경을 바울 사상의 주변적인 요소로 치부했
다. 그에 따르면, 바울은 단지 케리그마를 표현하기 위한 적당한 그릇이
었던 구약의 신화적인 언어와 상징을 임시로 사용한 것뿐이었다. 이러한
구도 속에서 이스라엘의 성경은 별다른 역할을 하지 못하며 결코 바울

의 신학을 지탱하는 뿌리가 될 수 없다. 바울의 사상 안에, (묵시적 종말론과 같은) 구약성경적인 신화의 흔적이 남아있을지라도, 그것은 새로이 발견한 진정한 자아이해 방식을 케케묵은 종교적 관용구로 표현하려는 시도로 간주되어야 한다는 것이다.[17] 더 나아가 불트만은 바울을 해석함에 있어서, 율법과 복음을 반제로 놓는 루터란(Lutheran)의 확고한 전통을 기준으로 삼아 구약성경을 주로 율법에 대한 증거로 보았고, 또한 구약을 현상학적으로(phenomenologically) 이해하여 "하나님의 요구"의 재현, 곧 은혜의 복음을 위한 배경으로서 수행할 수 없는 명령의 재현으로 여겼다. 이렇게 구약은 "은혜 아래 있는 존재의 필요조건"이지만, 결과적으로는 은혜를 위해 봉사하는 부정적인 들러리(foil)로만 기능할 뿐이며,[18] 혹여 바울이 구약성경을 통해 복음으로 인도하는 율법을 우연히 경험했다 하더라도, 은혜를 알게 하는 도덕적 요구에 대한 양심은 "구약의 율법이 아닌 역사 속의 다른 전형들"을 통해서도 동일하게 일깨워질 수 있다고 보았다.[19] 따라서 불트만에게 있어서 구약의 이야기와 명령, 약속이 가진 역사적인 특수성은 기독교 신앙에 있어서 그다지 중요하지 않다. 왜냐하면 "구약성경은, 우리가 아닌, 특정 민족사[*Volksgeschichte*] 속에 존재하는 특정 백성들에게만 유효"하기 때문이다.[20] 이러한 분석은 결국 기독교 신학에 있어서 구약성경의 계시적 기능을 극단적으로 부정하는 결과를 낳았다.

> 유대인들에게 있어서 하나님의 계시였고, 여전히 지금도 계시인 구약성경은, 기독교 신앙과 관련해서는 더 이상 계시가 아니다. 기독교인들에게 이스라엘의 역사는 과거의 한 때일 뿐이다. … 이스라엘의 역사는 우리의 역사가 아니기에 하나님이 그 역사 속에서 보여주시는 은혜는 우리와 무관하다. … 이스라엘에게 특별한 의미가 있었던 계시적인 사건들은 더 이상 우리에게 무의미하다. … 기독교의 신앙 안에 있는 구약성경은, 진정한 의미에서, 하나님의 말씀이 아니다.[21]

20세기의 가장 탁월한 신약 학자들 중 하나로 손꼽히는 이들이 무지해서 구약성경의 가치를 이토록 부정했던 것—자유주의 개신교 (liberal Protestantism)에서 흔히 확인할 수 있는 태도—이 아니다. 하지만 그들이 바울서신을 읽고 어떻게 그러한 결론에 이를 수 있었는지 이해하기는 쉽지 않다. 불트만은 구약신학—그리고 유대교—을 선험적(先驗的)으로 평가함으로써 바울이 구약을 사용하여 실제로 증언하고자 했던 바를 포착하지 못했던 것 같다. (이것이 바로 불트만이 바울의 "오독"[misreading: "오독"이란 해럴드 블룸(Harold Bloom)의 용어로서, 블룸의 오독에 관하여는 본서 제1장 및 제5장 참조하라–역주]에 주의를 기울이지 않는 이유이다.) 필자는 바울이 사용한 구약성경들을 조금 더 주의 깊게 살펴보아, 불트만의 입장과는 전연 반대되는바, 곧 구약성경이 바울의 사상 안에서 어떤 역할을 하고 있는지 밝히고자 한다. 불트만이 20세기 신약연구 분야 내에서 널리 영향을 미친 것 중 하나는 바울의 구약 해석에 대한 연구를 지연시킨 것이다. 더구나 불트만에 반대하는 학자들은 바울이 구약성경을 "실제 역사"로[22] 읽었다는 시대에 뒤쳐진 주장을 함으로 엉뚱한 영역에 논의를 형성하였는데, 이는 바울의 구약 해석에 관한 연구가 더욱 더뎌지도록 하는 데에 일조했다.

　　가드너와 하르낙의 전통 정반대 편에는 구약성경이 원래 의도했던 바와 바울의 구약 해석 사이의 간극을 인식하면서도, 바울신학에 있어서 구약의 중요성을 강조하고 바울의 구약 해석에 정당성을 부여하여 그 간극을 최소화하려는 해석자들이 있었다.[23] 그 예로써, 리처드 롱네커 (Richard Longenecker)가 있다. "바울은 구약성경을 무수히 인용하면서 구약이 원래 의미했던 바를 고수하였다. 혹, 바울이 구약의 의미를 확장시키더라도, 유대 사상인 '공동체 연대'와 '역사적 사실성', 그리고 기독교 사상인 '종말론적 성취'와 '메시아의 존재'를 전제한다면, 그가 구약을 확장하여 해석하는 이유를 이해할 수 있다."[24] 이러한 주장에 동의하자면 우리는 참으로 많은 것들을 수용해야 한다. 롱네커는 바울의 구약 해석이 미드라쉬적인(midrashic: 유대교의 전승들에 대한 해석 및 주석을 모아 놓은 것. 이에 관한 자세한 논의는 본서 제1장 참조-역주) 전승들에 대한 해석 및 주석을 다루는 유대교 특징을 가지고 있다고 강조하는데, 이러한 분석은 바울의 해석의 방법론을 변호하려는 대부분의 비평가들이 가진 딜레마를 보여준다. 곧, 바울의 해석 방법이 1세기 유대교의 해석적 관습과 동일시될수록 임의적인 해석으로 간주됐던 바울의 해석은 더욱 역사적인 것으로 드러나겠지만, 동시에 바울의 석의를 그렇게 역사적인 것으로 설명한다면 불트만을 위시한 현대인들이 그토록 확신을 가지고 말했던 신화적 창조(mythical creature)에 대하여 어떤 설득력 있는 규범적 가치를 제시하기 어렵게 된다.

하지만 바울의 구약 사용에 대한 수많은 비평적 연구는 이러한 해석학적 난점들을 해결하려 하기보다는 학문에 있어서 기초적이고 기계적인 과업에 집중하였다. 그래서 바울의 구약 인용과 인유(引喩, allusion: 일종의 간접적인 인용 방식-역주)는 목록화 되었고, 그 도입 공식이 분류 되었으며, 다양한 구약 본문 전승과의 관계도 연구되었고, 그 해석 방법은 유대교와 초기 기독교 안에 있는 다른 해석의 방법들과 비교되었다.[25] 그 연구들의 가치는 결코 폄하될 수 없을 것이다. 그렇지만 이러한 연구는, 이를테면, 퍼즐의 조각들을 낱낱이 펼쳐놓는 것과 같았다. 그렇다면 각각의 퍼즐 조각들을 어떻게 한 데로 모을 수 있는가? 바울서신의 구약 인용문들을 "펼쳐놓는" 대부분의 작업은 이미 한 세대 전에 끝났지만, 우리는 여전히 바울서신을 "해석학적 사건"으로서, 곧 공동체의 문제를 다루기 위하여 구약을 재해석하는 작업으로서 설명하는 데에는 만족할만한 대답을 내놓지 못하고 있다.[26]

바울의 구약 사용에 대한 학자들의 전통적인 의문들은 충분히 설명되었거나, 그렇지 못하더라도 논의가 될 수 있는 만큼은 되었다. 이 질문들은 다섯 가지 범주로 나누어 생각해 볼 수 있다.

1. 본문비평에 관한 질문: 바울은 어떤 형태의 구약 본문을 알고

있었으며, 어떤 본문을 사용하였는가?

2. 인용의 빈도에 대한 질문: 바울이 주로 인용한 구약의 책과 본
   문은 무엇인가?

3. 해석의 역사적 배경에 대한 질문: 바울은 어떤 공동체의 해석
   전통을 대표하는가? 바울의 해석이 미드라쉬적이라는 것을—
   바리새파 (초기의 랍비) 유대교의 대표적인 해석 방법—구체
   적으로 논증하려는 최근의 많은 시도들은 이 질문에 대한 대
   답이 될 수 있을 것이다. 또한 바울의 해석 방식이 초기 기독
   교의 성경 해석 전승들과 어떤 관계가 있느냐는 질문도 이와
   관련이 있다.

4. 신학적 타당성에 관한 질문: 바울은 주석적-신학적 진정성을
   가지고 구약을 사용하는가? 아니면, 그저 자신의 주장을 지
   지하기 위한 증거본문(prooftext)으로 구약의 의미를 왜곡하
   여 이용하고 있는가? 물론 이 문제에 대한 길고도 긴 논쟁의
   역사는 아직도 끝나지 않았다. 이 논의의 저변에는 바울이 율
   법의 기능을 어떻게 이해하고 있는지에 관한 문제가 놓여 있
   다.[27]

5. 성경의 영감과 권위 대한 질문: 바울은 구약성경의 기원에 대
   한 어떠한 교리를 가지고 있으며 구약에 대하여 어떠한 규범
   적 주장을 하는가?

실천적인 차원에서 이 질문들은 서로 겹치는 부분이 있기에, 이들을
한 데로 모은다면 적당한 논의의 영역을 형성할 수 있을 것이다.

그러나 최근의 연구들은, 한물간 문제만을 반복하여 다루며 스스로
를 변호하는 데에 힘을 쏟는 경향 탓에, 바울의 구약 해석을 이해하는 데
에는 거의 나아가지 못하는 것 같다. 가장 창의적이라는 바울 주석가들
도 사회과학이나[28] 고대 수사학을[29] 해석의 방법론으로 사용하면서 다
른 방향으로 나아갔다. 폭넓은 신학적 문제들을 다루는 연구에서조차도

성경 해석자로서의 바울은 거의 다루어지지 않는다.[30]

바울이 구약을 어떻게 읽었는가를 묻는 것은 바울서신의 논리와 목적을 이해하는 데에 대단히 중요하기에, 필자는 그러한 상황에 대해 매우 유감스럽게 생각한다. 바울의 읽기를 설명할 수 있는 어떤 해석학적 방법론이 있는가? 바울의 구약 해석이 전적으로 특이한 것인가? 바울이 구약을 인용하고 인유하면서 발생시키는 문학적이고도 신학적인 변형들에 대해 어떠한 이해를 가져야 하는가? 앞으로 이야기하겠지만, 바울의 해석학에 대한 기존의 많은 논의들은 정밀한 검토와 재고가 필요하다.

더 나아가, 바울서신에 "해석학적 사건들"(hermeneutical events)이 나타난다면, 바울이 다루고 있는 구약 본문들은 성경 해석의 방법과 과제에 대한 규범적인 모델이 될 수 있을 것이다. 그러나 해석학적 규범에 관한 문제는, 성경 해석자로서의 바울을 새로이 고찰하는 것보다 선행될 수 없기에, 본서의 마지막 장을 위하여 남겨 두고자 한다.

미드라쉬로서의 바울의 해석학?

최근에 급증하고 있는 랍비 미드라쉬(midrash)에 대한 연구에 부응하여, 바울의 이러저러한 성경 해석이 미드라쉬라고 주장하는 논문들이 넘쳐났다.[31] 하지만 많은 경우에 있어서, 그러한 논문들이 결국 무엇을 말하고자 하는지는 분명하지 않은 것 같다. 혹여, 바울이 유대인의 구약 해석 방식을 자신의 시대와 상황에 적용했다는 사실을 단순히 의미하는 것이라면, 모든 이들은 분명히 그 의견에 동의할 것이다. 물론 그러한 주장은 옳지만, 그것은 특별한 것은 아니다. 이러한 차원에서라면 유대인과 기독교인들의 모든 성경 해석 방식은 언제 어느 곳에서나 미드라쉬의 실례가 될 수 있을 것이다.[32]

보통, 바울의 해석 방식을 미드라쉬로 구분 짓는 것에는 보다 분명하고 특별한 의미가 있다. 곧 랍비 미드라쉬는, 어떤 방식으로든, 바울의 사상을 이해하기 위한 적절한 역사적 배경을 제공한다.[33] 이는 때로 바울의 사상적 배경이 헬라적이거나 영지주의적인 것이 아니라 유대적이라는 식의 대립적인 진술로 제시되곤 한다. 이러한 대립적인 접근 방식은 E. 얼 엘리스(Earl Ellis)와 A.T. 핸슨(Hanson)과 같은 비평학자들의 작업에 분명하게 나타나는데,[34] 사실 유대-헬라 이분법 자체는 주의 깊은 검토가 필요하다. 그 외에도 랍비 미드라쉬를 바울의 역사적 배경으로 활용하려는 시도에는 복잡한 문제들이 얽혀있다. 후대의 랍비 미드라쉬를 보다 초기의 자료에 속하는 바울서신의 역사적 배경으로 규정하려는 것도 작은 문제는 아니다. 필립 알렉산더(Philip Alexander)가 자신의 최근 논고에서 밝혔듯, 주후 70년과 135년에 발생한 대사건 이전과 이후로 나타나는 유대교의 거대한 변화를 무시하는 사람은 누구든지 "헤어 나올 수 없는 시대착오적 오류에 빠지기 쉽다. … 아무 고민도 없이 70년 이후의 유대 전통으로 70년 이전의 유대교를 읽으려는 신약 학자들의 방식은 전적으로 부당하다."[35] 따라서 바울이 후대의 미드라쉬를 사용했다는 주장보다, 랍비들이 바울의 방식을 사용했다는 주장이 더욱 타당할 것이다.[36]

랍비 유대교(그 중에서도 특히, 쿰란 공동체와 필로의 스콜라적 알렉산드리아 유대교)는, 초기 기독교 못지않게, 이스라엘의 성경에 나난 종교나 문화유산과는 다르게 변천해왔다. 따라서 랍비 유대교와 초기 기독교는, 적어도 처음에는 서로 관련이 있었더라도, 각기 독자적인 것으로 연구되어야 한다. 무엇이 무엇에 기초하고 있고 무엇이 무엇에 영향을 주었는지 논하는 것은, 사료들의 계보가 역사적으로 증명되지 않는 한, 오도되기 쉽다. 사료의 위치와 관련한 한 가지 분명한 사실은 이스라엘의 성경과 관련한 것으로, 양 전통은 모두 이스라엘의 성경을 자신들의 전혀 다른 신학을 지탱하는 권위의 원천으로 여겼다는 것이다. 따라서 두 전통의 구약 사용 방식을 독립적으로 연구하는 것은 (비록 기초단계의 작업일지라도) 유익한 작업이라 하겠다.

하지만 바울의 성경 해석과 랍비의 것을 서로 연관시켜 읽을 때, 그렇지 않았다면 밝혀지지 않았을 해석의 가능성들이 열리게 되지만, 하나로 다른 하나를 설명할 때에는 대단한 주의가 필요하다. 바울의 성경 해석을 미드라쉬로 설명하려는 것의 방법론적 난점은 세 가지로 형태로 나타난다.

(1) 형식적 비평 "도식"(form-critical map)으로서의 미드라쉬

신약 학자들은 미드라쉬가 구약과 관련한 바울의 논증의 형식적인 구조를 이해하는 데에 필요한 정보를 제공해줄 것이라고 기대하는 경향이 있다. 혹, 우리가 미드라쉬의 구조적 패턴을 형식-비평적으로 규범화할 수 있다면, 그 패턴을 가지고 바울서신에 이따금 나타나는 뒤얽힌 구조를 설명할 수 있을 것이다. 이러한 방법을 가지고 로마서 4장이나 9장과 같은 본문에서 어떤 유익한 결과를 산출할 수는 있겠지만,[37] 우리의 높은 기대를 충족시켜 주지는 못할 것이다. 왜냐하면 바울의 구약 해석과 랍비 미드라쉬 사이에서 공통적으로 나타나는 구조적인 패턴은 일반적인 차원에서만 발견되기 때문이다. 양자는 때로 인용된 구약 본문을 해석할 때에 특정 단어를 가지고 다른 구약 본문을 연결 지으면서 그 의미를 드러내곤 하는데,[38] 이것은 미드라쉬만의 독특한 방법이 아니다. 미드라쉬에 한정된 형식적 패턴을 추구 할수록 바울서신과의 병행 관계는 소원해질 것이다.[39]

(2) 해석학적 방법으로서의 미드라쉬

보통 랍비들이 성경을 해석할 때에 일련의 정리된 해석학적 규칙—이때 보통 힐렐(Hillel)의 7 가지 '미도트'(מידות, *middot*: 유대교의 해석적 규칙을 정리해 놓은 것)와 랍비 이슈마엘(Ishmael)의 13 가지 '미도트'가 특별히 중요한 것으로 간주된다—을 사용한다는 것은 널리 용인되고 있다. 만약 바울이 그러한 규칙을 가지고 구약성경을 해석했다면, 이러한 랍비들의 규칙을 근거로 바울의 해석학을 만족스럽게 설명하는 것이 과연 가능할까? 이 희망 역시 실망을 낳을 수밖에 없다. 왜냐하면 '미도트'의 연대를 추정하는 것과 '미도트' 자체를 해석하는 것이 어렵기는 하지만,[40] 이러한 이유와는 별개로 '미도트'는 사실상 성경 해석에 관한 법칙이나 지침을 제공하는 것이 아니라 전의(轉義, trope: 한 단어의 고유한 의미가 아닌 표상적인 의미를 취하는 수사학-역주)의[41] 창고, 곧 창조적인 텍스트 해석 행위를 모아놓은 저수지(repertoire)로 기능하기 때문이다. '미도트'는 텍스트의 의미를 발견할 수 있는 해석 방법론에 대하여는 이야기하지 않지만, 텍스트 자체가 지시하는 의미가 아닌, 더욱 많은 의미들을 양산할 수 있는 길을 제시한다. 야콥 누스너(Jacob Neusner)는 미드라쉬에 속하는 레비티쿠스 라바(Leviticus Rabbah: 레위기에 대한 설교적인 미드라쉬-역주)에 대하여 논하면서 이러한 전의들의 의미를 다음과 같이 요약하였다.[42]

> 우리는 레비티쿠스 라바에 인용된 구약성경 구절들이 … 무엇을 의미할지 예측할 수 없다. 한 구절은 또 다른 추가적인 구절에 비추어 해석해야 한다는 주장이 있는 만큼, 레비티쿠스 라바에 제시된 성경 구절을 그저 읽고서—주어진 주제가 드러나는 방식, 또는 주어진 제안이 주제를 통하여 메시지를 전하는 방식—처음부터 그 의미를 예측해서는 안 된다. … 그래서 끊임없이 사용되는 구약성경 구절들은 발화의 수단이 되지만, 단지 화가가 가진 색채로서만 기능할 뿐이다. 화가는 색체 없이 아무 것도 그릴 수 없다. 그러나 색체가 그림을 그리는 것이 아니다. 그림은 화가가 그리는 것이다.

해석자는 창조적인 선택을 할 수 있기에, 해석학은 '미도트'를 흉내 내서 되는 것이 아니다. 이는 마치 시인의 뜻이 제유법(提喩法)이나 의인법(擬人法)과 같은 문학적인 장치를 활용할 수 있는 능력에 담기지 않는 것과 같다.

좌우간 바울이 실제로 사용했다고 간주되는 '미도트'들을 관찰해 보면, 두 가지 방식, 곧 '게제라 샤바'(גזירה שוה, *gezerah shawah*: 공통된 단어로 두 본문을 연결하는 것)와 '칼 바호메르'(קל וחומר, *qal waḥomer*: 덜한 것으로 더한 것을 추론하는 것)가 매우 중요하다는 것을 알 수 있다. 그런데 데이비드 다웁(David Daube)이 설명한 것처럼, 이 수사학적 장치들은 랍비들만의 독특한 것이 아니다.[43] 그뿐 아니라, 바울이 이따금 사용하는 그러한 수사학들이 형식적으로는 랍비들의 관습과 유사한 것처럼 보이더라도, 로마서 4장의 경우에서 볼 수 있는 것처럼, 바울의 실질적인 구약 사용은 랍비들의 것과는 근본적으로 다르다. 바울의 해석학은 공인된 어떤 해석학적 방법론에서 오는 것이 아니라 기독교가 가진 확고한 믿음에서 온다. 바울은 구약에서 예표된 예수 그리스도의 복음, 곧 이방인들을 하나님의 백성으로 부르시는 복음을 발견한다. 바울의 구약 해석은 이 주제를 향하여 가차 없이 파고든다. 이 복음은 결코 랍비들의 해석학의 중심이 될 수 없다.[44]

(3) 허가증(license)으로서의 미드라쉬

미드라쉬는 면죄부로도 기능할 수 있다. 곧, '미드라쉬'라는 용어는 수많은 해석들의 오류를 덮기에 용이하다. 어떤 기독교 주석가들은, 마치 유대인들이 먹어도 되는 음식을 코셔(kosher: 율법에 따라 먹기에 합당한 것으로 결정된 음식-역주)로 인증하듯, 바울의 난해한 성경 해석을 단지 미드라쉬로 간주함으로써 그 당혹스러움을 해결하려 한다. 때로 어떤 주석가는 바울이 랍비 전승에 이미 존재했던 아이디어와 모티프를 사용하였다고 주장한다. 바울이 언급한바, 시내산에서 천사가 율법을 수여한 것이나 광야에서 반석이 이스라엘을 따라 다녔던 것이 그 예가 될 수 있다. 이와 같은 주장은 바울의 구약 해석과 동일한 해석이 바울서신보다 앞서 기록된 유대 문헌들에 확실하게 나타나는 몇 안 되는 경우에만 가능하다. (따라서 바울의 당혹스러운 해석들을 모두 전승의 탓으로 돌리려는 태도는 재고할 필요가 있다. 바울은 전통 못지않게 자신이 지어낸 이야기를 굳건히 고수하기 때문이다.)

더욱 의심스러운 것은 유대 전승에 나타나지 않는 바울만의 이상한 해석에 미드라쉬 딱지를 붙여 자연스럽게 넘어가려는 태도이다. 예컨대, "그 반석은 곧 그리스도였다"(고전 10:4)라는 어구를 미드라쉬의 예로 상정할 때, 이 용어는 막연히 "자유롭고 실없는 해석"만을 의미하게 된다(이러한 차원에서, 해체주의자들과 현대 문학이론가들은 미드라쉬에서 자신들의 해석학의 역사적 실례를 발견하였기에, 그러한 의미의 미드라쉬를 매우 선호했다).[45] 이 경우에 미드라쉬는 자신의 권위로 신비함을 유지하면서 해석을 모호하게 만든다. 쉽게 말하자면, '시청각적 이미지를 어떻게 연결하였기에 이렇게 창조적으로 해석할 수 있었는가?', '그 해석 작업은 어떠한 결과를 가져오는가?', '그 해석에 공감하는 독자들은 어떠한 반응을 보이고 있는가?'를 물으며 명확한 해석을 추구해야 할 때, 어떤 해석에 '미드라쉬' 딱지가 붙으면, 마치 그러한 질문들이 이미 설명이 되었다는 듯한 느낌을 주면서, 해석의 과정을 멈추게 한다. 따라서 앞서 나열된 질문들은 바울서신에서 뿐 아니라 랍비들의 해석에 대해서도 제기될 필요가 있다.

상호텍스트성(intertextuality): 접근 방식의 제안

랍비 미드라쉬와 바울서신은 모두 상호텍스트적 담론(intertextual discourse)의 전형적인 실례라는 점—더구나 양자의 전거(典據)는 구약성경으로 동일하다—에서 유사하다 말할 수 있다. 상호텍스트적 현상—후대의 텍스트 안에 선대의 텍스트 파편들이 박혀있다는 것—은 성경을 계승해온 문화 안에서 언제나 주요한 역할을 해왔다. 어떤 식으로든 권위 있는 것으로 간주되었던 구약성경의 음성은, 선(先) 텍스트를 의존하고 변형시키는, 후(後) 텍스트를 통하여 울려왔다. 이러한 상호텍스트적 현상은 정경의 목록이 공식적으로 확정되었을 때 발생한 것이 아니다. 미드라쉬에 대한 연구로 시대의 획을 그었던 르네 블로흐(Renée Bloch)는 후대에 미드라쉬라고 불린 새로운 성경해석 작업이 성경 저자들—이들은 선대의 텍스트와 전승을 모으고 해석하고 변경시켰다—의 작품 안에 이미 나타나고 있다는 것을 발견하였는데, 이는 마이클 피쉬베인(Michael Fishbane)의 『고대 이스라엘의 성경해석』(*Biblical Interpretation in Ancient Israel*)에서 명쾌하게 입증되었다.[46]

혹자는 구약성경 전체가, 초기 랍비 시대에 정경으로 확정될 때까지는, 각 본문들을 서로 침해하며 전략적으로 재해석하는 작업에 노출되어 있었기에, 최종적으로 우리 손에 들린 정경 본문은 가르침과 그 가르침의 전복(顚覆), 규칙과 그 규칙의 확장, 상투적 표현과 그 표현의 수정으로 가득 차있다고 말한다. 적어도 정경이 확정되기 전까지, 고대 이스라엘 내의 '계시와 전승'(Revelation and Tradition)은 상호의존적으로 견고하게 얽혀있었기에, 전수된 히브리 성경은 그 자체로 해석적인 전승의 산물이라 말할 수 있다.

이렇게 "성경 내의 성경 해석"(inner-biblical exegesis)을 배경으로 하여 바울서신을 읽는다면 전승의 흐름 안에서 바울의 위치를 새롭게 이해하게 된다. 곧, 바울은 자신을 예언자적 인물로 여기고서,[48] 이스라엘의 선지자들과 지혜자들이 항상 그래왔던 것처럼, 과거의 계시를 새로운 환경 안에서 재해석함으로 하나님의 말씀을 선포하였다.

물론 상호텍스트적 현상은 결코 어떤 종교 공동체에서 경전으로 간주되는 텍스트에 국한되는 것은 아니다. 이것은 성경신학자들이 문학비평가들—신학자들과 마찬가지로 상호텍스트성이 반영된 실체인 정경을 다루는—에게서 배울 수 있는 중요한 사안 중 하나이다.[49] 스펜서(Spencer), 셰익스피어(Shakespear), 밀턴(Milton), 워즈워스(Wordsworth), 스티븐즈(Stevens) 등이 생각하는 정경의 범위는 오경과 선지서, 성문서를 넘어선다. 비평가에 따라 정경의 범위가 다르지만, 현재 구(舊) 텍스트의 음성—과거를 분명하게 환기시키는—에 귀를 기울여야 한다고 주장하는 독자 공동체에서는 언제나 상호텍스트적 저작과 읽기가 발생할 것이다. 그러므로 문학비평에서 발전되어 온 상호텍스트성에 대한 어떤 접근 방식이 바울서신에 적용 되어 그 이해를 도울 수 있다는 것이 본서의 잠정적인 가설이다.

그러나 문학비평에서 논하는 상호텍스트성은 명료한 텍스트의 전거를 저자가 어떻게 인용하고 인유하는지에 대한 연구에 한정되어 있지 않다. 상호텍스트성 연구에 큰 영향을 미쳐온 쥘리아 크리스테바(Julia Kristeva)와 롤랑 바르트(Roland Barthes)는 상호텍스트성을 텍스트의 의미를 발생시키는 기호론적 모체(semiotic matrix)에 대한 연구로 정의하였다.[50] 이러한 관점에서 모든 담론은, 앞서 주어진 담론이 그 이후의 담론과 연관 되어서 앞선 담론을 이해하기 위한 조건이 된다는 점에서, 반드시 상호텍스트적일 수밖에 없다. 조나단 컬러(Jonathan Culler)가 관찰했듯이, "따라서 상호텍스트성은 단지 후 텍스트에 대한 선 텍스트의 관계를 일컫기보다는 후 텍스트가 앞선 문화의 담론공간(discursive space)에 참여하는 것을 가리키게 되었다."[51] 이러한 상호텍스트성에 관심을 두는 비평학에서는 텍스트가 발현하고 기능하는 장, 곧 문화적 관례들(codes)을 가지고서 상호텍스트적 공간을 탐구한다. 순식간에 사회학과 인류학으로 흘러 들어간 이러한 종류의 비평학은 실제로 역사비평의 관심을 집중적으로 다룬다. 어떤 성경 본문에 선행하는 자료를 찾으려는 역사비평가들 역시 상호텍스트적 공간을 해석의 조건으로 삼는다. 이러한 접근 방법들 사이의 주된 차이라면, 역사비평가들은 특정 본문의 기원(genetic)이나 우연적인(casual) 상황을 설명하려 했던 반면, 크리스테바와 바르트와 같은 비평가들은 텍스트가 보여주는 관례나 관습체계를 명시하는 데에 관심이 있었다.[52]

필자는, 문학비평가들의 고유한 관심과 연구의 가치를 부정하지 않고서, 바울서신의 특정 본문들에 나타난 구약의 인용과 인유들을 살펴봄으로써 상호텍스트적 현상—보다 제한된 의미에서—을 논의하고자 한다. 바울은 자신의 이야기를 유일하고 위대한 전거—이스라엘의 성경—에 의해 창조된 상징적인 공간 안에서 계속적으로 펼쳐 나가기에, 상호텍스트적 관점에서 바울서신에 접근하는 것은 가능할 뿐 아니라 유익하기도 할 것이다. 토머스 그린(Thomas Greene)의 르네상스 장편시들에 대한 언급은 동일하게 바울의 저작에도 적용될 수 있다. 즉, 르네상스 시인들은 "권위를 가진 한 선대의 시인에게 다가가 자신들을 그 권위 있는 인물에게 단단히 결부시키려 한다."[53] 바울의 마음 깊은 곳에는 구약성경—특히 칠십인역—의 어휘와 어조가 각인되어 있어서, 성경에 나타난 이스라엘의 위대한 이야기는 바울의 소명과 정체성, 구원관과 세계관을 형성하는 상징과 메타포의 저장고로 기능한다. 요하자면, 바울의 신앙의 표현은 그 특징에 있어서 상호텍스트적인 양상을 보일 수밖에 없기에, 이스라엘의 성경은 바울의 문학적인 서신을 "구성하고 있는 확고한 하위 텍스트"라고[54] 말할 수 있겠다.

이러한 상호텍스트적 접근 방식에서는 바울서신에 나타난 구약 외적 자료의 존재를 부정하거나 그 영향을 배제시키지 않는다. 다른 많은 분야에서 연구해왔듯, 바울의 담론공간 내에는 바울이 헬라 문화 내에서 "이미 읽었던" 표현들이 부지기수 나타난다.[55] 하지만 현재 우리의 상호텍스트적 반향에 관한 연구는, 바울이 권위 있는 전거로 인정하고 있는 것이 확실한, 이스라엘의 성경에 제한될 것이다.

상호텍스트성에 대한 의문은 (용어 자체에 대한 것이 아닐지라도) 20세기 내내—적어도 T.S. 엘리엇(Eliot)이 1919년에 저작한 논고, "전통과 개인의 자질"(Tradition and the Individual Talent) 이래로—문학비평 논의에 매우 중요한 역할을 차지해왔다. 엘리엇은, 많은 독자들과 비평가들이 작품의 새로움과 개성을 중시하며 "선대의 시인들과 다르다는 것에 만족"하는 경향에 대하여 개탄하며, 다음과 같이 도전했다. "한 작품에서 최고의 부분이자 가장 개성 있는 부분은 죽은 시인들 곧, 선대의 시인들이 살아서 역동하는 부분이다."[56] 물론 엘리엇의 지적은 자신의 시적 관습에도 나타난다. 예컨대, "황무지"(The Waste Land)에는 선대 시의 파편들을 자의식적으로 긁어모은 거대한 모자이크로서 시대가 추구하는 감성에 대해 환멸을 표현하는 새로운 시적 구조물, 곧 "브리콜라주"(bricolage)의[57] 정수가 나타난다. 엘리엇은, "황무지"에 달려있는 다소 유별난 각주들을 통하여, 선대의 모든 시인들에게 빚을 지고 있음을 분명하게 인정한다.

1973년, 해럴드 블룸(Harold Bloom)의 『영향에 대한 불안』(Anxiety of Influence)이 출판된 이래로, 상호텍스트적 영향에 대한 비평적 관심이 고조되었다. 블룸은 독특한 방식—추후에 일련의 연구로 더욱 발전된[58]—으로 전통과 씨름하는 시인에 대하여 매우 강렬하게 묘사했다. "모든 시는 모시(parent poem)에 대한 오독의 결과로 발생한 것이다."[59] 모든 시인은 강한 선대 시인들의 작품들을 오독함으로써 주체성을 갖는 후발자이다.

> 시적 영향—강하고 진정한 두 시인이 관계할 때—은 항상 앞선 시인들을 오독함으로써 발생하는데, 이 오독은 실제적으로 필연적인 창조적 교정 행위라 말할 수 있다. 풍부한 결실을 맺은 시적 영향의 역사, 곧 르네상스 이래로 서구 시의 주류라고 말할 수 있는 시적 영향의 역사는 불안의 역사이고, 자기구원과 왜곡의 역사이며, 도착적이고 의도적인 수정주의(revisionism: 선대 시인들을 모방한 후발 시인들은 그 영향에 대하여 불안을 가지고 있는데, 이 불안을 떨치기 위하여 선대의 작품들을 수정해 나가면서 자신만의 새로움을 추구하는 것-역주)의 역사인데, 이 수정주의 없이는 근대시 자체가 존재할 수 없었을 것이다.[60]

블룸은, 창조주 아버지에게 의존해야 했지만 자신의 의지에 따라 반역하고 창조를 왜곡하여 그 자신을 창조주의 피조물이 아닌 스스로의 창조물로 새로이 규정하려 했던, 밀턴의 사탄을 시인의 의식에 대한 상징적 표상(allegorical figure)으로 본다. 물론 그 배경—블룸의 도식에 이론적으로 지대한 영향을 미쳤던—에는 니체(Nietzsche)와 프로이드(Freud)가 있다. 강하고 진정한 시인은 전통을 지배하려는 권력에의 의지(여기서 블룸은 니체를 가지고 이야기한다)를 가진 '초월독자'(Überleser: 스스로를 신적 존재로 여기는 독자-역주)로 묘사될 수 있으며,[61] 전통을 넘어서고자 하는 것은 아버지에 반(反)하는 오이디푸스(Oedipal)의 폭력으로 상징될 수 있다(여기에서는 프로이드를 사용한다).[62]

이러한 블룸의 접근은 결국 해석자—텍스트를 해석한다는 것은 후발 시인과 선대 시인 사이의 '아곤'(ἀγών: 희극에 등장하는 인물들 사이의 갈등을 표현하는 용어로서 블룸이 차용했다-역주)의 과정을 설명하는 것이기에—로서의 시인의 정신세계에 주의를 집중시킨다. 그러면서 동시에 문학과 해석학 사이의 구분을 최소화 시킨다. 모든 시가 해석학적이라면, 모든 해석학은 시적이라는 추론은 어렵지 않다.[63]

블룸의 비평 작업을 요약한 것만으로는 그 복합성이나 기이한 계획을 모두 전달하기는 어렵다. 하지만 블룸이 벌여놓은 엄청난 과업은 우리로 하여금 시적이고 종교적인 창조 작업의 본질적 양상에 주목하게 하는 유익이 있다. 어느 누구도 블룸에게 동의하지는 않지만(그의 투쟁 정신이 동의할 수 없도록 만든다. 블룸은 시적 비평의 정상에 홀로 서 있기를 원할 뿐이다), 블룸이 상당한 영향을 주었다는 것에는 이견이 없다. 결과적으로, 블룸의 작업은 상호텍스트적 현상을 연구하려는 최근의 폭넓은 시도에 자극을 주었다.[64]

전통들을 재사용하는 것이 중요하다는 것은 문학비평 내에서 어느 정도 인정되어 왔던 사실이며, 더 나아가 시적 영향에 대한 연구가 "인유의 출처를 찾고 그 횟수를 세는 지루한 작업, 곧 학자가 하던 일을 컴퓨터가 대신함으로써 조만간 사라지게 될 작업"에[65] 머물러 있어서는 안된다는 사실 역시 항상 인지되어 왔다. 인유를 확인하는 것은 해석 과정의 시작일 뿐이다. 블룸 이전의 작가였던 루벤 브라우어(Reuben Brower)가 알렉산더 포프(Alexander Pope)의 시를 가지고 인유를 연구하는 목적에 대하여 설명했던 것을 살펴보자.

> 포프의 시구(詩句)에서 사용되고 있는 옛 관습들을 인식할 때에
> 소소한 기쁨이 있고, 선대의 시들이 반향되는 것을 듣는 것에도
> 적잖은 기쁨이 있다. 하지만 포프가 과거의 시들을 가지고 자신
> 이 의도한 바를 어떻게 표현하였는지를 관찰하는 것이 무엇보다
> 도 중요하다. ⋯ 포프는 압축된 메타포 및 정교한 이미지와 결합
> 된 인유를 사용함으로써 더욱 큰 의미들을 표출하며 더욱 훌륭한
> 공명을 울려낸다. 그리하여 포프의 시는 (존슨[Johnson]의 표현으
> 로) "마음 깊은 곳에 사무친다."[66]

여기서 우리는 비평적 작업을 통해 이전의 시를 반향하는 시인의
기법이 어떤 시적 효과를 낳고 어떻게 더 큰 의미를 산출하는지 보게 된
다.[66]

이러한 과업은 해석자를 역사적인 연구 방식으로 몰아가게 된다. 왜
냐하면 독자는 시인의 인유를 듣고 이해하기 위하여 인유가 위치한 과
거의 전통을 알아야 할 뿐 아니라, 시인 당대에 과거의 전통이 이해되었
던 방식이나, 시인의 역사적인 경험 내지는 그 상황 역시 알 필요가 있기
때문이다. 이것이 바로 상호텍스트성을 연구하는 최근의 몇몇 대가들이
역사적인 입장을 견지하게 된 이유이다(실제로, 역사적인 접근 방식은
해체주의자들에 대한 현대의 가장 중요한 대안이 될 수 있을지도 모른
다). 필자는 여기에서 바바라 르왈스키(Babara Lewalski)의 훌륭한 작품
인『저항시인들과 17세기 영시』(*Protestant Poetics and the Seventeenth-*
Century English Poetry)와 조지 드 포레스트 로드(George deForest Lord)
의『17세기 영시에 나타난 고전들』(*Classical Presences in Seventeenth-*
Century English Poetry)와 J.A. 위트리치(Wittreich)의 밀턴에 대한 연구
(*Visionary Poetic: Milton's Tradition and His Legacy*)와 프란시스 블레싱
톤(Francis Blessington)의『실낙원과 고전 서사시』(*Paradise Lost and*

the Classical Epic)와 같은 작품들이 생각난다.[67] 이러한 저작들에는 공통적으로, 시의 소재를 적절한 문화적 배경 위에 놓음으로써 인유의 문학적 효과를 세밀하게 포착하려는, 굳은 의지가 돋보인다. 이것은 결국, 신약 학자들이 바울에 대하여 대강 했던 작업을, 이상에 나열된 문학가들은 던(Donne)과 허버트(Herbert)와 밀턴에 대하여 정밀하게 하였다는 것을 보여준다.

그러면 우리는 어떻게 해야 하는가? 신약 학자들은, 이상의 문학가들이 1세기가 아닌 17세기의 자료들을 가지고 양산했던 풍부한 작품들을 멀찌감치 감상하며 그저 감탄하고만 있어야 하는가? 그것이 아니라면, 1세기의 신약성경에 나타난 상호텍스트적 인유를 관찰하는 데에 보다 적합할만한 해석학적 모델—블룸이 말하는 해석학적 '휘브리스'('ὕβρις: 스스로를 신으로 여기는 오만함–역주)나 르왈스키와 위트리치의 조밀한 사상사로 흐르지 않는—은 존재하는가? 필자는 이에 관한 대안을 제시하고자 한다. 존 홀랜더(John Hollander)는 『반향의 표상: 밀턴과 그 이후에 나타난 인유의 방식』(*The Figure of Echo: A Mode of Allusion in Milton and After*)에서, 인유와 관련한 시인의 정신세계나 추정적인 역사에 몰두하지 않고 수사학의 의미론적 효과에 주목하는 해석 방식을 보여준다.

홀랜더는 후대 시인들이 새로운 음향 환경 안에서 죽은 시인들의 음성을 변형하여 반향하면서도 선대의 업적을 기리듯이, 선대 시인들과의 갈등을 강조하는 블룸과는 반대로, 전통과의 연속성에서 발견할 수 있는 귀중한 가치를 인정한다. 홀랜더는 인유에 대한 문학적 이론이나 체계적인 방법론을 제시하기보다도,[68] 밀턴을 위시한 다른 시인들이 선대의 음성을 반향하는 곳에서 나타내는 미묘한 뉘앙스를 해석하면서 그러한 반향들이 어떻게 작용하는지를 보여준다. 홀랜더의 치밀한 작품인 『반향의 표상』에서는 "설명적이라기보다는 본래적으로 시적이며, 습관적 표현이라기보다는 새로운 메타포를 창출하는 인유에 대하여 고찰"하려 한다. 홀랜더의 관심은 "실제적이거나 추정적인 당대의 청중"을 연구하는 데에 있지도 않고, 시인이 선 텍스트의 반향을 "스스로 얼마나 인식하고 있으며, 얼마나 의도적으로 계획하고 있는지"를 사색하는 데에 있지도 않다. 그보다도 홀랜더는 반향들이 그 반향을 인식할 수 있는 독자들에게 어떠한 영향을 미치는 지에 주의를 기울인다. 홀랜더에게 있어서 중요한 것은 "인유적인 반향이 새로운 표상(figuration)을 발생시키는 힘을 가지고 있다는 것"이다.[69] 이러한 현상은 과거의 음성이 새로운 배경 위에서 얼핏 들리기 때문에 발생하기도 하지만, "상호텍스트적 반향들이 일반적으로 … 본래의 음성을 해석하기 위하여 왜곡"하기[70] 때문에 발생하기도 한다. 따라서 그러한 반향들에 적절히 대응하기 위한 비평학의 이중적인 과제는, (1) 다른 이들의 이목을 집중시켜 반향들을 들을 수 있도록 하는 것과, (2) 반향들이 낳은 왜곡 및 새로운 표상에 대하여 설명하는 것이다.

물론 이러한 홀랜더의 관심은 기묘한 공상(fancy)의 산물이 아니다. 예컨대, 로버트 알터(Robert Alter)는 그러한 현상이 문학비평의 고유한 규칙으로서 자리 잡을 수 있음을 논하면서,[71] 예이츠(Yeats)의 4행시인, "19세기와 그 이후"(The Nineteenth Century and After)를 인용한다.

> 위대한 노래는 더 이상 돌아오지 않더라도
> 우리가 지닌 것에 예민한 기쁨이 있네
> 멀어지는 파도 아래에 일렁이는
> 해안 자갈들의 재갈거림

이 간결한 시는 무언가를 연상시키는 듯 하면서도 감추고 있는 것 같다. 여기에서 우리가 매튜 아놀드(Matthew Arnold)의 "도버해안"(Dover Beach)의 반향을 들을 때에 비로소 이 예이츠의 시구를 올바로 이해할 수 있다. 아놀드는 "도버해안"에서 "파도들이 물러설 때 자갈들의 / 우르기는 노호"라고 쓴 후에, "슬픔의 영원한 음색"을 들으며 오랜 문화의 틀이 사라져가는 것을 슬퍼한다.

신념의 바다
역시, 한때에는, 대지의 해안을 가득히 둘러
마치 겹겹이 주름 잡힌 빛나는 띠 같은 때가 있었네
허나 이제 나는 들을 뿐이네
침울하게, 아련히, 사라지는 노호를
물러가는 소리를 …

알터는 예이츠가 60년도 더 된 아놀드의 이미지를 넌지시 가져다가
심상을 날카롭게 대조하고 있는 것으로 보았다.

> 언어의 집합체로서의 문학은 본질적으로 인유로 가득 차 있기에,
> 예이츠의 시를 고찰함에 있어서 "도버해안"을 소개하는 것은 결
> 코 현학적인 것이 아니다. 이 경우에, 예이츠는 아놀드의 시를 인
> 용하면서도 그 거리를 유지하고 있다. 예이츠는, 아놀드가 늘어놓
> 는 푸념과는 달리, 모종의 확신을 노래하며, 하이쿠(haiku: 일본
> 고유의 단시[短詩]–역주)와 같이 간결하고 구체적인 아놀드의
> 수사학을 기피한다. … 좌우간 예이츠는 아놀드의 시를 회상함으
> 로써 "도버해안"의 바다 이미지에 담긴 거시적인 의미들과 문화
> 에 대한 기억들을 되살린다.[72]

"회상"(recollection)은 "인용"보다 더 좋은 표현이다. 회상은 인용이
나 공개적인 인유보다도 반향의 의미를 순수하게 담아내기 때문이다. 그
런데 만일 우리가 예이츠의 "재갈거림"(rattle)을 아놀드의 "우르기는 노
호"(grating roar)에 대한 반향으로 듣지 못한다면, 예이츠의 시에 대한
우리의 이해는 빈약해질 것이다.
　이 예는 반향의 특성을 하나 더 보여준다. 인유적인 반향은 종종 홀
랜더가 환제(換提, transumption) 내지는 환용(換用, metalepsis)이라고[73]

명명한 통시적인 수사학으로서 기능할 수 있다. 반향이 선 텍스트와 문학적으로 연결될 때, 새로운 의미를 표상하는 반향의 효과는 두 텍스트 사이의 진술되지 않거나 억압된(환제된) 공명 지점에서 나타난다. 예이츠는 "신념의 바다"에 대하여 아무 것도 말하지 않지만, 예이츠의 시행 위에는 아놀드의 분명한 음정이 배음(倍音)으로 울린다. 홀랜더는 이러한 배음 효과가 비평학에 요구하는 것을 긴밀한 문장으로 기술했다. "환용적 해석은 환제된 자료의 회복을 수반한다."[74] 독자들은 인유적인 반향을 통해 B 텍스트를 이해할 때에 A 텍스트와의 폭넓은 상호작용을 고려하여 명백하게 반향되지 않은 것들까지도 고려해야 한다. 이러한 환용적 표상은 형이상학적 기상(奇想, conceit: 상식적인 공통점이 없는 대상들을 기상천외하게 연관 짓는 문학적 수사학─역주)의 반대 개념으로 볼수 있는데, 형이상학적 기상에서는 작가가 상상력을 동원하여 한 메타포를 취하고 거기에서 온갖 예측불허 한 의미들을 확실하게 쥐어짜내지만, 이와는 반대로 환용은 독자들을 희미하게 표현되거나 진술되지 않은 영역에 세운다. 이제 우리는 환용적인 전의를 계속적으로 사용하면서 구약을 반향하고 있는 바울을 이하의 지면에서 확인하게 될 것이다.

필자는, 바울서신을 상호텍스트적 인유로 읽기 위한 모델로서 홀랜더의 비평학을 제시하면서, 그의 방법을 "적용"해야 한다고 말하는 것이 결코 아니다. 이는 방법의 문제가 아니라 감각의 문제이기 때문이다. 따라서 필자는, 홀랜더를 비롯한 다른 문학비평가로부터, 성경 자체의 내적 공명을 듣는 법을 배우기를 권한다. 바울서신을 읽기 위해 구약에 귀를 기울이는 것이 시대착오적이라 말할 수 있는가?[75] 피쉬베인은 정반대로 이야기한다. 구약을 읽는 이스라엘 공동체 안에서, "모든 의미 있는 진술은 구약적인 진술이거나 구약으로부터 기원한 진술이다."[76] 우리가 만일─홀랜더가 말한─바울을 둘러싸고 있는 "공명하는 의미의 동굴"(cave of resonant signification)[77] 안에서 바울서신을 적절하게 읽지 못한다면 우리는 1세기의 경건한 유대인 바울을 이해하는 데에 큰 어려움을 겪게 될 것이다. 그 동굴은 바로 구약성경이다.

빌립보서 1:19의 상호텍스트적 반향

바울의 글에 반향된 구약성경이 어떠한 배음을 울리는지 듣기 위하여 빌립보서 1:19를 살펴볼 필요가 있다. 우리는 구약 사용 분야에서 거의 다루어지지 않는 이 본문을 통하여 구약성경을 인유하는 바울의 문학적인 방식—치열한 신학적 논쟁 지점도 아니며 학자들의 고심한 흔적도 거의 없는 곳에서 발견되는—을 관찰할 수 있다

빌립보서 전체에는 구약을 해석하고 설명하는 부분이 명백하게 나타나지는 않는다. 실제로 인유와 반향을 배제한 채 "기록된바"와 같은 인용 도입구로 시작하는 분명한 인용문들만을 고찰한다면, 이 감사와 권고의 서신은 구약을 전혀 참조하지 않은 것처럼 보일 것이다.[78] 빌립보서는 분명히, 로마서나 갈라디아서와 같은 다른 서신들과는 전연 달리, 구약을 해석함으로써 논쟁적인 이슈를 다루는 것에는 관심이 없다. 이 서신 전체에 나타나고 있는 따뜻한 어조는 바울과 독자들 간의 신학적이거나 해석학적인 문제가 없음을 보여준다.

바울은 자신이 현재 감옥에 갇힌 것을 변증하는 와중에(참조, 1:7, 1-14) 욥의 음성을 반향시키고 있다. 바울은 갇혀서, "너희의 기도와 예수 그리스도의 영의 도우심으로 말미암아, 이것은 나의 구원이 될 것이다"(1:19)라며, 빌립보 성도들에게 확언한다. 이 진술의 마지막 어구(τοῦτό μοι ἀποβήσεται εἰς σωτηρίαν)는, 비록 인용 도입구가 나타나지는 않지만, 욥기 13:16(LXX), "이것은 나의 구원이 될 것이다. 속이는 자는 그분 앞에 나아갈 수 없기 때문이다"에서 글자를 그대로 가져온 인용이다. 이 반향은 순식간에 지나가기에 욥기의 반향을 알아채지 못한 독자들도 바울의 문장을 온전히 이해하는 데에는 문제가 없다. 칠십인역으로 가르침을 받았을 빌립보서 독자들은, 구약 인유를 인지할만한 표식이 없더라도, 빌립보서 1:19의 격앙된 어조의 잔향을 순간적으로 감지하고서

거기에서 극적인 강조점을 발견할 수 있을지도 모르겠다. 그러나 단순히 반향 여부를 분간할 수 있을 뿐 아니라 그 반향의 위치를 알고 있는 독자들은 여기에서 흥미로운 공명들을 발견하게 될 것이다.[79)]

빌립보서가 반향하고 있는 욥기 13:16은, 욥의 고통의 원인을 은밀한 죄에서 찾는 위로자들의 안이한 태도에 반대하면서, 하나님의 신원을 진정으로 바라는 욥의 긴 연설에 속하여 있다(참조, 13:18, "보라, 나는 이제 곧 재판할 것이다. 나는 내가 의로운 것으로 나타날 것을 알기 때문이다"[ἰδοὺ ἐγὼ ἐγγύς εἰμι τοῦ κρίματός μου οἶδα ἐγὼ ὅτι δίκαιος ἀναφανοῦμαι]). 이 장면은 전적으로 법정적 이미지로 서술되고 있는데, 욥은 13:27("당신은 내 발을 차꼬에 채우신다")에서 실제로 자신을 죄수로 묘사하고 있다. 욥과 마찬가지로 죄수였던 바울은 욥의 호소를 반향시킴으로써 욥의 전형적인 이미지—의인으로서 고난을 받는 자—를 넌지시 가져온다. 재판을 기다리고 있는 바울은 욥의 입을 빌려 그 재판의 우호적인 결과를 확신한다. 그럼으로써 바울은 욥이라는 인물을 둘러싸고 있는 어떤 전통적인 의미들을 자신에게로 전이시킨다.

물론 논의 상에 있는 두 피고의 상황에는 중대한 차이가 있다. 가장 큰 차이는 하나님에게 대한 그들의 태도와 관련한다. 욥이 생각하는 하나님은, 일시적일지라도, 자신을 부당하게 괴롭히는 기소자들의 편에 계신 분이지만, 바울에게 하나님은 반대자가 아닌 보호자이며 신원자이다. 그러나 이러한 차이는 욥의 언어를 빌려 자신의 상황을 묘사하려는 바울을 막지 못한다. 오히려 표상적인 언사의 비확정성(the lightness of the figurative assertion)은[80)] 문학적인 효과를 나타내는 데에 매우 중요한 역할을 한다. 바울은 욥이 바울 자신을 예표 하는 인물이라고 주장하는 것도 아니고, "성취하려 함이라"와 같은 직접 인용 도입구를 사용—마태복음이나 쿰란(Qumran)의 방식과 같이—하여 바울의 경험이 성경의 모호한 예언을 실제로 성취하는 것이라고 주장하는 것도 아니다. 바울은 어떤 주장들을 명백하게 내어놓거나 모형론적(typological) 도식을 제시하고 있는 것이 아니라 욥의 애처로운 자기변호를 다소 미묘하게 반향시키면서 자신의 곤경(및 궁극적 운명)과 욥의 상황을 표상적으로 공명시킨다. 이때, 반향 효과(echo effect)를 온전히 이해하기 위해서는 바울과 욥 사이의 공통점뿐 아니라 차이점 역시 고려해야 한다. 즉, 욥은 자신에게 닥친 상황의 원인을 분명하게 알지 못한 채 완고하게 버틴 반면, 바울은 그리스도의 사도로서 자신의 고통을 십자가에 달리신 그리스도의 고난에 참여하는 것으로 해석함으로써 역경 중에 기뻐할 수 있었다. 자신의 옳음에 대한 욥의 완강한 단언은, 바울에게서, 예수를 죽은 자들 가운데서 살리신 하나님의 신실하심과 그의 능력에 대한 승리에 찬 확언이 된다. 이러한 반향을 들을 귀가 있는 자는 바울서신과 욥기 사이에서 대위법적인 효과(contrapuntal effect)를 발견하고 즐거워하게 될 것이다.

더 나아가, 독자들이 인지한 이 반향은 바울이 처한 상황의 또 다른 양상을 표상하고 있다. 경건한 친구들에게 고통을 받고 있는 욥과 같이, 바울은 현재 "진실 되게 전파하는 것이 아니라 수감 중인 나를 괴롭게 할 줄로 생각하여서 … 시기와 다툼으로 그리스도를 전파하는"(빌 1:15-17) 어떤 이들에게 둘러싸여 있다. 욥기 13:16 반향 역시 욥이 자신의 친구들에게 도전하는 문맥에 속하여 있다(욥 13:7, "너희가 하나님 앞에서 말하는 것이 아니냐? 그런데 너희들이 그분 앞에서 속임[δόλος]을 말하느냐?"). 그런데 욥은, 바울이 구원의 소망을 표현하는 데에 사용한 어구 바로 다음 문장에서, 자신을 기소하는 친구들의 몰락을 언급하면서 이를 자신의 구원과 대비시킨다(13:16, "이것은 나의 구원이 될 것이다. 속이는 자[δόλος]는 그분 앞에 나아갈 수 없기 때문이다"). 빌립보서에는 대적자들의 몰락을 언급하는 이 어구들이 직접적으로 나오지는 않는다. 그렇지만 바울이 욥기 반향을 통해서 넌지시 자신을 욥에게 견주고 있다면, 그 반향은 시기와 다툼으로 그리스도를 전파하는 바울의 경쟁자들에게 허울뿐인 욥의 위로자들이 당할 몰락을 암시적으로 기대하게 한다. 결국 빌립보서의 욥기 반향은 욥과 바울의 대적자들이 모두 하나님의 궁극적인 심판 앞에 서게 될 것임을 표상하게 된다.

이 빌립보서의 예시는 "환용적 해석은 환제된 자료의 회복을 수반한다"(여기에서 "환제된 자료"란 빌립보서에는 나타나지 않는 "속이는 자는 그분 앞에 나아갈 수 없기 때문이다" 부분을 가리킨다—역주)는 홀랜더의 원리를 보여준다. 바울은 고된 상황 속에서 자신이 가진 확신을 표현하기 위해 욥기에 명백하게 나타난 어구를 문자 그대로 빌려왔다. 그러나 욥기 구절이 전환된 새로운 배경에서 대위법적으로 읽혀질 때, 다채롭게 공명하는 화성을 들을 수 있게 된다. 빌립보서에는 바울과 욥 사이의 대응이나, 바울의 경쟁자와 욥의 대적자들 사이의 대응이 실제로 주장되지는 않지만, 환용적 전의는 양자의 사이를 긴밀히 엮는다. 그 환용은 독자들로 하여금 바울의 상황을 이해하는 데에 필요한 창의적인 (imaginative) 행동에 참여시킨다.

상호텍스트적 반향의 음량(volume)은 반향의 출처와 그것을 반영한 표층 사이의 의미론적 거리에 따라 다르다. 인용과 인유, 반향은 상호텍스트적 참조점이 명백한 것에서부터 잠재적인 것까지의 다양한 스펙트럼 위에 있는 점들로 표현될 수 있다. 명백한 인용으로부터 멀어질수록 그 출처는 종작없이 사라지고, 상호텍스트적 관계는 불확실해지며, 독자들은 반향을 듣기 위해 더 높은 수준의 청해 능력을 필요로 하게 된다. 반향의 소실점에 가까이 있을수록, 우리가 정말로 반향을 조금이라도 듣고 있는 것인지, 혹은 우리가 단지 웅얼거리는 상상 속에서 무엇인가를 만들어내고 있는 것은 아닌지 판단하기 어려워진다.

빌립보서 1:19에서 욥기 13:16의 인유를 소개하는 어구인 οἶδα γὰρ ὅτι(내가 알기 때문에)에 주목함으로써 이 "소실점"과 관련한 문제를 살펴볼 수 있다. 빌립보서에 나타난 이 형식적인 어구는 바울의 고조된 선언, 곧 우리가 이미 살펴본 반향을 보조한다. 그러나 갑자기 예상하지 못했던 다른 반향이 귓가에 맴돌기 시작한다. "나의 구원자의 살아계심을 내가 알기 때문에."[81] 이제 그 음성의 출처인 욥기 19:25-26을 추적하려 한다.

나의 구원자가 살아계심을 내가 알기 때문에,
결국 그가 땅위에 서실 것이다.
나의 가죽이 벗겨진 후에도,
내가 육체로부터 하나님을 볼 것이라.[82]

빌립보서의 οἶδα γὰρ ὅτι가 욥기 19:25-26의 οἶδα γὰρ ὅτι를 반향하고 있는 것이라면, 우리는 빌립보서에서 욥기 19:25-26을 들어야만 하는 것인가? 아니면, 바울의 악보에는 없는 헨델(Handel)의 '메시아'(*Messiah*: 헨델의 오라토리오 메시아[HWV 56] 제3부 45번의 소프라노 아리아의 가사가 욥 19:25-26이다-역주)가 우연히 우리의 귀에 화성으로 들리는 것인가?

용어 색인에서 οἶδα γὰρ ὅτι를 찾아보면 우리는 난감한 상황에 처하게 된다. 이 어구는 칠십인역에 단 세 차례 등장하는데, 모두 욥기에서만 발견되기 때문이다. 하지만 이 세 구절을 주의 깊게 살펴보면, οἶδα γὰρ ὅτι 이하의 내용들 사이에 서로 일관성이 없기 때문에 바울이 이 본문들을 반향하고 있을 가능성이 희박한 것으로 드러난다(9:28, "주께서 나를 죄 없다고 여기지 않으실 줄을 내가 알기 때문에"; 30:23, "죽음이 나를 덮칠 것을 내가 알기 때문에"; 욥기 19:25(19:24 MT)의 고백 역시 '메시아'의 소프라노 아리아[soprano air]의 평온한 확신과는 다른 의미를 전한다).[83] 그리하여 οἶδα γὰρ ὅτι라는 어구로 희미하게나마 상기된 욥기의 세 본문은 바울의 확신에 찬 노래와는 불협화음을 이루게 될 것이다. 사실, 이 경우에 οἶδα γὰρ ὅτι가 어떤 암시적인 의미를 전달한다고 보기에는 반향의 음량이 너무나도 작다. 혹여 그것이 반향이라면, 이는 아마도 바울이 욥기 13:16을 상기하는 과정에서 부지불식간에 삽입된 것으로서 바울 자신만이 인지할 수 있는 어구일 것이다. 이러한 경우에는 선 텍스트와 후 텍스트 사이를 의미론적으로 연결하기 어렵다. 혹, 우리가 욥기 19:25와 13:16을 연결시키려고 했다면 그 반향들을 종합적으로 해석했을 것이다. 이러한 종합적인 해석 행위는 바울서신을 해석할 때에

많은 경우 필요하지만, 빌립보서 1:19의 경우에 적용된다면 바울의 의도를 넘어서게 될 것이다.

필자는 본서에서 이러한 희미한 반향들을 추적하는 데에 해석학적 에너지를 소비할 생각이 없다. 이에 이하의 장에서는 이보다 큰 음량의 반향들에 집중하려 한다. 우리는, 명백한 인용문들을 포함하여, 적어도 빌립보서 1:19에 나타난 욥기 13:16 정도의 확실성을 가진 상호텍스트적 참조점에 주목할 것이다. 바울서신의 명확한 인유와 인용 역시도 미묘한 반향을 해석하기 위한 전략과 동일한 방법으로 탐구될 수 있다. 이는 바울의 인용문들이 증거본문으로 기능하는 것이 아니라 대개 전의로 기능하기 때문이다. 즉, 바울의 인용들은 반향들과 동일하게 후 텍스트(바울서신)를 선 텍스트(구약성경)에 연결시켜, 인용문 자체가 지시하고 있는 것보다 더욱 많은 연결점들—예상할 수 없었던—을 산출함으로써, 새로운 의미들을 창출해낸다.

해석학적 반성과 한계

반향의 발생 장소: 다섯 가지 가능성

필자의 빌립보서 1:19 읽기는 본서의 첫 장부터 마지막까지 다루고 있는 문제들의 윤곽을 보여준다. 바울은 욥기 13:16의 반향을 의도하였을까? 만약 그렇다면, 필자가 제시한 바울-욥 전의 중 얼마나 많은 부분을 바울이 의도하였으며, 얼마나 많은 부분을 빌립보 성도들이 이해하였을까? 또한 필자의 메타포적 상상력은 어느 정도라고 말할 수 있을까? 필자의 해석은 바울의 의도와 부합한가? 또한 누가 그러한 반향을 듣고 해석할 수 있을까? 이러한 질문들을 다루는 데에 어떠한 척도(criteria)가 필요할까?

텍스트를 해석할 때마다 이와 유사한 이슈들이 우리를 따라다니지만, 특히 인유와 반향이 관여한 해석에 있어서는 더욱 그러하다. 존 홀랜더의 시, "묘지 넓히기"(The Widener Burying Ground)는[84] 우리의 곤경을 표명해준다.

> 식자들이 살아서 무엇이라 말해왔건 간에
> 우리는 죽은 자들의 음성을 듣습니다
>   (중략)
> 우리가 그들을 주석하는 것은 언제나
> 주먹으로 말없는 묘비를 치대는 것과 같습니다
> 우리가 외쳐 부르고 있는 죽은 자들은
> 우리에게 말이 없지만
> 우리는 그들이 우리를 통해 말해왔다고 고집합니다
> 우리의 외침으로
> 돌 같은 정적은 깨지고
> (우리는 죽은 자가 되고
> 우리를 대신하는 목소리가 울립니다)
> 다시 한 번, 그 목소리가 우리를 치기 전까지
> 해안의 속삭임은 멀어만 가지만
> 이성의 자아는 반드시
> 여기에 있는 반향들과 인유들에
> 귀를 조아려야만 합니다

우리가 억압되어 있는 상호텍스트적 연결을 드러내는 환용 효과에 대하여 이야기할 때, "우리가 해석 행위에 얼마나 관여 했는지—독자인 우리가 얼마나 저자의 행세를 했는지—항상 의심해 보아야 한다."[85] 텍스트의 완전한 의미에 도달하기 위해서는 해석 행위—바울과 랍비 모두

가 각자 나름의 방식으로 깨달았던 것처럼—가 필요하지만, 텍스트와 해석 사이의 관계를 규명하는 일은 언제나 쉽지 않다. 예컨대, 필자는 "죄수였던 바울이 욥의 호소를 반향시킴으로써 욥의 전형적인 이미지—의인으로서 고난을 받는 자—를 넌지시 가져온다"라고 주장하면서 하나의 상호텍스트적 해석을 제안한바 있다. 그런데 이때에 필자가 실제로 주장하고자 했던 것은 무엇인가? 바울이 이러한 방식으로 자신의 상황을 표현했다고 주장하는 것인가? 그때 빌립보의 일차 수신자들은 그러한 상호텍스트적 전의를 이해하였을까? 그것이 아니라면, 필자는 바울의 의도와는 무관하게 스스로 정당성을 부여한 비평적 방법에 의존하여 해석한 것인가? 블룸의 표현을 빌리자면, 필자는 선대의 작가인 바울을 오독함으로써 새로운 작품을 창작하고 있는 것이 아닐까?

반향이라는 것이 상호텍스트적으로 새로운 의미를 발생시키는 메타포적 방식이라면, 그러한 해석학적 사건은 누구의 생각 속에서 발생하는가? 그리고 상호텍스트적 의미효과(intertextual meaning effects)는 어떻게 검증될 수 있는가? 여기에는 다섯 가지 대답이 가능하다.

(1) 해석학적 사건은 바울의 생각 속에서 발생한다. 상호텍스트적 의미효과에 대한 주장은 바울이 그러한 효과를 의도했다고 확실하게 증명할 수 있을 때 정당성을 갖는다.

(2) 해석학적 사건은 빌립보서 원독자들에게서 발생한다. 상호텍스트적 의미효과에 대한 주장은 빌립보 성도들이 그러한 효과를 인지하였다는 것을 확실하게 증명할 수 있을 때 정당성을 갖는다.

(3) 상호텍스트적 혼합은 텍스트 자체 내에서 발생한다. (이 경우에, 우리는 해석학적 사건에 대하여 적절하게 말할 수 없다.) 우리가 가지고 있는 것은 텍스트밖에 없기에 저자나 원독자들에게 접근할 수 없다. 따라서 바울의 의도는 오직 저자에 대한 암시적 진술로서만 알 수 있고, "빌립보 성도들"에 대한 주장도 오직 독자에 대한 암시적 진술로서만 알 수 있다. 저자와 독자에 대한 암시적인 진술은 본문에 나타난 수사학의 부산물이다. 결과적으로 상호텍스트적 의미효과에 대한 주장은 텍스트

자체의 수사학이나 문학적 구조에 그러한 의미효과가 내포되어 있다는 것을 확실하게 증명할 수 있을 때 정당성을 갖는다.

(4) 해석학적 사건은 현재의 독자(I, 나 자신)의 읽는 행위에 발생한다. 상호텍스트적 의미효과에 대한 주장은 나 자신이 그렇다고 말할 때에 유효하다. 달리 말해, 나 자신이 텍스트를 읽었을 때 상호텍스트적 효과를 인식한다면 더 이상의 증명은 필요하지 않다.

(5) 해석학적 사건은 해석 공동체 내에서 발생한다. 상호텍스트적 의미효과에 대한 주장은 상호텍스트적 의미효과가 특정 독자 공동체의 해석학적 관습에 부합한다는 것을 확실하게 증명할 수 있을 때 유효하다. (물론 그러한 공동체는 교회, 성경공부 모임, 문학비평가 단체, 이 책의 독자들 등으로 다양하게 구성될 수 있고, 또한 이 각각의 공동체는 다시 다양한 학파나 하위그룹으로 나누어질 수 있다.)

이상에서 개괄된 다섯 가지 사항들은 저마다 분명한 결점을 가지고 있기에 여기에서 하나를 선택하는 것은 쉽지 않다. 하지만 각각의 사항들은 해석학적 과정에 있어서 간과할 수 없는 중요한 의미들을 내포하고 있다. (1)과 (2)에서 텍스트의 의미는 과거 사람들의 역사적인 소통 행위에서 발생하는데, 이는 현존하는 텍스트인 빌립보서가 증언한다. (4)와 (5)에서 텍스트의 의미는 현재의 독자와 독자 공동체가 읽는 행위, 곧 현재의 독자가 텍스트를 만날 때에 발생한다. (3)는 텍스트를 만나는 독자의 경험이나 텍스트 배후에 있는 역사에 대한 복잡한 문제들을 회피함으로써 비평을 용이하게 하려고 스스로 창안한 허구이다.

필자는 이 다섯 가지 가능성을 대표할만한 해석학적 학파들의 어떤 이론들도 수용할 준비가 안 되었고(읽는 자는 깨달을진저: 이는 막 13:14에 대한 헤이스의 인유다. 제1장의 미주 99번을 참조하라-역주), 그들이 관심을 보이고 있는 어떤 해석적 요소들도 내버릴 의향이 없다. 본서의 잠정적인 작업은 창조적인 긴장 속에서 이 다섯 가지 가능성 모두를 품는 것이다. 물론 우리가 해석하고자 하는 고대의 텍스트가 결국 더 오래 된 고대의 텍스트를 해석하고 있기에 이는 고된 작업이 될 것이다. 그린(Greene)도 고전적 모델을 모방(imitation)하고 있는 르네상스 작품을 읽는 것의 고충을 언급한바 있다. "모방한 것을 읽을 때에는 다른 작품들을 읽을 때보다 역사적 상상의 산물에 대하여 더욱 많은 이의를 제기하게 되고, 우리의 문화는 더욱 고립된다. 우리는 멀리 떨어진 '의미의 세계'(*mundus significans*)로부터 낯선 것을 직감해야할 뿐 아니라 제삼자의 정서도 직관해야 한다. 우리로 하여금 이보다 더 시간적 소외감을 느끼도록 하는 일은 아마도 없을 것이다."[86] 그렇지만 우리도, 그린과 같이, 그러한 작업에 매달리게 될 것이다. 왜냐하면 "우리로 하여금 이보다 더 문학사의 흐름에 깊이 몰두하게 하는 일은 아마 없을 것"이기[87] 때문이기도 하고, 또한 그러한 작업이 없다면 우리는 결국 독단으로 귀결할 수밖에 없기 때문이다. 이제 일련의 해석학적 문제들에 대한 필자의 잠정적인 접근 방식을 소개하고자 한다.

분명하게 말하자면, 필자의 계획은 20세기 후반에 역사적인 방식으로 해석되고 통제되었던 바울서신을 창의적으로 다루는 것이다. 이러한 계획의 정당성은 하나의 핵심적인 해석학적 명제, 곧 텍스트가 과거에 의미 했던 것(what the text meant)과 현재 의미하는 것(what it means)[88] 사이에 확실한 유사성—비록 단순한 동일성은 아닐 지라도—이 존재한다는 것에 있다. 어떤 학자들은 이 명제를 가리켜 "상식"의[89] 해석학—단지 일반적인 비평학자들과 믿음의 공동체들이 통상 상식적으로 구약을 읽기 때문만이 아니라 고대와 현대의 독자들이 텍스트의 상식적인 의미를 공유할 수 있다고 가정하기 때문에—이라고 부를지 모르겠다. 만일 필자—바울의 역사적인 환경에 대하여 배우고 바울이 읽었던 성경과 동일한 성경을 읽어온—가 바울의 언어에 담긴 구약성경의 반향들을 인지할 수 있다면, 바울과 최초의 독자들이 이해했을 반향들과 같은 반향을 듣는 것은 불가능한 일이 아니다. 더욱이 우리가 들은 것이 반향인지를 검토할 수 있는 구체적인 척도—잠시 후에 열거할—역시 존재한다.

필자의 의견은 해석학적 이론을 세우기 위한 것이 아니라, 그저 "죄수였던 바울이 욥의 호소를 반향시킴으로써 욥의 전형적인 이미지—의

인으로서 고난을 받는 자—를 넌지시 가져온다"라는 식의 해석에 대한 온당한 설명을 제시하기 위한 것이다. 필자는 새로운 상호텍스트적 전의를 명석하게 창조하고 있는 것이 아니라, 바울이 사용했던 전의를 읽는 방식을 제공하고 있는 것이다. 물론 바울이 의도하지 않거나 빌립보 성도들이 인식하지 못했던 방식으로 전의를 이해할 가능성—실제로 그럴 수도 있다—도 있다. 하지만 필자가 제시하는 독법은 상호텍스트적 혼합에 대한 확실한 설명이라고 생각한다. 이 해석학은 다음과 같이 요약될 수 있다.

해석학적 사건은 독자 본인이 텍스트를 읽을 때에 발생하지만, 본인의 해석 행위는 언제나 공동체의 해석 내에서 의미를 갖는다. 필자의 공동체에는 제안된 해석이 반드시 텍스트의 수사학적 구조 및 저자와 원독자에 대한 비평적 연구로 증명 되어야 한다는 주요한 해석학적 관습이 있다. 필자의 공동체 내에서 어떤 해석들이 설득력을 가지려면 반드시 이 조건을 존중 해야만 한다. 따라서 상호텍스트적 의미효과에 관한 주장들은 텍스트의 문학적 구조의 지지를 받으면서 저자가 의도하고 원독자가 이해했을 가능성을 확실하게 증명할 수 있을 때에 가장 견고해진다.[90]

그러므로 필자의 논지는 다음의 방식으로 전개될 것이다. 필자는 빌립보서 1:19를 다룰 때와 같이 본문을 읽어나가면서, 본서의 독자들이 필자가 들었던 상호텍스트스적 반향 효과를 포착할 수 있도록 인도할 것이다. 독자들을 설득하기 위하여, 필자가 제안하는 반향이 본문 안에 존재한다는 것과 바울이 이와 같은 반향을 들었다는 것을 동시에 논증 하고자 한다. 이에 독자들을 설득하는 본서의 과정은 문학적이면서도 역사적이라고 말할 수 있겠다. 문학적인 것이 주된 논증의 방식이지만 역사적 지식 역시 필자의 읽기를 도우면서 동시에 제한하는 역할을 하게 될 것이다. 더욱이 필자가 제안하는 읽기는 역사적으로 복잡한 문제—특히 주후 66-70년에 있었던 유대전쟁 이전의 바울 시대에 유대 기독교인과 이방 기독교인의 관계를 이해하기 위한—와 결부되어 있다. 우리는 주로 바울과 원독자들을 문학적인 텍스트 내에 등장하는 등장인물로서 알지만 텍스트에 기록되어 있지 않은 저자와 원독자에 대한 정보는—역사를 재구성하는 것이 본서의 목적은 아니지만—텍스트 이면에 있는 역사를 재구성함으로써 얻을 수 있다.[91] (하나의 실례로써, 바울서신의 독자들은 주로 칠십인역에 대하여 방대한 지식을 가지고 있고 그 해석에 대하여 초미의 관심을 가지고 있는 이방 기독교인들로 보이는데, 이러한 지식은 텍스트에 기록되어 있지 않은 원독자에 대한 정보를 역사적으로 재구성할 때에 얻을 수 있다.)[92]

바울서신의 원독자는 서신 자체의 증언을 통해서만 드러나기에, 서신 내에서 인유와 반향을 원칙적으로 구분하는 것은 쉽지 않다. 인유의 개념은 저자의 의도 및 독자의 인식 가능성—독자가 인유의 출처를 인지할 수 있기 위하여 저자와 "휴대용 도서관"(portable library), 곧 접근할 수 있는 자료들을 공유하고 있어야만 한다—을 모두 전제하고 있는 반면, 반향의 개념은 그러한 문제들을 다루지 않는다. "반향은 인유한 것(alluding)에 대한 메타포이자 인유한 것을 위한 메타포이기에 의식적인 의도와는 관련이 없다."[93] 우리는 바울서신의 일차 독자들을 그저 추측할 수밖에 없기에 그들이 바울의 구약 언어를 얼마나 인지할 수 있는지에 대하여 자신 있게 말하기 어렵다. 빌립보서 1:19는 인유인가, 반향인가? 이것을 명확하게 구분하기 어렵기에 필자는 이 두 용어를 체계적으로 구분하지 않고 융통성 있게 사용하려 한다. 일반적으로, 본서의 남은 지면에서, 인유는 상호텍스트적 참조점이 명확할 때, 반향은 그보다 흐릿할 때 사용될 것이다.

반향 듣기: 일곱 가지 척도

앞선 논의는 우리가 상호텍스트적 반향들을 규명하고 해석할 때에 반드시 음량의 다양성을 고려해야 한다는 것을 말한다. 때로는 반향의 음량이 매우 커서 웬만한 경우가 아니면 그 반향을 놓칠 수 없겠지만(예, 롬 10:5-10), 그러한 경우가 아니라면 특정한 어구를 선 텍스트에 대한 반향으로 들어야 하는지, 또 그렇다면 그 반향을 어떻게 이해해야 하는지(예, 롬 2:9)에 대한 진지한 논쟁의 여지가 있을 수 있다. 이러한 문제를 정확히 판단하는 것은 불가능하다. 왜냐하면 해석이라는 것은 창조적인 공예(craft)와 같은 것이지 정확한 과학이 아니기 때문이다. 그렇더라도 특정 어구를 반향으로 다루어야 할지를 결정하거나 필자가 제안하는 읽기가 믿을만한지를 검토하는 것에 도움을 줄만한 어림적인 방법을 명기하는 것은 가능하다. 따라서 필자는 바울서신에 나타난 구약 반향의 존재와 그 의미에 대한 주장들을 검토하기 위하여 다음과 같은 척도들을 제안하려 한다. 본서에서 바울서신을 읽어 내려가면서 이러한 규범들이 명확하게 적용되지는 않겠지만 암시적으로는 필자의 해석들을 강화시켜줄 것이다.

(1) 접근 가능성(Availability)

저자와(저자나) 원독자는 반향의 출처에 접근할 수 있는가? 바울이 구약을 사용하는 경우에 있어서 우리는 이 문제에 대하여 고민할 필요가 없다. 우리는 바울의 인용 방식에서 바울이 후대에 유대교에서 정경으로 공인된 본문 전체에 정통했다는 것을 확인할 수 있고,[94] 아울러 바울은 자신의 독자들이 이 본문들을 성경으로 인정했다는 것을 전제하고 있다. 이러한 척도는 반향이 통시적인 전의라는 것을 함의한다. 곧, 문학적인 반향을 분석하는 일은 오직 본문 간의 연대기적 순서가 알려진 곳에서만 가능하다. 이것이 바로 바울서신에서 예수의 가르침에 대한 인유를 묘사하려는 시도가 언제나 결론에 이르지 못하는 이유이다. 복음서가 바울서 신보다도 후대에 쓰였기에, 바울이 복음서의 전통들을 알고 있었다는 직접적인 증거는 상대적으로 적다. 따라서 바울이 예수 전승을 반향하고 있다는 주장을 입증하는 일은 언제나 부담으로 작용한다. 그러나 바울이 구약성경을 반향하는 경우에 있어서는 그렇지 않다.

(2) 음량(Volume)

반향의 음량은 주로 단어들이나 통사적인 형태가 분명하게 반복되는 정도에 따라 결정되지만 다른 요소들 역시 음량에 영향을 줄 수 있다. 반향된 구약 본문이 얼마나 유명한가? 바울서신 내에서 그 반향이 수사학적으로 얼마나 강조 되고 있는가? 이러 질문들도 반향의 음량과 관련이 된다. 예를 들어, 고린도후서 4:6와 창세기 1:3-5는 빛과 어둠이라는 두 단어만을 공유하고 있지만 고린도후서는 창세기를 인유하고 있는 것으로 보아야만 한다. 반향의 출처가 누구나 회상할 수 있는 창조 기사이며, 또한 그 반향은 고린도후서의 한 단락의 수사학적 절정에 위치하고 있기 때문이다.[95]

(3) 반복성(Recurrence)

바울은 다른 곳에서 동일한 성경 본문을 얼마나 자주 인용하며 인유하고 있는가? 이것은 하박국 2:4와 같이 한 번 이상 인용된 구체적인 단어들에만 적용되는 것이 아니라 신명기 30-32장이나 이사야 50-54장과 같이 반복적으로 다루어지고 있는 큰 부분에도 적용이 된다. 바울이 특별히 중요한 본문으로 간주하고 있는 곳에서 나타나는 반향들은 더욱 신뢰할 만하다.[96]

(4) 주제적 일관성(Thematic Coherence)

반향으로 추정되는 본문이 바울의 논리 전개에 얼마나 잘 부합하는가? 제안된 상호텍스트적 의미효과가 동일 서신 및 바울서신 전체에 나타나는 다른 인용들의 의미효과와 조화를 이루는가? 전거로 제안된 본문의 이미지와 발상이 바울의 논증을 잘 보여주는가? 이 척도는 단순히 반향의 존재를 확인하기 위한 것을 넘어서 어떻게 반향을 해석해야 하는지에 관한 문제까지 영향을 미친다.

(5) 역사적 개연성(Historical Plausibility)

바울은 과연 우리가 추정한 의미효과를 의도하였는가? 원독자들은 그것을 이해할 수 있었는가? (물론 바울은 실제 원독자들이 쉽게 이해할 수 없는 것을 썼을 수도 있다.) 그 특징에 있어서 역사적인 이 질문들에 대답하기 위해서는 필연적으로 특정 1세기 인물들이 의도하고 이해했을 법한 사실들을 가설적으로 구성해야만 한다. 이는 바울을 루터란이나 해체주의자로 쉽게 치부하지 못하도록 하는 데에 그 가치가 있다. 이 척도가 가진 한 가지 함의는 바울의 유대교 배경을 중시한다는 것이다. 바울은—구약성경을 기묘하게 읽어 논쟁을 불러일으켰을지라도—자신의 해석이 유대교 내에서도 존중받을 수 있다는 것을 보여주려고 했던 유대인 독자이다.

(6) 해석사(History of Interpretation)

비평시기 전후의 독자들이 모두 동일한 반향을 들어왔는가? 우리는 앞선 독자들의 해석을 통하여 바울서신에 나타나는 구약의 반향들을 검토하거나 새로이 인지할 수 있다. 이 척도는 무분별한 해석을 막아주는 역할을 하지만, 가장 신뢰하기 어려운 기준 중 하나이기도 하다. 왜냐하면 아주 초기의 이방 기독교인들은 바울이 집요하게 전달하고자 했던 이스라엘에 관한 복음을 알지 못한 채, 얼마 지나지 않아, 바울서신을 신약 정경이라는 해석적 모판 위에서 읽기 시작했기 때문이다. 초기 기독교는, 1세기의 사회적·종교적 배경이 급진적으로 분화되면서, 바울서신을 구약이 아닌 다른 상호텍스트적 공간—특별히 사복음서와 사도행전으로 한정된 공간—에 위치시킴으로써 주요한 해석학적 변형들을 낳았다. 이것이 바로 필자가 본서에서 기독교의 전통적인 해석이 바울의 음성을 왜곡시키거나 그 저의를 놓쳤다고 여러 차례 비판하는 이유이다. (프랭크 커모드[Frank Kermode]의 언급처럼, "우리 모두는 우리의 선조들이 성경을 부적절하게 해석하였다고 생각하면서도 그것을 해명하려 한다."[97]) 역사를 섬세하게 반영하는 비평적 해석은 과거에 수장(水葬)되었던 반향들을 회복시킬 수 있다. 홀랜더는 비평적인 방식으로 반향을 인지하는 것을 환수(還收)의 과정으로 묘사했다. "텍스트의 독자는, 반향을 듣기 위하여, 후 텍스트의 것과 유사한 앞선 음성 및 그 공명하는 의미의 동굴에 접근해야만 한다. 독자 공동체 내에 그러한 접근이 없다면 인유일 수 있는 것이 눈앞에서 사라지게 될 것이다. 그렇지만 텍스트의 정황(context)에 대한 학문적인 연구는 텍스트의 의미를 보여줄 뿐 아니라 텍스트의 의도까지도 드러내기에 사라졌던 인유를 되찾게 해 줄 것이다."[98] 해석사를 살피면 바울의 구약 사용 영역을 확장시켜줄 수는 있겠지만, 바울의 상호텍스트적 연결에 잠재된 해석학적 의미를 함의하고 있는 잠재적인 영역을 좁힐 수도 있다. 그리하여 이 척도는 다른 기준들이 지지하는 반향들을 배제시키기 위한 부정적인 검사 방법으로 사용되어서는 안 될 것이다.

(7) 만족도(Satisfaction)

이상에서 나열된 다른 기준들에 명확히 부합하든 아니든 관계없이, 제시된 반향이 납득할 만한가? 인접 문맥에 도움이 되는가? 상호텍스트적 관계에 따른 의미효과에 대하여 독자들이 만족할 만한 설명을 내어놓는가? 감정에 치우치지 않고 이러한 질문들에 확실하게 대답하는 것은 쉽지 않지만, 이는 결국 가장 중요한 기준이 될 것이다. 사실 이 질문들은 제안된 해석이 현재의 독자 공동체에게 좋은 설명이 되는지를 다르게 묻는 것과 같다. 우리는 홀랜더가 밀턴의 상호텍스트성 이론을 적절히 설명했는지를 묻기보다는 홀랜더가 제안하고 있는 해석이 좋은 해석인지를 물음으로써 홀랜더의 반향에 관한 연구를 평가한다. 말하자면, 홀랜더가 해석을 제안할 때에 우리의 귓가에 희미한 음악(music: 좋은 해석에 대한 환유법[換喩法]-역주)이 들린다면, 우리는 홀랜더의 통찰력 있는 비평적 읽기를 수용한 것이라고 말할 수 있다. 이처럼, 마지막 기준은 오직 바울서신을 읽을 때에 비로소 판단 가능하며, 그 사례들은 점차로 쌓이게 될 것이다.

　이 기준들을 특정 본문에 적용했을 때, 그 결과의 확실성에 대한 의심은 언제나 따라다닌다. 제안된 반향이 많은 기준을 충족시킬수록 주어진 본문에서 해석된 반향 효과에 대해 더 큰 확신을 가질 수 있을 것이다. 빌립보서 1:19를 예로 든다면, 필자의 독법은 (1)항과 (4)항의 기준에 부합한다. 바울은 욥기 본문을 알고 있었을 것이 분명하며, 필자가 제안한 읽기는 빌립보서 1장에 나타난 논지의 주제와 매우 잘 어울리기 때문이다. 그러나 반향의 음량(2)은 보통 정도라 하겠다. 욥기의 어구가 빌립보서에 문자 그대로 나타나기는 하지만, 길이가 짧고 욥기 문맥에서나 다른 바울서신에서 딱히 눈에 띄는 구절이 아니기 때문이다. 그래서 빌립보서 1:19에 나타난 욥기의 반향은 보통 간과되기 마련이다. 반복성의 척도(3)는 어떠한가? 이 증거 역시 그렇게 확실하지는 않다. 바울은 여러 곳에서 욥기를 인용했지만, 다른 어느 곳에서도 이 특정한 욥기 구절을 언급한 적이 없다. 역사적 개연성(5)과 관련해서, 바울이 욥기 인유를 의도한 것이 전혀 불가능한 것은 아니지만, 빌립보교회의 독자들이 포착하기에는 다소 너무 미묘하다. 또한 현대 주석가들은 보통 그 인용구를 언급하지만(6), 고대이든 현대이든 필자가 제안한 방식으로 빌립보서 1:19를 읽은 주석가를 본 일이 없다. 이러한 경우에는 반향의 여부를 확정적으로 결정하기 어렵기에 (7)번 척도에 대한 독자의 판단에 의존하게 된다.

　본서에서 다룰 본문들에 이러한 일련의 척도들을 일일이 대입하는 것은 지루한 작업일 수 있다. 필자는 독자들이 이러한 기준들을 적용해 볼 수 있는 역량이 있기에 본서 내내 제시될 해석들에 대한 과업들을 덜어줄 수 있으리라 생각한다. 그러나 마지막으로 이러한 모든 해석학적 울타리에 반하는 한 마디를 덧붙이려 한다.

울타리를 넘어서

이상에서 제시한 척도들은 우리의 해석 작업을 실제적으로 인도해 주겠지만 특정한 상호텍스트적 연결을 설명하지 못하는 경우가 있을 수도 있다. 우리는 텍스트의 의미가 텍스트 자체를 벗어나지 않도록 신중하게 울타리를 쳤지만, 의미라는 것은 불꽃이 튀듯 울타리 밖으로 튀어 나갈 수도 있는 것이다. 텍스트는 비활성물이 아니기에, 높은 온도가 가해지면 타기도 하고 불꽃을 발하기도 한다. 울타리가 열을 차단시켜 주겠지만, 가끔은 불꽃이 튀어 나가 새로운 불을 피우고 본래의 불처럼 타오를 수 있다.

이는 우리가 다루었던 모든 해석학적 규제들 및 저자의 의도를 넘어서는 읽기가 양산될 수 있음을 표현하는 것이다. 성경 비평학자들은 이러한 읽기에 반대해 왔지만, 시인들과 설교자들은 이 비밀에 대하여 알고 있다. 텍스트는 간혹 누구도 예상할 수 없었던 방식으로 해석되기에 해석자를 통해 듣지 않고서는 텍스트의 의미를 이해하는 데에 어려움을 겪게 된다.

이러한 현상은 모든 상호텍스트적 읽기에서 반복적으로 나타난다. 물론 우리가 서두에서 언급했던 로마서의 신명기 인용구("말씀이 네게 가까이 있으니, 네 입과 네 마음에 있다")에서도 확인할 수 있다. 여기에는 선조들의 언어를 빌려 바울 자신의 경험을 해석하고 있는 모형론들(typology)이 나타나는데, 이는 우리가 예상할 수 없었던 방식으로 다가오기에 바울의 의도를 명료하게 알아차리기 어렵다. 연극을 해본 사람들은 누구나 연극의 본래 콘텍스트와는 다른 실제 삶에서 예기치 않게 연극의 대사를 인용하여 말한 경험이 있을 것이다. 이때 인용의 적합성은 새롭게 적용된 인용구와 본래 텍스트의 의미 사이의 완전한 일치에 달려있는 것이 아니다. 오히려 인용구들이 새로운 환경에서 새로운 의미를 가리킬 때에 재치 있는 유희가 발생한다. 이러한 경우 인용 행위는 연극과 삶 사이의 메타포적 공명을 울리는 표상적 행위가 된다. 바울의 구약 사용은, 이와 유사한 특징을 가지기에, 바울 자신이 상연하는 연극의 장(world-play), 곧 구약의 익숙한 대사들을 새로운 삶의 환경 위에서 뱉어내는 것으로 묘사될 수 있다.

그러므로 우리의 상호텍스트적 해석 대상을 바울이 의도한 구약 반향들에 한정하게 되면 심각한 독단에 빠지게 될 것이다.[99] 첫째로, 바울이 의도했던 것에 관한 것은 역사적인 추측의 문제이며, 둘째로, 바울의 상호텍스트적 반향들은 표상의 행위이기에, 이후의 독자들이 이해하게 될 표상들의 올바른 의미가 바울 자신에게는 감추어진 것일 수 있다. 구약성경은 바울을 통하여서 새로운 표상들을 창출하며 '믿음으로 말미암는 의'는 바울서신 안에서 새로운 의미로 나타난다.

제2장

로마서의 상호텍스트적 반향

Intertextual Echo in Romans

예표된 의와 진노

바울은 로마서 첫 문장에서 "하나님의 복음"이 "선지자들을 통하여 거룩한 문서들(ἐν γραφαῖς ἁγίαις, holy texts)에 미리 약속"되었다고 선포한다. 많은 주석가들이 추측하는 바와 같이 바울서신에 드물게 사용된 복수 형태의 γραφαῖς("성경"[Scripture]이 아닌 "성구들"[scriptures])가 초기 기독교의 관용적인 고백 형식을 반영하고 있는 것이더라도,[1] 서신의 서두에 이러한 전통이 위치하고 있다는 것은 로마서의 중심적인 관심을 보여준다. 즉, 바울은 이스라엘의 경전을 근거로 복음을 설명하고자 한다.

로마서는 구약성경의 인용과 인유가 꽤 많이 집중되어 있는 책이다. 디트리히-알렉스 코흐(Dietrich-Alex Koch)의 『복음의 증인으로서의 성경』(*Die Schrift als Zeuge des Evangeliums*)에 수록된 도표에 따르면, 바울서신에 나타나는 89회의 구약 인용 중 51회가 로마서에 나타난다.[2] 왜 이 특정한 편지에 그러한 "거룩한 문서들"(holy texts)이 밀집되어 나타나는가? 여기에 사용된 구약 본문들은 어떠한 방식으로 서신의 논지를 뒷받침하는가? 로마서의 목적과 핵심 주제 자체가 논란이 되고 있는 최근 학계의 상황에서 이러한 질문에 대답하는 것은 쉽지 않다.[3] 하지만 로마서에서 인용된 구약 본문들을 면밀히 관찰해보면, 그 인용들이 하나의 공통된 초점, 곧 이스라엘과 관련한 하나님의 의의 문제를 향하고 있다는 것을 발견할 수 있다. 로마서에서 집요하게 울리는 구약의 반향들은 복음이 구약—이스라엘을 향한 하나님의 말씀—에 반작용으로 나타난 것이 아니라 구약의 성취라는 것을 끊임없이 역설하고 있다.

바울은, 어떤 경우에는(예, 롬 4, 9-11장), 구약성경을 자신의 논증을 뒷받침해 줄 직접적인 증거로서 사용하지만, 다른 어느 경우에는 암시적이며 간접적으로 사용한다. 우리가 다루겠지만, 면밀히 관찰해보면 암시적인 인유는 명백한 인용들—로마서의 주제와 그 안에서 형성된 상징적 세계를 지시하고 있는—과 결부된다. 그럼으로써 로마서 안에 있는 구약 본문들은 바울의 논증을 드러내기 위한 단서들을, 명백하면서도 암시적으로, 제공하게 된다. 필자는 로마서를 이해하기 위하여 바울의 구약 사용을 탐구하도록 제안하려 한다. 확실히 귀납적인 특징을 가지고 있는 이 접근 방식은, 서신의 역사적인 환경과 독자 공동체의 사회적 구성에 대한 가설에 근거하여 본문을 해석하려는 역사비평적인 방법과는 방법론적으로 다르다. 필자는 위에서 제안한 해석 방식을 통해, 그러한 역사적인 질문들의 가치를 훼손하지 않으면서, '로마서는 바울과 구약 간의 상호텍스트적 소통에 귀 기울일 때 가장 풍성하게 이해될 수 있다'는—아마도 최고로 잘 서술되었을—해석학적 진술을 구현해 보이고자 한다. 로마서에서 바울은 구약을 통해 생각하고, 구약을 통해 설명하고, 구약을 통해 말한다. 바울은 구약 안에서 복음을 표현할 언어를 발견하고, 모세와 선지자들의 복을 선포하기 위해 노력한다.[4]

물론, 바울이 당대의 로마 사람들에게 편지를 쓸 때에 실제적인 목적이 있었다는 것은 분명하다(참조, 롬 15:14-33). J. 크리스티안 베커(Christiaan Beker)가 주장하는 것처럼, 로마서는 복음을 어떤 우연한 역사적 상황에 적용하고 있는 "지극히 특정한 경우를 위한 편지"이다.[5] 하지만 안타깝게도 바울은 그 상황에 대하여 거의 언급하지 않는다. 일단 서신이 시작되면 신기하게도 실제 바울의 대화자인 수신자들은 무대 뒤로 사라지면서 구약성경이라는 또 다른 대화자가 등장한다. 바울과 구약 사이의 대화는 미묘하고도 복잡하지만, 이 둘은 서로를 매우 잘 알고 있어서 굳이 자세히 말하지 않더라도 눈치로 통한다. 그렇기 때문에 로마서에 나타난 상호텍스트적 반향을 이해하는 것은 명백한 진술을 이해하는 것 못지않게 중요하다. 제삼자인 우리들은 그들의 대화를 주도면밀하게 좇을 필요가 있다. 이러한 노력은 우리에게 큰 유익이 될 것이다. 하지만 이와는 달리 로마서의 실제적인 목적을 역사적으로 추측하면서 읽는 것은, 뜻밖에도, 만족스러운 결과에 이르지 못한다.[6] 그렇기에 우리가 만일 로마서에 나타난 상호텍스트적 현상에 귀를 기울이며 본문들을 해석학적 사건(hermeneutical event)으로 다룬다면, 더욱 깊은 이해에 도달할 수 있으리라 생각한다. 그러나 여전히 바울의 역사를 재구성하는 데에 관심이 있는 사람들은, 끝에 가서, 바울이 어떠한 목회적인 문제에 대답하기 위하여 이 서신을 썼는지 물을 수도 있겠지만, 그러한 질문에 대답하는 것은 본서의 관심을 벗어나는 일이다.

로마서에 나타난 구약의 모든 인용들과 인유들을 빠짐없이 연구하려는 것은 사실상 두꺼운 주석을 쓰겠다는 것과 같다. 따라서 우리는 로마서의 몇몇 대표적인 상호텍스트적 대화를 고찰하는 것에 만족할 것이다. 필자가 선별한 본문들 사이에는 연속성이 있는데, 유독 한 본문은 다른 이야기를 하는 것처럼 보일 수 있다. 곧, 모세를 복음의 반대편에 세우고 있는 것처럼 보이는 로마서 10:5-10은 로마서 전체를 배경으로 할 때 더욱 쉽게 이해할 수 있기에 마지막을 위하여 남겨두고자 한다.

이제 우리는 바울이 어떻게 구약성경을 가지고 서신의 주제부(theme)를 연주하며 그 반향은 어떠한 효과—의미론적이고 심미적인—를 만들어 내는지 귀를 기울이고자 한다.

하나님의 의가 나타남

로마서 1:16-17에는 바울 복음의 핵심이 담겨 있다. "내가 복음으로 인해 부끄러워하지 않는다. 이 복음은 모든 믿는 자를 구원[σωτηρίαν]에 이르게 하는 하나님의 능력이기 때문이다. 먼저는 유대인에게이고, 그리고 헬라인에게이다. 복음을 통하여 하나님의 의[δικαιοσύνη θεοῦ]가 믿음(faith)에서 믿음(faith)으로 드러났다[ἀποκαλύπτεται]. 이와 같이 기록되어 있다. '의인은 믿음(faith)으로 살 것이다.'" 이 주제적인 선언에 나타나는 주요한 신학적 단어들은 모두 칠십인역의 표현을 반향하고 있다. 실제로 이 용어들은, 칠십인역 본문에, 바울의 선언을 예표라도 하듯이 함께 모여 있다. 시편 97:2(98:2 MT)를 그 예로 살펴보자. "주께서 자기 구원[σωτήριον]을 알리시며, 이방인들[ἐθνῶν] 앞에서 자기 의[δικαιοσύνην]를 드러내셨다[ἀπεκάλυψεν]." 이 시편 구절—바울이 울리고 있는 반향의 어조는 시편보다도 강렬하다—은 바울의 복음 선포의 '전주'(前奏, Vorklang)와[7] 같다. 물론 바울은 여기에서 하나님의 의가 예수 그리스도의 죽음과 부활을 통하여 드러났다는 사실을 의미하고 있지만, 시편의 언어를 빌려서, 다른 곳에서 명백하게 진술된바(롬 15:8-9a를 보라), 하나님의 은혜가 예수 그리스도 안에서 이방인에게까지 확장되면서 동시에 그 은혜가 이스라엘을 향한 약속을 보증한다는 것을 힌트하고 있다. 또한 바울이 반향하고 있는 그 시편의 바로 다음 구절(시 97:3 LXX)은 로마서 1:16-17을 이해하기 위한 신학적 배경을 제공한다.

> 그분이 야곱에게 베푸신 그분의 인애를 기억하셨으며
> 이스라엘 집에 베푸신 그분의 진실함[ἀληθείας]을[8] 기억하셨다.
> 온 땅의 끝은
> 우리 하나님의 구원[σωτήριον]을 보았다.

여기에서 시편 기자는 이스라엘을 향한 하나님의 종말론적 신원이 전 세계에 드러나 이방인들까지도 하나님의 능력과 신실하심을 알게 되기를 소망하고 있다. 바울은 이러한 시편 기자의 종말론적 비전을 염두에 두고, 로마서 1:16에서, 복음이 먼저는 유대인에게 구원의 말씀이 되고, 그리고 차후에는 헬라인에게도 된다고—우리가 살펴보겠지만, 바울은 복음이 유대인을 먼저 구원하고 그 이후에 헬라인을 구원한다는 이 시나리오(scenario)를 변증법적으로 수정한다[9]—논증하고 있는 것이다.

이와 유사하게 하나님의 의와 구원이 전 세계에 나타날 것이라는 약속은 이사야서 후반부에서도 계속적으로 나타난다.

내 백성아, 내게 주의를 기울여라,

왕들아, 내게 귀를 기울여라.

이는 율법이 내게서 나가고,

나의 공의가 이방인들[ἐθνῶν]에게 빛으로 나갈 것이기 때문이다.

나의 의[δικαιοσύνη]가 가깝고,

나의 구원[σωτήριόν]이 이미 나갔으며,

내 팔[참조, 롬 1:16의 δύναμις]에 이방인들[ἔθνη]이 소망을 둘 것

이다.

(사 51:4-5)

주께서 모든 이방인들[ἐθνῶν] 앞에서 그의 거룩한 팔을 드러내셨

으니[ἀποκαλύψει],

모든 땅 끝까지도 우리 하나님의 구원[σωτηρίαν]을 볼 것이다.

(사 52:10)

이스라엘은 포로기 동안 이 모든 본문들에 나타난 하나님의 구원
약속으로 위로를 받았다. 이 구원은 곧 하나님의 의(δικαιοσύνη)의 현시
(顯示)라고 말할 수 있다. 왜냐하면 바랄 수 없는 상황에 있는 언약 백성
들에게 하나님의 신실하심을 보여주는 것이 바로 하나님의 의이기 때문
이다. 하나님은 이렇게 약속된 구원을 통하여 자신의 이름의 옳음을 증
명하고 포로기의 고통 가운데서 그를 믿는 백성들을 신원하셨다.

로마서 후반부에서 바울은 이러한 주제가 나타난 구약 본문들을 직
접 인용하여 로마교회 내의 유대인들과 이방인들이 화목할 것을 요구한
다(특히 9:27-33, 11:26-27, 15:7-13, 15:21을 보라). 로마서 1:16-
17에서는 위에 명기된 이사야 본문들이 직접 인용되지는 않았지만 몇몇
어휘들이 부지불식간에 반향되고 있다. 이러한 반향의 효과로 인하여 바
울처럼 칠십인역의 어구에 민감한 독자들은 복음을 약속의 성취, 곧 하
나님의 의가 나타나 먼저는 유대인에게요, 또한 헬라인에게도 구원을 주

신다는 고대의 약속의 성취로 이해하게 된다. 홀랜더는 이러한 표상—신(新) 텍스트를 이해함에 있어서 구 텍스트를 함께 고려하도록 요구하는—을 환용(metalepsis)이라고 명명했다.

이러한 주제를 다루는 반향들의 출처를 추적해 보면, 대거 애가서와 포로기 예언에 집중되어 있다는 것을 확인할 수 있다. 이는 놀랄만한 현상이 아니다. 민족의 역사적인 고난은 이스라엘과 언약을 맺었던 하나님의 신실하심과 선하심에 대한 의문을 제기하게 하는데, 결과적으로 하나님의 의에 관한 약속이 정확하게 그 의문에 대한 대답, 즉 신정론(theodicy)의 문제에 대한 대답으로 주어지기 때문이다. 구약에 나타난 신정론의 문제는 의로우신 하나님이 어떻게 세상에 고통을 허락하시는지에 대한 일반적인 질문과 관련하기보다는, 어떻게 야훼가 이스라엘을 버릴 수 있는지에 대한 특정한 문제와 관련한다. 로마서를 주의 깊게 관찰해보면 바울 역시 이와 유사한 문제를 가지고 씨름했다는 것을 알 수 있다. 그렇기 때문에 이스라엘의 고난을 다루고 있는 구약을 재사용할 때 좋은 효과를 거둘 수 있는 것이다.

예컨대, 우리가 애가서에 대한 반향들을 살펴본다면 복음을 "부끄러워하지 않는다"(Οὐ γὰρ ἐπαισχύνομαι)라는 바울의 선언을 보다 쉽게 이해하게 될 것이다. 어떤 사람들은 아직도 바울의 말을 심리학적으로 설명하고 있는 주석들(C.E.B. 크랜필드[Cranfield]의 주석 같은)에 주목한다. 이들은 바울이, 복음의 메시지에 대해 쑥쓰러움을 느끼는 여느 기독교인들과는 달리, 복음을 전함에 있어서 심리적으로 위축되지 않고 담대하였다고 주장한다.[10] 또한 에른스트 케제만(Ernst Käsemann)은 이 표현을 단지 ὁμολογεῖν(고백하다)의 뜻을 지닌 "관용적인 고백 형식"으로 간주하기에, 그에게 있어서 바울의 "나는 부끄러워하지 않는다"라는 발언은 곧 "나는 고백한다"라는 의미를 갖게 된다.[11] 그러나 이러한 설명들 중 어느 것도 αἰσχύνειν와 더불어 이와 유사한 의미를 전하는 καταισχύνειν과 ἐπαισχύνεθαι가(이 세 단어는 어근이 같다-역주), 하나님의 의라는 바울신학의 용어가 많이 나타나는, 포로기 예언서들과 애가서들 안에 반복적으로 등장하는 이유를 적절하게 설명하지 못한다. 시편 기자는 자신이(혹은 민족이) 적 앞에서 부끄러움을 당한 것에 대해 불평하거나(예, 시 43:10 LXX, "주께서는 우리를 버려 부끄럽게 하셨으며 [κατῄσχυνας]"), 자신을 부끄럽지 않게 해달라고 간청하였으며(시 24:2 LXX), 이사야 선지자는 주를 믿는 자는 부끄러움을 당하지 아니할 것이라고 확신하며 기뻐하였다(사 28:16 LXX—바울이 로마서 9:33에서 직접 인용한 본문).

불트만이 고린도전서 1:27과 로마서 5:5와 같은 구절에서 바울의 이 "부끄러움"이라는 용어의 용례가 "전적으로 구약에 근거"[12] 하고 있다고 관찰하였음에도 불구하고, 이상하게도, 로마서 1:16의 ἐπαισχύνειν 역시 구약에서 유래한 반향이라는 것은 거의 인지되지 않았다. 바울은 로마서 1:16에서 αἰσχύνειν가 나타난 이사야를 사용하여 "나는 내가 결코 부끄러워하지[αἰσχυνθῶ] 아니할 것을 안다. 나를 의롭다 하시는 분이 [ὁ δικαιώσας με] 가까이 계시기 때문이다"(사 50:7-8)라고 말할 수도 있었을 것이다. 이처럼, 바울은 복음과 관련하여 부끄러워하지 않는데, 정확히 그 이유는 복음이 하나님을 믿는 자들의 옳음을—그리고 결과적으로는 하나님의 신실하심을—종말론적으로 입증해 주는 것이기 때문이다. 여기에서 바울이 이사야의 미래 부정("내가 부끄러워하지 않을 것이다")을[13] 현재 부정("나는 부끄러워하지 아니한다")으로 변형시키고 있는 것은 상당한 의미가 있다. 이 현재시제는 하나님의 의와 진노가 나타난다(1:17-18)는 선포의 시제와 일치한다. 이로써 이사야의 미래를 향한 소망은, 바울의 입을 통하여, 그리스도 안에서 이미 이루신 하나님의 종말론적인 구원 행위에 의하여 규정된 새로운 시간의 축 위에서 울리게 된다.

바울의 하박국 2:4의 인용—바울의 복음 선포의 절정(롬 1:17)—역시 이와 동일한 맥락에서 이해되어야 한다. 놀랍게도 모든 진영의 학자들은, 종교개혁 이래로 계속된 ὁ δὲ δίκαιος ἐκ πίστεως ζήσεται(의인은 믿음[faith]으로 살 것이다)의 의미에 관한 논쟁에 대하여, 바울이 하박

국 2:4를 사용하면서 그 본래의 배경을 철저히 무시한 채, 그저 자신의
이신칭의 교리를 지지하기 위한 증거본문으로 가져다 사용하고 있다는
입장에 동의해왔다. 그러나 로마서 1:16-17에 나타난 하나님의 의에 대
한 선언 및 바울의 애가시 인유들을 통해 드러나는 주제인 신정론의 관
점에서 바울의 하박국 인용은 적절한 것으로 판명된다. 왜냐하면 하박국
2:4의 본래 문맥에서, 하박국은 이스라엘에 대한 하나님의 신실하심에
관한 문제를 직접적으로 거론하고 있기 때문이다.

    바울이 인용하고 있는 하박국 2:4은 하박국 1장 내내 하나님의 부
당함으로 인해 불평하는 선지자(합 2:1)에 대한 하나님의 대답의 골자를
보여준다.

        주여, 내가 부르짖어도,
        언제까지 듣지 않으시겠습니까?
        또 내가 불의를 당할 때에, 당신께 부르짖어도,
        언제까지 구원하지 않으시겠습니까?
                    (중략)
        당신의 눈은 정결하셔서 악을 보실 수 없으며,
        불의를 보고만 계시지 못하는데,
        어찌하여 배역한 자들을 보고만 계십니까?
        악한 자가 자기보다 의로운 자를 삼켜도
        잠잠하십니까?[15]

    하나님은 고뇌에 찬 선지자의 절규에 대하여 "의인은 나의 신실함
(faithfulness)으로[ἐκ πίστεως μου] 살 것이다"라고 확언한다.[16] 하박국
2:4가 어떻게 해석 될 수 있든지에 관계없이,[17] 이것은 신정론에 대한
답, 곧 하나님의 의에 관한 문제를 함축하고 있다. 신실한 공동체는 하나
님의 의를 보지 못했을지라도 하나님은 결코 실망시키지 않을 것이라는
사실로 인해 인내하고 즐거워한다.

이러한 하박국 해석은 현대 비평학이 새롭게 낳은 것이 아니다. 아우구스트 슈트로벨(August Strobel)은 하박국 2:4이 유대교—특히 묵시적 형태로—와 초기 기독교 내에서 하나님의 종말론적 정의가 나타나지 않고 지연되는 문제를 표현하는 '표준구'(*a locus classicus*)로 널리 간주되었다고 쓴 바가 있다.[18] 따라서 우리가, 전혀 무감각하지 않다면, 바울의 하박국 2:4 인용에서 하박국의 신정론에 대한 질문을 고려하지 않을 수 없다. 바울은 로마서 도입부에 하박국 2:4를—사실상 인용구(epigraph)로서—소개하면서 복음을 하나님의 의로움에 관한 구약의 예언과 연결 짓는다. 바울은, 한참 앞선 하박국과 한참 뒤의 밀턴(Milton)과 같이, 이제 복음 안에서 확실히 드러난 하나님의 의를 선포함으로써 "백성들을 다루시는 하나님의 방식을 정당화"한다.

그러나 다른 경우와 마찬가지로 이 경우의 반향 역시 전의이다. 하박국의 항거는 "사납고 성급한 민족"인 갈대아가 무력한 이스라엘을 군사적으로 지배한 것에서 비롯하였다(합 1:5-11). 그러나 바울이 다루고 있는 문제는 이와는 다른 종류의 역사적인 현상, 곧 이방인들이 군사적으로 이스라엘을 점령한 것이 아니라 할례 받지 않은 이방 기독교인들의 무리가 이스라엘의 언약 안으로 침범해 들어온 것에서 비롯한다. 두 본문의 중심적인 상황이 서로 다르다는 것은—정확히 그러한 이유로—두 본문의 관계가 메타포적이라는 것을 말해준다.[19]

더욱이 바울은 이 구약의 예언을 반향하면서 복잡한 의미론적 변화를 만들어낸다. 히브리어로 기록된 하박국 본문에서는 하나님이 선지자에게 믿음을 지키라고 권고하신다. "의인은 그의 신실함(faithfulness)으로 살 것이다." 이 말은 곧, 신실하게 기다리는 자가 결국 하나님의 보상을 받게 될 것이라는 뜻이다. 그러나 칠십인역에서는 그 어구를 하나님의 성품과 관련한 진술로 재해석한다. "의인은 나의 신실함(faithfulness)으로 살 것이다." 이는 하나님의 진실함이 이스라엘과 맺은 언약을 결국 이루어 낼 것이라는 말이다.[20] 바울은 하박국을 로마서에서 울려내면서 매우 중대한 인칭대명사(μου, 나의)를 생략하여, 독자들로 하여금 단지 "의인은 신실함(faithfulness)으로 살 것이다"라는 음성만을 듣도록 조장한다. 누구의 신실함인가? 바울은 이야기하지 않는다. 이로써 창조된 반향의 중의성은 바울의 복음에 대한 두 가지 선언(롬 1:16-17), 곧 (1) 복음에는 하나님의 의가 나타났다는 것과 (2) 복음은 모든 믿는 자를 구원에 이르게 하는 하나님의 능력이라는 주장을 동시에 지지하는 근거로 기능하게 된다. 이 두 가지 초점을 중심으로 바울은 자신의 논증을 그려간다. 이것이 바로 바울이 복음을 ἐκ πίστεως εἰς πίστιν(신실함[faithfulness]에서부터 신실함[faithfulness]으로) 드러난다고 쓰는 이유이다. 따라서 바울의 하박국 2:4 인용은 하박국의 본래 의미를 벗어났다기보다는 현 시대에 나타난 하나님의 의를 상징적으로 울리는 원천—실제로 적어도 두 개의 다른 전통적 해석이 존재한다[21]—으로서 기능하는 것이라고 볼 수 있다.

이렇게, 로마서 1:16-17에서, 바울은 하나님의 의를 말하는 구약의 음향실(sounding chamber)—시편과 이사야, 하박국으로 구성된—안에서 복음을 선포한다.

심판과 환난과 고통

하나님의 의는 이스라엘과의 언약에 대한 하나님의 신실하심으로 드러날 뿐 아니라 하나님을 알기를 거부하는 자들에 대한 심판 행위로도 나타난다. 바울은 복음의 진수를 선포한 후에, 곧이어 로마서 1:18("하나님의 진노는 불의로 진리를 막는 사람들의 모든 불경건과 불의에 대하여 하늘로부터 드러난다")에서 하나님의 진노의 주제를 소개한다. 이렇게 범죄한 인류—유대인과 이방인이 마찬가지로—를 처음으로 정죄한 후에 로마서 3:20까지 일관하여 내달린다. 바울은, 불꽃놀이가 보여주듯, 그 절정인 로마서 3:10-18에서 구약 본문들을 동시다발적으로 터뜨리면서 인류를 기소한다. 이 우레와 같은 어조의 구약 인용문들과 함께 인류에 대한 심판의 언어는 그치게 되지만, 다른 희미한 반향들은 로마서 전반부를 울리면서 서신의 중심 주제를 조화롭고 풍성하게 드러낸다.

　로마서 2장—바울서신을 이신칭의 하나로 설명하려는 해석가들에게는 온통 주석적 장애물로 뒤덮인 장—에서 바울은 유명한 헬라 도덕가들의 디아트리베(diatribe: 가상의 인물을 내세워서 논지를 이끌어가는 방식-역주) 형식을 사용하면서 구약의 지혜서와 예언서 및 몇몇 중간기 유대문헌들을 연상시키는 언어와 주제를 엮어 심판의 메시지를 전달한다. 네스틀레-알란트 헬라어 신약성경(Nestle-Aland's *Novum Tstamentum Graece*) 26판의 방대한 난외주를 언뜻 보더라도 이곳에 나타난 바울의 언어가 얼마나 촘촘한 인유들로 구성되어 있는지 확인할 수 있다. 그 예로써 로마서 2:5-11을 살펴보자.

> 다만 너의 고집과 회개 고집과 회개하지 아니한 마음 때문에 진노의 날, 곧 하나님의 의로운 심판이 나타날 그 날에 너에게 임할 진노를 쌓고 있다. 하나님께서 각 사람에게 그의 행위대로 갚아주실 것이니, 참고 선을 행하면서 영광과 존귀와 멸망하지 아니함을 구하는 자에게는 영생으로 하실 것이나, 이기적이며 진리를 순종하지 않고 불의를 따르는 자에게는 노와 분으로 하실 것이다. 악을 행하는 모든 사람에게 환난과 고통이 있을 것이니, 첫째는 유대인에게이고, 또한 헬라인에게이며, 선을 행하는 모든 사람에게는 영광과 존귀와 평강이 있을 것이니, 첫째는 유대인에게이고, 또한 헬라인에게도 있을 것이다. 이는 하나님께서 사람을 외모로 취하지 않으시기 때문이다.

　네스틀레-알란트의 본문비평장치는, 이 본문과 관련하여서, 솔로몬의 지혜, 신명기, 스바냐, 시편, 레위의 언약, 솔로몬의 시편, 잠언, 이사야, 역대하가 인용되거나 인유되고 있는 것으로 본다.

　예를 들어, 하나님이 "각 사람에게 그의 행위대로 갚아주실 것이

니"(롬 2:6)라는 바울의 확언은 사실 시편 61:13(LXX)과 잠언 24:12
의 인용으로 볼 수 있는데, 미래시제는 시편의 동사를 반영한 것이고, 3
인칭과 관계대명사의 사용(로마서 2:6, 헬라어에서는 확인할 수 있지만
RSV에서는 확인할 수 없다)은 잠언의 형식을 반영한 것이다.

> 시 61:13b 당신은 각 사람의 행위대로 갚으실 것이다.
> 잠 24:12 그는(관계대명사 who) 각 사람의 행위대로 갚으신다.

로마서 2:6의 인용문이 두 곳에서 부분적으로 인용되면서 하나님
의 의 개념을 기계적으로 종합하고 있다고 생각할 수도 있을 것이다. 그
렇지만 보다 넓은 시편의 문맥을 살펴보면 하나님의 인자하심이 구원의
소망의 원천이라는 담담한 확신을 발견할 수 있는데, 이는 로마서 2:4에
나타난 하나님의 인자하심과 오래 참으심에 대한 강조와 전적으로 일치
한다. 그러나 인용된 잠언 본문의 맥락은, 특히 칠십인역에서, 전지하신
하나님의 심판을 강조하고 있다.

> 네가 "나는 이것을 몰랐다"라고 말한다 할지라도,
> 모든 마음을 아시는 주께서 어찌 헤아리지 않겠느냐?
> 모든 사람에게 호흡을 주신 그분이 알고 계시지 않겠느냐?
> 그는 각 사람의 행위대로 갚으신다.

따라서 우리는 잠언 24:12의 인유를 통해, 하나님께서 사람들의 마
음의 은밀한 것을 아시고 심판하신다는(롬 2:15-16), 곧이어 나타나게
될 바울의 진술을 예상하게 된다.

이러한 경우에 있어서 우리는 바울이 변증법적으로 짝지어진 두 가
지 개념(하나님의 인자하심과 전지하심)을 설명하기 위하여 두 개의 개
별적인 출처에서 인용문을 의도적으로 선별했다고 생각할 필요는 없다.
즉, 바울이 "그가 각 사람의 행위대로 갚으실 것이다"라고 쓸 때에 구약

을 염두에 두고 있었다는 것은 의심의 여지가 없겠지만, 구약에서 본문을 검색한 후, 두 주제를 영리하게 엮어 자신의 논증을 구성했다고 생각할 하등의 이유는 없다. 그보다도 시편과 잠언을 반향하는 바울의 인용문은 바울의 뼛속에 흐르고 있었던 하나님에 대한 이미지에서 기인했을 것이다. 이와는 달리, 이방인인 우리는 구약성경을 삶의 근간으로 삼고 있는 것이 아니기에, 바울이 마음으로 알고 있었던 것을 난외주와 색인을 통해—블루스 리프(bluse riffs: 일종의 즉흥연주 마디-역주)를 악보를 통해 배우는 신출내기 기타연주자처럼—배울 수밖에 없을 것이다. 결국 바울은 하나님이 각 사람의 행위대로 심판하실 것이라는 고백을 인용하여 하나님의 인자하심과 전지하심을 배음으로 울려 대위법적으로 어울어지게 하였다.

그러나 이 단락(롬 2:5-11)에 나타나는 몇몇 인유들은 더더욱 간접적이다. 로마서 2:9의 "악을 행하는 모든 사람에게 환난과 고통[θλῖψις καὶ στενοχωρία]이 있을 것이니"라는 어구는 뚜렷하지는 않지만 적어도 두 개의 다른 구약 본문을 떠오르게 한다. 첫째, 글자그대로 나타나는 다소 분명한 반향의 출처로서 이사야 8:22가 있다.[22] 이 본문은 약속을 믿지 못한 이스라엘 백성에 대한 심판 신탁을 그 배경으로 하고 있는데, 여기에서 백성들은 하나님을 찾는 대신에 "소곤거리고 중얼거리는 신접한 자와 영매들"(8:19)에게 조언을 구한다. 이에 대하여 이사야는 백성들이 처하게 될 운명을 묵시적인 이미지로 묘사하였다. 즉, 군대가 덮쳐올 때, "그들[백성들]이 하늘을 쳐다보거나 땅을 둘러보아도 오직 극심한 혼란과 흑암, 환난과 고통[θλῖψις καὶ στενοχωρία]과 끝없는 어두움뿐일 것이다." 바울은 유대의 묵시 전승에서 하나님의 종말론적 심판 이미지를 전용(轉用)하여 "환난과 고통"의 범위를, (이사야에서처럼) 단지 선택 받은 민족에게만 적용하는 것이 아니라, 악을 행하는 모든 사람에게까지 확장하여 유대인과 헬라인 모두를 포함시킨다. 그리하여 이스라엘에 대한 이사야의 심판 선고는 바울의 손을 거치면서 보편적인 심판의 메타포로 전환되는 것이다.[23]

둘째로 로마서 2:9에서 희미하게 반향되고 있는 구약 본문은 신명기 28장이다. 여기에서 모세는 이스라엘과 하나님 사이에서 언약을 중재하면서 축복과 저주를 선포한다. 만일 백성들이 "그분의 모든 규례와 명령"(신 28:15 이하)을 지켜 행하지 아니하면 "네 원수가 너를 너의 환란과 너의 고통으로[ἐν τῇ στενοχωρίᾳ σου καὶ ἐν τῇ θλίψει σου] 몰아넣어"(28:55, 53, 57), 결국 자녀들의 살을 먹게 될 것이라는 세 차례의 격앙된 예언들과 같은, 끔직한 저주를 받게 될 것이다. 이 신명기 단락에 대한 바울의 관심은 갈라디아서 3:10에서도 확인할 수 있는데, 여기에서 바울은 율법의 행위에 속한 자들이 모두 저주 아래에 있다고 선언하면서, 신명기 27:26과 28:58을 융합하여 자신의 주장을 뒷받침한다. (우리는 융합된 두 구절로 바울이, 율법의 조건적 축복과 저주를 제시하는, 신명기 27장과 28장을 하나의 단위로 간주하고 있다는 것을 명료하게 확인할 수 있다.)[24]

결과적으로 로마서 2:9에서 "악을 행하는 모든 사람"의 운명이 θλῖψις(환난)와 στενοχωρία(고통)의 결합으로 묘사될 때, 바울의 "공명하는 의미의 동굴"(홀랜더[Hollander]의 용어로서 여기에서는 구약성경을 가리킨다-역주)에 서있는 독자들은 이사야의 종말론적인 하나님의 진노가 신명기의 언약적 저주로 묘사되고 있는 것을 인지하게 될 것이다. 그 진노의 대상에는, "하나님께서 사람을 외모로 취하지 않으시기"(롬 2:11) 때문에, 언약 백성인 유대인뿐 아니라 언약 밖에 있는 헬라인까지도 포함된다. (물론 2:11 역시 또 다른 구약의 반향이다[참조, 대하 19:7; 집회서 35:12-13].)[25] 하지만 여기에 나타난 반향이 그것을 명확하게 이야기하고 있는 것이 아니기에, 바울이 이스라엘을 향한 신명기 언약을 이방인들에게 시대착오적으로 해석하여 적용하고 있다고 볼 수만은 없다. 그보다도 바울은 이사야에 나타난 "환난과 고통"이라는 하나님의 진노에 대한 묘사를 통하여 신명기의 언약적 저주를 인유적으로 반향함으로써 두 본문 사이의 메타포적 공명을 형성하게 된 것이다. 따라서 신명기 인유는 하나님의 종말론적 진노를 그려내는 전의라고 볼 수 있다. 우리가 추후에 확인하겠지만,[26] 바울은 신명기 언약 안에서 복음의 예표를 발견하고 그 언약에 수반된 축복과 저주를 바울 자신의 시대에 선포된 것으로 보기에, 그러한 전의는 우연의 산물이 아니다.

이방인 가운데서 모독을 받는다

복음이 유대인과 이방인을 동일하게 구원하고 심판 역시 유대인과 이방인에게 동일하게 떨어진다면, 이스라엘만이 가진 특권은 완전히 해체된 것인가? 로마서 2장에서 바울은 그 가능성에 대하여 진중히 다룬다. 바울은 "본래 율법이 없는"[27] 이방인이 사실상 "율법의 일"을 행하여, "자기의 마음에 기록되어 있는 율법의 행위"(2:15)를 나타내는 경우를 상정하면서, 동시에 율법을 가진 유대인이 율법을 범할 경우 할례가 무의미하다고도 말한다(2:25). 이 논증은 결국, RSV가 시사하고 있는 것과 같이, 잠정적이지만 비관적인 결론에 도달한다. "외면적인 유대인이 유대인이 아니며, 외면적 육신의 할례도 참 할례가 아니다. 오직 내면적 유대인이 유대인이며, 문자에 의한 것이 아닌 영에 의한 마음의 할례가 참 할례이다"(롬 2:28-29).

이러한 견해는 바울 시대의 유대 공동체—유대 기독교인을 포함하여—내에서 격렬한 논쟁이 되었겠지만, 바울은 자신의 급진적인 입장을 표명하면서 당시에 매우 친숙했을 구약의 이미지들을 사용하였기에 구약의 출처를 명기할 필요가 없었다. "마음의 할례"라는 환유적인(metonymic) 이미지는, 신명기와 예레미야에서 모두, 전심을 다하여 하나님께 복종하라는 의미로 사용된다(신 10:16, 30:6; 렘 4:4; 참조, 희년서 1:23). 또한 예레미야는 "마음의 할례를 받지 못한 자들"(렘 9:26)이라는 부정적인 이미지를 사용하여 "이스라엘의 모든 집"을 정죄하기도 했다. 예레미야 31:33(38:33 LXX)에 나타난 마음에 새겨진 율법에 대한 고전적인 진술은, 바울이 하나님의 의를 선포하는 데에 사용했던 이사야 본문들과 같은 단락에 속한, 이사야 51:7에도 등장한다.

따라서 로마서 2:28-29에서 확인할 수 있는 획기적인 요소는 바울의 이미지 자체가 아니라 그 이미지를 사용하는 방식이다. 이사야 51:7에서, "마음속에 나의 율법을 가진 백성들아"라는 하나님의 음성은 이방인들이 아닌 이스라엘 백성들—이들이 이방인의 비난에 낙심하지 않도록 독려하면서—을 향하고 있다. 그런데 바울의 반향은 그 모티프를, 선지자들이 상상하지 못할 방식으로 뒤집어, 할례 받지 못한 이방인들—바울은 아마 이방 그리스도인을 염두에 두었을 것이다[28]—을 가리키는 데에 사용하였다.

바울이 구약을 명백하게 인용하고 있는 로마서 2:24에서도 또 다른 의미론적 전복(顚覆)이 나타난다. 그 인용은, 바울이 가상의 유대인 대화자를 세워 심문하는 단락(롬 2:17-24)의 수사학적 정점에 위치하여, "율법을 자랑하는 네가 율법을 범하여 하나님을 욕되게 하느냐?"(2:23)라는 바울의 비판적인 질문에 대한 대답으로 주어진다. 바울은 가상의 논쟁 상대에게 대답할 여지를 주지 않고 자신이 직접 이사야 예언을 가져다가 이스라엘의 불순종을 증거 한다. "기록된 바와 같이, '하나님의 이름이 너희들로 인하여 이방인 가운데서 모독을 받는다'"(사 52:5[LXX]를 인용하는 롬 2:24).[29] 이것은 반칙적인 해석일 뿐 아니라, 비평학의 관점에서 보자면 본문을 기막히게 오독하고 있는 것이다. 인용된 이사야 본문은 야훼가 바벨론 포로 중인 이스라엘에게 자신의 약속을 재확증 하는 부분에 속하였다. 즉, 이스라엘 백성들은, 자신들의 압제된 상황으로 인해 열국이 하나님의 능력을 무시하게 되었다는 바로 그 이유 때문에, 하나님이 자신을 드러내시고 자신의 이름을 위하여 신원하실 것을 더욱 확실하게 기대할 수 있었다. 그런데 바울은 이러한 약속의 말씀을 책망의 언어로 사용했다. 더욱 놀라운 것은 이후의 주석가들이 바울의 오독을 읽으면서 별다른 이상을 느끼지 못했다는 것이다(이는 바울의 해석이 창조한 새로운 상징적 세계의 힘이 얼마나 대단한지를 보여주는 사례가 된다).

그런데 바울의 복잡한 변증법적 논의가 펼쳐지면서 우리는 바울의 이사야 52:5에 대한 오독이 단지 임시적이었다는 것을 깨닫게 된다. 바울은 이사야의 52장의 예언이 이스라엘을 향한 하나님의 은혜를 보여주고 있다는 것을 분명히 알았다. 로마서 10:15에서 이사야 52:7을 예수 그리스도의 복음의 선포에 대한 전조로 읽어내고 있는 것이 그 예가 될 수 있을 것이다("아름답도다. 좋은 소식을 전하는 자들의 발이여").[30] 혹 바울이 이사야 52:5를 책망의 의미로 읽는다면, 그 책망은 52:5가 가리키는 역사적 사건, 곧 바벨론 포로 사건에 내포된 책망을 의미한다. 이렇게 언약 백성을 결단코 버리지 아니하실 하나님의 신실하심을 가리키는 인용구가 로마서 내에서 백성들의 불성실함을 가리키는 데에 사용되면서 하나님의 은혜를 부각시키게 된다.

로마서의 독자들이, 가상적으로, 바벨론 포로 중인 이스라엘의 역할에 설 때에 비로소, 이사야 52:5 인용구는 바울의 논증 안에서 메타포적으로 기능하게 된다. 그렇지만 동시에 그 독자들은 이사야가 포로 중인 이스라엘에게 약속한 구원의 소망 역시 들을 수밖에 없을 것이다. 바울은 이 약속을 로마서 후반부에서 더욱 분명하게 이야기한다.

형제들아, 나는 너희가 이 비밀을 모르는 것을 원하지 않으니, … 이방인의 충만한 수가 찰 때까지 이스라엘 가운데 일부가 완악해졌다는 것이다. 그리하여 온 이스라엘이 구원을 받을 것이다. 기록된 것과 같으니,

구원자가 시온으로부터 오셔서
야곱에게서 경건하지 못한 것을 제거하실 것이다.
이것은 그들과 맺은 나의 언약이니,
내가 그들의 죄를 없앨 때에 이루어질 것이다.
(롬 11:25-26, 사 59:20과 27:9를 인용)

결과적으로 바울의 이사야 52:5 인용을 이스라엘에 대한 정죄로 이해하는 것은 좋지 않은 읽기이며, 더욱 정확히 말하자면, 그러한 해석은 로마서를 처음 읽을 때에만 가능하다. 로마서의 수사학적 구조에 이끌린 독자들은 이스라엘의 최종적인 심판을 예기하게 되지만, 그러한 예상은 로마서 후반부—이사야의 본래 맥락을 깊이 고려할 때에 발생하는 것과 동일한 의미를 전하는—에서 뒤집힌다. 이사야와 로마서의 다른 많은 본문들이 주장하는 것과 같이 하나님과 이스라엘의 언약적 관계는 끊어진 것이 아니기에, 바울은 이스라엘을 꾸짖는 하나님을 마치 가문의 명예를 더럽힌 아이를 꾸짖는 부모와 같이 묘사한다. 로마서 2장에서 이사야의 인용은 정죄의 언어로 기능한다. 하지만 그 정죄 안에는 적국의 포로가 된 이스라엘을 위한 약속이 내포되어 있다. 그리하여 유대인의 정체성을 가장 극심히 위협하는 것처럼 보이는 논증에서도 바울은 구약을 사용하여, 하나님이 자신의 옳음을 증명하실 때에 이스라엘 역시 구원될 것이라는 약속을 메타포적으로 자아낸다.

하나님의 의를 증거 하는 율법과 선지자

바울은 정죄들로 나열된 로마서 1:18-3:20에서조차 하나님의 자비를 속삭이는 구약의 인유들을 사용하고 있다. 자신의 논증과 반대되는 의미의 구약 반향을 사용하는 것이 이상하게 보일 수도 있겠지만, 두 가지 요소, 곧 본래의 구약 본문이 함의하는 바와 바울의 논증이 궁극적으로 지향하는 바를 고려한다면 이러한 현상을 이해하는 것은 어렵지 않을 것이다.

물론 바울은 경건하지 않은 자에게 주어지는 하나님의 한없는 은혜(참조, 4:4-5)와 불성실한 이스라엘을 향한 하나님의 변함없는 사랑에 근거하여 복음을 설명하고 있다. 이러한 논의의 맥락에서 로마서 1:18-3:20에 나타난 심판의 선언은 그 은혜를 부각시키기 위한 변증법적 들러리로 기능한다. 결과적으로 그 단락에 인용된 구약 본문들이 죄의 해결을 예시(豫示)하고 있다면, 독자들은 그 정죄의 구약 반향들을 통하여 은혜로의 반전을 은연중에 기대할 수 있을 것이다.

더욱이 바울서신에 나타난 정죄와 은혜 사이의 변증법적 관계는 구약 전반, 특히 포로기 예언서들에 내포된 정죄/은혜의 도식과 동일하다. 바울은 이와 같은 구약의 변증법적 구조에 토대를 두고서, 율법과 선지자들이 불경건한 자들을 구원하는 "하나님의 의"를 증거하고 있다고 주장한다. 앞서 다룬 이사야 52장과 같은 본문이 이러한 변증법적 특징을 지니기에, 우리는 로마서 2:24에서 사용된 이사야 52:5를 표면적으로만 해석해서는 안 된다. 이사야 52:5는, 한계까지 늘려진 용수철과 같이, 로마서 2:24을 이사야 52장의 본래 문맥으로 끌어당겨 그 안에서 2:24를 읽고 해석하도록 독자들을 인도한다.

"사람은 다 거짓되되 오직 하나님은 참되시다"

구약성경의 본래 문맥으로 돌아가는 작업은 로마서 3:1에서 시작된다. 바울은 로마서 2장에서 외적 표지보다도 마음의 할례가 중요하다는 것을 반복적으로 주장하면서 다음과 같은 독자들의 반응을 예상한다. "그러면 유대인의 나음은 무엇이며, 할례의 유익은 무엇이냐?" 로마서 2장의 논지에 따르자면, "전혀 없다"라는 대답을 기대하게 된다. 그러나 바울은 논리적으로 확실히 나올법한 대답을 거부하고, 갑자기 대화의 흐름을 뒤집어 유대인의 유익이 "모든 면에서 많다"라고 선언한다.

이처럼 바울이 끝까지 유대인 편에 서있는 이유는 무엇인가? 그것은 바로 구약성경이 이스라엘에 대한 하나님의 선택을 이야기하고 있기 때문이다. 행여 바울의 복음이 이스라엘을 향한 하나님의 선택을 폐하는 것으로 나타난다면, 과거에 하나님이 이스라엘과 약속하셨던 것들과 그들을 대하셨던 것들은 모두 거짓이 되고 말 것이다. 그렇게 되면 "하나님의 도덕적 진실성"에 큰 문제가 생긴다.[31]

　유대인들이 하나님과의 관계에 있어서 가지고 있는 특별한 유익이 있다면 그것은 무엇일까? 바울은 그들이 성경을 가지고 있는 것 자체가 이점이라고 단언한다. 유대인의 유익은 "무엇보다도 하나님의 말씀이 그들에게 맡겨졌다는 것[ἐπιστεύθησαν]이다. 어떤 이들이 믿지[ἠπίστησάν] 않았다면 어떻게 되겠느냐? 그들의 믿지 않은 것이[ἀπιστία] 하나님의 신실하심을[πίστιν] 폐하겠느냐? 결코 그럴 수 없다!"(롬 3:2b-4a). 유대인들이 실패한다 할지라도 그들에게 "하나님의 말씀"이[32] 주어졌다는 사실과 그들의 실패가, 이사야 52장에서 선포된 것처럼, 하나님의 꺾이지 않는 신실하심을 드러낼 기회가 된다는 사실은 변하지 않는다. 이스라엘의 동의여부와 관계없이, 하나님의 약속은 그들에게 맡겨졌다. 실로, 이스라엘에게는 이러한 유익이 있었다.

　바울은 하나님의 신실하심을 증거 하기 위하여[33] 시편 51:4(50:6 LXX)을 사용한다. "기록된 것과 같으니, '주께서 말씀하실 때에 의롭다 함을 얻으시고[δικαιωθῇς], 판단 받으실 때에 이기려 하심이다.'" δικαιοσύνη θεοῦ(하나님의 의)를 하나님이 수여하신 신자의 상태로 해석하려는 학자들은 이러한 바울의 시편 사용이 어색하게 느껴지겠지만,[34] 사실 시편 51:5 인용구는 바울의 논증 방식에 정확하게 부합한다. 왜냐하면 시편 51편 인용문은, 로마서 3:1-20에 나타나는 바울의 논증과 마찬가지로, 하나님의 의로우심과 인간의 죄를 대조하는 문맥에 속하여 있기 때문이다. 실제로 주석가들은 바울의 시편 51편 인용에 나타난 이러한 함의에 대하여 흥미를 보여왔다.[35] 시편 51편은 죄를 자백하면서 하나님의 자비를 구하는 참회의 시다.

　　하나님이시여, 주님의 큰 자비를 따라 내게 은혜를 베푸시며
　　주님의 크신 긍휼을 따라 나의 죄에서 나를 정결하게 하소서

나의 악을 내게서 깨끗이 씻어주시고

나의 죄에서 나를 정결하게 하소서

내가 내 죄과를 아니

내 죄가 항상 내 앞에 있습니다.

내가 주께만 죄를 지었으며

주님 보시기에 악을 행하였으므로

주께서 말씀하실 때에 의로우시고

주께서 심판하실 때에 이기실 것입니다

(시 50:3-5 LXX)

"다윗의 시, 다윗이 밧세바와 동침한 후, 나단 선지자가 그를 찾아왔을 때"라는 이 시편의 표제는 하가다(haggadic) 전통을 따르고 있다. 이 표제가 가리키고 있는 익숙한 이야기는 사무엘하 11-12장에 나타난다. 거기에서 나단 선지자는 다윗의 죄를 지적하기 위하여 가난한 자의 양을 빼앗는 부자의 비유를 이야기한다. 이때 스스로 경건하다 생각하는 다윗은 악한 부자를 정죄 하는데("주의 살아계심으로 맹세하는데, 이 일을 행한 사람은 반드시 죽어야 한다"), 이는 역설적으로 자기 자신을 향한 비난—나단과 독자가 모두 인지하듯이—이 된다. 나단이 다윗의 자기기만을 깨뜨리자("당신이 바로 그 사람입니다"), 다윗은 "내가 주께 죄를 범하였습니다"라며 공개적으로 자백하면서 극적으로 회개한다. 놀랍게도 나단은 다윗에게 하나님의 용서를 선언한다. "주께서도 당신의 죄를 용서하셨으니, 당신이 죽지는 않을 것입니다."

흥미롭게도 바울은 51편을 인용하면서 이러한 배경을 언급하지도 않았고 다윗의 어떤 회개 장면도 인용하지 않았다. 로마서에는 범죄한 인간—이 반향은 심지어 하나님의 마음을 가진 메시아의 예표인 다윗을 향하고 있다—을 향한 하나님의 진노의 정당성을 선언하는 시편 51편의 한 구절만이 인용되었기에, 다윗이 죄를 고백하고 용서를 요청하는 부분은 전혀 부각되지 않는다. 이와 같은 경우에, 시편 51편에 익숙하지 않은 독자들은 인용되지 않은 부분들이 로마서 3장의 주제와 어떻게 상응하는지 알지 못할 가능성이 매우 크다. 바울은 이 유명한 시편을 하나하나 짚어가며 로마서와 연결 짓기보다는 단 한 구절만을 사용하여 시편의 반향들이 로마서의 명백한 논증 아래에서 은연중에 울리게 하고 있다.

여기에 나타난 본문들의 상호작용은 다소 복잡하다. 바울이 인용하고 있는 시편 51편은 나단 선지자 내러티브를 배경으로 하고 있는 다윗의 기도이기에 이와 관련하여 해석할 필요가 있다. 따라서 로마서 3:4의 표층 아래에는 이미 두 가지 텍스트 층이 존재하게 되는데, 나단 내러티브는 다윗의 시로 확장되고 바울은 그 시에 대한 교훈적 주석을 썼다고 말할 수 있겠다. 이러한 다층적인 상호텍스트성은 이스라엘의 성경을 주석하는 전승에서 발생할 뿐 아니라, 이와 같이 성경 자체 내에서도 만연하게 나타나고 있다.[36]

나단 내러티브-다윗의 시편-로마서의 독특한 직렬 구조에서, 로마서 1-3장의 수사학적 구조는 그 조부(祖父) 격 텍스트인 다윗을 책망하는 나단 내러티브의 구조를 그대로 보여준다. 즉, 로마서의 독자들은 이교적인 부도덕성을 정죄하는 로마서 1:18-32에 의하여 이끌려온 후에 나단과 같은 바울의 선고로 인해 범죄한 다윗으로 폭로되는 것이다. "그러므로 남을 판단하는 사람아, 네가 변명할 수 없음은 남을 판단하는 그것으로 네 자신을 정죄하는 것이니, 이는 남을 판단하는 네가 같은 일을 하기 때문이다"(롬 2:1).[37] 그리고 로마서 3장에 가서는, 다윗 이야기의 결말과 같이(삼하 12:7-12 참조-역주), 인간들의 죄악상이 나열된 이후에 하나님의 심판 및 자비가 선포된다. 로마서 3장의 독자들은, 다윗과 같이, 하나님의 의로우심으로부터 피할 수 없을 것이다. 로마서 내에는 바울이 사무엘하와 로마서 사이의 구조적 병행을 정교하게 구상하였다는 증거가 거의 나타나지 않는다. 오히려 바울의 논증과 나단의 이야기 사이에 나타나는 구조적 병행이 바울로 하여금 인용하기 적절한 본문으로 시편 51편을 무의식적으로 떠올리게 했을 가능성이 크다.

바울의 시편 51:4 인용구가 표면적으로 드러내고 있는 것은 구약성경이 하나님의 의를 증거하고 있다는 사실이며, 시편 51편(과 그 전거인 사무엘하 11-12장의 내러티브)이 암시적으로 드러내고 있는 것은 하나님의 의 앞에 선 인간의 적절한 자세가 무엇인지 하는 것이다. 즉, 하나님의 정당한 유죄선고에 도전하는 것이 아닌, 자비의 필요성을 절감하고 회개하는 자세 말이다. 그리하여 바울의 다윗 전승 인유는, 하나님께 죄가 죄로 "여겨지지" 않는 복된 사람의 증거로 다윗이 제시되고 있는(시 32:1-2; 참조, 삼하 12:13), 로마서 4:6-8을 생각나게 한다. 그러나 로마서 3:4에서 발견할 수 있는 이 모든 연결들은 반향의 동굴, 즉 구약성경 안에만 존재하는 것이기에, 사무엘하와 시편 51편에 친숙하지 않은 독자들은 로마서에서 구약이 인용되었다는 것은 인식할지라도 다윗의 시와 바울의 케리그마 사이에서 더욱 복잡하게 울리는 공명들은 듣지 못할 것이다.

하지만 로마서 3:10-18에서 연달아 나타나는 인간의 죄성을 고발하기 위한 구약 인용구들은 누구라도 놓치지 않을 것이다. 전도서, 잠언, 이사야를 비롯하여 적어도 다섯 개의 시편으로 조합된 정죄의 모음집은 3:10의 "선을 행하는 자가 없으니 하나도 없다"(참조, 시 14:1-3; 전 7:20)는 진술로 시작하여 끝없는 비판을 내어 놓는다. 바울은 왜 인간 존재의 도덕적 진정성에 대하여 쉴 새 없이 공격하는가? 로마서의 논증의 맥락에서, 나열된 인용구들은[38] 모든 인류, 곧 유대인과 헬라인이 동일하게 "죄 아래"(3:9) 있고 아울러 온 세상이 하나님의 심판 아래 (ὑπόδικος) 있다는 진술(3:19)에 결정적인 근거를 수사학적으로 제공하게 된다. 말하자면, 율법(구약성경)은[39] "율법 안에 있는 사람들"(유대인들)에게 말하는 것이기에, 구약성경의 언어로 구성된 정죄의 목록들은 유대인들이 하나님 앞에서 변명할 수 없도록 만들어, 결국에는 "모든 입을 막게"(시 62:12[LXX]의 반향) 하는 것이다. 그렇게 하나님의 말씀을 맡은 유대인들은 그 말씀으로 자신들이 죄인이라는 진리, 곧 나머지 인류에게 감추어진 진리를 배우는 역설적인 특권을 받았다.

결국 로마서 3:9-20에 나타난 인류를 향한 정죄의 목적은 온 세상을 심판하시는 하나님이 정당하다는 것을 보여주는 데에 있다. 결국 이 단락은 하나님이 불의($\check{\alpha}\delta\iota\kappa\circ\varsigma$) 하실 지도 모른다는 로마서 3:5-7의 수사학적 의심에 대하여 반박하는 역할을 한다. 구약 인용구로 표현된 인간의 불의함은 도리어 시편 51편으로 선포된 하나님의 의를 부각시키면서 하나님의 의에 대항할만한 근거들을 뿌리 뽑는다.

로마서 3:20에서는, 바울은 시편 143편("그러므로 율법의 행위로는 그분 앞에서 의롭다 하심을 받을 육체가 없다")을 인유하면서 논지의 흐름을 정리한다. 여기서 바울은 시편 143:2[142:2 LXX]의 단어들을 몇 가지 방식으로 주무른다. 먼저 "율법의 행위"라는 구절은 바울이 추가한 어구이며, $\pi\hat{\alpha}\sigma\alpha$ $\sigma\grave{\alpha}\rho\xi$(모든 육체)도 칠십인역의 $\pi\hat{\alpha}\varsigma$ $\zeta\hat{\omega}\nu$(모든 살아있는 존재)을 바꾼 것이다. 더 나아가 바울은 하나님을 2인칭으로 표현한 것을 3인칭 단수로 바꿈으로써 시편 기자의 개인적인 고백("어느 살아있는 존재도 당신 앞에서는 의로울 수 없습니다")을 일반화시켰다. 이렇게 본문을 바꾸어 인용하는 것은 상호텍스트적 관계를 더욱 간접적으로 만든다. 다시 말하자면, 변형된 시편은 바울의 주장을 지지하기 위한 직접적인 증거로 제시된 것이 아니라, 독자들로 하여금 이스라엘의 경전을 상기시키도록 제시된 것이다. 로마서 독자들은, 시편 143편 인유를 구체적으로 인지했는지 여부와 관계없이, 하나님 앞에서 의롭다 하심을 받을 육체가 없다는 것을 이미 알고 있을 것이기에, 바울의 선포를 수용할 수밖에 없을 것이다.

율법과 선지자들에 의하여 증언된 것

그러나 시편 143편의 반향은 로마서 3:20의 보편적인 정죄로 끝나지 않는다. 이와 관련한 전체적인 반향을 듣기 위하여 우리는 20절에서 인유적으로 인용된 시편 구절 뿐 아니라 143편 전체를 살펴볼 필요가 있다. 시편 143편 그 자체는 구원을 갈망하는 기도이다. 따라서 "어느 살아있는 존재도 당신 앞에서는 의로울 수 없습니다"라는 진술은 신학적 인간론에서 말하는 사변적인 명제가 아니라, 실제적으로 도움을 요청하고 있는 시편 기자의 진정한 고백이라고 할 수 있다. 이 시편의 서론과 결론은 로마서 3:20에 나타난 반향의 영적 배경을 보여준다.

> 주여, 내 기도를 들으시고,
> 당신의 진실하심으로[ἐν τῇ ἀληθείᾳ σου]
> 내 간구에 귀를 기울여 주소서.
> 당신의 의로우심으로[μου ἐν τῇ δικαιοσύνῃ σου] 나를 들으소서.
> 주님의 종을 당신의 심판대에 세우지 마소서,
> 어느 살아있는 존재도 당신 앞에서는 의로울 수 없기 때문입니다.
> (중략)
> 주여, 당신의 이름을 위하여 내 생명을 보존하시며,
> 당신의 의로우심으로[ἐν τῇ δικαιοσύνῃ σου]
> 나를 환난에서 끌어내 주소서.
> 당신의 자비로 내 원수를 끊으시고
> 내 생명을 괴롭게 하는 모든 자들을 다 멸하소서.
> 나는 당신의 종이기 때문입니다.
>
> (시 142:1-2, 10-11 LXX)

시편 기자는 소망의 근거이자 구원의 수단으로서 하나님의 진실하심(ἀλήθεια; 참조, 롬 3:4-7)과 의로우심(δικαιοσύνη; 참조, 롬 3:5, 21-22)에 의존하고 있는데, 이는 로마서 3장을 이해하기 위한 배경으로 기능한다. 이 시편은 바울에게 인류를 일괄기소하기 위한 언어를 제공할 뿐 아니라 구원의 원천으로서의 하나님의 의를 바라보는 기도의 언어를 기대하게 한다. 따라서 "이제는 율법과 관계없이 하나님의 한 의가 나타났으니, 그것은 '율법과 선지자들에 의하여 증언된 것'이다"라는 로마서 3:21 구절을 읽을 때, 시편 143편을 가지고 마음속으로 기도해 본 사람

이라면 누구나 그 시편 기자가 바라왔던 하나님의 구원의 의가 마침내 드러났다는 것을 즉각적으로 인식하게 될 것이다. 하나님의 의에 대한 율법과 선지자들의 증언은, 간혹 기독교인들이 이상하게 추측하듯이, 오로지 철저히 응징하는 공의에 관한 것이 아니라 시편 143편이 묘사하는 바와 같이 하나님의 은혜로운 구원에 관한 것이다.[40]

로마서 3:20의 상호텍스트적 반향은 보통 서로 분리된 것으로 읽혔던 20절과 21절을 하나의 단락으로 연결시킨다. 바울은 로마서 3:20에서 시편 143:2를 인용하여 하나님 앞에 의로운(δίκαιος) 자가 하나도 없다는 논증의 닻을 내린다. 그러나 닻이 내려지면서 발생한 잔물결은 구원하시는 하나님의 의를 상기시키고, 결국 그 잔향은 다음 문장인 로마서 3:21에서 선포되는 명확한 주제로 나타나게 된다. 이와 같이 바울은, 모든 인간 존재의 부패를 언급하면서 동시에 구원하시는 하나님의 의에 의지하고 있는, 시편 143편을 모든 인간들이 죄인이라는 것을 지적하는 데에 인유적으로 사용함으로써 독자들로 하여금 이후에 나타날 구원하시는 하나님의 의에 관한 주제를 내다볼 수 있도록 하였다.

이러한 분석에는 심미적인 의미 뿐 아니라 신학적인 의미까지도 내포되어 있다. 곧, 시편의 삽입은 로마서 3:20과 21절 사이의 연속성 그 이상의 것을 제공하고 있다는 말이다. 로마서 3:20에 나타난 시편 143편이 암시적으로 로마서 3:21까지 영향을 미치고 있다면, 로마서 3:21에서 선포된 하나님의 의는 시편 143편과 동일한 의로 볼 수 있으며, 따라서 이스라엘의 성경은 하나님의 의에 대한 부정적인 들러리가 아닌 직접적인 증거가 될 수 있을 것이다. 혹 로마서 3:21-22에서 선포된 하나님의 의가 시편 143편과 51편(참조, 롬 3:4-5)에서 말하고 있는 하나님의 의와 같은 것이라면, 의에 관한 의문은 반드시 하나님 자신의 의로우심, 곧 하나님 자신의 도덕적 무결함(moral integrity: 신정론의 차원에서 하나님의 신실하심에 관한 것-역주)에 대한 것이어야 한다.

이것은 로마서 3:21이, 루터 이래로 많은 주석가들이 생각해왔던 것과 같이,[41] 인간들이 어떻게 하나님께 인정을 받을 수 있는가 하는 새로운 주제의 서론이 아니라, 적어도 로마서 3장 초반부에서 시작된 논의—실제로는 로마서 1:16-17로부터 시작된—의 절정이라는 것을 의미한다. 로마서 3:21-26에서 바울은 3:1-8에서 대두된 이슈에 대하여 확실하게 대답한다. 하나님이 불의하신가? 아니다. 하나님은 예수 그리스도를 내세워서 "그[하나님]도 의로우실 뿐 아니라, 또한 예수의 신실하심(faithfulness)을 통하여 사는 사람을 의롭다고 하기 위하여" "그의 의를 나타내신 것[ἔνδειξιν τῆς δικαιοσύνης αὐτοῦ]"—25-26절에서 두 번 반복된 어구—이다.[42] 따라서 하나님의 의로우심의 증거인 예수 그리스도는 로마서 3장 초반부에 나타난 하나님의 의로우심에 관한 의문에 대한 대답으로 이해되어야 한다. 결과적으로, 구약의 반향들을 통하여 δικαιοσύνη θεοῦ(하나님의 의)를 해석한다면 로마서 3장의 논의가 신정론에 관한 것임을 확인할 수 있을 것이다.

　　로마서에 나타난 δικαιοσύνη θεοῦ의 해석에 관한 문제는 지난 세대 내내 뜨겁게 논의 되어 온 이슈 중 하나이지만,[43] 이 "하나님의 의"를 칠십인역을 배경으로 하여 해석하려고 했던 비평가들은 거의 없었다. 박식하다는 학자들은 δικαιοσύνη θεοῦ가, 쿰란 문헌이 증거 하는 바와 같이, 유대 종말사상에 나타나는 전문 용어인지, 혹은 바울의 천재적인 발상으로 새롭게 창조된 것인지를 격렬하게 논의하면서도 로마서 3장에서 인용된 구약 본문들이 말하는 하나님의 의 개념을 고려하지는 않았다.[44] 이렇게 구약을 간과한 읽기 방식은 기독교 내에서 해석학적 관습으로 굳어졌다. 여러 세대의 독자들(적어도 개신교 독자들)은, 개혁가들이 외친 이신칭의로 인해, 로마서 3:1-26 자체에 나타난 일관성을 무시하고 율법과 복음을 반제로 놓을 수밖에 없었고, 결과적으로 바울이 신정론을 다루고 있다는 것을 인지하지 못한 채, 단지 구원론에만 천착할 수밖에 없었다. 로마서를 이끌고 있는 질문은 "하나님이 이스라엘에 대한 약속을 저버리셨다면 우리가 어떻게 하나님을 신뢰할 수 있는가?"이지, "내가 어떻게 하나님의 은혜를 받을 수 있는가?"가 아니다. 이러한 기독교 신학의 오해로 인하여, 뒤늦게 편입한 이방 기독교 독자들은 복음과 구약 사이의 연속성을 주장하는 바울의 열정을 이해할 수 없었다. 하지만 우리는 시편 143편의 반향을 추적함으로써 로마서에 나타난 하나님의 구원하시는 의의 개념을 재발견할 수 있었다.

이것이 바로 바울이 복음을 가리켜 율법을 폐하는 것이 아니라 도리어 율법을 굳게 세우는 것이라고 주장할 수 있는 이유가 된다(롬 3:31). 어떻게 그럴 수 있는가? 무엇보다도 바울은 하나님의 의가 전례가 없었던 전혀 새로운 구원의 방법이 아니라 애초부터 구약에 나타나 있던 진리라고 설명한다. 복음이 율법을 굳게 세운다고 할 때의 율법은 오경의 세세한 명령들을 지칭하는 것이 아니라 구약성경에 나타난 하나님의 은혜로운 선택에 관한 이야기(narrative)를 가리키는 것이다.[45] 그렇기 때문에 아브라함 이야기는 바울의 논증에 있어서 중대한 입지를 차지하게 된다. 로마서 4장에서 시작된 아브라함 이야기가 이방인을 품으시는 하나님의 은혜를 보여줄 수 있다면, 이는 율법과 복음의 통일성을 지지하는 증거가 될 것이다.

아브라함, 유대인과 이방인의 조상

로마서 4장에 나타나는 상호텍스트적인 사고의 과정은 다소 명료하다. 즉, 바울은 출처가 불분명한 반향들을 사용하기보다는 아브라함 이야기를 전체적으로 조망하면서 구약 본문들을 분명하게 해석하고 있다. 그렇지만 여기에서도 구약이 다루어지는 방식은 매우 특이하여서 오독하기 쉽다. 우리는 아브라함을 도입하고 있는 아리송한 구절인 로마서 4:1에 주목하면서, 바울의 아브라함 이야기 해석이 로마서의 논지에 어떻게 부합하는지를 살펴보려 한다.

RSV는 로마서 4:1을 다음과 같이 번역하고 있다. "그러면 우리가 육신으로 우리의 조상인 아브라함에 대하여 무엇을 말할 수 있겠는가?" 그러나 이러한 해석은 헬라어 원문의 의미를 무모하리만큼 넘어서는 것

같다. 로마서 4:1의 헬라어 구문과 함께 방대한 사본학적 증거들을 고려
한다면, "그러면 우리가 무엇을 말할 수 있겠는가? 우리는 아브라함이
육신으로 우리의 조상이 되었다고 생각하는가?"로[46] 번역 되어야 한다.
로마서에 나타나는 이와 유사한 수사적 의문문들(3:5; 6:1; 7:7; 9:14)
이 부정의 대답을 유도하고 있는 것과 같이 이 질문 역시 강한 부정을 기
대하고 있다.

어떠한 이유로 바울은 아브라함이 육신으로 우리의 조상이 되었다
고 생각하는 지에 대한 이슈를 다루려고 하는가? 이것은 로마서 4:1의
배경이 되는 3:29을 살펴봄으로 확인할 수 있다.

> 하나님께서 유대인의 하나님이시냐? 또한 이방인의 하나님은 아
> 니시냐? 진정으로 이방인의 하나님도 되신다. 할례자를 믿음으로
> 말미암아, 또한 무할례자를 믿음으로 말미암아 의롭다 하실 하나
> 님은 한 분이시다. 그러면 우리가 믿음으로 말미암아 율법을 폐
> 하느냐? 결코 그럴 수 없다! 오히려 율법을 굳게 세운다. 보라, 너
> 희들은 우리 유대인들이 아브라함을 단지 육신을 따라 조상으로
> 여긴다고 생각하느냐?

바울은 아브라함의 후손이라는 것이 애초에 혈통에(κατὰ σάρκα) 근
거한 것이 아니라 하나님의 약속을 믿는 믿음에 근거하고 있다는 것을
주장하고 있다. 그러한 측면에서 복음은, 믿음을 통하여 이방인들을 포
함한 모든 사람들을 하나님과의 바른 관계로 인도하기에, 율법을 굳게
세운다고 말할 수 있으며, 그 복음은 율법의 진정한 실체라고도 할 수 있
다. 바울이 창세기를 통하여 설명하려는 문제가 바로 이것이다.

바울이 유대교에 반대하는 입장에 서있다는 전제를 가지고 있다
면 복음이 율법을 세운다는 명제는 이해하기 어렵겠지만, 반대로 그러
한 선입관을 가지고 있지 않다면 바울이 의미하는 바는 분명하게 드러
난다. 편협한 민족주의적 유대교는 하나님을 유대인만의 하나님으로 여

기고[47] 아브라함을 "육신을 따르는"(혈통적인) 후손들만의 조상이라고 주장하는데, 바울은 이러한 (분명히 그릇된) 유대교 전통의 입장에 서서 (within), 하나님께서 이방인의 하나님도 되신다는 것과 아브라함의 육신의 후손이 아니더라도 아브라함의 후손일 수 있다는 주장의 근거를 토라 자체 안에서 제시한다.[48]

바울은 이를 입증하기 위하여 창세기 15:6("아브람이 하나님을 믿으니 하나님이 이를 그의 의로 여기셨다")과 시편 32:1-2를 엮어서 제시한다.

> 허물을 용서 받고,
> 자신의 죄가 가려진 사람은 복이 있다.
> 주께서 죄를 죄로 여기지 않는 자는 복이 있다.

다윗은 시편에서 주께서 죄를 죄로 "여기지" 않으시는 사람의 복에 대하여 말한다. (로마서 3:4에서 시편 51편의 반향을 이미 들었던 독자는 자신의 죄와 하나님의 의를 고백했던 다윗 이야기의 결말을 여기에서 보게 된다.) 바울은 여기다(reckon)는 단어를 가지고 시편 32편의 다윗과 창세기 15:6의 아브라함을 연결한다. 이러한 방식은 랍비들의 수사학인 '게제라 샤바'(gezerah shawah: 단어의 연결)인 것으로 오랜 기간 간주되어 왔다. 바울은 로마서 4:9에서 다윗의 복을 우선적으로 아브라함에게 회고적으로 적용하고, 그 이후에는 아브라함의 믿음의 발자취를 따르는 자들에게 적용함으로써 시간적인 상호텍스트적 얼개(intertextual web)를 형성한다. 이에 따르면, 다윗은 뒤로는 아브라함을 회상하고 앞으로는 바울의 독자의 세계를 바라보면서 복을 예언적으로 말한 것이다. 바울은 이 본문에서, 내러티브 간의 시간적 경계를 허무는 '게제라 샤바'를 해석학적 도구로 사용하면서, 구약성경을 현 시대를 위한 말씀으로 다루었다.

로마서 4:9에서는 시편 인용과 관련한 질문을 던진다. "이 복이 할례자[유대인들]에게만 선언된 것이냐? 아니면, 무할례자[이방인들]에게도 선언된 것이냐?" 이 중대한 질문에 대답하기 위하여 바울은 창세기 15:6의 문맥으로 되돌아간다. 바울은 어떻게 아브라함이 "의로 여김"을 받았는지의 문제에서 언제의 문제로 관심을 돌린다. 아브라함이 할례를 받기 전인가? 후인가? 아브라함의 할례 시점에 관한 질문은 아브라함이 "행위"(할례)로 의롭다 함을 받았다는 관점을 반박하기 위함이 아니라, 아브라함이 다른 이들을 대표하는 인물로 간주되었기 때문에 대두된 질문이다. 아브라함에게 선언된 복은 자신에게만 적용되는 것이 아니라 그의 "자손"에게도 역시 적용된다. 따라서 아브라함이 할례를 받기도 전에 의로 여김을 받았다는 사실은 상징적—혹은 모형론적—의미를 갖는다. 결국 아브라함은 유대인뿐 아니라 이방인의 조상 역시 될 수가 있는 것이다. 바울은 이를 11-12절에서 명백하게 약술하였다. "그가 할례의 표를 받은 것은, 할례를 받기 전에 얻은 믿음의 의를 확증하는 것이니, (a) 이는 그가 무할례자로서 모든 믿는 자의 조상이 되어, 그들도 의로 여기심을 얻게 하려는 것이었다. (b) 그가 또한 할례자의 조상이 되었나니, 곧 할례 받은 자들뿐만 아니라, 우리 조상 아브라함이 할례 받기 전에 가졌던 믿음의 발자취를 따르려는 사람들의 조상이 되었다."

바울은, 아브라함 이야기 자체가 말하고 있는 바와 같이(혹은, 아브라함에게 일어났던 일들의 순서에 대한 바울 자신의 설명과 같이), 아브라함이 유대 기독교인들뿐 아니라 이방 기독교인들을 대표할 수 있는 원형(archetype)이라고 소개했다. 아브라함이 유대인과 이방인 모두의 조상으로 불릴 수 있는 이유는 κατὰ σάρκα(육신을 따라서) 때문이 아니라, 그들 모두 아브라함의 믿음을 가지고서 아브라함의 발자취를 따르고 있기 때문이다. 그럼으로써 유대인과 이방인은 모두 아브라함에게 약속된 복, 특별히 "모든 민족"[πάντα τὰ ἔθνη]을 위한 복에 참여할 수 있게 된 것이다.

바울은 동일한 주제를 로마서 4:13-18에서 되풀이하면서, 창세기 17:5("내가 너를 많은 민족들/이방인들의 조상이 되게 하였다")와

15:5("네 후손이 이와 같이 될 것이다")로 자신의 논증을 확증했다. 이 인용구들은 아브라함이, 율법을 준수하는 유대 민족적 자손 개념을 넘어서서, 선택 받은 자손의 조상임을 계속적으로 강조해준다. 바울과 동시대 인물이었던 알렉산드리아의 필로(Philo of Alexandria)는 아브라함의 의미를 이중적 차원으로 일반화하여 지혜자의 모범이자 하나님을 향한 진정한 구도자를 표상하는 알레고리로 해석했다. 필로는 아브라함 이야기가 주는 교훈에 대하여 다음과 같이 기술했다. "그러한 생각은 영원히 거짓된 것도 아니고, 그저 감각적인 것도 아니며, 보이는 세계가 곧 제1원인이자 전능하신 하나님이라는 것을 지지하는 것도 아니다. 이는 위엣 것을 바라보게 하고 보이는 세계보다도 우월한 질서로, 그리고 창조자이며 통치자인 그분께로 시선을 돌리게 한다."[49] 그러나 바울은 필로와는 전연 다른 태도를 취한다. 바울은 아브라함의 이야기를, 철학적 알레고리가 아닌, 유대 기독교인과 이방 기독교인을 하나로 통합시켜 새로운 백성을 창조하기 위한 약속으로 다루었다.

바울은 율법과 관계없이 이방인들에게 미치는 구원의 복음이 사실상 율법의 성취에 대한 확증이라고 주장한다. 유대인들(적어도 마음에 할례를 받은 사람들)은 아브라함이 육신을 따라서가 아니라 약속을 따라 자신들의 조상이 되었다는 것을 알게 되었다. 바울은 기독교의 고백에 의존하기보다도 구약을 직접적으로 해석하면서 이 이야기에 대한 해석을 발전시킨다. 바울의 구약 해석—민족주의적 오독과 반대되는—은 사실 이스라엘의 성경이 의미하고 있었던 바른 읽기이기에, 이 읽기는 아브라함의 의미에 대한 유대 신학적 해석이라고 할 수 있을 것이다. 바울은 이미 인정되고 있는 유대적인 석의를 통해 율법 밖에 있는 이방인들을 의롭게 하는 복음이 곧 율법이 말하고 있는 것이라는 사실을 설득력 있게 주장했다(3:31).

결론적으로, 로마서 3:21-4:25는, 로마서 초반부에서 구약의 반향들이 그저 암시하고 있었던 것, 곧 구약(율법과 선지자들)이 하나님의 은혜의 복음을 증거하고 있음을, 보다 공개적으로 이야기한다. 마르시온

(Marcion)과 그의 추종자들이 동의하지 않을지라도, 예수 그리스도 안에서 자신의 의를 나타내신 분은 이스라엘의 하나님이며 아브라함의 하나님이다. 그 하나님은 이방인들을 백성으로 품으셔서 이스라엘과 맺은 언약에 대하여 요동하지 않는 신실하신 분임을 확증하신다.

도살할 양 같이

로마서의 전반부를 살펴보면 현재의 시대가 이례적인 시대, 곧 하나님의 의는 나타났지만 인간 존재는 반역과 죄의 상태에 머물러 있고 이스라엘은 메시아의 약속에 대하여 여전히 회의하고 있는 시대로 간주되고 있다는 것을 확인할 수 있다. 바울은 하나님의 의가 바벨론 포로기 때와 같이 신비 속에 감추어져 있고 하나님의 백성은 조롱과 고난을 받는다고 이야기한다. 그렇기에 로마서를 쓰는 바울의 목회적인 목적은 하나님의 의에 대하여 의심하고 있는 백성들에게 신학적인 답을 제시하는 것뿐 아니라 예수의 부활과 세상의 궁극적 구원 사이에서 신실한 공동체가 겪는 고난을 해설해 주는 데에 있었다.

바울은 로마서 8:18-39에서 당대의 기독교인들이 겪고 있는 고난에 대하여 기록했다. 이 풍부한 신학적 진술의 끝자락에서 바울은 시편 44:22(43:22 LXX)을 인용한다. "당신을 위하여 우리가 종일 죽임을 당하고 있고, 우리가 도살할 양 같이 여김을 받습니다"(롬 8:36). 이에 대하여 많은 주석가들은 바울이 포로기의 이스라엘의 고통을 가지고 초기 교회의 상황을 적절하게 묘사하였다고 말한다. 크랜필드(Cranfield)는, "여기서 구약 인용구는 기독교인들이 겪는 고난이 기대하지 못했던 새로운 것이 아니라 오랫동안 하나님의 백성을 특징지어 온 것임을 보여준다"라고[50] 이야기했다. 그러나 더욱 정확하게 표현하자면, 바울은 시편을 교회의 경험에 대한 예표로 읽었기에, 바울 시대에 교회가 탄생함으로써 구약의 진정한 의미가 비로소 드러난 것이라고 말할 수 있다. 그러므로 로마서 8:35-36의 핵심은 "의로운 백성이 이와 같이 종일 고난을 받는다"라는 사실에 있는 것이 아니라, 그리스도의 부활과 세상의 궁극적 구원 사이의 종말론적 시간을 사는 많은 사람들(예, 바울과 로마서 독자들)이 받을 고난이 구약에 이미 예언되었다는 것에 있다. 그리하여 바울은 이 경우에도, 우리가 추후에 살펴볼 다른 많은 구약 본문에서처럼, 구약에서 교회의 예시(豫示)를 발견한다.[51]

하지만 시편 44:22 인용구 주변에는 로마서의 중심 주제와 상응하는 다른 반향들이 모여 있다. 인용구의 출처를 살펴보자. 시편 44편은 이스라엘과의 언약에 대한 하나님의 의로우심과 신실하심에 의심을 표하는 시이다. 바울이 인용한 구절은 백성의 고통을 무시한 채 잠든 야훼에 대한 시인의 불만을 드러낸 부분에 속하여 있다.

> 이 모든 일이 우리에게 닥쳤으나,
> 우리가 당신을 잊지 않았고,
> 당신의 언약도 어기지 않았습니다.
> 우리 마음이 뒤로 물러서지 않았고,
> 우리가 당신에게서 벗어나지 않았습니다.
> 그러나 당신은 우리를 고난의 끝자락에 두시고,
> 우리를 사망의 그늘로 덮으셨습니다.
>
> 만일 우리가 우리 하나님의 이름을 잊어버렸거나
> 우리의 손을 이상한 신들에게 뻗쳤다면,
> 하나님이 이것을 알지 못하셨겠습니까?
> 당신은 마음의 비밀을 알고 계십니다.
> 당신을 위하여 우리가 종일 죽임을 당하고 있고,
> 우리가 도살할 양 같이 여김을 받습니다.

주여, 일어나소서. 어찌하여 주무시고 계십니까?

일어나셔서 우리를 영영히 버리지 마십시오.

어찌하여 주께서는 얼굴을 가리십니까?

어찌하여 우리의 곤경과 고통을 잊으십니까?[52]

이 시편에는 우리가 이미 살펴본 로마서의 중심적인 이슈, 곧 이스라엘과의 약속에 대한 하나님의 진실성에 관한 문제가 대두된다. 바울은 율법을 지키지 않는 이방인들을 "의롭다"하시는 하나님에 대한 의혹을 풀고자 했다. 과연 하나님은 변심하여 이스라엘을 버리신 것일까(참조, 3:1-8, 3:21-26, 3:31, 9:14, 9-11장 전체)?

이러한 로마서의 중심성을 상기한다면, 우리는 한 차례 인용된 시편 44편에 의해 파생된 반향들을 인지할 수 있을 것이다. 시편 기자가 던지는 의문은 바울이 로마서에서 대답하려는 질문과 꼭 맞아 떨어진다. 공동체의 고통의 경험은 하나님이 백성들을 버리셨다는 것을 의미하는가? 시편은 하나님이 실제로 이스라엘을 버렸다는 절망스러운 고백으로 시작하지만(시 44:10, νυνὶ δὲ ἀπώσω καὶ κατήσχυνας ἡμᾶς[그러나 이제 당신은 우리를 버려 부끄러움을 당하게 하십니다]; 참조, 롬 1:16), 그 끝에서는 하나님을 향해 구원을 요청하는 것으로 마무리된다(시 44:24, ἀνάστηθι καὶ μὴ ἀπώσῃ εἰς τέλος[일어나셔서 우리를 영영히 버리지 마십시오]). 이 시편 44편에 대답하는 구약의 반향은 로마서 11:1에 나타난다. Λέγω οὖν, μὴ ἀπώσατο ὁ θεὸς τὸν λαὸν αὐτοῦ; μὴ γένοιτο[그러면 내가 묻겠다. 하나님이 자신의 백성을 버리셨느냐? 결코 그럴 수 없다; 참조, 시 93:14 LXX). 물론 이러한 대답은 그리스도의 사랑에서 우리를 끊을 자가 없다고 말하는 로마서 8:31-39의 수사학적 질문 및 대답과 동일하다. 따라서 이 시편 44편 인용구(롬 8:36)는 사실, 크랜필드가 신자의 고난이 으레 있어왔던 것이라고 위안하였던 것과는 정반대로, 백성들의 고통을 강조하고 하나님의 신실하심에 대한 의심을 키우는 역할을 함으로써, 로마서 8:37-39에 나타난 바울의 대답을 위한 들러리로 기능하고 있다고 말할 수 있다.

바울은 지금 유대교와 기독교, 곧 구약과 복음을 서로 싸움붙이고 있는 것인가? 결코 그럴 수 없다! 바울은 구약의 언어를 가지고 아직 구원에 이르지 못한 모든 피조물(8:23, 참조, 시 43:26 LXX)과 더불어 고통으로 신음하고 있는 모든 사람들—기독교 신자들을 포함하여—의 마음을 표현하고 있는 것이다. 게다가 궁극적으로 나타날 하나님의 신실하심에 대한 바울의 확신은, 우리가 로마서 3장에서 살펴보았던 것처럼, 구약성경에 깊이 뿌리 내리고 있다. 복음과 구약의 관계에 대한 의심은, 구약을 반향하여 하나님을 신원자로 묘사하고 있는 로마서 8:31-34에 의해, 사라질 것이다. "그러면 이 일에 대하여 우리가 무슨 말을 하겠느냐? 만일 하나님께서 우리를 위하시면, 누가 우리를 대적하겠느냐? … 누가 능히 하나님께서 택하신 자들을 고소하겠느냐? 의롭다 하신 분은[ὁ δικαιῶν] 하나님이시다. 정죄하는 이가[ὁ κατακρίνων] 누구인가?"). 이러한 바울의 선언은 이사야 50:7-8에 대한 반향으로 울린다.

나는 내가 결코 부끄러움을 당하지[αἰσχυνθῶ] 아니할 것을 안다.
나를 의롭다 하시는 분이[ὁ δικαιώσας με] 가까이 계시기 때문이다.
나와 다툴 자가 누구인가[τίς ὁ κρινόμενός μοι]?
내 앞에 서게 하라.
실로, 나와 다툴 자가 누구인가?
내게 가까이 오게 하라.
보라, 주께서 나를 도우신다.
누가 나를 해하랴?

어휘나 문장의 리듬 그리고 하나님에 대한 신뢰라는 측면에서 바울과 이사야는 서로 공명한다. 바울은 증거본문이나 인용구를 의지하지 않고 이스라엘의 소망과 관련한 어휘들을 가지고 자신의 고백을 그려낸다.

그러나 바울이 인용한 시편 44편에서 들을 수 있는 또 하나의 중요한 배움이 있다. 시편 44:17-22은 이스라엘이 겪는 고난이 우상숭배나 불신으로 비롯한 것이 아니라는 사실을 피력하고 있다. 이 시편에 나타난 하나님의 백성은 하나님을 향한 그들의 신실함으로 인해 고난을 받는 것이다. 그래서 22절("당신을 위하여 우리가 종일 죽임을 당한다")에서 ἕνεκα σοῦ(당신을 위하여)가 굉장히 중요하다. 이 어구로 인해 시편 기자는 당당하게 하나님의 구원에 호소할 수 있는 것이다(26절).

바울은 이방인들이 하나님의 백성이 된다는 자신의 놀랄만한 가르침이 이스라엘의 하나님을 배반한 증거라는 공격에 나름대로 반박—역사적이든 수사학적이든—하려 한다.[53] 이에 관한 바울의 근심은, 예루살렘의 유대 기독교인들이 자신의 섬김(과 메시지?)을 받아들일 수 있을지 확신하지 못하는 것이나(롬 15:31), 자신의 주장이 율법에 근거한 것이라고 끊임없이 강조하는 본문들에, 여실히 드러난다. 이러한 이슈를 배경으로 바울은 시편 44:22 인용구를 사용하여 이번에는 소리를 낮추어 나지막이 반박한다. 곧, 바울은 구약을 반향하여 자신과 자신의 독자들을 시편의 고난 받는 이스라엘과 동일시함으로써 하나님을 버리지 않았다는 시편 기자의 고백을 (메타포적으로) 불러내는 것이다. 이렇게 바울이 시편의 담대한 선언("우리가 당신을 잊지 않았고, 당신의 언약도 어기지 않았습니다")에 자신과 그의 교회들을 은연중에 연결지은 것은 복음이 구약의 진정한 성취를 드러낸다는 바울신학의 근본적인 주장에 상징적인 힘을 실어준다. 이러한 연결은 전적으로 반향의 영역에서 발생하는 표상 행위로서, 로마서에는 바울과 교회들이 하나님을 저버린 것이 아니라는 모티프가 직접적으로 나타나지 않는다. 정확하게 그러한 이유로, 이 본문은 환용적인 전의를 묘사하고 있다고 볼 수 있다.

동시에, 시편 44편은 파편적으로 인용되었지만 로마서 전체에 드리운 이슈들과 결부되어 결국에는 9-11장에 나타난 이스라엘의 운명에 대한 논의들을 대거 대두시킨다. 시편 44편을 배경으로 로마서 11장을 읽는다면 바울이 당대 유대인의 "넘어짐"을 하나님의 예정으로 해석한 것은 이해하기 어렵지 않다. 시편 기자가 포로기의 이스라엘의 고통을 죄로 인한 심판이 아닌 하나님의 이름을 위한 고통으로 해석했다면, 이스라엘의 일시적인 불순종 역시 유대인과 이방인을 모두 안으시려는 하나님의 자비로운 계획의 일부로 이해될 수 있을 것이다. 실제로 바울은 로마서 11:11-32에서 그렇게 주장한다. "그러므로 내가 묻겠다. 그들이 완전히 쓰러져 버릴 만큼 걸려 넘어졌느냐? 결코 그럴 수 없다. 오히려 그들의 넘어짐으로 말미암아 구원이 이방인에게 이르게 하여, 이스라엘이 시기 하도록 하려는 것이다. 이제 그들의 넘어짐이 세상의 부요함이 되고, 그들의 실패가 이방인의 부요함이 되었다면, 그들의 충만함은 얼마나 더 큰 부요함을 가져오겠느냐!"(롬 11:11-12).

바울은 이방인 독자들이 "스스로 지혜있다고 자만"하지 않도록 경고할 때, 돌 감람나무(즉, 이방인들)가 접붙임을 받기 위하여 참 감람나무가 잘려나갔다는 메타포를 사용하면서 잘려나간 가지도 다시 접붙임을 받게 될 것임을 강하게 피력한다("하나님께서는 그들[유대인들]을 다시 접붙이실 수 있기에"[롬 11:23]). 이 메타포에서 유대인을 대표하는 참 감람나무 가지들이 잘려 나가는 것은 이방인들을 구원하기 위한 하나님의 행동임이 틀림없다.

특히 여기에서 감람나무가 잘려나가는 방식에 관한 묘사가 매우 흥미롭다. "하나님께서 본래의 가지들도 아끼지 아니하셨으니[οὐκ ἐφείσατο], 너도 아끼지 않으실 것이다"(롬 11:21). 이 "아끼지 아니한다"는 어구는 로마서 독자들로 하여금 앞서 서술된 표현을 상기시킨다. 바울은 로마서 8:32에서 이미, "자신의 아들을 아끼지 않으시고[οὐκ ἐφείσατο] 우리 모든 사람을 위하여 내어 주신 분께서 어찌 아들과 함께 모든 것을 우리에게 은혜로 주지 않으시겠느냐?"라고 쓴 바 있다. 다시 말해, 바울은 예수의 죽음을 묘사하는 데에 사용했던 표현을 가지고 믿지 않았던 이스라엘의 운명을 묘사함으로써 이후의 학자들이 밝히고자 했던 이스라엘-예수 전의를 대담하게 암시하고 있다. 즉, 바울은 이스라엘의 운명을 기독론적으로 해석하고 있는 것이다. 로마서 11장에서 바울은 구원 드라마 내에서의 이스라엘의 역할을, "아브라함의 복이 그리스도 예수 안에서 이방인에게 미치게 하기 위하여 … [예수가] 우리를 위하여 저주 받은바 되셨다"(갈 3:13)라는, 갈라디아서의 진술과 유사하게 묘사한다. 그렇게 이스라엘은 세상을 위하여 대신 고난을 받고 버림을 받은 것이다.

로마서 8:32와 11:21 사이의 대담한 상호텍스트적 놀이는 창세기에서 이삭을 바치는 아브라함 이야기와 더욱 깊이 공명한다. "그 아이에게 네 손을 대지 말고 그에게 아무 일도 하지 말라. 네가 네 아들, 네 독자까지도 내게 아끼지 아니하였으니[οὐκ ἐφείσω], 이제 나는 네가 하나님을 경외한다는 것을 알았다"(창 22:12). 간혹 주석가들은, 그 확신의 정도는 다양하지만, 예수의 죽음에 대한 초기 해석이 이 아케다(Akedah: 이삭이 결박되어 제사로 드려진 사건-역주) 전승에서 나왔을 것이라고 추측해왔다.[54] 그러한 추측이 사실이라 하더라도 바울은 그 출처를 명기하지 않았다. 그렇지만 우리는 로마서 11장에 나타난 이스라엘에 대한 묘사 안에서 창세기에 나타나는 거절/수용의 패턴을 발견할 수 있다. 세 차례 등장하는 "아끼지 아니하는" 자 사이의 관계는 우연이라고 하기에는 너무 조직적이다. 아브라함은 그의 아들 이삭을 아끼지 아니하시고 제단에 묶었지만 하나님의 중재로 되돌려 받을 수 있었다. 하나님은 그의 아들 예수를 아끼지 아니하시고 세상을 위한 제물로서 죽게 하셨지만 부활을 통하여 예수의 옳음을 입증하셨다. 하나님은 그의 백성 이스라엘을 아끼지 아니하시고 이방인들을 위해 잘라내셨다. 여기에서 우리는 이것이 로마서 11장의 끝이 아님을 확신할 수 있다. "그들을 버리시는 것이 세상의 화목이 되었다면, 그들을 받아들이시는 것은 죽은 자들 가운데서 살아나는 것이 아니면 무엇이겠느냐?"(롬 11:15). 각각의 거절/수용의 패턴에서 거절된 주체로 인하여 타자는 대신 이익을 얻는다.

이 "패턴 전환"[55] 논리에 대한 바울의 이해는 매우 확고해서 다음과 같이 선언하기까지 한다. "나는 내 형제, 곧 육체를 따라 된 내 동족을 위

해서라면 나 자신이 저주를 받아 그리스도에게서 끊어지도록 기도할 수
도 있을 것 같다[56]"(롬 9:3). 이 독특한 기도는, 후대의 기독교 교리에 따
르자면 이단적으로 들릴 수도 있겠지만, 하나님의 백성들은 삶으로써 예
수 그리스도의 희생적인 모습을 나타내고, 또 나타내야만 한다는 바울의
근본적인 확신, 곧 이삭을 바치는 이야기에 뿌리를 두고 있고 바울의 시
대에는, 역설적이지만, 이스라엘의 "잘려짐"으로 재현된 확신을 체화하
여 보여준다.[57]

결론적으로, 바울은 로마서 8장에서 다음과 같은 시편 44편의 단어
들을 인용하면서,

> 당신을 위하여 우리가 종일 죽임을 당하고 있고,
> 우리가 도살할 양 같이 여김을 받습니다.

로마서에 나타난 하나님의 선택, 신실하심, 그리고 희생과 관련한 주제
들을 복잡하게 울려낸다. 이 시편 44편 인용구는 로마서 12:1의 "그러므
로 형제들아, 내가 하나님의 모든 자비하심으로 너희를 권하니, 너희의
몸을 거룩한 산 제물로 드려라"라는[58] 직접적인 권고를 예비하게 한다.
이 명령은 하나님의 종말론적 백성에게 요구되는 것으로, 하나님의 선택
받은 백성은 아직 구원받지 못한 피조물과 더불어—그리고 심지어는 대
신하여—고통하고 신음해야만 한다(참조, 8:18-25).

시편 44편 인용구와 관련한 논의에서 바울이 억압하고 있어 아직까
지 드러나지 않은 하나의 상호텍스트적 반향이 존재한다. 바울이 이 시
편의 언어를 가지고 하나님의 백성을 "도살할 양"(πρόβατα σφαγῆς)으로
묘사할 때, 우리는 야훼의 종에 대하여 감명 깊게 노래하는 이사야서를
상기할 수밖에 없을 것이다.

> 그가 짓밟히고 괴롭힘을 당하여도
> 그 입을 열지 않았으며,

도수장으로 끌려가는 어린 양[πρόβατον ἐπὶ σφαγὴν ἤχθη] 같고

털 깎는 사람 앞에 양 같이

그 입을 열지 아니하였도다

(사 53:7)

　　로마서는, 이사야 53장의 고난 받는 종의 모티프를 반향하는 것으
로 보이는 몇몇 구절들(예, 롬 4:24-25, 5:15-19, 10:16, 15:21)을 비
롯하여, 이사야 40-55장의 무수한 인용과 인유로 버무려져 있다. 그렇
다면 바울은 어째서 이 예언을 표면화시키지 않으며, 어째서 이 종의 표
상을 이스라엘이나 교회, 혹은 예수에 대한 자신의 해석의 명확한 기초
로 이용하지 않는가? 바울이 침묵하거나 회피하려는 동기—그것이 무엇
이든 간에—는 영원히 알 수 없겠지만, 바울의 수사학적 전략의 효과는
알기 쉽게 묘사될 수 있다. 바울은 이사야 53장 전반을 암시하면서도 이
스라엘과 그리스도를 통합시켜 해석하는 예언적 모형론을 결코 언급하
지 않는다. 그 결과 이사야 53장 반향은 환용의 강력한 예시가 된다. 바
울의 환제적인(transumptive) 침묵은 그 전의를 완성시키도록 독자들을
이끈다. 들을 귀 있는 자는 도살할 양처럼 여김을 받는 하나님의 백성이
그리스도와 함께 고난을 받고 있으며(롬 8:17, συμπάσχομεν), 이로써 구
약에 예언된 백성들의 소명을 살아내게 된다는 것을 이해하게 될 것이
다. 그들이 징벌을 받음으로 다른 이들이 평화를 누리고, 그들이 채찍에
맞음으로 다른 이들은 나음을 받는도다.[59]

하나님의 말씀이 폐하여졌는가?

　　로마서 1~8장의 구약 반향에 주의를 기울인 독자는 9~11장에서 갑작스레 등장하는 이스라엘의 운명에 대한 논의에 당황하지 않을 것이다. 왜냐하면 로마서 9~11장은 로마서의 부록이나 추기(追記)가 아니라, 1:16-17 이후로 울려온 구약 반향들의 핵심이기 때문이다. 하나님의 백성이 "도살할 양"과 같이 여김을 받는다는 시편 기자의 탄식은 로마서 9:1-5에서 즉시 유대인들("나는 내 형제, 곧 육체를 따라 된 내 동족")을 향한 바울의 비통함("나에게 큰 근심이 있고, 내 마음에 그치지 않는 고통이 있다")으로 전환된다. 바울은, 포로기의 이스라엘이 겪었던 고통을 교회 역시 겪게 된다는 점에서, 교회와 이스라엘을 명확하게 구분하지 않는다. 따라서 이스라엘에게 선언되었던 것은 현재 교회에게도 선언된 것으로 볼 수 있다. 그러나 교회와 이스라엘 사이에 한 가지 중대한 차이가 있으니, 곧 이스라엘은 예수 그리스도의 복음을 받아들이지 않았다는 것이다. 진실로 "우리"를 우리 주 예수 그리스도 안에 있는 하나님의 사랑에서 분리할 수 있는 것이 아무것도 없다면(롬 8:39), 이스라엘에 대하여는 어떠한가? 이스라엘은 바울이 말하는 "우리"에 포함되는가? 아니면 배제되는가? 이스라엘은 하나님의 사랑으로부터 분리되었는가? 예수 그리스도를 주로 받아들이기를 거부한 그들은 하나님의 자비를 받을 수 없는가? 이것이 바로 로마서 9-11장에서 다루려는 질문이다.

　　로마서 9-11장에 나타난 수많은 구절들을 낱낱이 주석하는 것은 어렵겠지만 그 전체적인 구조—크게 보면 애가시의 구조와 유사—는 분명하게 파악할 수 있다.[60]

9:1-5	이스라엘을 향한 비통함
9:6-29	하나님의 말씀이 실패하였는가? 하나님의 택하심에 대한 변호
9:30~10:21	역설: 이스라엘은 구약에 나타난 믿음의 말씀을 붙잡는 것에 실패했다.
11:1-32	하나님이 그의 백성을 버리셨는가? 아니다. 모든 이스라엘은 구원될 것이다.
11:33-36	송영적 결론

로마서 9~11장에서, 바울은 이스라엘의 불신이, 역설적이지만, 그것으로 끝나는 것이 아니라는 것을 보여주기 위해 무수한 구약의 인용과 인유들을 사용한다. 이때에 바울은 구약성경 안에서 이방인을 향한 다층적인 자비의 예표뿐 아니라 이스라엘의 궁극적인 회복에 관한 약속 역시 발견하였다. 로마서 9~11장의 목적은 하나님이 과거에 이스라엘과 이방인들을 다루셨던 방식 및 말씀 선포의 목적이 현재의 것과 완전히 일치하다는 것을 보여주는 데에 있는데, 이 하나님의 과거 행위 및 미래를 향한 약속이 구약성경에 나타나 있기에 결국 로마서 9~11장은 구약과 복음이 서로 일치한다는 것을 보여주는 예시가 된다.

복음이 구약과 일치하지 않는다면 하나님의 말씀은 "폐하여진"(롬 9:6) 것이거나 하나님은 무력한 분이거나 믿을 수 없는 분으로 드러날 것이다. 바울이 이렇게 말도 안 되는 가정 앞에서 그렇게 긴 지면을 할애하여 씨름하고 있는 것은 율법과 선지자가 복음을 증거 하지 않았다면 복음은 없었을 것이라는 바울의 집요한 전제를 지지하면서도, 동시에 구약과 복음 사이의 불일치성—일치한다면 그러한 해석학적 노력이 필요했을까?—에 대한 의심 역시 증폭시킨다.

그렇기에, 로마서 9~11장에 나타난 상호텍스트적 연결은, 세밀한 장식이기보다는, 구조적 대들보로 역할 한다. 바울의 구약 해석이 충분하지 않다면 그의 주장은 설 수 없게 될 것이다.

"이삭으로부터 난 자라야 네 씨라 불릴 것이다"

바울은 하나님의 말씀이 폐하여진 것이 아니라는 것을 입증하기 위하여, 우선적으로 구약성경에 만연하게 나타나고 있는 하나님의 택정함에 관한 이야기들에 주목하였다. 하나님의 뜻은 이렇게 ἡ κατ᾽ ἐκλογὴν πρόθεσις τοῦ θεοῦ(롬 9:11, 택하심을 따라 되는 하나님의 뜻)를 다루고 있는 이야기들을 통하여 드러나는데, 바울은 다시 한 번 아브라함을 다루고 있는 창세기 내러티브, 이번에는 창세기 21:12, "이삭으로부터 난 자라야 네 씨라 불릴 것이다"(롬 9:7b)를 인용하면서 논증을 시작한다. 이 인용구는 "아브라함의 씨가 모두 그의 자녀가 아니다"(롬 9:7a)라는[61] 주장을 지지하는데, 이어서 "곧 육신의 자녀가 하나님의 자녀가 아니라 오직 약속의 자녀가 '씨'로 여김을 받는다"(롬 9:8)라는 페쉐르 방식의 주석(pesher-syle commentary: 즉, 본문을 한 줄씩 인용하고 각각의 줄을 짧게 주석하는 것)으로 부연된다. 그렇다면 이삭이 육신의 자녀가 아닌 약속의 자녀로 불리는 이유는 무엇인가? 이는 로마서 9:9("내년 이때에 내가 오겠으니, 사라에게 아들이 있을 것이다")가 창세기 18:10, 14를 넌지시 인용하여 언급하는 것과 같이, 이삭의 탄생이 특별하게 약속되었기 때문이다. 이 창세기 인용구는 이삭과 약속 사이의 관계를 강화시킴으로써 아브라함의 자녀들 중에서 이삭이 특별하게 선택 되었다는 주장을 돕는다.

그리하여 창세기 21:12에 이어 나타나는 창세기 18:10, 14는 복잡한 상호텍스트적 얼개(intertextual web)의 시작을 알린다.[62] 창세기 21:12 인용구("이삭으로부터 난 자라야 네 씨라 불릴 것이다")에 나타난 핵심 단어들은 로마서 9:25-29(호세아와 이사야의 인용)에서 그대로 반복되어, 로마서 9:6-29를 둘러싸는 '인클루지오'(inclusio: 단락의 처음과 끝을 수사적으로 병렬시키는 문학적인 장치로서, 일종의 수미상관[首尾相關]이라고 볼 수 있다)를 형성한다. 이 인클루지오 단락에서 바울은 하나님의 택하심과 관련한 구약의 이야기들을 가져온다(아브라함, 사라, 이삭[7-9절], 야곱과 에서[10-13절], 모세와 바로[15-18절], 토기장이와 진흙[20-23]). 앞의 두 본문에서는 족장 내러티브를 통하여 하나님의 택하심에 관하여 보여주고, 뒤의 두 예시에서는 자신의 뜻대로 피조물에게 행할 수 있는 권리가 하나님에게 있다는 것을 옹호한다. 그럼으로써 다시 한 번 하나님의 의에 관한 수사학적 질문(롬 9:14, "그러면 우리가 무슨 말을 하겠느냐? 하나님께 불의가 있느냐?")에 대답한다.[63]

바울이 사용한 토기장이와 진흙 메타포는 예레미야의 비유—이외에도 수많은 전거들을 복잡하게 반향하고 있지만[64]—를 분명하게 인유하고 있다.

> 내가 토기장이의 집으로 내려가 보니, 그가 물레로 일을 하고 있었다. 그런데 진흙으로 만든 그릇이 토기장이의 손에서 깨질 때면[LXX: "떨어질 때면"; 참조, 롬 11:11, 22] 그는 그것으로 자신이 좋을 대로 다른 그릇을 만들었다. 그때 주의 말씀이 내게 임했다. "이스라엘 족속아, 내가 이 토기장이처럼 너희에게 행하지 못하겠느냐? 주의 말이다. 보라, 진흙이 토기장이의 손 안에 있는 것과 같이, 이스라엘 족속아, 너희도 내 손 안에 있느니라." (렘 18:3-6).

로마서에 나타난 토기장이 비유는 단지 "하나님께 불의가 있느냐?" 하는 무례한 질문에 대답하기 위한 것으로 읽혀서는 안 되며, 또한 그 인유의 효과 역시 하나님께서 (500 파운드에 육박하는 고릴라와 같이) 원하는 대로 행할 수 있다는 것을 생생하게 보여주는 것에 한정 되지 않는다. 이 비유 역시 이스라엘 백성을 다루시는 하나님 방식에 관한 논증과 깊이 공명한다. 예레미야가 묘사하고 있는 토기장이는 그릇이 깨지더라도 그것을 다시 만들어냄으로써, 토기장이의 능력이 파괴적인 것이 아니라 창조적인 것임을 보여준다. 이 심판 메타포는 백성들의 회개를 자아내는 동시에 하나님의 자비로운 통치—심지어는 심판의 메시지를 통해서도 드러나는 이스라엘을 향한 하나님의 그치지 않는 사랑—를 이야기하고 있는 것이다. 따라서 로마서 9:20-21에서 사용된 예레미야 18장 인유는, 로마서 전반부에 나타나는 다른 인유들이나 반향들과 마찬가지로, 독자로 하여금 로마서 11장에 나타날 결론을 기대하게 만든다.[65] 이렇게 이 예레미야 인유는 로마서 9장이 초점을 두고 있는 주제—이스라엘의 운명—와 관련이 있기 때문에, 이를 인지한 로마서 독자들은 로마서 9:14-29를 개인의 구원이나 유기를 말하는 예정 교리의 부록으로 여기는 오류에 빠지지 않게 될 것이다.

바울의 토기장이 메타포는 하나님이 준비하신 "긍휼의 그릇"에 대한 언급으로 끝난다. 이때 바울은 이 그릇이 곧 기독교인들을 가리킨다고 직접적으로 해석하면서, 이 그릇을 "[하나님께서] … 유대인 중에서뿐 아니라 이방인 중에서도 부르신 자"(롬 9:24)라고 묘사한다. 여기에서 바울은 부르신 자라는 단어를 가지고, 그 단락 초입(롬 9:7)에서 인용된 창세기의 부르심 모티프를 상기하면서, 이 모티프와 관련된 호세아 본문을 인용한다. "호세아의 글에도 이르기를, '"내가 내 백성 아닌 자"를 "내 백성"이라 부를 것이고[καλέσω: 바울의 첨가-역주], "사랑받지 못한 자"를 "사랑받은 자"라 부를 것이다. "너희는 내 백성이 아니라" 한 곳에서 그들이 살아 계신 하나님의 아들들이라고 불릴 것이다[κληθήσονται: 바울의 첨가-역주]'"(롬 9:25-26에서 호 2:25[LXX]를 수정하여 사용했고, 호 2:1[LXX]을 인용했다).

바울의 호세아 인용의 독특함은 호세아 2:25(영역본에서는 2:23)의 단어들을 자유롭게 확대하고—호세아 본문에는 나타나지 않는 부르셨다는 연결어를 사용하는 것을 포함하여—있는 데에 있는 것이 아니라,[66] 호세아의 예언을 새롭게 해석하고 있는 데에 있다. 호세아 본래의 문맥에서, 호세아는 하나님과의 언약적 관계를 배반한 이스라엘(즉, 북이스라엘)의 회복을 약속하고 있다. 비록 하나님은 잠정적으로 이스라엘과의 언약 관계를 끊으셨지만(호 1:9b, "너희는 내 백성이 아니고, 나는 너희 하나님이 아니기 때문이다"; 참조, 출 6:7), 창기 고멜에 대한 호세아의 언약적 신실함으로 상징된 하나님의 한없는 사랑으로 이스라엘을 회복하실 것이다. "내가 네게 영원히 장가들 것이니, 의[δικαιοσύνη]와 정의와 인애와 긍휼로 네게 장가들 것이며, 진실함[πίστει]으로 네게 장가들 것이니, 네가 주를 알 것이다"(호 2:21-22 LXX). 바울은, 이스라엘의 "간음"에도 불구하고 그들의 회복을 구구절절이 소망하는 호세아의 예언을 가지고, 태연하게 이스라엘이 아닌 이방인을 하나님의 백성으로 받아들이신다는 예언으로 다시 읽어냈다.

이 해석학적 구데타는 너무나도 자연스러워서 이방 기독교인들은 이러한 획기적인 변화를 인지하지 못할 가능성이 크다. 바울은 이스라엘이 백성의 자격을 상실했을 때에 백성으로의 회복을 약속받았듯 그렇게 이방인들 역시 백성이 될 수 있다고 주장 하는 것이 아니라, 하나님이 이방인들을 부르실 것이 호세아 선지자가 의도한 바임을 주장하고 있는 것이다. 이는 복음의 빛이 구약에 숨겨진 의미를 매우 분명하게 조명하면서 구약 본래의 의미가 전적으로 사라지게 된 것이라고 말할 수 있겠다.

행여 호세아 인용이 로마서 9:24의 주장("하나님께서 우리를 이 그릇으로 부르시되, 유대인 중에서 뿐 아니라 이방인 중에서도 부르신 자니라")에서 "유대인 중에서 뿐 아니라"의 증거가 된다면 바울의 호세아 인용에는 모순이 생긴다. 어떤 면에서, 이방인들은 유대인들과는 정반대의 위치에 있는 존재로서(참조, 롬 9:1-5) 역사적으로 하나님의 백성으로 불릴 수 없는 존재였다. 그래서 바울은 백성이 아닌 이방인들을 하나님의 백성으로 불러들이겠다는 약속으로 호세아를 해석하였다(참조, 엡 2:11-13; 벧전 2:9-10). 하지만 유대인들이 혈통에도 불구하고 παρὰ δόξαν(영광을 위하여) "내 백성이 아닌 자"가 되도록 찍힘을 받았다는 로마서 9-11장에 비추어 본다면 유대 백성은, 로마서 9장의 유비로 표현하자면, 이스마엘과 에서와 바로의 역할에 서있게 된다. 바울 당대의 유대인들이야말로 목이 굳고 버림을 받은 백성이기에 호세아에 의해 선포된 불신 이스라엘의 상황과 정확하게 맞아 떨어진다고 볼 수 있다. 그러나 정말로 이스라엘이 그러한 진노의 그릇에 속한다면, 이스라엘은 하나님이 사랑하셔서 부르신 백성 아닌 자들의 수에는 포함되지 않을 수도 있다는 말인가? 그럴 수 없다. 로마서 11장은 잘려나간 가지를 다시 접붙이는 것에 대한 논의와 이방인들의 충만한 수가 들어온 후에 "온 이스라엘이 구원을 받을 것이다"(롬 11:25-26)라고 정확하게 선언한다. 따라서 바울이 로마서 9장과 10장에서 이스라엘을 버림받은 백성의 위치에 세우고 있다면, 하나님이 그들을 버리지 않으셨다는 로마서 11장과 충돌하게 된다.

그렇게 된다면, 바울의 새로운 호세아 해석과 나란히 나타나는 이사야 인용(롬 9:27-28) 역시 모호해질 것이다. 바울은 호세아를 이방인에 관한 신탁으로 해석한 후에, 이제 이사야를 이스라엘에 대한 예언으로 사용한다. 그런데 그 인용 도입구가 독특하다. "또 이사야가 이스라엘에 '관하여'(ὑπέρ) 외치되"(롬 9:27a). 전치사 ὑπέρ는 간혹 "관하여"(περί와 동등한 의미; 참조, 고후 1:8)를 의미하기도 하지만, 신약성경 헬라어에서는 보통 "대신하여, 위하여"의 뜻으로 사용된다. 만일 후자의 의미를 따른다면, 이사야의 외침은 위협이 아닌 소망의 음성으로 들을 수도 있을 것이다. "비록[ἐὰν] 이스라엘 자손들의 수가[67] 바다의 모래 같더라도 오직 남은 자만 구원을 받을 것이다"(많은 영역본들은 "오직 남은 자만"이라고 번역하고 있지만,[68] 오직 ~만이라는 단어는 어떠한 헬라어 사본에서도 발견할 수 없다). 실제로 이 인용구가 자비의 그릇에 대한 주장(롬 9:24)을 지지하기 위한 증거본문이라는 것을 기억할 때에, 이사야의 예언을 비난보다도 소망으로 읽는 것이 더욱 적합하다. 이렇게, 호세아 인용은 하나님이 이방인들을 부르신다는 것을 증명하고, 이사야 인용은 하나님이 유대인들을 부른다는 것을 증명한다.[69] 이렇게 읽을 때에 비로소, 하나님이 이스라엘 백성을 버린 것이 아니라는 논지가 나타나는 로마서 11장의 남은 자 사상과도 완전히 일치하게 된다.

마지막으로 바울은 로마서 9:29에서 남은 자와 씨의 이미지가 함께 나타나는 다른 이사야 본문을 사용하여 "씨"—로마서 9:7에서 인용하고 있는 창세기 21:12의 핵심 용어—라는 용어를 반향한다. "만일 만군의 주께서 우리에게 씨[σπέρμα]를 남겨두지[ἐγκατέλιπεν] 않으셨다면, 우리가 소돔과 같이되고 고모라와 같이 되었을 것이다." 남은 자/씨에 관한 언급으로[70] 9:7에서 시작된 복잡한 상호텍스트적 현상이 맺어지면서, 하나님의 택정하심은 이스라엘의 정경에 깊게 뿌리내리고 있는 진리라는 사실이 그 결론으로 주어진다. 오직 선택된 씨만이 하나님의 진노에서 벗어날 수 있을 것이다.

하나님이 자기 백성을 버리셨느냐?

로마서 11장은 하나님 앞에 있는 이스라엘의 입장에 관한 이슈의 결론부에 해당한다. "하나님이 자기 백성을 버리셨느냐?"라는 로마서 11:1의 수사학적 질문은 핵심적인 논지를 다시 상기시킨다. 바울은 이 질문에 부정적으로 대답하면서(μὴ γένοιτο[결코 그럴 수 없다!]), 자전적인 정보를 언급한다("나도 이스라엘인이며, 아브라함의 씨에서 난 자이며, 베냐민 지파 사람이다"). 이는 바울 자신으로 인하여 하나님이 유대인들을 버릴 수 없었다는 뜻은 아닐 것이다. 추정컨대, 이 자전적 정보는 바울이 유대인이기에 하나님이 자기 백성을 버리셨느냐는 놀랄만한 질문을 던질 때에 다른 의심을 받지 않을 수 있다는 데에 그 함의가 있다. (혹은 바울이 이어지는 구절에서 자신을 "은혜의 선택을 따라 남은 자"(롬 11:5)의 대표자로서 내세울 것을 기대하고 있을 수도 있다.) 그 후에 바울은, 더욱 실제적으로, 구약성경에 의지하여 "하나님께서 자신의 백성을 버리지 않으셨다[οὐκ ἀπώσατο ὁ θεὸς τὸν λαὸν αὐτοῦ]"(롬 11:2a)는 자신의 견해를 입증하려 한다. 곧이어 엘리야 이야기가 직접 언급되고 있기에(롬 11:2b-5), 로마서 11:2a의 결론적인 확신 자체가 두 개의 다른 구약 본문의 반향—이 반향들의 원래 문맥은 로마서 11장의 주제와 잘 어울린다—이라는 것은 간과되기 쉽다.

사무엘상 12장에서, 이스라엘 백성들은 하나님께 왕을 구하는 죄를 범하였을 때에 사무엘에게 기도를 요청한다. "당신의 종들을 위하여 당신의 주 하나님께 기도하여, 우리가 죽지 않게 해주십시오. 우리가 우리의 모든 죄에 왕을 구하는 악을 더하였습니다[71]"(삼상 12:19). 이에 대해 사무엘은, 바울이 자신의 유대인 동족에게 이야기하더라도 적절했을, 대답을 내어놓는다.

> 두려워하지 마라. 너희가 이 모든 악을 행하였으나, 주를 따르는 데에서 참으로 돌아서지 말고, 너희 온 마음으로 주를 섬겨라. … 주께서는 자신의 크신 이름을 위하여, 자신의 백성을 버리지 아니하실 것이니[οὐκ ἀπώσεται κύριος τὸν λαὸν αὐτοῦ], 이는 주께서 너희를 자신의 백성으로 삼으신 것[προσελάβετο; 참조, 롬 14:3, 15:7]을 기뻐하셨기 때문이며, 나도 너희를 위하여 기도하기를 멈추는 죄를 주께 짓지 아니할 것이다[참조, 롬 9:3, 10:1]. (삼상 12:20-23).

로마서 11:2의 이면에서 사무엘의 대답을 들을 수 있는가? 바울은 이스라엘을 버리지 않는 주체가 '주 그리스도'가 아니라 이스라엘의 하나님인 '야훼'라는 것을 분명하게 하기 위하여 '주'(κύριος)를 '하나님'(θεὸς)으로 바꾸었다. 또한 바울은 사무엘상의 미래시제 동사("버리지 아니하실 것이니")를 부정과거("버리지 아니하셨나니")로 바꿈으로써 그것이 성취되었다는 것을 분명하게 전하고 있다.

또한 로마서 11:2의 "하나님은 자신의 백성을 버리지 아니하실 것이다"라는 진술과 완전히 동일한 문장이 시편 94:14(93:14 LXX)에 나타난다. 이 시편의 배경은 직접 언급되고 있지는 않지만, 이어지는 행들에서 로마서 9-11장 주제를 발견할 수 있다.

주께서는 자신의 백성을 버리지 아니하실 것이다.

[οὐκ ἀπώσεται κύριος τὸν λαὸν αὐτου.]

판결이 의[δικαιοσύνη]로 돌아갈 때까지,

자기의 유업을 포기하지[ἐγκαταλείψει] 않으실 것이다.

로마서 11:2에서 반향하고 있는 시편 구절에 바로 뒤따라 나오는 동사 ἐγκαταλείπω는[72] 로마서 9:29에서 인용된 이사야 1:9에 나타나는 동사와 같은 동사이며, 어원론적으로는 로마서 11:4-5에서 하나님의 선택적 은혜를 따라 남은 자를 묘사하는데 사용되었던 동사 καταλείπω 및 명사 λεῖμμα와 연관되어 있다. 이 단어들의 상호 관계는 영어에만 나타나는데, 출판업을 비유로 사용하자면 다음과 같다(한글로는 표현이 안되지만 '재고'라는 언어유희를 살리기 위하여 무리하게 번역하였다-역주). "하나님은 그의 유업을 재고로 싸게 처분(remainder, ἐγκαταλείπω)하지 않으실 것이다. … 그는 바알에게 무릎 꿇지 않는 자 칠천 명을[73] 재고로 남기셨다(remain, καταλείπω). … 그렇게 지금도 재고(remnant, λεῖμμα)가 있다." 따라서 로마서 11:2a에서 사용된 시편 94편 인유는 시편 본래 문맥의 다음 행을 염두에 두도록 함으로써 로마서 11:4-5에 나타나는 남은 자 사상을 어렴풋이 보여준다. 이러한 효과는 로마서 3:20에서 사용된 시편 143편이 보여주는 것과 동일하다(99-100쪽을 보라). 즉, 명백하게 인용된 텍스트의 암묵적인 요소는 이어지는 담론을 은연중에 형성한다.

바울이 "하나님은 자신의 백성을 버리지 않으셨다"라고 쓰면서 사무엘상 12:22와 시 94:14와의 공명을 의도했다고 말하기는 어렵다. 그러나 이 의도의 여부와는 관계없이, 바울의 확신은 구약성경의 언어로 표출된다. 구약성경이 어휘소의 저수지(pool) 역할을 하는 '랑그'(langue)이고 바울의 담화는 '파롤'(parole)이라고 말하는 것은 적절하지 않을 것이다. 그보다도 구약성경의 시와 내러티브는 실질적으로 바울의 고백을 통제한다. 구약성경의 '파롤'은 반향되어(rebound) 바울의 담론 안에서 다시 한 번 울리게 된다. 결과적으로, 바울의 진술들은 더욱 앞선 내러티브와 예전적인(liturgical) 발화들을 통하여 형성된 의미의 무게들을 전달하게 된다. 구약의 인유는 이스라엘을 향한 하나님의 신실하심에 대한 앞선 선포를 불러내어 바울의 명시적인 논증을 넌지시 강화시킨다.

이방인들아, 주의 백성과 함께 기뻐하여라

구약의 반향들을 반영함으로써 발생한 로마서 해석은 로마서의 본론부가 귀결되는 15:7-13, 곧 '페로라티오'(peroratio: 서신의 주제를 총괄하는 부분)로 기능하는 단락에서 확실해진다.

그러므로 그리스도께서 하나님의 영광을 위하여 우리를 받아들이신 것[προσελάβετο; 참조, 삼상 12:22]과 같이 너희도 서로를 받아들여라. 내가 말하는 것은, 그리스도께서 하나님의 진실하심을 위하여[ὑπὲρ ἀληθείας θεοῦ; 참조, 롬 3:4, 7] 할례의 종이 되셨으니, 이는 조상들에게 주신 약속들을 확증하시고[참조, 롬 4:6], 이방인들로 하여금 그 자비하심을 인하여 하나님께 영광을 돌리게 하려는 것이라(롬 15:9a).[74] 기록된 것과 같으니,

"그러므로 내가 이방인들 중에서 주를 찬양하고,
주의 이름을 노래합니다"[시 18:49, 삼하 22:50] 하였고(롬 15:9b),

또 말하기를,
"이방인들아, 주의 백성과 함께 기뻐하여라"[신 32:43] 하였으며,

또,

> "모든 이방인들아 주를 찬양하며,
> 모든 백성들아 그를 찬양하여라"[시 117:1] 하였으며(롬 15:11),

또 이사야가 말하기를,

> "이새의 뿌리,
> 곧 이방인들을 다스리기 위하여 일어나시는 분이 있을 것이니
> 이방인들은 그분께 소망을 둘 것이다"[사 11:10]라고 하였다.

소망의 하나님이 믿음 안에서 모든 기쁨과 평강을 너희에게 충만하게 하셔서, 성령의 능력으로 소망이 넘치게 하시기를 원한다.

이러한 구약 모음집이 로마서의 마지막에 나타나고 있는 이유는 무엇인가? 바울이 마지막을 위하여 결정타를 아껴둔 것은 분명하다. 바울은 로마서 내에서 자신의 논증을 인유적으로 전개한 후에 마지막에 와서 가림막을 열고 자신의 비전, 곧 유대인과 이방인이 함께 하나님을 찬양하는 교회 공동체를 구체화 해주는 구약 본문들을 드러낸다. 주석가들은 여기에 나타난 인용구들—모두 ἔθνη라는 단어를 중심으로 연결되어서 이방인이 포함된 종말론적 공동체를 묘사하고 있다—이 오경에서 한 구절, 선지서에서 한 구절, 성문서에서 두 구절 인용되었다는 것에 주목하곤 한다. (우리는 이 대목에서 실제로 율법과 선지자가 그 주장에 대한 증거로 제시되고 있는 것을 볼 수 있다.) 케제만(Käsemann)이 언급한 바와 같이, "구약성경은 이미 이러한 메시지를 내다보고 있다. 서신의 수신자들은 이와 같은 주장이 구약의 증언과 일치한다는 것을 인정해야만 한다. 다른 변명은 더 이상 불가능 하다."[75] 로마서 15장의 인용들은 직설적이다. 바울은 이방인과 유대인으로 구성된 교회가 구약이 말하는 종말

론적 성취라고 주장한다. 그러하다면, 바울이 선포하고 있는바, 이방인들을 품으시는 하나님의 의는 진정으로 "선지자들을 통하여 성경에 미리 약속하신 것"(롬 1:2)이며, 바울은 하나님의 의를 성공적으로 변호하였다고 말할 수 있다. 따라서 이 특정한 인용구들은 로마서의 결론에 부합하게 된다.

그러나 본문의 의미가 이렇게 명백하더라도 그 인용들의 출처를 간과한다면 우리는 중요한 상호텍스트적 반향들을 놓칠 수 있다. 이 단락에서 인용된 두 개의 시편 본문은 모두 이방인을 언급하고 있을 뿐 아니라, 로마서 15:9에 나타난바, 이방인들이 하나님께 영광을 돌릴 수 있는 근거가 되는 하나님의 자비하심(ἔλεος; 시 17:51 LXX, 시 116:2 LXX)에 대해서도 이야기한다. 바울의 인용구에는 하나님의 자비하심에 관한 언급이 나타나지 않지만 이 두 시편의 출처에서 공통적으로 확인되는 단어가 그저 우연이기는 어렵다. 바울은, 여기에 나타나는 하나님의 자비하심이 이방인들의 하나님 찬양과 관련된다는 이유로, 이 본문들을 선택했을 것이다. 아마도, 로마서 15:9a에 나타난 바울의 표현은, 인용문은 아니지만, 두 시편 인용구의 어휘에 직접적으로 영향을 받은 것 같다. 이러한 경우를 가리켜 로마서 15:9a는 15:9b와 15:11에서 인용된 시편들에 대한 인유—명백한 인용구보다도 약간 더 넓은 문맥에 대한 인유—라고 말할 수 있겠다.

이방인들 및 자비에 관한 언급에 더하여, 시편 18:49-50은 로마서에 나타나는 또 다른 주제들을 기막히게 울려낸다. 50절에서 하나님은 다음과 같이 묘사된다.

주께서 그의 왕에게 큰 구원[σωτηρίας]을 베푸시며,
그의 기름 부음 받은 자[χριστῷ]에게 자비[ἔλεος]를 베푸시니,
다윗과 그의 자손[σπέρματι]에게 영원히 베푸십니다.

이 시편 구절을 기억하는 독자들은 로마서의 서론부에 나타난

하나님의 아들에 관한 선포, 곧 성경에 약속된 분으로 "다윗의 자손 [σπέρματος]으로부터 오신 … 예수 메시아[χριστοῦ]"이자 바울을 부르시고 모든 이방인 중에서 믿음을 전하게 하신 분에 관한 선포(롬 1:3-5)와 '인클루지오'를 이루는 반향을 들을 수 있다. 실제로, 시편 18편을 메시아적으로 읽는다면 바울이 인용한 시편 18:49의 "나"라는 인물이 메시아 자신이라는 생각—물론 바울은 시편의 "나"를 이방인들 가운데서 하나님을 찬양하는 예수와 동일시 할 것이다—을 지우기 어렵다.[76] 아울러 바울은 로마서 15:3에서 또 다른 시편(69:9 "주를 비방하는 자들의 비방이 내게 미쳤습니다")을 인용하면서 시편의 화자를 그리스도로 이해한 적이 있었다. 결국 바울이 사용한 시편 18편은 그리스도의 어떤 모습을 묘사하기 위한 증거본문으로 소개된 것이라고 볼 수 있다(롬 15:9). 말하자면, 시편 18:49 인용구는, 히브리서 2:10-13에 나타난 장면처럼, 형제들 가운데 서 계신 예수가 그들과 함께 하나님을 찬양하는 모습을 암시하고 있다. 물론 바울은, 히브리서와는 달리, 예수와 회중 사이의 결속보다도 회중이 이방인으로 구성되었다는 사실을 강조한다.

신명기 32:43 인용은 시편 18편의 장면 묘사에 매우 중대한 요소를 더한다. "이방인들아, 주의 백성과 함께 기뻐하여라." 즉, 이방인들은 홀로 그리스도를 둘러싸고 있는 것이 아니다. 그들은 이스라엘과 함께 부름을 받고 기뻐하고 있다. 여기에서 바울이 칠십인역의 진술을 따르고 있다는 것이 중요하다. 히브리어 본문은 그저 "이방인들아, 그의 백성을 찬양하여라"라고 쓰고 있는데, 이는 칠십인역과 매우 다르다. 신명기의 끝자락에 위치한 모세의 위대한 노래에서 이방인들을 하나님의 백성의 일원으로 포함시키고 있는 칠십인역은 바울의 논증을 위하여 대단히 유용한 근거가 된다.

이와 유사하게, 로마서 15:7-13에 위치한 바울의 마지막 인용구(사 11:10)에서도 메시아를 둘러싼 이방인과 유대인의 무리가 묘사되고 있다. 바울이 인용한 이사야 11:10은 11:11-12를 함께 고려할 때에 비로소 완전한 의미를 드러내게 된다. "그 날에 주께서 그의 손을 펴서서 그 남은 백성들[τὸ καταλειφθὲν ὑπόλοιπον τοῦ λαου], 곧 남은 자를 회복하실 것이다. … 그리고 주께서 이방인들을 향하여 깃발을 높이시고 이스라엘의 잃은 자들을 모으실 것이며, 유다의 흩어진 백성들을 땅의 사방에서 모으실 것이다." 바울은 이사야 11:10-12에서 이방인들의 소망이 "이새의 뿌리"(사 11:10)에 있다는 예언만을 발췌하였지만, 그 인용구는 인유로 기능하면서 이스라엘의 잃은 자들이 이방인들과 다시 연합하여서 하나님께서 일으키신 자의 발아래에 모이게 되는 하나님의 종말론적 왕국에 대한 이사야의 비전을 떠올리게 한다. 이 인유는 결국 로마서 11장의 남은 자 사상과 상호텍스트적으로 연결된다.

로마서 9-11장에 나타나고 있는 구약 인용구들은 바울이 로마서 1장에서 주장한바, 복음이 먼저는 유대인에게이고, 그 이후에 헬라인에게 구원을 주시는 하나님의 능력이라는 순서를 뒤집는 것처럼 보인다. 이방인들이 먼저 들어온 것처럼 보이는 이러한 현상은 로마서의 진술과는 다르기에 바울은 이에 대하여 설명할 필요가 있었다. 하지만 이사야의 노래가 로마서의 배경에서 울리고 있다. 이방인들이 들어온다 하더라도 이스라엘이 뒤쳐질 수 있을까?

"믿음으로 말미암는 의는 이같이 말한다"

우리는, 로마서에서 사용되고 있는 구약 본문들을 다루면서, 그 안에 탁월한 주제적 일관성—실제로 단조로울 만큼—이 있다는 것을 발견하게 된다. 로마서에서, 바울은 구약을 다양한 주제들을 다루기 위한 지혜의 창고처럼 사용하는 것이 아니라 하나님의 의—이방인들을 하나님의 백성으로 품으시고 이스라엘에 대하여 신실하심을 보이시는—라는 하나의 위대한 진리를 주장하기 위한 증거로 사용한다. 실제로 바울이 인용하거나 인유하는 모든 구약 본문들은 이 하나의 주제를 맴돌고 있다. 로마서는 거대한 파라볼라(parabola) 안테나와 같이 구약의 반향들을 반사시켜 하나의 초점으로 모은다.

따라서 우리는 구약 반향들의 궤적을 따르면서 이 하나님의 의라는 주제에 집중할 때에 비로소, 앞 장에서 우리를 당황스럽게 했던 로마서 10:5-10의 의미를 포착할 수 있다. 본서의 독자들은 바울이 율법에 순종하라는 모세의 명령(신 30:11-14)을 가지고 '믿음으로 말미암는 의'(The Righteousness from Faith)라는 기독교의 신비한 복음 선포로 변형시켰던 본문을 기억하고 있을 것이다.

그러한 바울의 읽기는 표면적으로는 무모하고 표리(表裏)가 있는 석의로 보였기에, 이에 당황한 기독교 주석가들은, 놀랄 만큼 빈번하게, 바울이 실제로 구약을 해석하고 있는 것이 아니라는 주장을 내어놓곤 했다. 예컨대, W. 샌데이(Sanday)와 A.C. 헤드람(Headlam)은 '국제비평주석'(International Critical Commentary)에 수록된 자신들의 로마서 주석—20세기의 상당 기간 동안 가장 영향력 있었던 영문 로마서 주석—에서 다음과 같이 말했다. "그 사도는 구약성경을 어떤 논증을 뒷받침하기 위하여 인용하는 것이 아니라, 단지 자신의 논지를 표현하기 위하여 친숙하고 적합하고 유명한 언어를 선택한 것뿐이다."[77] 그러나 최근 학계의 분위기는 바울이 실제로 구약성경을 해석하고 있다는 사실을 인정하는 쪽으로 가고 있는데, 대부분의 연구는 바울의 인용을 이해하기 위한 역사적 배경을 탐구하는 것[78]—혹은 바울의 구약 사용에 정당성을 부여하기 위한 신학적 근거를 마련하는 것[79]—에 천착되어 있다. 이러한 연구들이 상호텍스트적 반향 효과의 관점에서 로마서 10장을 재고할 때에 함께 다루어진다면 유용한 통찰들을 제공할 수 있을 것이다.

로마서 9:30~10:21의 위치

앞서 언급했듯, 로마서 9~11장의 개괄적인 구조를 그리는 것은 어렵지 않다. 바울은 먼저 유대인들이 복음을 믿지 않은 것에 대한 근심을 표한 후에(롬 9:1-5), 이스라엘의 믿지 아니함을 하나님의 말씀이 폐하여진 것으로 해석해서는 안 된다고 주장—하나님은 언제나 선택과 유기의 방식으로 인류를 다루어 오셨기 때문에—했다(롬 9:6-29). 그 후 로마서 9:30~10:21에서는 이러한 발상을 초래한 사건에 대하여 더욱 충분하게 이야기한다. "의를 따르지 않았던 이방인들은 믿음으로 말미암는 의를 얻었으나,[80] 의의 율법을 따랐던 이스라엘은 율법에 이르지 못했다"(9:30-31). 이 단락의 끝자락에서는 어떻게 이러한 일이 발생할 수 있는지 고찰하고 무엇이 잘못되었는지를 설명하면서 이러한 역설을 세심하게 다룬다. 이 역설적인 상황은 바울의 이사야 65:1-2에 대한 오독을 통하여 정리된다. 바울은 그 본문을 양분한 후에, 1절("나를 찾지 않는 자들에게 내가 발견되었고, 나를 구하지 않는 자들에게 나를 나타냈다")은 뒤집어 해석하여 이방 기독교인에 대한 말씀으로 사용하고, 2절("나는 완고한 백성에게 종일 내 팔을 벌렸다")은 바르게 해석하여 이스라엘을 향한 것으로 사용한다.[81] 여기에서 하나님이 백성들에게 종일 팔을 벌리는 이미지는 하나님의 은혜에 관한 바울의 마지막 변증을 예고하게 된다.[82] 로마서 11장에서는 이스라엘이 불순종했음에도 불구하고 약속에 대한 하나님의 신실함에 의지하여 종국에는 종말론적인 구원을 얻게 될 것에 대한 바울의 확신이 나타난다. 요약하자면, 로마서 9:30~10:21은 9~11장의 논리 안에서 부연적 설명으로 기능한다. 즉, 바울은 로마서 9:6-29와 11:1-32에서 하나님의 택정하심이 변하지 않는다는 것을 확신하는데, 로마서 9:30~10:21에서는, 잠시 멈추어 서서, 어떻게 이스라엘이 하나님의 뜻이 완성되기 전까지의 일시적인 기간 동안 자신의 길을 벗어났는지를 묘사한다.

로마서 10장에 나타난 신명기 30:12-14의 이상한 해석은 어떻게 든지 이러한 논증의 흐름에 부합해야만 한다. 환언하자면, 이 신명기 인용문은, 어떻게 이스라엘과 이방인의 역할이 전환되었는지, 또한 어떻게 이스라엘에게는 "의의 율법"을 소유했다는 유익이 있음에도 불구하고 율법의 진정한 메시지를 이해하지 못했는지에 대한 설명—혹은 적어도 묘사—을 보조할 수 있어야 한다. 이렇게 로마서의 문맥을 신중히 고려하는 것은 바울의 신명기 독법이 어떻게 이러한 목적을 이루는지 살펴보는 데에 도움이 된다.

율법의 목적

로마서 9:31-32는 이스라엘이 율법을 추구했지만 율법에 이르지 못했다고 진술한다. 어떤 진부한 학자는 이스라엘이, 모든 율법 조항들을 완벽하게 지킬 수 없었다는 차원에서, 율법에 이르지 못한 것이라는 입장을 고수한다. 그러나 바울은 로마서에서 그러한 식의 주장을 펼친 적이 없다. 이스라엘의 문제는 율법의 요구를 행할 수 없었다는 것에 있는 것이 아니라, ἐκ πίστεως(믿음으로)가 아닌 ἐξ ἔργον(행위로) 지키려 했다는 것에 있다. 이는 율법의 목적이 백성들의 완벽한 행위에 있는 것이 아니라 다른 무언가에 있음을 암시한다.

바울은 유대인들이 하나님에 대한 열심을 가지고 있었지만 그것은 올바른 지식을 따른 것이 아니라고 지적한다. 그들은 하나님의 의(이는 물론 믿음의 의와 동일하다; 참조, 9:30)에 대하여 무지했기에 하나님의 의에 복종하지 않고 자신들의 의를 세우려고 했다—유대인들은 하나님의 의가 무엇인지 몰랐기에, 이는 이해할 만하다(롬 10:1-3). 그렇다면 하나님의 의란 무엇인가? 로마서 10:4에서 그 대답이 주어진다. "이는 그리스도가 모든 믿는 자들을 의에 이르게 하기 위한 율법의 τέλος이기 때문이다." 여기에 나타나는 γάρ(이는 ~때문이다)는 앞뒤 문장의 논리 관계를 보여주는 결정적인 접속사로, 유대인들이 하나님의 의가 무엇인지 몰랐다는 선행 문장을 보충하여 설명하면서 다음과 같은 의미를 전달한다. 율법의 진정한 목적, 곧 하나님의 의란 바로 예수 그리스도이다. 확고한 기독교 전통, 특히 개혁 교회에서는 이 구절을 가지고 그리스도가 율법의 종결(termination: 개역성경에서는 '마침'–역주)을 의미한다고 석의하여 왔지만, 이러한 해석은 로마서의 맥락과 전혀 맞지 않는다.[83] 바울은 율법과 선지자가 하나님의 의를 증거하고 있다고 쓴 바 있고(3:21), 믿음으로 말미암는 의의 복음은 율법을 폐하는 것이 아니라 율법을 굳게 세운다고 말했으며(3:31), 아브라함의 이야기(롬 4장)를 통하여 율법이 믿음의 의를 가르치고 있음을 보여주기도 하였다. 하나님의 의와 율법의 관계를 이보다 분명하게 말할 수 있을까? 이러한 로마서 전체의 논지에 의하면, 율법의 핵심이자 실체는 바로 믿음으로 말미암는 의라고 말할 수 있다. 그것이 바로 이스라엘이 이해하지 못한 것이고, 그것이 바로 현재 그리스도 안에서 의심의 여지없이 분명하게—바울에게 있어서—입증된 것이다.

그러므로 로마서 10:5와 10:6은 서로 반제 관계일 수 없다. "율법으로 말미암는 의"(10:5)는 "믿음으로 말미암는 의"(10:6)와 대조되고 있는 것이 아니다. 바울은 양 구절에서 모세의 말을 인용하면서 두 표현을 동의어로 사용했다.[84] 따라서 로마서 10:5에 나타나는 레위기 18:5("사람이 이것[율법으로 말미암는 의]을 행하면 그것으로 말미암아 살 것이다")은 지킬 수 없는 것을 지켜보라는 식으로 "행위"를 폄하하고 있는 진술일 수 없다. 실제로 바울은 앞선 단락(8:1–11)에서 예수 그리스도를 통하여 성령을 받은 사람들은 이제 율법의 의로운 요구($\delta\iota\kappa\alpha\acute{\iota}\omega\mu\alpha$)를 성취할 수 있고(8:4) 하나님의 율법에 복종($\acute{\upsilon}\pi\sigma\tau\acute{\alpha}\sigma\sigma\omega$)할 수 있다고 논증한바 있다.[85] 그렇기에 레위기 18:5는 율법을 행하는 자들을 향한 생명의 약속, 곧 로마서 10:6에서 인용한 신명기 30장의 메시지(특히, 신 30:15를 보라)와 전적으로 일치한다. 이와는 달리, 어떤 주석가들은, "율법으로 말미암는 의"와 "믿음으로 말미암는 의"가 전혀 다른 개념을 제시하고 있다는 듯이,[86] 로마서 10:5와 10:6의 사이를 틀어놓으려고 노력했는데, 이는 기독교 신학에 비참한 결과를 초래하였다.[87]

로마서 10장에 대한 주석적인 논의는 난해하고도 전문적이지만 그 단락(롬 10:1-6a과 10:8-9[10:6b-7은 잠시 생략했다])을 달리 번역해 본다면, 여기에서 제안하고자 하는 해석은 보다 명확해질 것이다.

> 형제들이여, 제 마음의 소원과 하나님께 드리는 기도는 유대인 백성들이 구원을 받는 것입니다. 제가 그들에 대하여 증언하는데, 그들이 하나님께 열심은 있지만 올바른 지식을 따른 것이 아닙니다. 그들은 하나님의 의를 무시하고 자신들의 의를 세우려고 힘써 하나님의 의에 복종하지 않았습니다. 그들이 하나님의 의에 대하여 알지 못했던 것이 무엇입니까? 그것은 바로 그리스도가 모든 믿는 자들이 의에 이르도록 하기 위하여 율법의 τέλος가 되었다는 것입니다. 그리스도가 율법의 τέλος가 되었다는 것을 어떻게 말할 수 있을까요? 제가 율법의 두 본문을 인용함으로써 그것을 증명해 보겠습니다. 모세는 율법으로 말미암는 의에 관하여 쓰기를, "사람이 이것을 행하면 그것으로 말미암아 살 것이다"[레 18:5]라고 했습니다. 그것이 의미하는 것이 무엇입니까? 다른 곳에서 모세가 쓴 것처럼, [율법—하나님의 의—으로부터 말미암은 의와 동일한] 믿음으로 말미암는 의는 이렇게 말합니다. "그 말씀이 네게 매우 가까워서 네 입에 있으며 네 마음에 있은즉"[신 30:14]. 여기서 모세가 의미한 "말씀"이 무엇을 의미 하나요? 모세는 지금 우리가 전하고 있는 믿음의 말씀을 가리키고 있습니다. 만일 여러분이 여러분의 입으로 예수를 주로 시인하고, 여러분의 마음으로 하나님이 그를 죽은 자 가운데서 살리셨다는 것을 믿는다면 여러분은 구원받으실 겁니다. 즉, 여러분은 모세가 레위기 18:5에서 약속한 것처럼 생명을 얻게 될 것입니다. 왜냐하면 여러분은 율법의 진정한 메시지에 복종하고 있는 것이기 때

문입니다.

이 단락을 이러한 방식으로 해석할 때에 비로소 율법과 믿음에 대한 일관성이 분명해진다.[88)]

여기에는 안타까운 역설이 하나 존재한다. 바울은 당대의 유대인들이 믿음의 의인 율법을 제대로 이해하지 못했다는 사실에 대하여 번민하였는데, 현재의 기독교인들 역시 율법과 선지자가 하나님의 의를 증거하고 있다는 것을 알지 못하거나 율법과 그리스도를 반제의 관계로 생각하고 있다면, 바울 시대의 유대인들이 빠졌던 것과 동일한 오류에 빠져있는 것이다. 이는 모습만 다를 뿐 동일한 해석적 실수에서 기인한 것이다.

"네 입과 네 마음에 있다"

이 모든 논의들은 바울의 독특한 신명기 30:12-14 인용을 이해하기 위한 개념적인 틀을 세우는 데에 도움을 준다. 바울의 기본적인 주장은 율법이 기독교의 케리그마를 선포하고 있다는 것이다. 우리는 로마서를 살펴보면서 바울이 이러한 해석학적 전제 위에서 구약을 읽고 있다는 것과 이러한 읽기가 복잡한 상호텍스트적 반향들을 통하여 드러난다는 것을 확인하였다. 그런데 이와 같은 독특한 시적(poetic) 해석 방식이 가장 과감하게 나타나는 본문은 바로 로마서 10:5-10이다.

바울은, 신명기를 인용하여 '믿음으로 말미암는 의'를 소개하기 전에, 이미 이 본문을 이해하기 위한 결정적인 단서들을 제공하였다. 즉, 바울은 하박국 2:4("의인은 믿음으로 살 것이다")와 창세기 15:6("아브라함이 하나님을 믿으니 하나님이 이를 그의 의로 여기셨다") 해석에서 발전한 해석학적 틀에 비추어 신명기 말씀을 읽는다. 다시 말해, 신명기에 나타난 모세의 발화 역시 다른 구약 본문들과 마찬가지로 믿음의 의에 대한 선포로 읽혀야 한다.[89)]

하지만 신명기 30장에는 하박국이나 창세기와는 달리 믿음이나 의에 대한 언급이 전혀 나타나지 않는다. 그렇다면 바울은 어떻게 자신의 의도를 전달하는가? 바울은 몇몇 본문들을 엮어가며 삼중노출(triple-exposure: 이미 촬영했던 필름을 되감아 그 위에 다시 촬영하는 사진 기법-역주)을 형성함으로써 그 일을 해낸다.

우선, 바울은 신명기 8:17, 9:4의 형식("네 마음에 … 말하지 말라")을 발췌하면서 신명기 30:12를 인용하기 시작한다. 이 간단한 형식은 신명기 30:11("내가 오늘 네게 명령하는 이 명령은 네게 어려운 것도 아니고 멀리 있는 것도 아니다")의 위치를 대신한 것인데, 이는 율법의 접근 가능성을 강조하는 본문이 바울의 논지에 적합하지 않았기 때문이다.[90] 이렇게 바울은 신명기 30:11을 넌지시 생략하고 신명기 8-9장의 더욱 간략한 형식으로 대체하였다.

그런데 인용 본문이 치환된 것은 단지 신명기 30:11이 바울의 논지에 적합하지 않기 때문만이 아니라, 그와 동시에 신명기 8:17과 9:4가 바울의 논지에 조화를 이루는 반향들을 제시하고 있기 때문이기도 하다. 이 두 신명기 본문은 모두, 이스라엘 백성들을 애굽에서 구원하시고 광야에서 인도하신 하나님의 은혜를 상기시키면서, 백성들이 약속의 땅에 들어간 후에 자만하게 될 것에 대해 훈계하는 내용을 담고 있다.[91] 신명기 8:17은 (칠십인역에서), "네 마음에 '나의 능력과 내 손의 힘으로 내가 이 재물을 얻었다'고 말하지 말라. 너는 너의 주 하나님을 기억하라. 그분이 네게 재물 얻을 능력을 주신 것이다. 이는 네 조상들에게 맹세하신 언약을 오늘과 같이 이루기 위함이다"(신 8:17-18)라고 말한다. 그로부터 몇 문장 뒤에 나타나는 신명기 9:4는 주의를 기울이는 독자들에게 더욱 많은 반향들을 발생시킨다.

> 주 너의 하나님께서 민족들을[ἔθνη] 네 앞에서 쫓아내실 때, 네 마음에 "내가 의롭기 때문에 주께서 나를 데려와 이 땅을 차지하게 하셨다"라고 말하지 말라. … 네가 의롭기 때문도 아니며 네 마음

이 거룩하기 때문도 아니라, 이 민족들이 악하기 때문에 네 주께서 그들을 네 앞에서 쫓아내신 것이다. 더욱이 이는 네 조상 아브라함과 이삭과 야곱에게 하신 맹세를 이루기 위한 것이었다. 너의 주 하나님께서 이 좋은 땅을 너에게 주어 그것을 차지하게 하신 것이 너의 의로움 때문이 아님을 너는 알아야 한다. 너는 목이 곧은 백성이니라.

(신 9:4-6)

바울은 '믿음으로 말미암는 의'를 소개하기 위하여 "네 마음에 … 말하지 말라"라는 어구를 능숙하게 선택하여 신명기 8-9장에 나타나는 하나님의 말씀을 환기시킨다. 여기에서 하나님은 "목이 곧은" 백성들이 스스로 의롭다고 생각할 것에 대하여 경고하면서, 구원과 언약 성취의 주도권을 가진 자가 백성들 자신이 아니라 하나님이심을 상기시킨다. 이 메시지는 바울의 논증에 매우 적합하기에, 우리는 바울이 신명기 8-9장 본문들로 논의를 진행하지 않고 문제가 될 만한 신명기 30:12-14로 관심을 돌린 것에 대하여 의아하게 생각할 수 있다. 그렇지만 바울은 8장과 9장을 가장 미묘한 인유로 제시할 뿐이다. "네 마음에 … 말하지 말라"는 어구가 어디서 왔는지 아는 독자들은 그 출처를 떠올리고 분명히 웃을 수 있겠지만, 대부분의 독자들은 그 반향의 출처를 전혀 인지하지 못할 것이다.

아마도 바울은 그 인유가 너무나도 쉬워서 길게 설명하고 싶지 않았던 것 같다. 혹여 "네 마음에 '나의 의로움 때문이다'라고 말하지 말라"라는 문장 전체가 인용되었다면 바울의 논증은 거기에서 끝났겠지만, 바울은 신명기 9:4의 꼬리표만을 인용—독자가 문장의 남은 부분을 스스로 맺기를 기대하며—하면서[92] 더욱 복잡한 효과들을 파생시키고, 그 후에 믿음의 의가 나타나는 신명기 30장으로 눈을 돌린다.

바울이 율법에 대한 명령을 에둘러 표현하고 있는 신명기 30:12-14을 선택한 것은 과감한 행동으로 보이는데, 어쩌면 이는 고의적인 도

발일 수도 있다. 이 구약의 인용은 바울의 목적과 동떨어져 있는 것처럼 보인다. 신명기의 질문, 곧 "누가 우리를 위하여 하늘에 올라가 그의 명령을 우리에게로 가지고 올까?"와 "누가 우리를 위하여 바다를 건너가서 그의 명령을 우리에게로 가지고 올까?"는 율법이 가까이에 있다는 모세의 주장을 위한 들러리로 기능한다. 이는 하나님의 명령이 이미 이스라엘에게 "이 율법책 안에"(신 30:10) 담겨있기에 하나님의 말씀에 대한 사변적인 연구가 추가적으로 필요하지 않다는 말이다. 그런데 바울은 여기에서도 구약을 이야기하고 있는 화자를 모세가 아닌 '믿음으로 말미암는 의'로 이해한다("믿음으로 말미암는 의는 이같이 말하되").[93] 바울이 뒤집은 석의는 몇 가지 이유로 우리의 주의를 끈다.

바울은 페쉐르(pesher) 방식을 사용하여 신명기를 한 줄씩 인용하며 주석해 나간다. 페쉐르는 그 형식에 있어서, 성경 본문을 비밀스러운 알레고리로 다루어 자신들의 역사를 종말론적으로 해석하는, 쿰란 공동체의 성경주석들과 유사한데(즉, 1QpHab), 로마서 10:6-7에 나타난 페쉐르 주석은 쿰란의 것과는 달리 하늘과 무저갱에서 그리스도를 찾고 있는 가상의 구도자들을 상정하고 있다. 그 구도자들은 율법의 "명령들"(신 30:11)을 찾고 있다고 생각하겠지만, 바울은 그리스도가 율법의 τέλος라는 것을 알기에, 그들이 그 사실을 모르더라도, 구도자들이 그리스도를 찾고 있는 것으로 묘사한다. 그런데 그리스도는 이미 하늘에서 내려오셨고 이미 죽은 자들로부터 일어나셨다.[94] 하나님은 그리스도의 성육신과 부활을 통하여 그것을 이미 행하셨기 때문에 영적 구도자들은 그리스도를 찾으러 하늘에 올라갈 필요도, 무저갱에 내려갈 필요도 없다. 따라서 하늘과 무저갱에서 그리스도를 찾으려는 노력은 하나님께 굴복하지 않고 자신들의 의를 세우려는 이스라엘의 헛된 노력을 반영한다.

모든 주석가들이 인지하듯이, 바울의 신명기 30:13 인용구는 다소 변형되었다. 마소라 텍스트와 칠십인역은 모두 하나님의 명령을 찾기 위해 바다를 건너는 것에 대하여 언급하고 있지만 바울은 "누가 무저갱에 내려가겠느냐?"라고 이야기한다. 이러한 차이로 인해 샌데이와 헤드람은 바울이 신명기 30장을 진정으로 해석하고 있는 것이 아니라고 주장했다. 그러나 사실, 이렇게 변형된 인용구는 바울의 부주의로 기인한 것이 아니다. 이는 이상에서 언급했던 삼중노출의 세 번째 층위—사실상 결정적인 해석을 제시하는 본문 층—를 통해 해결할 수 있다. 잭 석스(M. Jack Suggs)는 바울의 인용구가 유대교의 지혜 전승에서 의인화된 '지혜'(Sophia)와 관련이 있다고 확신했다.[95] 석스는 지혜가 접근할 수 없는 공간에 대한 상징으로 천국과 무저갱이 등장하는 수많은 본문들을 제시한다. 예컨대, 집회서 24:5에서 '지혜'는 다음과 같이 말한다.

나는 홀로 높은 하늘을 두루 다녔고,
무저갱의 밑바닥을 거닐었다.

이와 동일한 전승이 바룩 3:29-30에 분명하게 나타난다. 그런데 바룩서에서는 신명기 30:12-14의 언어를 인유적으로 사용하여 지혜를 묘사한다.

하늘에 올라가 지혜를 잡아
구름 아래로 끌어 내린 자가 누구인가?
바다를 건너가 지혜를 발견하여
순금을 주고 사 온 사람이 누구인가?

바울의 변형된 신명기 30:13 인용은 이 지혜 전승들(Wisdom tradition)을 반향하고 있는데, 이러한 본문들에서 지혜는 이스라엘의 토라와 동일시된다(참조, 바룩 4:1). 따라서 신명기 30:13을 변형하고 있는 바울의 인용문은 앞서 언급했던 신명기 8:17과 9:4 뿐 아니라 바룩 3:29-30 및 발견하기 어려운 지혜에 대하여 언급하는 다른 전승들(참조, 욥 28:12-14)과 함께 다층적으로 읽어야만 한다. 이 상호텍스트적 혼합이 바울의 신명기 30:12-14에 대한 기독론적 해석을 지지한다는 석스의 주장은 옳을 것이다. "복음과 율법 사이의 긴장은 그리스도와 지혜의 토라를 동일시함으로써 해결될 수 있다. 사도 바울은 이러한 방식으로 복음이 율법에 반(反)한다는 오명을 지우려 한다. … 믿음에 기초한 의는 율법을 폐하는 것이 아니라 율법의 진정한 목적을 이루게 한다. 왜냐하면 '우리가 전한 믿음의 말씀'은 예수 그리스도, 곧 성육신한 지혜이자 τέλος νόμου(율법의 목적)이기 때문이다." 석스의 통찰력 있는 논증이 가진 유일한 문제는 바울이 변형한 인용구의 인유적인 특징을 소극적으로 다루어, 변형된 신명기 본문이 바울의 복음을 변증하는 데에 자명한 역할을 하고 있다고 생각했던 것이다. 하지만 사실상, 매우 섬세한 독자들만이 석스가 이끌었던 연결점들을 발견할 수 있고, 거기에서 적절한 신학적 결론을 도출할 수 있다. 바울은 그리스도가 지혜와 동일시되고 그럼으로써 토라와 동일시된다고 분명하게 주장한 적이 없다. 이 상호텍스트적 혼합은 공개적인 담론 안에서 발생하는 것이 아니라 반향의 동굴 안에서 발생하는 것이다.

바울은 신명기 30:12-14를 읽으면서 율법을 지켜야 한다는 명령에 집중하기보다는 말씀의 근접성(nearness)에 초점을 둔다. 이 인용문에는 30:12-14의 도입구가 되는 신명기 30:11이 생략되고 있을 뿐 아니라 마지막 문장인 "네가 이것을 행할 수 있다"(신 30:14) 역시 생략되고 있다. 이렇게 바울은 전략적으로 가지들을 쳐내면서 그 단락의 절정인 로마서 10:8을 향해 내달린다. 그리스도를 찾고 있는 구도자들의 초조함을 재치 있게 묘사한 후에, '믿음으로 말미암는 의'가 가리키고 있는 진의를 진술한다. "그러면 이것이 무엇을 말하느냐? '말씀이 네게 가까워 네 입과 네 마음에 있다' 하였으니, 이것은 우리가 전파 하는 믿음의 말씀이다." 이와 같이 바울은 신명기 30:11-14를 단순히 율법의 표면적인 요구를 행하라는 권고로 읽지 않고 말씀의 진정한 내용(ῥῆμα[하나님이 말씀하신 것]), 곧 언제나 있어왔던 믿음의 의의 말씀을 분간하라는 것으로 읽는다. 이스라엘에게 가까이 있었던 율법의 말씀은 현재 우리에게 가까이 있는 기독교의 케리그마와 동일하다.

더 나아가 바울은 페쉐르 방식을 차용하여 신명기 30:14 본문에 나타난 각각의 어구들을 기독교 신앙고백의 약술 암호(cipher)로 활용했다. 바울은 신명기 30:14에 나타나는 핵심적인 용어들을 확장함으로써 로마서 10:8-9을 형성한다. 그 결과는 다음과 같이 도표화될 수 있다.

신명기 30:14를 인용한 로마서 10:8a	로마서 10:8b-9
그러면 이것이 무엇을 말하느냐?	이것은
말씀이 네 가까이에 있으니	우리가 전파하는 믿음의 말씀이다.
네 입과	네 입으로 네가 만일 예수를 주로 고백하고
네 마음에 있다	또 네 마음으로 하나님께서 그를 죽은 자 가운데서 살리신 것을 믿으면 구원을 받을 것이다.

여기에서 바울은 신명기를 단순하게 반향하고 있는 것이 아니다. 이것은 구약의 잠재적인 의미가 이제 복음 안에서 명백하게 드러났다는 주장에 입각하여 구약 본문들을 행별로 재해석하고 있는 실례가 된다.

그러므로 바울의 해석은 복음의 주장을 전제하고, 복음의 전제를 주장한다. 곧, 신명기 30장이 진정으로 의미하는 바는 율법 지킴이 아닌 기독교의 선포로 드러난다는 말이다. 이러한 바울의 해석에는 명백한 차원의 근거는 없지만, 신명기 9:4와 지혜 전승으로 형성된 바울의 상호텍스트적 반향은 바울의 해석이 보기보다는 덜 임의적이라는 것을 은연중에 암시한다. 바울은 신명기를 가지고서 언약이 시작부터 끝까지 하나님의 은혜에 달린 것이지 이스라엘의 의로움에 달린 것이 아니라는 사상을 반향하고, 율법을 통해 선포된 하나님의 말씀이 욥기와 바룩, 집회서에 나타난 하나님의 '지혜'(Wisdom)와 동일한 개념이라는 것을 암시한다. 여기에서 말하는 하나님의 '지혜'란, 이스라엘의 현인들이 확신했던 토라가 아닌, "땅 위에 나타나 사람들과 더불어 사신"(바룩 3:38) 예수 메시아를 가리킨다.

메타포로서의 말씀

> 어디서 말씀을 찾을 것이며, 어디서 말씀이
> 다시 들려질까? 여기는 아니네. 충분한 침묵이 없으니.
> —T.S. 엘리엇, '재의 수요일'(Ash Wednesday)

로마서 10:5-10에 있는 상호텍스트적 반향 효과는 바울의 석의를 변호하기 위한 수단이 아닌, 역사적인 관점으로는 터무니없던 해석이 어떻게 시적 개연성을 얻을 수 있는지에 대한 설명으로 읽혀야 한다. (이 상호텍스트적 개연성이 우리의 해석에 신학적 정당성을 부여하는지에 대하여 규범적으로 말하는 것은 현재의 논의 범위를 넘어가는 문제이다. 이 주제에 관심이 있는 독자들을 위하여 본서의 마지막 장을 남겨두었다.) 사실, 바울이 했던 것은 신명기 30장을 단순히 기독교의 복음 선포를 위한 메타포로 읽은 것뿐이다. 이 독특한 메타포적 읽기는 특히 역사적인 해석에 민감한 현대의 독자들에게는 낯설게 느껴지겠지만, 바울의 신명기 30장 해석은 사실상 로마서에 나타나고 있는 다른 구약 해석과 다를 바가 없다. 하박국 본문을 이신칭의의 선포로 해석하거나, 북왕국 이스라엘에 대한 호세아의 예언을 이방인에 대한 하나님의 부르심으로 읽어낼 때에도 이와 같은 메타포적 전환이 발생한다. 즉, 바울은 고대의 구약성경을 전의로 읽으면서 복음의 메시지를 간접적으로 선포한다. 로마서 10장은 상호텍스트적 현상에 권위를 부여하는 해석학적 근거—현재 나타난 기독교의 복음이 이스라엘에게 주어졌던 토라의 내용과 동일하다는 것—를 더욱 명백하게 제시한다는 점에서 독특할 뿐이다. 하나님의 말씀은 이스라엘 백성에게 이미 주어졌기에 그들은 그것을 찾으러 다닐 필요가 없었다. 하지만 이스라엘은 그 말씀을 이해하지 못했다.

그렇기에 로마서 10:5-10은 이스라엘의 불신을 역설적으로 강조하는 역할을 하게 된다. 바울은 자신의 복음 선포가 신명기의 본래 메시지와 동일하다는 식으로 이야기한다. 말씀의 근접성은 이스라엘의 우둔함과 반어적인 관계에 놓여 있다. 모세에게 말씀의 근접성에 대하여 가르침을 받았던 과거의 바로 그 이스라엘 백성들—하나님이 마음에 할례를 베푸시기로 약속하셨던(신 30:6)—역시 하나님의 진노를 받게 될 "패역한 세대"(신 32:20)이기에, 모세는 이들에 대하여 심판을 선언한다(신 32:21). 이 심판 선고는 로마서 10:19에서 인용되었다.

> 내가 백성 아닌 자를 통하여 너희를 질투하게 하고,
> 미련한 백성으로 너희가 분노하게 할 것이다.

바울은 로마서 11장에 가서 유대인들의 시기조차도 이스라엘을 구원하기 위한 하나님의 계획이기를 바라는 마음을 표명하겠지만(11:11-14, 여기에 나타나는 동사 παραζηλόω는 신명기 32:21의 반향으로 들어야 한다), 일단 로마서 10장에서는 말씀이 그들에게 가까이 있었음에도 불구하고 말씀에 순종하지 않았던 이스라엘의 책임에 대하여 다룬다. 로마서 10:19에서 사용된 신명기 32:21(LXX) 인용구 저변에는 신명기 32:20(LXX)—환용적으로 억압된—에 나타난 이스라엘에 대한 하나님의 심판이 반향으로 남아있다.

> 내가 그들에게서 내 얼굴을 돌리고,
> 그들이 종말에[ἐπ᾽ ἐσχάτων]
> 어떻게 되는지 내가 보일 것이다.
> 왜냐하면 그들은 패역한 세대로,
> 믿음이[πίστις] 없는 자녀이기 때문이다.

제3장

약속의 자녀들

Children of Promise

교회중심적 해석학

우리가 로마서를 통해 살펴본 바와 같이, 바울은 교회—유대인과 이방인이 함께 구성된—를 하나님의 구원의 목적으로 드러내기 위하여 구약을 굴절시켰다. 그런데 돌이켜 생각해보면, 바울의 해석학적 과정을 그렇게만 묘사하는 것은 충분하지 않은 듯하다. 기독론적(christological) 해석이라고 하는 것은 어떠한가? 바울의 구약 해석은 그리스도중심적(christocentric)이라고 표현되곤 한다(헤이스는 기독론적 해석이라는 용어와 그리스도중심적 해석이라는 용어를 교호적으로 사용한다-역주).[1] 이러한 견해에 따르자면, 바울은 구약성경을 예수 그리스도—율법과 선지자에 의하여 오시기로 약속되었으며 "성경에 따라서"(고전 15:3-4) 죽으시고 부활하신—에 대한 암호화된 메시지로 읽고 있는 것이 된다. 따라서 바울이 읽은 것처럼 구약을 읽는 것은 그리스도 안에 있는 이스라엘의 경전의 비밀을 밝히기 위하여 숨겨진 표상들을 해독하려는 것과 같다. 하지만 바울의 해석에 조금 더 주의를 기울인다면, 그리스도중심적 해석이 바울의 지배적인 해석 방식은 아니라는 것을 알 수 있다.

물론 바울이 구약성경에서 기독론적 표상을 발견하고 있는 것은 분명하다. 예컨대, 고린도전서 15:25-27에서 바울은 시편 110:1과 시편 8:6을 그리스도가 하나님의 우편에서 모든 만물을 다스릴 것에 대한 예언으로 읽어낸다. 고린도전서는 이 시편들을 기독론적으로 해석한 가장 초기의 자료로서, 이러한 해석적 관습은 초대 교회에도 널리 영향을 미쳤던 것 같다(참조, 막 12:35-37과 그 평행본문들; 행 2:33-36; 히 1:13, 2:5-9; 엡 1:20-22). 이 고린도전서 본문으로 인해 바울이 기독론적 읽기의 창시자인지, 혹은 이미 존재하고 있었던 전통에 의존하여 해석하고 있는 것인지 알기 어려워졌지만, 아마 후자일 가능성이 크다.

그리스도중심적 해석을 보여주는 또 다른 유명한 예는 갈라디아서 3:16이다. 여기서 바울은 단수 형태로 나타나는 창세기 13:15의 씨 (참조, 창 17:8, 22:18, 24:7)가 그리스도를 가리키는 것이라고 주장했다. 바울의 해석이 다소 이상해 보일지라도, 다윗에게 씨를 주신다는 하나님의 약속이 나타난 사무엘하 7:12-14("내가 네 몸에서 나올 네 씨를 네 뒤에 세우고, 그의 왕국을 세울 것이다. 그가 내 이름을 위하여 집을 건축할 것이고, 나는 그의 보좌와 왕국을 영원히 세울 것이다")를 생각한다면, 이는 수용할 만하다. 사무엘하에 나타난 단수 명사 씨는 집합적 용어가 아니라 다윗의 특정한 왕위 계승자를 가리키는 단어이기에, 씨를 메시아적으로 해석할 수 있는 잠재적 가능성—사해문헌에서 발견되는 메시아 예언 문집들이 보여주는 것처럼[2]—이 발생하게 되고, 여기에서 또 '게제라 샤바'(*gezerah shawah*)를 수단으로 한다면 씨라는 단어가 나타나는 다른 본문들을 메시아적 예언으로 읽을 수 있는 근거가 마련된다.[3] 그리하여 바울은 아브라함의 씨를 하나님이 약속하신 복의 상속자인 메시아(Χριστός)로 해석할 수 있었던 것이다.

로마서 1:2-4에서는 "하나님의 복음"이 다윗의 씨에서 오신 분이자 죽은 자들 가운데서 일어난 하나님의 아들에 대하여 말하는 선지자의 글에 미리 약속되었다고 말하는데, 이는 앞서 언급했던 사무엘하 7:12-14가 고백적 형식으로 반향된 것이다. 따라서 3절의 전치사구 περὶ τοῦ υἱοῦ αὐτοῦ(그의 아들에 관하여)를 1절의 명사 εὐαγγέλιον(복음)와 연결시켜 "복음은 … 그의 아들에 관한 것이다"라고 해석하는 일반적인 주석가들의 견해는 틀렸을 가능성이 크다. 그보다도 "아들에 관한"이라는 전치사구가 바로 앞에 나오는 단어인 γραφαῖς ἁγίαις(2절, 성경)과 연결 되어서 결국, "이 복음은 하나님께서 그의 아들에 관한 성경에 선지자들을 통하여 미리 약속하신 것이라"라고 번역되어야 한다. 바울 이전(pre-Pauline)의 전통이었을[4] 이러한 선언을 로마서의 도입 부분에 위치시킴으로써, 바울은 독자들로 하여금 구약에 대한 그리스도중심적 설명을 기대하도록 한다. 그렇지만 이렇게 인상적인 서론과 로마서에 산재한 인용구들(예, 롬 15:3)이 있음에도 불구하고 로마서는 기독론적 해석을 통하여 전개되지 않는다.

실제로 바울은, 초기 기독교 저자들과는 달리, 메시아의 증거본문에 관심이 적은 편이다. 로마서에서 사용된 구약 본문을 마태복음이나 요한복음의 경우와 비교해보면 현저한 차이를 느낄 수 있다. 마태복음은 예수 이야기에 나오는 특정한 사건이 구약 예언의 성취라는 것을 반복적으로 주장—"이 모든 일이 된 것은 주께서 선지자로 하신 말씀을 이루려 하심이다"와 같은 형식적인 도입구로—한다.[5] 이와 유사하게 요한복음도 그리스도중심적 해석을 과도하게 활용하여 예수를 구약의 온갖 상징, 특히 이스라엘의 예배와 절기의 성취자로 묘사한다(예수는 유월절 양이며, 참 성전이며, 하늘의 떡이다). 이와는 달리 로마서에서는 구약 본문을 가지고 예수 그리스도의 정체를 규명하거나 그에 대하여 신학적인 설명을 부과하지도 않는다.

바울의 저작들이 서신이라는 것을 고려하면 바울이 기독론적 예언 성취에 대하여 큰 관심을 보이지 않은 이유를 알 수 있다. 곧, 바울서신은 기독교 공동체를 향한 목양적인 편지이지 믿지 않는 자들을 위한 변증적인 소고가 아니라는 말이다. 바울은 자신의 독자 공동체인 교회들에게 예수가 구약의 메시아라는 것을 입증할 필요가 없었다. 물론 구약의 메시아적 해석은 바울의 해석적 전제로 기능했겠지만,[6] 바울의 지배적인 해석적 방법이 그리스도중심적이라는 주장은 실질적으로 바울서신에 나타난 많은 증거들이 지지하지 않는다. 바울은 특정 구약 본문을 다룸에 있어서 단순히 기독론적으로 해석하지 않는다.

포괄적이긴 하겠지만 몇 가지 질문들을 생각해보자. 바울은 구약을 읽으면서 어떠한 메시지를 발견하는가? 실제적으로 바울이 구약을 사용하여 드러내려고 했던 특유의 주제는 무엇인가? 바울이 예수가 메시아였다는 것을 증명하기 위하여 구약을 사용한 것이 아니라면 무엇을 위하여 사용하였는가?

바울이 구약성경에서 발견한 것은 다른 무엇보다도 하나님의 백성이 교회를 예표하고 있다는 것이다. (물론 여기서 말하고 있는 교회란 시간이 흘러 형성된 제도적 기관이 아니라 예수 그리스도를 주라 시인하는 백성 공동체를 의미한다.) 바울의 이러한 구약 읽기는 단지 로마서에서만 국한된 것이 아니다. 다른 서신에서도 바울은 믿음의 공동체에 대한 이해를 형성하기 위하여 주로 구약을 사용한다. 아니, 반대로 기독교 공동체—유대인과 이방인으로 구성된—에 대한 바울의 경험이 바울의 구약 해석 방식을 형성했다고 말하는 편이 정확할 것 같다. 환언하자면, 바울의 해석학은 교회중심적(ecclesiocentric) 해석학이라고 말할 수 있겠다.[7]

예를 들어, 갈라디아서 4:21-31에는 우리의 예상을 뛰어넘는 교회중심적 해석학이 나타난다. 갈라디아서 3장에서 아브라함의 씨가 곧 그리스도를 지칭하는 것(3:16)이라는 바울의 해석을 맛본 독자들은, 아브라함, 사라, 하갈의 이야기가 알레고리라는 것을 들었을 때에(4:24a), 자연스레 기독론적 해석을 기대하게 될 것이다. 그러나 바울의 알레고리는 그리스도로 예상되는 이삭—희생 제사로 드려진 아브라함의 씨—과 그리스도를 연결 짓지 않는다.[8] 바울은 이삭을 교회의 예표로 읽어낸다. "형제들아, 이제 우리는[9] 이삭과 같이 약속의 자녀이다"(4:28). 이렇게 "자유한 여자의 자녀"(4:31)인 기독교 공동체는 이삭 예표의 성취, 곧 구약의 진정한 의미를 구현한다. 여기에서 그리스도는 언급조차 되지 않는다.[10] 이러한 현상을 어떻게 받아들여야 하는가? 우리는 이러한 갈라디아서의 알레고리를 예외적인 경우가 아니라, 오히려 바울의 구약성경 접근 방식에 대한 본질적인 측면을 드러낸 것으로 보아야 한다.

계속적으로, 필자는 바울이 구약 본문들을 사용하여 종말론적 공동체를 예표한 경우들을 탐구하려 한다. 우선적으로 교회를 광야 세대의 이스라엘에 모형론적으로 연결하는 두 본문을 고찰할 것이다(고후 8:8-15; 고전 10:1-22). 그 후에 갈라디아서 3:6-14에 나타난 아브라함 이야기를 살펴본 후, 다시 갈라디아서 4:21-31의 알레고리를 더욱 면밀히 관찰하려 한다. 교회중심적 해석을 보여주는 이 본문들로 인하여 우리는 다음과 같은 상당히 중요한 두 가지 신학적 질문을 갖게 될 것이다.

첫째, 바울이 구약을 사용하여 교회와 이스라엘의 관계에 대하여 주장하려는 것은 무엇인가? 만약 바울의 구약 해석학이 교회중심적이라면, 바울은 구약성경이 이스라엘을 묘사하고 있다는 사실을 어떻게 받아들이는가? 이스라엘과 교회가 유기적인 연관성을 가진다고 생각하는가? 아니면, 교회가 이스라엘을 대체하였다고 생각하는가? 우리는 로마서를 살피면서 이스라엘과 교회의 유기적 연관성에 대하여 열렬히 변호하는 바울을 만나보았다. 혹여 이것이 이방 선교에 대한 유대인들의 도전으로 인해 뒤늦게 발전한 사상은 아닌가?[11] 아니면, 처음부터 구약성경에 내포된 약속인가? 여기서 우리는 이 문제에 대한 바울의 명확한 입장뿐 아니라 그의 구약 해석 방법론에 내포된 의미까지도 고려해야 한다. 예를 들자면, 구약을 모형론적으로 해석하더라도 이스라엘의 역사가 가지고 있는 신학적 중요성이 유지되는가? 아니면, 약속/성취의 도식에서 원형이 모형을 무효화하는가?

둘째, 바울의 교회중심적 해석학은 자신의 기독론적 믿음과 어떠한 관계가 있는가? 해석학과 케리그마의 기본 요소들이 서로 충돌하지는 않는가? 아니면, 그들을 조화시킬만한 포괄적인 신학 구조가 있는가?

광야에서의 이스라엘

바울은 구약을 증거본문으로 제시하면서 독자들을 당황시키는 재주가 있다. 어떤 경우에, 구약 인용의 타당성은 바울과 원독자 사이에서 이미 전제되었지만 본문 표면에는 드러나지 않는 신학적 개념에 의존하고 있다. 애가시를 메시아 고난에 대한 예언으로 읽는 관습은 이러한 현상에 대한 좋은 예가 된다(예, 시편 68:10[LXX]를 인용하는 롬 15:3). 하지만 어떤 경우에는 갑작스럽게—겉보기에는 자연스럽게—구약을 가져오곤 하는데, 이때에는 오로지 바울의 직관적인 논리의 도약을 이해한 독자만이 그 인용구의 기능을 이해할 수 있다. 바울은 자신의 구약 사용이 적절하다고 주장하면서, 이를 파악하는 것은 독자들의 몫으로 남겨둔 채, 자세히 서술하지는 않는다. 하지만 (저자가 건너뛴 것을 독자에게 채우도록 요구하며) 단순히 생략하는 것에 그치는 것은 아니다. 바울의 생략은 환용적이다. 곧, 바울이 창조한 인용구는, 전거의 중요한 요소들을 표현하기보다는 억누르는 방식으로, 구약과의 상호공명을 형성하며 의미를 표상해낸다. 이러한 환용 효과의 예로써 고린도후서 8:15에서 인용하고 있는 출애굽기 16:18을 살펴보고자 한다.

"적게 거둔 자도 부족하지 않았다"

고린도후서 8장에서 바울은 고린도교회에 예루살렘교회를 위한 구제 헌금을 요청한다. 물질적으로 풍요로웠던 고린도교인들은 다른 이들의 결핍을 보충하여 빈부의 평형을 이룰 필요가 있었다. 여기에서 바울은 갑자기 자신의 권고에 대한 증거본문으로 출애굽기 16:18을 인용한다. "기록된 것과 같이, '많이 거둔 자도 남지 않았고 적게 거둔 자도 부족하지 않았다'"(고후 8:15). 상호텍스트적 언급("기록된 것과 같이")은 인용문으로 이목을 집중시키면서 그 구절이 해석되기를 기다린다. 출애굽기의 인용은 어떻게 바울의 논증이 명확해 지도록 돕는가?

이 구절과 관련한 비평가들의 해석은 다양하다. 리츠만(Lietzmann)은 바울이 구약의 원래 의미를 살피지 않고 '원문'(*Wortlaut*)의 단어만을 피상적으로 가져왔다고 바울의 구약 사용을 무시하였고,[12] A.T. 한슨(Hanson)은 이 인용구에 과민하게 반응하여 바울이 구약의 비밀스러운 기독론적 모형론을 발견하였다고 주장한다(만나 사건은 "하나님이 은혜로 자신을 주시는 것에 대한 모형"이다).[13] 사실 한슨의 해석은 만나와 그리스도를 동일시하는 요한복음 6장의 색안경으로 끼고서 고린도후서

8:15를 기독론적으로 끼워 맞추려는 시도와 같다. 그러나 대부분의 비평가들은 플러머(Plummer)와 같이 "요점"(bottom-line)을 취하여 해석하는 것에 만족한다. 플러머는 만나 이야기 인용이 막연히 설명하는 바, 곧 하나님이 그의 백성 가운데 평등을 원하신다는 간단한 명제에서 인용의 의미를 찾는다. "그 인용은 일종의 평등사상 그 이상을 설명하는 것은 아니다."[14]

문제는, 플러머가 주목한 것과 같이, 그 만나 이야기 안에서 백성들이 재화를 서로 나누어야 한다는 메시지를 발견할 수 없다는 것이다. 만나 이야기에 나타난 평등은 하나님의 기적적인 분배를 통하여 된 것이다. 따라서 동일한 이야기를 인용하여 바울의 논증과는 전혀 반대되는 것을 주장할 수도 있다. '하나님께서 백성들의 필요를 기적적으로 채워 주시는데 어찌하여 재화를 나누는 것으로 걱정하는가?' 이와 같이 문자에만 귀를 기울이는 바울의 반대자들은 바울의 출애굽기 이야기 인용을 보고서 논리성과 설득력이 결여되어 있다고 반박할 수도 있다. 어떻게 바울은 하나님의 초자연적 은혜의 이야기를 교회 내에서의 나눔에 대한 요청으로 전환시킬 수 있었는가? 결과적으로, 어떤 주석가들은, 바울을 변호하기 위하여, 바울의 출애굽기 인용구와 본래 내러티브 사이의 연결성을 무시할 수밖에 없었다.

그러나 바울의 출애굽기 16:18 사용을 이해하기 위해서는 출애굽기의 본래 내러티브─그 이야기에 대한 해석을 담고 있는 신명기까지도─에 더 많은 주의를 기울여야 한다. 출애굽기 16장에 나타난 만나 이야기는 함축적이지만 확실한 권고를 내포하고 있다. 모세는 백성들에게 하루에 먹을 만큼의 만나만을 거두라고 지시한다. 그러나 백성들은 하룻밤 사이에 그 명령을 어겼다. 알 수 없는 미래를 걱정했던 사람들은 모세의 말을 무시하고 만나를 저장했다. 그 결과 만나에 "벌레가 생기고 냄새가 났으며, 모세는 그들에게 화를 냈다"(출 16:20). 더 나아가 우리는 출애굽기 16:4-5와 16:22-30에서 하루에 필요한 양 그 이상을 거두는 것은 안식일 전날에만 가능하다는 것을 확인할 수 있다. 하나님은 백성들이 안식일을 정확하게 준수할 수 있도록 여섯 째 날에는 두 배의 양을 거두도록 하셨고 하루 만에 썩어야 할 만나는 기적적으로 이틀이나 지속 되었다. 역시나 안식일에 만나를 얻으러 나간 사람들은 아무 것도 발견 하지 못했고 모세의 꾸짖음을 들었다. 따라서 출애굽기에 나타난 이 만 나 이야기는 안식일 준수를 강조하기 위한 대표적인 예화로 볼 수 있다.

신명기 사가는 안식일에 관한 특정한 훈계를 담고 있는 이 이야기 를 일반화시켜, 이스라엘의 광야 경험이 백성들을 시험하기 위한 목적뿐 아니라(참조, 출 16:4) 교육적인 기능도 내포하고 있다는 것을 언급한다 (신 8:2-3).

> 너는 네 주 하나님이 이 사십 년 동안 광야에서 너를 인도하셨던 그 모든 길을 기억하라. 이는 너를 낮추고 시험하셔서, 네가 그분 의 명령을 잘 지키는지 안 지키는지, 네 마음속에 있는 것을 알아 보시려는 것이었다. 너를 낮추고 굶기시다가 네가 알지 못하고 네 조상도 알지 못하던 만나를 먹게 하신 것은, 사람이 빵으로만 사는 것이 아니고 사람이 주의 입에서 나오는 모든 말씀으로 산 다는 것을 너에게 알게 하시려는 것이었다.

이렇게 신명기에 나타난 만나 이야기는, 만나를 하나님의 말씀에 대 한 메타포로 해석하면서, 하나님에 대하여 절대 의존—다른 무엇보다도 율법에 대한 절대적인 순종으로 인정되는—해야 한다는 것을 교훈하고 있다.

바울은 출애굽기 인용문이 말하고 있는 토라 준수의 주제를 묵살하 고, 신명기에 나타난 만나 사건의 해석, 즉 의존의 주제에 의거하여 새로 운 의미를 창출했다. 바울은 출애굽기와 신명기에 깔려있는 언약적 율법 주의(coventantal nomism)를 염두에 두고 출애굽기 16:14-21을 해석한 것이 아니다. 더불어, 만나를 해석함에 있어서 필로(Philo)와 같이 신적 지혜의 표상으로 알레고리화 하지도 않았고, 요한복음과 같이 기독론적

으로 해석하여 "하늘로부터 오는 참 떡"에 대한 모형론적 예표로도 읽지도 않았다.[16]

그 대신 바울은 이 만나 이야기를 경제생활과 관련한 비유(parable)로 읽어낸다. 이 비유에는 하나님을 의지하고 내일을 걱정하지 않는 자들에게 일용할 양식을 주신다는 메시지가 담겨있다. 재화를 비축하는 것은 불필요할뿐더러, 믿는 자에게 완전하고 풍족하게 채워주시는 하나님을 욕되게 하는 것이다(참조, 고린도후서 9:8-12에서는 이 주제를 명확하게 발전시키고 있다). 만나 이야기에는 독자를 향한 직접적인 명령이 나타나지는 않지만, 하나님을 전적으로 의존하는 것이 선한 것이며 재화들을 축적하는 것은 악한 것이라는 가치 체계를 보여준다. 결과적으로 바울은 만나 이야기를 통하여 고린도교회의 물질적 "풍요"(고후 8:14)를 과잉 축적—다른 "성도들의 필요"를 공급해 줄 수 있고 공급해 주어야만 하는—으로 묘사한다(참조, 신명기 8:11-20는 물질적 풍요에 따른 만족의 위험성을 경고한다). 결국 바울은 이미 출애굽기 내러티브에 내포되어 있는 타당한 해석을 두드리고 이끌어내어서 고린도교회의 상황에 적용하고 있는 것이다. 보다 정확하게 말하자면, 바울은 출애굽기 16장을 두드리고 난 후에 독자들이 직접 그 의미를 이끌어내도록 남겨둔 채 펜을 놓는다. 혹여 독자인 우리가 가공되어 포장된 음식만을 찾는다면 우리는 여기에서 요리—함축된 의미를 발견하는—하는 즐거움을 맛볼 수 없을 것이다.

플러머가 제시하는 것과 같은 소극적인 해석들의 문제는 바울의 환용적인 인용에 의해 발생하는 의미 영역들을 모두 수용하지 못한다는 데에 있다. 물론 바울은 출애굽기 16:18을 하나님이 백성들 사이에서 평등을 요구하고 있다는 증거로 사용하고 있다. 그러나 만나 이야기의 함의는 그렇게 단순하게 축소될 수 없다. 바울의 출애굽기 인용구는 단지 재정적 평형의 원리만을 진술하고 있는 것이 아니라, 이방의 고린도교회를 광야의 이스라엘에 암시적으로 비견함으로써 둘 사이의 표현되지 않은 공통점들—침묵의 반향—을 드러내는 역할도 한다. 은혜로 구원을 받은 이스라엘은 광야에서 불평하고 불순종 했다. 이처럼 고린도교회 역시 이스라엘의 경험을 재연(再演) 하고 있다. 다른 곳에서, 바울은 이러한 표상을 발전시켜 교회의 불순종에 대하여 경고한다(참조, 고전 10:1-13). 고린도후서 8:15에 나타난 바울의 날카로운 인용구는 모세나 만나나 이스라엘에 대한 언급조차 없이, 진동시켰을 때에 다른 축에 간섭을 일으키는 소리굽쇠처럼, 모세와 만나와 이스라엘의 이야기를 울려낸다. 표현된 것은 없지만 많은 것들이 드러난다. 이것은 환제(transumption)에 의하여 창조되는 것이다. 바울은 출애굽기를 단 한 문장 인용하면서도 더 이상의 부족함을 느끼지 못하고 펜을 놓는다.

우리가 주를 질투하게 하였는가?

물론 바울의 구약 사용이 항상 그렇게 미묘한 방식으로 나타나는 것은 아니다. 흥미롭게도, 앞서 살핀 본문인 고린도후서 8:15와 관련이 있는 고린도전서 10:1-13의 구약 사용은 8:15의 환용적인 방식과는 대조된다. (실제로 고린도후서 8:15의 인유적인 기법은 고린도전서 10:1-13의 명백한 이스라엘/교회 모형론의 지지를 받는다.)[17] 이 본문에서 바울은 이스라엘의 광야 경험이 바울 당대의 기독교인들(고전 10:11, "종말을 살고 있는 우리를 위하여")을 가르치기 위한 "모형"($\tau \upsilon \pi \iota \kappa \hat{\omega} \varsigma$)이라는 것을 분명하게 언급하면서, 출애굽 사건을 초기 기독교의 경험에 대한 메타포로 읽는다. 바울에 따르면, 이스라엘은 "모세에게 속하여 다 구름과 바다에서 세례를 받았고"(그리스도에게 속하여 물과 성령으로 받는 기독교의 세례에 대한 창조적인 유비),[18] "영적인"($\pi \nu \epsilon \upsilon \mu \alpha \tau \iota \kappa \grave{o} \nu$) 음식과 음료를 먹었다(기독교 성찬에 대한 예표). 그리고 광야에서 이스라엘을 따라 다녔던 "영적인 반석"은 바로 그리스도이다.

고린도전서 10장은 독자들의 행동을 촉구하기 위한 것이다. 이때 바울은 기발한 유비들을 통하여 놀라운 영적 경험에 참여한 하나님의 백성들이 결코 윤리적 책임으로부터 자유하지 않다는 중대한 논점을 형성한다(6-13절). 그러나 이 본문의 수사학적 전략은 고린도후서 8장의 인유적인 것과는 전적으로 다르다. 즉, 우리는 고린도전서 10장에서 홀랜더가 형이상학적 기상(奇想, conceit)에 대하여 언급한바, 일종의 "무모하도록 깊은 표상"을 발견할 수 있다.[19] 바울은 흐릿한 반향들을 흩뿌리기보다는, 독자들을 명백한 표상 안에 푹 담가버린다. 더불어 이러한 명백한 표상들은 나열되면서 그 효과를 더하게 된다. 하지만 이 표상들이 개별적으로 다루어진다면 약간의 "확정적 언사"(assertorial weight: 일종의 문자적 차원의 의미-역주)만을[20] 낳게 될 것이다. 우리는 바울의 메타포를 억압해서는 안 된다. 바울의 메타포를 문자적 차원으로 이해하여서 모세에게 속하여 세례를 받았다는 서술을 모세가 세례증서를 배포한 것으로 읽어서도 안 되며, 그리스도가 반석이라는 진술에서 그리스도가 화성암인지 변성암인지 퇴적암인지를 논해서도 안 된다.

고린도전서 10:1-13에 나타난 표상들은 명백하지만, 그것들이 인용된 구약의 범위는 넓지 않다. 더구나 여기에서 발견되는 유일한 직접 인용구는 고린도전서 10:7에서 사용된 출애굽기 32:6("백성이 앉아서 먹고 마시며 일어서서 뛰놀았다") 한 절뿐이며, 다른 광야 에피소드들은 모두 바울이 요약적으로 제시한 인유이다(여기에서 우리는 바울의 명백한 인용만을 다루는 것이 얼마나 부적절한 일인지 느낄 수 있어야 한다). 바울의 상징적인 세계는 이해하기 매우 쉬운 구약의 이야기를 통하여 표출되기에 독자들은 공동체 내에서 통용되는 미묘한 눈짓만으로도 그 이야기를 상기할 수 있었다.[21]

그렇다면 바울이 이스라엘의 광야 경험을 인유들로 회상하면서 단 하나의 출애굽기 구절을 인용한 이유는 무엇인가? 더구나 6-10절에서 나타나는 불순종의 목록들은 민수기 인유로 보임에도 불구하고 굳이 출애굽기에서 인용구를 선택한 이유는 무엇인가? (민 14:26-35, 25:1-9, 26:62, 21:5-9, 16:41-50을 보라.) 웨인 믹스(Wayne Meeks)는 황금 송아지 사건을 다루고 있는 이 출애굽기 인용구가 고린도전서 10:1-13

에 나타난 "훈계"(homily)의 실제적인 기반("미드라쉬적 기초")이 된다고 주장했다.[22] 이에 따르자면, 고린도전서 10:7에서 백성들이 먹고 마신 것에 대한 언급은 우상숭배에 관한 묘사가 아니라(물론 이는 출애굽기 32장 본문의 직접적인 의미이다) 백성들이 광야에서 먹고 마신 만나와 물에 대한 회고적 인유—반어적으로—가 된다. 따라서 인용구의 첫 번째 문장("백성이 앉아서 먹고 마시며")은 고린도전서 10:1-4에서 상술되며, 인용문의 두 번째 문장("일어서서 뛰놀더라")은 6-10절에서 설명된다고 볼 수 있다. 믹스는 동사 παίζειν(뛰놀다)가 어떻게 6-10절에서 나열된 모든 죄들을 포함할 수 있는지 미드라쉬적으로 설명하려고 노력했지만, 인용구의 첫 번째 문장에 의해 창조된 수사학적 효과에 대하여는 언급하지 않았다.[23] 백성들이 먹고 마셨다는 첫 번째 문장은 광야에서 공급하신 하나님의 은혜를 상기시키고, 이러한 바울의 수사적 장치는, 그럼에도 불구하고, 우상을 숭배하고 있는 백성들의 뻔뻔함을 강조하게 된다.

더불어 바울의 출애굽기 인용은 독자로 하여금 황금 송아지 사건을 떠올리게 함으로써 고린도교회의 현재 딜레마(우상의 제물을 먹을 것인지 아닌지)를 더욱 크고 오래된 이스라엘의 광야 이야기에 연결시키는 역할을 하고 있다. 이러한 메타포적 행위는 고린도교회가 당면한 문제에 대하여 적절한 윤리적 대안을 제시하기 위한—그리고 독자들로 하여금 그 대안을 발견하게 하도록 하는—창조적인 틀을 제시한다. 물론 이 수사학적 전략은 독자들이 이스라엘/교회 메타포의 타당성에 암묵적으로 동의할 때에만 가능하다(이 점에 대해서는 우리가 다시 짧게 다룰 것이다). 바울은 출애굽기 인용구를 통하여 황금 송아지 사건(우상숭배 주제)을 중심으로 이스라엘과 교회 사이의 경험을 복잡한 유비로 엮어가면서 바울의 직관적인 메타포를 형이상학적 기상으로 확장시킨다.

이스라엘/교회에 관한 기상은 고린도전서 10:14-22에 나타난 바울의 직접적인 목회적 권고를 통하여 계속된다.[24] 바울은 14절에서 1-13절의 모형론으로부터 이끌어낸 교훈을 한 마디로 이야기한다. "그러므로 나의 사랑하는 자들아, 우상숭배를 피하여라." 그러나 이 요약적인 권고는 바울이 전개해온 표상의 끝을 의미하는 것이 아니다. 18절에서 바울은 "육신을 따라 난 이스라엘을 보아라"라며 고린도교회로 하여금 이스라엘의 광야 이야기를 다시 상기시킨다. 18b-22a절에 나타난 수사학적 질문과 답변은 현재시제로 나타나 광야 이야기를 일반적으로 적용할 뿐 아니라, 과거 우상숭배자들의 행동을 현재의 경험 위에 투사시킨다. "제물을 먹는 자들은 제단에 참여하는 자들이 아니냐? 그러므로 내가 무엇을 말하느냐? 우상에게 바친 제물은 무엇이며, 또 우상은 무엇이냐? 아니다. 내가 말하노니, 제물로 바치는 것들은 귀신에게 바치는 것이지 하나님께 바치는 것이 아니다." 여기에서 마지막 문장은 모세의 노래 중 신명기 32:17("그들[이스라엘]이 하나님이 아닌 귀신들에게 제사를 드렸으니, 곧 그들이 알지 못했던 신들이었다")을 반향하고 있다. 이와 같이, 바울은 우상에 바친 고기에 대한 고린도교회의 논쟁(19절)과 광야에서의 이스라엘의 우상숭배 이야기를 이중노출(二重露出, double exposure: 이미 촬영했던 필름을 되감아 그 위에 다시 촬영하는 사진 기법-역주) 시킨다.

후대의 많은 기독교인들은 신명기 32:17에 대한 바울의 상호텍스트적 표상을 명확하게 이해하지 못했다. 어떤 필사자들은 고린도전서 10:20의 의미를 명확하게 하기 위하여 τὰ ἔθνη(이방인이)를 주어로 삽입하였는데, 이는 신명기 32:17 인유를 인지하지 못한 결과이다. 이렇게 삽입된 단어는 결국 '공인본문'(Textus Receptus)의 인정을 받았으며, RSV에서도 여전히 "이교도들이(pagans) 제물로 바치는 것들은 귀신에게 바치는 것이지 하나님께 바치는 것이 아니다"라고 번역하고 있다. 그러나 주어를 명시하는 것은 전의의 위트를 가려버린다. 다행히 최근의 헬라어 비평본에서는 고린도후서 10:20에 명시된 주어를 본문에서 제거함으로써 그 문제를 해결하였다.[25]

이와 유사하게, 황금 송아지 사건을 이교적인 우상숭배의 메타포로 이중노출 시키는 사례는 로마서 1:23에도 나타난다("멸망하지 않는 하

나님의 영광을 멸망할 사람과 새와 짐승과 기어다니는 동물의 형상으로
바꾸었다").[26] 여기에서는 시편 106:19-20이 반향된다.

> 그들은 호렙에서 송아지를 만들어
> 부어 만든 형상을 숭배하였다.
> 그들은 하나님의 영광을
> 풀 먹는 소의 형상으로 바꾸었다

이 이중노출은 바울의 논증에서 전략적인 역할을 한다. 바울은, 수
사학적으로, 이스라엘의 우상숭배에 관한 시편의 진술을 빌려와 이방인
들의 영적 무지함을 묘사—그 함의는 로마서 2:1-3:20에 명시된다—한
다.[27] 이렇게 유대인들과 이방인들이 모두 하나님의 보편적인 심판 아
래에 있기 때문에, 이방인들을 심판하는 데에 있어서 유대인들 역시 예
외가 될 수 없다. 둘 사이에 차이가 없기 때문이다. 둘 사이에 차이가 없
기에 로마서 1:23에 나타난 이스라엘의 황금 송아지 이야기는 복음에서
떠난 인류의 상태에 대한 비유가 될 수 있는 것이다.[28]

바울이 사용하는 광야 모티프의 절정은 고린도전서 10:22에 나타
난다. "우리가 주를 질투하게 하려는 것이냐[παραζηλοῦμεν]? 우리가 주
보다 강하냐?" 이것 역시 모세의 노래에 대한 반향인데, 본디 하나님은
다음과 같이 말씀하셨다. "그들이 신이 아닌 것으로 나로 질투하게 했고
[παρεζήλωσάν] 그들의 우상으로 내 진노를 일으켰다"(신 32:21).[29] 이처
럼 바울은, 광야 내러티브를 회고하면서부터 이미 그 이야기에 대한 적
용과 훈계에 해당하는 신명기를 바라보고 있었기 때문에, 신명기 32장
을 취하여 이 논의를 마무리하는 것이다. 여기에서 바울이 인용한 신명
기의 교훈이 특별히 기독교적이었던 것은 아니다. 신명기는 이미 출애굽
사건을 미래 이스라엘의 경험을 위한 전형으로 다루고 있기에(신 5:2-3
참조-역주), 결과적으로 바울의 모형론적 읽기는, 오래 전에 형성된 이
스라엘의 시적-신학적 전승 내에서 보자면, 그렇게 특별한 것은 아니다.

바울이 실제로 신명기 32장의 렌즈를 통하여 고린도전서 10장의 광야 이야기를 사용하였다면,[30] 한 가지 당혹스러웠던 바울의 기상을 더욱 분명하게 설명할 수 있게 된다. 바울은 어떻게 광야의 반석이 그리스도라고 말할 수 있었는가? 신명기 32장 히브리어 본문에서는 하나님을 계속해서 "반석"으로 묘사하지만(4, 15, 18, 30, 31절), 칠십인역은 반석 메타포를 생략—바울에게는 유감스럽겠지만—하고, 반석이라는 단어를 포괄적인(generic) 단어인 θϵος(하나님)로 번역하였다. 바울은 분명히 히브리어 전통을 알고 있었겠지만,[31] 자신의 주장을 지지하기 위하여 히브리어 본문을 알지 못하는 헬라 독자들에게 신명기 32장의 히브리어 본문을 사용할 수 없었다. 고린도교회에게 히브리어 '선본'(Vorlage)과 헬라어 번역본 사이의 차이점을 설명하는 것은 오히려 바울의 논증을 방해할 수 있었다.[32] 좌우간, 반석과 그리스도의 동일시는 삽입된 어구로서 이스라엘/교회 전의를 수식해준다. 결과적으로 바울은 이 창조적인 발상의 근거를 설명하지 않고, 그저 도약할 뿐이다.

그 도약은 흥미로운 환용을 창조한다. 고린도전서 10:4의 전의는 10장 후반부에서 인용된 신명기 32:21의 반향에 의해서만 온전히 이해될 수 있다. 더구나 고린도전서 10:4가 바울의 독자들이 알고 있는 언어로 분명하게 인용되었다 하더라도, 그 반향의 효과는 여전히 들리지 않을 것이다. 그러한 경우에, 바울의 독자들이 반석 이미지의 출처를 찾기 위하여 신명기 32장으로 거슬러 올라갈 수 있을지 의문이다. 좌우간, 반석 반향은 여전히 하위 텍스트(subtext), 곧 히브리어 본문에 매몰되어 있을 것이다.

이스라엘/교회 모형론

고린도전서 10장에 나타난 바울의 교회와 이스라엘의 연결은, 기독교 신학에서 뿐 아니라 서구의 문학 전통에서도, 모형론 연구에 대한 중요한 자료가 된다. 실제로, 모형론이라는 용어는 고린도전서 10장(참조, 롬 5:14)에서 확인할 수 있는 τύποι(모형)와 τυπικῶς(모형적으로)라는 용어—그레코-로만의 수사학의 전문 용어는 아니다[33]—를 근거로 하여 표상적인 해석 방식의 일환인 알레고리로부터 구분되었다. 어떤 학자들은 바울이 수사학적 의미로서의 모형론을 알지 못했다고 추측하고서 고린도전서 10장의 τύποι라는 용어를 "경고"를 의미하는 것으로 주석하였는데, RSV도 실제로 그렇게 번역하고 있다.[34] 그러나 이러한 번역은 바울의 로마서 5:14에 나타나는 τύποι를 설명—여기서 아담이 그리스도의 "경고"를 의미하는 것이 아닌 것은 확실하다—하지 못할 뿐 아니라, 고린도전서 10:1-4에 나타나는 메타포적인 특징 역시 설명하지 못한다. 바울이 고린도전서 10장에서 구약의 이야기들을 가지고 서신의 수신자들에게 경고의 메시지를 전달하고 있기는 하지만, 이는 구약의 이야기들을 단지 교훈적인 예시가 아닌 교회에 대한 예표로 읽을 때에 비로소 가능한 것이다.

그러나 모형론적 해석은 중대한 신학적 난관에 봉착하게 된다. 이스라엘의 이야기가 후대 교회의 경험을 설명하기 위한 메타포라면, 구약 본래의 의미와 주장들은 그대로 묵살되는 것인가? 허버트 막스(Herbert Marks)의 언급에는 이러한 문제가 고스란히 나타난다. "이스라엘은 '모세에게 속하여 세례'를 받았지만 멸망을 피할 수 없었다. 이러한 이스라엘의 이야기는 독자들이 이스라엘의 상황이 예표하는 바를 이해할 때에 비로소 그 가치가 드러난다. … [바울은], '페샤림'(פשרים, pesharim)이나 복음서보다도 더욱 적극적으로, 구약의 사건들이 표상적인 목적을 위하여 기록되었다고 이야기한다." 이와 같이 바울의 모형론은 이스라엘과 구약성경을 폐하는가? 바울의 교회중심적 해석학은—의도적이든 아니든—이스라엘로부터 구약성경을 빼앗는가?

이것들은 모형으로서 나타났다

바울은 고린도전서 10:1에서 고린도교회 사람들을 "형제들"로 호칭하고, 광야 세대의 이스라엘을 "우리의 조상들"로 부르면서 교회-이스라엘 모형론을 소개하기 시작한다.[36] 어떻게 출애굽 한 이스라엘이 이방 고린도교회의 조상이 될 수 있는가? 이 특이한 발상은 고린도전서 10장 도입부가 바울에 의해 삽입된 유대 기독교적 미드라쉬라는 가설을 지지하는 근거로 사용되어 왔다.[37] 이것이 단순히 유대 기독교의 전통에서 온 것이라 하더라도—실제로, 특히 그렇다면—바울이 목회적인 상황에서 유대의 관습을 사용하여 고린도교회를 이스라엘의 자녀로 부르고 있는 것은 수사학적으로 중대한 역할을 하게 된다.

고린도전서 10장의 교회-이스라엘 모형론은, 단지 초기 유대 기독교의 전통을 아무 반성 없이 반영한 것이 아니라, 바울의 어떤 신학적인 확신으로부터 기인한 것이다. 이는 고린도전서 12장에서 확인할 수 있다. "형제들아, 나는 너희가 영적인 은사들에 대하여 알지 못하기를 원하지 않는다. 너희가 아는 대로, 너희가 이방인이었을 때에는[ὅτε ἔθνη ἦτε] 말 못하는 우상들에게 이끌림을 받는 대로 끌려 다녔다"(12:1-2). 여기에서 예상치 않게 사용된 미완료시제(ἦτε)는 고린도교회의 성도들이 과거에는 이방인들로 간주되었지만 이제는 더 이상 그렇지 않다는 것을 보여준다. 이와 같은 논리는 로마서 11:17-24의 접붙임 비유에도 나타난다(이방 기독교인들은 "감람나무[이스라엘]의 풍성함을 함께 받기 위하여" 접붙혀진 가지이다). 물론 이방인이 유대인에게 통합된 것은 유대교가 요구하는 율법 준수 행위가 아니라 믿음의 세례로 가능해졌다.

이방인과 유대인의 통합된 관계는 이방 기독교인들이 믿음으로 말미암아 아브라함의 진정한 자녀가 되었다고 묘사되기도 하며(롬 4장, 갈 3:6-14), 더 나아가 유대인과 이방인 사이의 차별이 그리스도 안에서 폐하여 졌다고 표현되기도 한다(갈 3:28, 고전 12:13; 이에 관한 더욱 명백한 진술은 엡 2:11-22에 나타난다). 하지만 둘 사이의 구별은 이방 교회가 이스라엘의 연속성 위에 존재한다는 식의 주장으로도 없어진다. 그 예로써, 바울은 이방인과 이스라엘로 구성된 교회를 "하나님의 이스라엘"(갈 6:16)이라고 부른다.

그렇다면 교회와 이스라엘을 분리하고 있는 것처럼 보이는 고린도전서 10:18의 Ἰσραὴλ κατὰ σάρκα(육신을 따랐던 이스라엘)라는 바울의 언급은 무엇을 의미하는가? 과거의 육신적인 이스라엘이 현재 새로운 영적 이스라엘로 대체되었다는 것을 함의하고 있는 표현인가? 결코 그럴 수 없다. 고린도전서 10장은 역사적인 이스라엘을 거부하는 식으로 읽혀서는 안 된다. 혹은, 교회가 영을 따르는(κατα πνεῦμα) 이스라엘로서 과거 이스라엘의 우상숭배를 되풀이할 수 없는 존재라는 것을 의미하고 있는가?[38] 그렇다면 교회를 향한 고린도전서 10장의 경고들은 과한 것이다. 오히려 바울은 고린도전서 3:1-4에서 고린도교회가 육신을 따랐다는 것(ἐκκλησία κατὰ σάρκα)을 구체적으로 책망한다. 바울은 교회에 대하여 "새로운 이스라엘"이나 "영적 이스라엘"과 같은 표현을 결코 사용하지 않는다. 언제나 하나의 이스라엘이 존재해왔고, 하나의 이스라엘만이 존재할 것이기 때문이다. 그 하나인 이스라엘 안으로 고린도교회와 같은 이방 기독교인들이 편입되었다.

그렇기 때문에 바울은 이방 고린도교회의 순수성을 지키도록 권고하기 위하여 이스라엘을 향한 명령인 신명기 17:7(LXX)을 직접 가져다가 사용할 수 있는 것이다. "너희는 너희 가운데서 그 악한 자를 쫓아내라"(고전 5:13).[39] 여기에는 "기록된바"와 같은 어떠한 인용 도입구도, "모세가 말한 것처럼"과 같은 직유를 형성하는 어떠한 접속어도 나타나지 않는다. 바울은 "모세가 악한 사람을 내쫓으라고 명령했던 것과 같이,

너희도 그러한 식탁 공동체와 결별하고 교회의 규율을 실천하라"라고 말할 수도 있었겠지만, 그렇게 하지 않았다. 이 구약의 명령은 이방 고린도교회에게 직접적으로 선포된 것이다. 이 명령으로 인해 고린도교회는 자신들이 이스라엘에 속한 자들이고 언약적 고백에 함께 참여한 자들이라는 특별한 인식을 가지게 될 것이다. "우리 하나님 주께서 호렙 산에서 우리와 언약을 세우셨나니. 이 언약은 주께서 우리 조상들과 세우신 것이 아니요, 우리 곧, 오늘 여기 살아 있는 우리와 세우신 것이라"(신 5:2-3). 오직 언약 공동체 안에 서있는 독자들만이 바울의 신명기 17:7 인용의 직접성을 이해할 수 있다. 물론 고린도교회의 독자들은 실제로, 여기에 구약이 인용되었다는 직접적인 표지가 나타나지 않기에, 인용 여부를 간과하고 이것을 단지 바울의 목회적인 명령의 일부로 간주할 수도 있다. 바울의 훈계는 신명기를 전혀 들어본 적이 없는 독자들이나 이스라엘에 속했다는 인식이 없는 독자들에게도 확연히 자연스러운 명령으로 들리기 때문이다. 이러한 경우에, 직접 인용구는 인유적인 전의가 된다. 다시 말해, 인용구의 출처를 인지한 독자들만이 이방 고린도교회를 언약의 자녀로 간주하는 바울의 메타포적 행위에 내포된 신학적 의미를 선명하게 이해하게 될 것이다.

고린도전서 5:13의 명령에 암시된 주장, 곧 교회와 이스라엘이 일치한다는 것은 고린도전서 10:1-22의 교회-이스라엘 모형론에서 명시적으로 드러난다. 고린도전서 10장에서 바울은 과거 이스라엘의 불신을 지적하면서, 현재의 교회는 그것과 같지 않다고 안도하는 것이 아니라, 교회가 이스라엘과 정확히 같은 상황 속에 있음을 경고한다. 이 본문 어디에서도 교회가 광야 세대보다 우월하다든지, 교회가 이스라엘의 위치를 대체한 것이라는 일말의 주장은 나타나지 않는다. 실제로, 그러한 식의 개념들은 모형론이 의도한 바가 아니다.

교회와 이스라엘이 같기 때문에 바울은 출애굽 이야기 안에서 그리스도에 대하여 언급할 수 있는 것이다. 즉, 그리스도가 현재 교회에게 현존하고 있듯이 교회와 동일한 이스라엘에게도 존재했었다면, 고린도교회 역시, 이스라엘이 하나님의 심판에서 제외되지 않았듯 심판의 대상에서 제외되지 않을 것이다. 둘 사이에 차이가 없기 때문에 이스라엘이 광야에서 황금 송아지를 숭배하도록 유혹을 받았던 것처럼, 그렇게 고린도 교회도 이교적인 축제에 참여하는 유혹을 받는다. 그리스도는 이스라엘과 교회에게 모두 존재하기에 이스라엘이든 교회이든 하나님을 시험하는 자는 모두 심판을 받게 될 것이다. 이렇게 바울의 전체적인 출애굽기 독법은 교회-이스라엘 메타포에 근거하고 있는데, 이 메타포는 (신명기 32장에서 촉발된) 반석과 그리스도의 동일시라는 기상으로 확장되면서 이스라엘과 교회 사이의 유사점을 더욱 포괄적으로 형성함으로써 이스라엘/교회 모형론을 통한 훈계를 강화하게 된다.[40]

권면(parenesis)과 창작(poiesis) 사이의 관계가 이와 같다면, 고린도전서 10장에 나타난 바울의 구약 해석학이 그리스도중심적인 것이 아니라는 가설은 분명해진다. 왜냐하면 반석이 그리스도라는 가정에서 시작하여 이스라엘과 교회 사이의 모형론을 이끌어내는 것이 아니라, 오히려 이스라엘/교회의 메타포에서부터 반석과 그리스도의 창의적인 동일시가 발생한 것이기 때문이다.

우리는 이러한 관찰에 주목할 필요가 있다. 왜냐하면 매우 많은 주석가들—문학비평가들과 성경비평학자 모두—이 바울의 구약 사용을 그리스도중심적인 것으로 간주하면서 율법을 폐하는 방향으로 나아갔기 때문이다. 이러한 현상은 에릭 아우어바흐(Eric Auerbach)의 박식한 논문인 "표상"(Figura)에 나타난 모형론 개념에서 확인할 수 있다. 아우어바흐는 바울이 다른 "유대 기독교인들"과 마찬가지로 "구약성경에서 예수에 관한 예표와 증거"를 발견하고 있다는 점에 대해서는 수긍하지만, 바울이 말하는 예표는 유대 기독교인들의 것과는 다르다고 주장했다.

바울이 주장하는 구약의 예표들은 유대 기독교인들의 개념과 확연히 대립한다. … 바울서신에 나타나는 표상적인 해석들은 이방인들을 향한 바울의 선교 과정에서 발생한 것이 대부분이고, 많은 경우는 유대 기독교인들의 공격과 박해에 대한 대답으로 주어진 것이며, 구약성경의 규범적인 특징을 폐하면서 그저 올 것에 대한 그림자로서 의도된 것이 태반이다. 바울의 표상적 해석은 전체적으로 은혜와 율법의 대립 및 믿음과 행위의 대립이라는 바울의 기본 주제에 종속된다. 옛 율법은 폐지되었다. 율법은 그림자이며 τύπος(모형)일 뿐이다.[41]

이렇게 아우어바흐는 바울의 구약성경을 "올 것에 대한 그림자"로 묘사하는데, 이는 사실 바울서신이 아닌 히브리서에서 유래한 것이다. 이러한 이유로 아우어바흐는 히브리서의 저자를 바울로 간주했다(히 10:1)!

실제로, 히브리서의 모형론은 구약 자체의 의미를 그리스도중심적인 것으로 가차 없이 대체시켜버린다. 이하의 예를 살펴보자.

[예수는] 자기를 세우신 이에게 신실하시기를 모세가 하나님의 온 집에서 한 것과 같이 하셨다. 집을 지은 자가 그 집보다 더욱 존귀한 것과 같이, 예수는 모세보다 더욱 영광을 받을 만하셨다.

(히 3:2-3)

그러나 이제 그는 더 뛰어난 직분을 얻으셨으니, 그는 더 좋은 약속 위에 세우신 더 좋은 언약의 중보자이시다. 만일 저 첫 언약이 무흠하였더라면 둘째 것을 요구할 일이 없었을 것이다.

(히 8:6-7)

너희는 말씀하시는 분을 거역하지 않도록 하라. 만일 땅에서 경고하신 자를 거역한 그들[즉, 시내산의 이스라엘]이 피하지 못하였다면, 하물며 하늘로부터 경고하신 이를 배척하면 우리가 어떻게 피할 수 있겠느냐.

(히 12:25)

히브리서의 모형론은 덜한 것에서 더한 것을 추론하는 수사학에 기초하고 있다. 구약 본문이 인용되면서 강화되거나 고조되는 현상은 모형론의 특징으로 간주되곤 한다.[42] 이러한 형태의 모형론에서는 본형(antitype)이 모형(type)보다 더욱 위대하기에, 본형은 "전거"의 작업, 곧 모형을 "성취하면서 폐지시킨다."[43]

하지만 고린도전서 10장에 나타난 바울의 모형론에서는 그러한 개념을 찾아보기 어렵다. 고린도전서에는 기독교의 성찬이 이스라엘이 광야에서 먹고 마셨던 것보다 더욱 영적이고 위대한 것이라는 암시가 없다. 또 이스라엘이 열등하여서 우상숭배에 빠졌고 이로써 하나님의 은혜가 필요하게 되었다는 식의 암시도 없다. 또 고린도교회가 하나님을 그리스도 안에서 알았기에 이스라엘보다도 안전하다거나, 교회가 이스라엘보다 더 큰 은혜를 받았기에 교회가 이스라엘보다 심판을 덜 받는다는 암시도 없다. 이와는 달리 바울의 메타포의 핵심은—또 다시 반복하여 말하자면—이스라엘 및 교회가, 같은 이야기책의 다른 장(chapter)에 등장하고 같은 역사의 흐름 위에서 서로 다른 시기에 있는 순례자일 뿐, 모두 동일한 하나님을 섬기는 동일한 백성이라는 데에 있다.

그러나 이러한 모형론 개념이 바울 시대의 교회와 고대 이스라엘 사이의 모든 구별을 없애는 것은 아니다. 교회와 이스라엘의 구분점은 고린도전서 10:11("그들에게 일어난 이런 일들은 τυπικῶς[전형)가 되고 종말을 만난 우리를 가르치기 위하여 기록되었다")에 나타난다. 출애굽 사건이 "우리를 가르치기 위하여 기록되었다"라는 진술은 바울이 출애굽 이야기를 단지 후대 이스라엘의 삶을 위한 전형—신명기적인 가르침—으로 읽은 것이 아니라는 것을 보여준다. 그렇다면 이 진술은, 막스가 주장하는 바와 같이, 이스라엘의 이야기가 바울의 새로운 구약 해석에 의해 잠식된다는 것을 의미하는가? 그렇다면 바울의 해석학은 결국 이스라엘을 교회로 대체하는 결과를 낳게 될 것이다. 이것은 우리가 앞서 주석적으로 논의한바, 교회와 이스라엘이 근본적으로 동일하다는 주장에 반하는 것이다. 우리는 해석학적 원리에 대한 진술로서 고린도전서 10:11를 어떻게 이해할 수 있는가?

우리는 바울의 해석학적인 명제를 종말론적 관점에서 고찰할 필요가 있다. 바울은 지금 자신이 종말의 때를 살고 있다고 생각한다. 다시 이야기책 비유를 사용하자면, 바울과 교회는 현재 마지막 장(chapter)에 놓여 있다고 말할 수 있겠다. 그 마지막 장의 결말인 재림(parousia)은 불과 몇 쪽 남지 않았다. 마지막 장에 놓인 바울은 결말의 관점에 서서 그 이야기 전체를 읽고, 그럼으로써 앞 장의 등장인물들에게는 감추어 있었던—가장 세심한 독자들조차도 예수 메시아의 십자가와 부활이라는 역전극이 일어나기 전에는 알 수 없었던—이야기의 통일성을 인지하게 된다. 이 놀라운 사건은, 이야기의 전개에 따라서는 절대로 예측할 수 없었지만, 현재에는 최고로 완벽하게 완성되어서 기대하였던 결말을 뒤집고 "모든 이야기"에 대한 '디아노이아'(διάνοια: 한 문학 작품에 내재되어 있는 의의 내지는 사상–역주)를 전환시킨다.[44] 급진적으로 진행되는 이야기의 결말에는 십자가에 달린 메시아라는 역설적인 상황이 연출되면서, 이에 부응하는 역설적인 결과, 곧 이방인들이 그리스도를 믿음으로 이스라엘의 하나님을 경배하게 되는 결과가 제시된다.

그렇지만 결말부에 반전이 일어났다고 해서 출애굽과 같은 앞 장의 사건들이 그 자체로 중요하지 않거나 무의미해 지는 것은 아니다. 이후의 사건들이 기본적인 틀을 제시하여서 앞선 사건들을 해석할 수 있도록 돕는 것이라면, 이는 오히려 앞선 사건들이 그 자체로 더욱 중요한 의미를 지니고 있다는 것을 의미한다. 바울은, 신명기가 진술하고 있는 것과 같이, 광야에서 조상들에게 일어났던 사건들이 후대의 세대들을 가르칠 수 있다는 식으로 주장한다. 이는 후대의 사건들이 앞선 사건들의 의미를 부여한다는 것은 아니다. 앞선 사건은 그 자체로 진정한 은혜를 드러내는 것이기에 미래의 실체를 가리키고 있는 손가락이나 그림자가 아니다. 그러나 이야기 전체가 담고 있는 완전한 신학적 의미는 과거(이스라엘)와 현재(교회)를 함께 이해하는 메타포적인 행위를 통하여 드러난다.

이것은 우리를 문제의 중심으로 데려간다. 모형론은 다른 모든 전의, 곧 창의적인 연결 행위보다 앞에 있다. 만일 한 쪽이 모형론적으로 연결된 다른 한 쪽을 폐한다면, 메타포적 긴장은 사라지고 전의는 붕괴될 것이다. 모형론의 양단이 유지될 수 있어야 이스라엘/교회 모형론은 바울의 목적을 위하여 기능할 수 있다. 교회는 자신의 진정한 정체성을 오직 이스라엘의 신성한 이야기와 관련할 때에 이해할 수 있고, 이스라엘의 신성한 이야기는 오직 이방인들을 구원하기 위한 하나님의 계획과 관련할 때에 교회의 충만한 의미를 드러낸다.[45]

모형론이 전의라면 모형론적 관계는, 바울의 관습이 보여주는 바와 같이, 다양한 양상으로 나타날 수 있다. 고린도전서 10:1-13에 나타난 수사학적 표상을 단순히 모형론으로 분류하는 것은 메타포적으로 연결된 요소들 사이의 관계를 완전하게 정의할 수 없다. 우리는 바울이 모형론으로 무엇을 주장하려고 하는지 물어야 한다. 어떤 모형론은 아담/그리스도 모형론처럼 분명하게 대조적 관계를 형성하고, 어떤 모형론은 이스라엘/교회 모형론처럼 공통적인 관계를 창출한다. 이 다양한 관계는 단지 정도의 차이일 뿐이다. 왜냐하면 모형론들은 서로 다른 실체 사이의 유사성으로부터 발생하는 메타포이기 때문이다. 따라서 가장 대조적인 모형론도 유사점을 가지고 있어야 하고, 가장 유사한 모형론도 대조점을 가지고 있어야 한다. 그렇지 않는다면 표상은 전혀 작동하지 않을 것이다.

두 실체가 모형론적으로 연결 되었을 때 각각의 존재가 가진 의미의 무게는 서로 다르며, 그 중에서도 중심적인 위치를 점하는 것이 있다. 따라서 해석자는 모든 메타포에서 의미론적 전이(semantic transference: 메타포에서 발생하는 현상으로서 의미가 원관념에서 보조관념으로 이동하는 것을 말한다-역주)의 방향을 염두에 두면서 양자의 관계 속에서 어느 사건이 기본적인 전형이 되는지를 살펴야 한다. 예컨대, 여호수아

3-4장에서, 요단강을 건너는 사건의 전형은 출애굽기의 홍해 도하 사건
이다.[46] 이는 고린도전서 10:1-22의 경우와 같이 공통 관계를 형성하는
모형론의 좋은 예가 되는데, 이때 여호수아의 요단강 이야기는 홍해 구
원 사건에 기초하고 있다. 하나님은 우리가 이것을 인지할 수 있도록 여
호수아에게 다음과 같이 말씀하셨다. "오늘부터 시작하여 내가 너를 온
이스라엘의 눈앞에서 위대하게 하여, 내가 모세와 함께 했던 것처럼 너
와 함께 한다는 것을 그들이 알게 할 것이다"(수 3:7). 이렇게 강을 건넘
으로써 하나님이 함께하신다는 것을 드러내는 패턴은 홍해 도하 사건에
서 형성된 것이다. 여호수아는 이 패턴을 재현함으로써 하나님의 영광과
존귀를 드러냈다.

　　이 예시는 고린도전서 10장에 나타난 바울의 전략과는 대조된다.
바울에게 있어서 예수 그리스도는 결단코 새로운 모세가 아니다. 누가
는 예수를 "모세와 같은 선지자"(f. 행 3:17-26)라고 묘사했지만, 바울
은 그리스도를 반석과 동일시함으로써 현저하게 모세-그리스도 모형론
을 피하려 했다. 게다가 바울의 모형론적 상관관계에 있어서 기초가 되
는 전형은 광야 이야기가 아닌 기독교의 구원 경험에 있다. 한스 콘첼만
(Hans Conzelmann)은 고린도전서 10:2에 대하여 말하기를, "[바울의]
사상은 현재의 경험인 세례로부터 구약으로 거슬러 올라가는 것이지, 반
대로 세례가 구약에서 유래한 것은 분명히 아니다."[47] 이것이 바로 바울
의 해석학이 교회중심적으로 불릴 수밖에 없는 이유이다. 다시 말해, 바
울은 구약성경을 자신의 경험, 곧 교회를 세우시는 하나님의 행동에 투
과시킨다. 하나님의 종말론적 구원 목적은 이제 기독교 공동체 안에서
그 충만한 의미를 드러냈다. 결과적으로, 기독교의 성례는 출애굽 기사
를 해석하기 위한 참조점이 된다. 우리가 다루고 있는 고린도전서 10장
의 경우라면, "모세에게 속하여 세례를 받는다"는 어구가 해석의 중심점
이 된다고 볼 수 있다. 그렇기 때문에 다음과 같음 막스의 진술은 정당
화된다. "바울은 구약의 표상을 자신의 시대가 마지막이 되는 극의 흐름
(dramatic sequence) 위에서 구체화시킨다."[48] 그러나 우리는 종말론적인

"극의 흐름"이 이스라엘의 성경을 폐하거나 이스라엘을 교회로 대체시킨다는 막스의 주장에는 동의할 수 없다. 고린도전서 10장에 나타난 바울의 수사학적 전략은, 막스의 생각과는 달리, 기독교 공동체의 경험이란 이스라엘 이야기의 연속성 위에 있는 것이지 결코 그 반대의 입장에 서있는 것이 아니라는―로마서 9-11장의 논지에 정확히 부합하는―확신을 분명하게 전하고 있다.

그들의 이야기는 우리의 이야기를 기록합니다

우리는 여기에서 바울서신과 또 다른 작품―바울의 모형론을 반향하는 훨씬 후대의 기독교 작품―을 비교함으로써 바울 해석학의 교회론적 특징을 다시 한 번 강조할 수 있다. 조지 허버트(George Herbert)의 시, "포도송이"(The Bunch of Grapes)에는 바울이 다루었던 것과 같은 출애굽 메타포가 나타나지만, 바울과는 다른 방식으로 기상을 발전시킨다.[49]

포도송이(The Bunch of Grapes)

기쁨이여, 저는 당신을 가두었지만,
어떤 나쁜 자는 당신을 다시 꺼냈습니다.
그리고 이제 제 생각에는 제가 시작했던 곳,
칠 년 전의 한 분위기와 기분과
한 사고의 흐름이 제 머릿속을 지배합니다.
저는 가나안을 향하여 이끌렸었지만,
저는 지금 수치의 바다인 홍해로 되돌려졌습니다.

옛 유대인들은 하나님의 명령으로 떠났지만,

방랑하며 마을 하나 보지 못했고,
이제 기독교인들은 저마다의 여정을 재어 봅니다.
그들의 이야기는 우리의 이야기를 기록합니다.
단 하나의 행동은 작은 명성입니다.
하나님의 행사는 넓기에 미래의 때를 허락합니다.
하나님의 옛 의는 우리의 죄 위에 넘쳐흐릅니다.

그때에 우리도 불기둥과 구름기둥의 보호를 받았지만,
우리의 구약 이야기는 이슬처럼 사라집니다.
우리에게는 모래와 뱀, 장막과 수의가 있지만,
오! 우리의 투덜거림은 오래가지 않습니다.
그런데 포도송이는 어디에 있습니까?
제 유산의 맛은 어디에 있습니까? 주여, 제가 맛볼 수 있다면,
그들의 슬픔뿐 아니라 기쁨까지도 맛보게 하소서.

하지만 포도주를 가지고 있는 자가 포도를 원할 수 있겠습니까?
저는 이스라엘의 과실, 그 이상의 것을 가지고 있습니다.
주께 복이 있나이다. 노아의 포도원을 무성하게 하시고,
또한 포도를 풍성하게 맺도록 하셨습니다.
하지만 저는 저를 위하여 짓밟히신 분,
율법의 신 포도주를 달콤하게 만드신 분,
하나님 그분을 더욱 경배해야 합니다.

바울의 서신과 허버트의 시는 모두 출애굽 모티프를 시적으로 다루고 있는데 이를 철저히 비교분석하기보다는 세 가지 차이점에 주목하여 살피고자 한다.[50]

첫째, 허버트는 출애굽기 이야기를 개인의 영적 순례에 대한 메타포로 사용한다.[51] 이는 시 전체에 만연하게 드러나는데, 특히 1연의 대명

사 나(I)의 반복에서 분명하게 확인할 수 있다. 이와는 달리 바울이 주로 사용하는 대명사는 1인칭 복수이다. "우리를 가르치기 위하여 … 우리의 모형 … 우리는 주를 시험해서는 안 된다. … 우리가 주를 질투하게 하려는 것이냐?" 이렇게 바울은 출애굽 이야기를, 허버트와는 달리, 개인의 영적 순례가 아닌 교회의 공동체적 경험과 연관시킨다. 이러한 점에서 허버트의 전의는 성경의 이야기를 개인의 영성에 대한 일종의 암호로 해석하는, 필로에서부터 번연(Bunyan)까지의, 전통적인 알레고리와 가깝다고 할 수 있겠다.

둘째, 허버트는 출애굽 이야기를 모형론의 기본적인 전형으로 삼고 있다(특히, 2연과 3연에서: "그들의 이야기는 우리의 이야기를 기록합니다"). 바울은 기독교의 경험을 해석학적 전형으로 삼고서 "모세에게 속하여 세례를 받았다"라고 이스라엘을 묘사하지만, 이와는 달리 허버트는 "그때에 우리도 불기둥과 구름기둥의 보호를 받았습니다"라는 식으로 이스라엘의 경험으로 기독교인들을 해석한다. 이렇게 허버트가 2-3연에서 사용하는 모형론은 "교회중심적"이라기보다는 "이스라엘중심적"이다. 실제로 3연의 후반부에서 시인은 가나안 정탐꾼들의 포도송이를 보았던 이스라엘의 기쁨조차 맛보지 못했다고 불평하기도 한다(민 13:17-24). 이렇게 처음 세 연에서 시인은 기독교의 교회중심적 방식을 반전시켜 이스라엘의 구원을, 새 언약의 영광으로 대체될 일시적인 것이 아닌, 경험하기를 더욱 선망하는 대상으로 묘사한다.

셋째, 하지만 마지막 연에서는 반전에 반전이 거듭된다. 그리스도의 "포도주"를 가진 시인은 갑자기 "저는 그들의 과실, 그 이상의 것을 가지고 있습니다"라고 선언한다. "율법의 신 포도주"가 달콤하게 변하였다는 대체의 논리가 나타나면서, 성찬에 대한 인유가 아닌 기독론적 확신("저는 저를 위하여 짓밟히신 분, 하나님 그분")으로 결론이 맺어진다. 사실, 이 시의 1-3연의 흐름을 따르자면, 마지막 연에서는 성례론적 해석을 강조하면서, 이스라엘의 구원이 아직 성취되지 않았다는 앞 연의 선언에 비추어, 성찬의 예기적인 특징이 가까운 미래에 놓여 있다는 진술이 나오는 것이 자연스럽다. 이러한 해석은 바울의 이스라엘/교회 모형론과 더욱 일치하는 양상을 보이게 될 것이다. 하지만 마지막 연에 가면 성취의 기쁨을 선언하고 있는 요소들이, 간과하기에는, 너무나도 많이 나타난다. 기독교 화자는 "저를 위하여 짓밟히신 분, 하나님 그분"의 "포도주"를 가지고 있다. 이러한 시의 결론부로 인하여, 우리는 이 시를 기독론적으로 해석할 수 있다. 결론의 반전으로 인해, 허버트의 기독론적 상징의 무게는 바울의 반석-그리스도 동일시보다도 더욱 무거워 진다.

필자는 이러한 대조를 통하여 허버트의 훌륭한 작품—기독교의 관습적인 방식과는 달리 출애굽 사건을 해석하고 있는—을 비판하려는 것이 아니라, 바울이 어떠한 해석 방식을 사용하지 않았는지를 부각시키고자 했다. 즉, 바울은 출애굽 사건을 다루며 개인적인 경험에 초점을 두지 않았고, 출애굽 이미지를 기독교의 경험에 대한 메타포적 전형으로 다루지 않았으며(그 반대로 다루었다), 출애굽기 이야기를 기독론적 알레고리로 풀지도 않았다.

바울은 구약을 해석하기 위한 전형으로서 기독교의 경험을 사용하고, 또한 기독교 공동체를 가르치기 위하여 구약을 사용한다. 필연적으로 순환적일 수밖에 없는 이 논리는 이스라엘의 역사 위에 있는 교회—유대인과 이방인이 함께 이스라엘의 하나님을 찬양하는—가 구약의 말씀으로 밝혀진 종말론적 표지이자 약속의 성취라는 바울의 확신에 의하여 권위를 얻게 된다. 그러한 확신에 비추어 구약을 재해석하는 사람들은 누구나 교회중심적 해석학을 시행하고 있는 것이다.

구약성경은 이방인의 복을 예표한다

　　우리는 앞서 이스라엘의 경험이 종말을 만난 "우리를 가르치기 위하여"(고전 10:11) 기록되었다는 바울의 확신을 살피는 것에서 시작하여 기독교의 경험이 구약성경에 예표(prefigure) 되었다는 것과 구약성경이 교회에게 말하고 있을 뿐 아니라 교회에 대해서도 말하고 있다는 것을 살펴보았다. 종말이 바울과 교회에게 도래한 것이라면 과거 이스라엘에 대한 하나님의 모든 행사는—구약이 진술하고 있는 것과 같이—현재의 종말론적 순간을 목적으로 하고 있다고 말할 수 있다. 또한 하나님이 구약의 이야기의 저자라면 그 모든 이야기 내에는 현재 드러난 하나님의 종말론적인 은혜가 전조되고 있다고 볼 수 있다.

　　이렇게 복음이 구약에 이미 예표 되었다는 식의 이해는 갈라디아서—구약 본문을 인유적으로 다루는 것이 아니라(예표는 미묘한 인유로 나타날 수 없다) 직접적으로 다루며 이방인들에 대한 할례 요구에 강력히 반박하는 서신—에 명백하게 나타난다. 이제 갈라디아서의 중심적인 논쟁을 둘러싸고 있는 두 본문(갈 3:1-14와 4:21-31)에 나타난 아브라함 이야기에 주목하면서,[52] 교회에 대한 예표가 구약에 어떻게 드러나고 있는지 관찰하고자 한다.

구약성경은 아브라함에게 먼저 복음을 전했다

　　예수를 믿는 이방인들이 율법을 지킬 필요가 없다는—실제로는, 지키면 안 된다는—갈라디아서의 근본적인 논증은[53] 갈라디아서 3장과 4장의 교회중심적 구약 해석학과 밀접한 관계가 있다. 왜냐하면 바울은 자신의 주장을 지지하기 위하여 구약에 이미 율법을 지키지 않는 하나님의 백성 공동체, 곧 이방인들이 유대인들과 동등하게 평가되는 교회가 선포되었다는 사실을 입증할 필요가 있기 때문이다. 하지만 바울은 단지 그러한 공동체의 존재 가능성을 보여주는 것에 만족하는 것이 아니라, 이 공동체가 하나님의 궁극적인 목적이라는 것을 확고히 하려 하였다.

이것이 바로 바울이 아브라함에게 약속된 복의 예기적인(proleptic) 특징에 주목하는 이유이다. 바울은 다음과 같이 말했다. "성경은 하나님께서 이방인을 믿음으로[ἐκ πίστεως] 의롭다 하실 것을 미리 알고[προϊδοῦσα] 아브라함에게 먼저 복음을 전하기를[προευηγγελίσατο], 네 안에서 '모든 이방인들이 복을 받을 것이다'"(갈 3:8). 이 구절에 나타나는 구약의 예기적인 기능은 갈라디아서 전반에 나타나는 바울의 구약 사용 방식을 조명해 준다. 바울의 갈라디아서 논증을 섬세하게 다루기 위하여, 우리는 먼저 이 본문이 함의하고 있는 세 가지 특징에 주목할 필요가 있다.

첫째, 아브라함에게 미리 선포되었던 복음의 실질적인 내용은 "모든 이방인이"(πάντα τα ἔθνη) 아브라함 안에서 복을 받는다는 것이다. 여기에서 아브라함에게 주어진 계시는, 모세와 이사야가 그리스도를 보고서 그에 대하여 기록했다고 진술하고 있는 요한복음과는 달리(예, 요 5:46, 12:41), 십자가에 못 박히고 부활한 그리스도에 관한 것이 아니다. 그보다도 아브라함에게 미리 선포된 복음의 내용은 복이 모든 이방인들에게 미친다는 것이다. 이방인들이 아브라함의 복에 포함된다는 메시지는, 우선적으로는 갈라디아서가 목회서신으로 직접적으로 기능할 수 있게 도우면서,[54] 또한 창세기 본문이 기독론적으로 무리하게 해석되지 않았다는 것을 암시하고 있다. 바울의 인용구는 사실 두 개의 칠십인역 본문, 곧 창세기 12:3("네 안에서[In you] 땅의 모든 족속이 복을 얻을 것이다")과 창세기 22:18("네 씨 안에서[In your seed] 모든 이방인들[민족들]이 복을 얻을 것이다"[참조, 창 18:18, 26:4)을 자유롭게 융합한 것이다. 하지만 칠십인역의 기초가 되는 히브리어 본문은 "땅의 모든 족속이 너로 인해서[by you] 복을 빌게 될 것이다"라는 것을 말하고 있다. 다시 말하자면, 아브라함이 복 받은 자의 대명사가 되어서 사람들은 서로 "아브라함이 복 받은 것과 같이 우리도 복을 받기를 원하나이다"라고 말하게 될 것이라는 의미이다. 그러나 바울은 도구적인(instrumental)—심지어는 처소적(處所的, locative)—의미가 나타나는 칠십인역의 ἐν σοί를 선택하여, 아브라함과 그의 씨를 통하여/안에서 이방인들이 복을 받게 될 것이라는 의미를 전하였다.[55] 따라서 아브라함에게 미리 선포된 복음은 내용면에 있어서 기독론적이라기보다는 교회론적이다. 이는 약속을 성취하는 방법과 관련하기보다는 약속이 미치는 영역과 관련하기 때문이다. 아브라함에게 미리 선포된 메시지는 메시아에 관한 복음이 아니라 하나님의 백성에 관한 복음이다.

둘째, 아브라함에게 복음을 미리 선포한 중재자는 의인화 된 것으로 보이는(quasi-personified) 구약성경이다. "성경이 복음을 먼저 전하였다"는 표현에 대하여 하나님이 아브라함에게 복음을 미리 선포했다거나,[56] 복음이 구약의 아브라함 이야기에 예시(豫示) 되었다고 풀어 설명할 수 있겠지만, 이는 축소적인 설명이다. 바울은 Γραφή(구약성경)을 살아있고 활동력 있는 것으로 여기기에, 예를 들자면, 성경이 "모든 것을 죄 아래에 가두었다"(3:22)라고 표현할 수도 있었던 것이다. 성경은 목소리를 가지고 말을 하면서 바울과 같은 독자들에게뿐 아니라 아브라함이나 바로와 같은 내러티브 내의 등장인물에게도 말을 건넨다(참조, 롬 9:17).[57] (자세히 말하자면, 바울은 아브라함을 과거의 역사적 인물로 여기기보다는 내러티브에 나오는 등장인물로 여긴다.) 이러한 경우에, γραφή는 추후에 드러날 하나님의 목적을 "미리 알고" 있었기 때문에 아브라함에게 그것을 먼저 전할 수 있다. 또한 구약성경은, 다른 갈라디아서 본문에서, 갈라디아교회 독자들에게 직접 말하고 있는 것처럼 묘사되기도 한다(4:30; 이하의 논의를 보라). 이렇게 시간을 넘나들며 말을 할 수 있는 것은 구약성경의 중대한 특성이다. 구약성경은 과거에서 벗어나 현재의 독자들에게 말할 수 있는 목소리의 힘을—혹은 현재 드러난 사실을 과거에 알릴 수 있는 목소리의 힘을—지니고 있는 것으로 간주된다.

셋째, '성경이 복음을 먼저 전했다'는 것은 교회 안에서 성취된 것에 비추어 회고적으로 이해되어야 한다. 이방인들을 ἐκ πίστεως(믿음으로) 의롭다 하시는 하나님의 신비한 행동이 드러나기 전에는 아브라함에게 선포된 복음의 의미가 모호했다. 동사 προευηγγελίσατο("먼저 복음을 전했다", 혹은 "복음을 미리 선포했다")는 신약성경의 '하팍스 레고메논'(*hapax legomenon*: 성경에 단 한 번 나타나는 단어–역주)이지만,[58] 이는 '쓰다', '약속하다', '선포하다'는 동사 앞에 접두사 προ(앞에, 미리) 를 붙여 이러한 동작들이 하나님의 구원 사건보다 시간적으로 우선한다는 것을 보여주는 바울의 수많은 용례들 중 하나일 뿐이다(예, 롬 1:2, 15:4를 보라. 참조, 롬 4:23–24; 고전 9:9–10에서 ἐγράφη의 용례도 보라). 각각의 경우에 있어서, 시간적으로 우선한 약속이나 선포는 복음의 성취를 통하여 드러나기에 그것들의 진정한 의미는 오직 회고적으로만 이해될 수 있다.

이제, 구약성경이 복을 예기적으로 말하였다는 갈라디아서 3:8을 해석학적 지침으로 가지고서, 앞서 언급한 두 개의 주요한 단락 중 첫 번째 단락이자 아브라함의 이야기가 두드러지게 나타나는 갈라디아서 3:1–14를 살펴보고자 한다.

바울은 갈라디아서 3:1에서 독자들을 향하여 날카로운 수사학적 질문을 던지면서 핵심적인 논의를 시작한다. "오, 어리석은 갈라디아 사람들아, 예수 그리스도께서 십자가에 못 박히신 것이 너희의 눈앞에 드러나[προεγράφη] 있는데 누가 너희를 미혹하였느냐?" 주석가들은 여기에 나타나는 동사 προεγράφη의 προ가 구약에 미리 기록되었음을 의미하는 것이 아니라 문자 그대로 공개적으로 드러난 것—그들이 예수의 십자가 사건을 직접 본 것이 아니라 단지 생생하고 극적인 묘사를 통해서 경험한 것일 것일지라도—내지는, 그것보다 막연하지만, "공개적으로 선포된 것"을[59] 의미한다고 주장해왔다. 이 단어가 어떤 의미로 사용되었든 간에 바울의 발화가 구약에서 인용된 것이 아니라 바울의 본래적인 진술인 것은 분명하다.[60] 바울은 갈라디아서 3:1에서 (그리스도중심적인) 복음의 내용을 넌지시 언급한 후에, 2-5절에서 갈라디아교회가 경험한 것들에 대해 묻기 시작한다. "이것만 물어보겠다"라는[61] 수사적 도입구와 함께 나타나는 성령의 경험에 관한 질의들은 이 경험이 바울의 논지에 결정적인 역할을 하게 된다는 것을 보여준다. 이처럼 갈라디아교회는 의롭게 되는 것이 율법의 행위가 아닌 선포된 말씀으로 된다는 것을 그들이 경험한 성령과 그 능력(3:5)으로 인해 확신하게 될 것이다.

6-9절에서는 아브라함 이야기가 예시로 사용된다. 하지만 아브라함의 이야기를 관찰하기에 앞서 바울이 제시한 증거들의 순서에 의문을 제기할 필요가 있다. 바울의 논증에 있어서 성령을 받은 경험과 구약성경 사이의 관계는 무엇인가? 후자는 단순히 전자를 확증해 주는 것인가? 물론 바울은 그렇게 생각하고 있지만, 더욱 깊은 논증이 필요하다. 바울이 갈라디아서 3:6에서 창세기 15:6을 인용하면서 사용한 접속사 καθώς(마치 ~과 같이)는 갈라디아교회의 경험과 아브라함 이야기 사이에 직접적인 유비를 형성한다.[62] 그런데 구약성경이 아닌 갈라디아교회의 성령을 받은 경험이 해석학적으로 기능하는 것인가? 이 이슈를 폭넓게 말하자면, 성경의 의미가 성령의 경험에 의해 조명되는 것인가? 아니면, 성령의 경험이 성경에 의해 규범적으로 한정되는 것인가? 이것이 바로 바울과 갈라디아서에 나타난 거짓 교사들 사이에 놓여 있는 근본적인 질문이다.[63]

바울은 움츠려들지 않고, 예나 지금이나 신중한 유대인들은 경악하겠지만, 성령을 경험한 사건에 해석학적 우선권을 준다. 그러면서 구약을 부정하기보다는 오히려 설득력있는 언어로 재해석해낸다—재해석의 타당성은 그 메시지가 갈라디아교회의 경험에 얼마나 합치하는지에 의존하고 있다.

바울의 구약 재해석은 갈라디아서 3:6에서 시작한다. 여기에서 바울은 창세기 15:6("아브람이 하나님을 믿으니, 하나님이 이것을 그의 의로 여기셨다")을 인용한다. 곧이어 이 창세기 인용구에 대한 대담한 해석학적 선언이 뒤따른다. "그러므로 너희는 믿음으로 난 자들이[οἱ ἐκ πίστεως], 곧 아브라함의 자손들인 것을 알아라"(3:7). 이는 믿는다는 동사의 가족유사성(family resemblance: 한 범주[가족] 구성원이 가진 속성을 다른 구성원이 공통적으로 가지고 있는 것이 가족유사성인데, 이때 가족유사성을 가지고 있는 구성원들은 동일한 범주[가족]로 간주된다–역주)을 근거로 구약의 등장인물인 아브라함과 바울 당대의 믿음의 공동체를 확고히 연결시킨 것이다. 여기에 나타난 οἱ ἐκ πίστεως(문자적으로는 "믿음으로부터 나온 자들")라는 이상한 표현은 곧이어 3:11에서 인용될 하박국 2:4(ὁ δίκαιος ἐκ πίστεώς μου ζήσεται, "의인은 믿음으로 살 것이다")에 대한 '전주'(前奏, Vorklang)가 된다.[64]

바울은 갈라디아서 3:7을 보충하기 위하여 3:8("네 안에서 모든 이방인들이 복을 받으리라")에서 창세기 12:3과 22:18을 인용한다. (이 두 말씀의 본래 문맥에 주목할 필요가 있다. 창세기 12:3은 하나님이 아브라함을 처음으로 불러 그의 친척과 아비의 집을 떠나라고 명하는 장면의 절정부이고, 창세기 22:18은 아브라함이 하나님께 순종하여 "독자" 이삭을 바치는 이야기의 결론부로 하나님의 자비를 받는 장면이다. 두 개의 결합된 아브라함 내러티브의 양상은 바울이 자신의 동족을 떠나고 하나님이 주신 율법의 희생 제사를 버리는 것과 깊이 상응한다[참조, 빌 3:4–11].) 앞서 살펴본 바와 같이, 이 인용구는 구약성경이 이방인들을 ἐκ πίστεως(믿음으로)로 의롭다 하실 하나님의 계획을 미리 알고서 아브라함에게 예언적으로 선포한 것이다. 바꾸어 말하자면, 아브라함에게 주어진 약속은 믿음으로 의롭게 될 수 있는 현재 이방인들의 상황을 고려할 때에 비로소 바르게 이해할 수 있다. 갈라디아서 3:9에서는 3:8을 부연하면서, "믿음이 있는 아브라함"에게 선언되었던 창세기의 복이 모든 "믿음으로 사는 자들"(유대인뿐 아니라 이방인 역시 포함하여)에게도 주어질 것임을 진술한다.

이방인들이 οἱ ἐκ πίστεως(믿음으로 난 자)에 포함된다는 것은 전적으로 바울의 해석적인 결과이다. 창세기 본문 어느 곳에서도 하나님을 믿는 이방인들이 아브라함을 따라 복을 받을 것이라는 식의 이야기는 나타나지 않는다. 이러한 바울의 해석은, 드러나 있지는 않지만, 할례 없이 이스라엘의 하나님을 믿게 된 이방인들에 의하여 확정적으로 형성된 것이다. 이를 해석학적으로 말하자면 성취가 약속을 앞선다고 할 수 있겠다.[65] 바울은 기독교 공동체 내에서 약속이 성취된 것을 보았기에 구약에 잠재된 의미를 회고적으로 해석할 수 있었다.

그러나 바울의 해석이 구약의 본래 의미를 대체하고 있는 것은 아니다. 바울은 아브라함 약속에 내포된 진리들을 부정하지 않으면서 더욱 큰 내러티브와 통합시켜 구약의 의미를 확증하고 동시에 새로운 의미를 산출시킨다.[66] 실제로 갈라디아서의 수사학적 논증은 부분적으로 아브라함 언약이 시내산 언약보다도 더욱 오래되었다는 거듭된 주장에 의존하고 있다(갈 3:15-18). 바울은 종말론적인 해석학적 관점을 가지고 아브라함 언약이 이스라엘에 대한 하나님의 진리임을 인정하면서 동시에 이전의 모든 세대의 독자들에게는 감추어져 있었던 계시의 새로운 의미를 드러낸다. 이러한 복잡한 상호텍스트적 전략으로 인해 바울은 아브라함 이야기를 기독교 공동체를 위한 메타포로 읽을 수 있었다.

갈라디아서 3:10-12에 나타난 장황한 구약의 사용을 추적한다면 우리는 현재 주목하고 있는 아브라함 이야기에서 벗어나 난감한 주석적 논쟁에 휘말리게 될 것이다. 따라서 당면한 논의를 위하여 여기에서 사용된 신명기 27:26, 하박국 2:4, 레위기 18:15가 믿음과 율법 사이의 대조를 보여주고 있다는 것을 언급하고 넘어가는 것에 만족하려 한다. 13절에는 (3:1 이후로 처음 언급된) 그리스도가 율법의 저주를 받으시고 우리를 율법의 저주로부터 구원했다는 진술이 나타나는데, 이는 14절의 진술과 같이 아브라함에게 약속된 복이 이방인에게까지 미치도록 하기 위함이다. 13절의 저주와 14절의 복의 대립은 창세기 12:3(갈 3:8에서 인용) 및 신명기 27장과 28장(갈 3:10에서 인용)에 나타나는 복과 저주를 반향하고 있다. 실제로, 바울은 갈라디아서 3:8에서 창세기 12:3을 인용하면서 복과 관련된 문장만을 가져오지만, 창세기 인용구의 본래 문맥에 나타나고 있는 복과 저주의 대립(창 12:3a, "너를 축복하는 자에게는 내가 복을 내리고 ·너를 저주하는 자에게는 내가 저주하리니")은 3:9 의 복에 관한 진술에서 3:10의 저주에 관한 진술로의 변화를—창세기 12:3 반향이 없었다면 갑작스러웠을—은연중에 자연스럽게 한다. 갈라 디아서 3:13-14에서 간결하게 제시되고 있는 구원의 논리는 다소 모호 하지만,[67] 14절은 그리스도의 구속의 목적을 "우리가 믿음을 통하여 성 령의 약속을 받게 하기 위하여"라고 요약적으로 제시하면서, 이것이 이 방인에게 주어질 복의 의미라는 것을 분명하게 드러낸다("아브라함의 복이 이방인에게 미치게 하기 위하여, 곧 우리가 믿음을 통하여 성령의 약속을 받게 하기 위하여").

믿음을 통하여 성령을 받게 된다는 이 언급은 갈라디아서 3:2에서 시작된 논의("너희가 율법의 행위를 통하여 성령을 받았느냐? 아니면, 믿음을 통해서 받았느냐?)를 명료하게 맺으면서, 갈라디아교회가 성령 을 받은 것이 이방인에게 미치는 아브라함 약속의 성취라는 것—이전에 는 놓치고 있었던 전제—을 드러낸다. 하지만 회의적인 독자들은 창세기 본문에는 성령에 관한 언급이 전혀 나타나지 않는다고 반박할 수 있다. 사실, 창세기에서 아브라함에게 약속된 것은 별과 같이 무수한 자손 및 가나안 땅에 대한 영원한 소유권이지 성령에 관한 것이 아니다.

이러한 논의의 절정에서 우리는 처음에 던졌던 의문인, '성령에 대 한 경험이 해석학적으로 기능하는가?'에 대한 대답을 발견할 수 있다. 그렇다. 실제로 성령의 경험은 해석학적으로 기능하여서 창세기 본문에 명시된 약속의 내용—땅과 수많은 자손들—을 창세기 내에서는 확인할 수 없었던 새로운 해석으로 완전히 대체시킨다. 이러한 현상은 아브라함 언약과 '잠정적으로'(ex hypothesi) 관련이 있는 기독교 공동체만이 경험 할 수 있는 것이다. 바울의 주장에 명백하게 드러나지 않은 논리는 다음 과 같을 것이다. (a) 구약성경은 이방인들이 아브라함 안에서 복을 받을 것이라는 것을 약속하고 있다. (b) 율법과 관계없이 이스라엘의 하나님 을 믿게 된 이방인 기독교인들—아브라함과 같이—은 성령을 받게 되었 다. (c) 그러므로 구약성경이 약속하고 있는 복은 바로 성령이다.

이것보다 더 급진적으로 교회중심적 해석학을 전개하기는 어려울 것이다. 아브라함의 이야기는 교회를 예표하고 있을 뿐 아니라 아브라함에게 실질적으로 약속된 복의 내용이 성령이라는 것까지도 의미한다.[68] 바울에게 이러한 재해석은 바울에게 너무나도 자명하여서, 바울은 이를 정당화할 필요성을 느끼지 못했다. 혹자들은 아브라함에게 약속된 복의 내용을 정교한 알레고리로 해석하여 가나안 땅과 수많은 자손들 등을 영적인 것에 일대일로 대응하려 했다. (예를 들어, 필로는 아브라함의 자손이 "큰 민족"을 이루게 될 것이라는 하나님의 약속을 "도덕적 원리의 발전"으로 해석하고 "복"을—$\epsilon\dot{v}\lambda o\gamma\epsilon\hat{i}\nu$의 어원을 기발하게 해체하여—"뛰어난 이성"으로 해석한다.)[69] 하지만 바울은 그러한 식으로 해석하지 않았다. 자신의 해석에 대하여 설명하는 것은 바울에게 자기합리화처럼 보였을 것이다. 갈라디아교회가 받은 성령은 해석학적으로 기능하여 아브라함 이야기가 가리키고 있는 비밀한 진리, 곧 종말에 하나님이 이방인들에게 성령을 주실 것이고 그로써 이방인들은 아브라함의 진정한 약속의 자녀라는 것을 알게 될 것임을 드러낸다.[70]

아브라함에게는 두 아들이 있었다

이러한 아브라함 이야기에 대한 재해석을 바탕으로, 바울은 갈라디아서 4:21-31에서 창세기 21장에 나타나는 아브라함의 두 아들에 관한 이야기를 알레고리로 제시한다. 본 장 서두에서 충분히 언급했던 것처럼, 이러한 교회중심적 알레고리는 임의적인 것이 아니라 바울의 구약 해석 내에서 반복적으로 드러나는 주제들을 응축한 표현이다. 실제로 바울은 구약이 본질적으로 교회를 가리키고 있다고 확신하면서 이방인 선교에 걸림돌이 될 수 있는 창세기 21장조차도 완전히 뒤집어 교회중심적 해석학으로 읽어내려 한다.

창세기 21:1-10은, C.K. 바렛(Barrett)이 제안하는 바에 따르자면,

바울의 대적자들이 할례의 필요성을 주장하기 위한 결정적인 근거로 인용되었을 수 있다.[71] 창세기 21:10의 진술과 같이, 유대인을 대표하는 이삭—야곱/이스라엘의 아버지로서의—은 아브라함의 유업을 얻겠지만 이방인의 대표자인 이스마엘은 "유업을 얻을 수 없다". 이와 정확히 동일한 사상이 희년서 16:17-18에 나타난다.

> [아브라함의] 자손들의 모든 씨는 이방인이 되어, 이방인으로 여겨지겠지만, 이삭의 자손에서 나올 자는 거룩한 씨가 될 것이기에 이방인으로 여겨지지 않을 것이다. 그는 지극히 높으신 분의 유업이고 그의 모든 씨는 하나님의 소유이기에, 모든 나라 위에 있는 [하나님의] 백성이자 제사장의 나라와 거룩한 민족이 될 것이다.[72]

"하나님이 명령하신대로"(창 21:4) 난지 팔 일만에 할례를 받은 이삭만이 약속의 정당한 상속자이다. 따라서 갈라디아의 유대 기독교인 교사들은 이방인들을 구원의 수혜자로서 정당화하기 위하여 할례를 요구했을 것이다. 무엇보다도, 이방인들을 대표하는 이스마엘 역시도 열세 살에 할례를 받았다(창 17:25).

만일 바렛의 추측이 옳다면, 우리는 갈라디아서 4:21-31에서 주짓수의 기술을 활용하는 바울을 볼 수 있다. 즉, 바울은 상대의 공격의 방향을 바꿀 뿐 아니라 그것을 자신의 공격 포인트로 전환시킨다. "율법 아래 있기를 원하는 자들아, 내게 말해 보아라. 너희는 율법을 듣지 못하였느냐?"(갈 4:21). 율법을 바르게 읽을 때에 율법 준수를 거부하게 된다는 주장은 너무나도 무모하다. 정상적인 독자라면, 반어의 기색도 보이지 않은 채, 율법을 근거로 하나님과의 언약 관계의 결정적인 표시가 되는 할례의 무용성을 주장하기는 어렵다. 따라서 우리가 바울을 비정상적인 독자—혹은 표리부동한 독자—로 상정하지 않는다면, 바울이 어떤 반어적인 의미를 전달하려 한다고 믿어야 할 것이다.

이러한 바울의 과감함에는 수사학적인 효과가 내포되어 있다. 하늘에서 떨어지는 불로써 제단을 태우기 위하여 제단에 물을 붓는 엘리야와 같이, 바울은 가장 좋지 않은 패를 쥐고 있으면서도 도발적으로 판돈을 올린다. 바울은 자신에게는 적대적인 증거가 될 만한 율법의 핵심이 할례 시행에 있는 것이 아니라 이웃 사랑(agape)에[73] 있다고 주장할 요량으로, 논의의 조건을 뒤집어 구약을 반대로 읽어낸다.[74]

바울은 갈라디아서 4:30에 나타나는 창세기 21:10을 이방인들이 할례를 받을 필요가 없다는 자신의 논지를 위해 미묘하게 기능하도록 반대로 해석했다.[75] 여기에는—본 논의에서 유일하게 직접 인용된 오경 본문—종과 자유자의 대립이 나타나는데 이는 바울이 창세기의 단어를 바꾸어 인용하면서 부각된 것이다. 바울의 인용은, 사소한 차이를 제외하고(예, 바울은 본래 창세기 본문에 나타나는 **여종** 앞에 있는 지시대명사 이[this]를 생략한다), 전체적으로 칠십인역 본문을 반영하고 있지만, 21:10의 마지막 문장에서는 이삭에 대한 칠십인역의 표현을 수정하여 바울 자신이 조직한 알레고리를 지지하기 위한 종/자유자 이분법을 형성한다.

> 이 여종과 그 아들을 내쫓으라.
> 이 여종의 아들이
> 나의 아들 이삭과 함께 유업을 얻지 못할 것이다.
>
> (창 21:10 LXX)

> 여종과 그 아들을 내쫓으라.
> 여종의 아들이
> 자유한 여자의 아들과 함께 유업을 얻지 못할 것이다.
>
> (갈 4:30)

바울은 "나의 아들 이삭"을 "자유한 여자의 아들"로 바꾸어 쓰면서 종/자유자의 대립을 강조하고, 그럼으로써 독자들이 종과 자유자 중 하나를 선택하도록 요구한다(참조, 갈 4:1-11). 종/자유자 대립을 통해 권고하려는 것—창세기에는 함축적으로 나타난—은 갈라디아서 5:1에 명백하게 나타난다. "그리스도께서 우리를 자유롭게 해 주시려고 자유를 주셨으니, 그러므로 굳게 서서 다시는 종의 멍에를 메지 말라"(갈 5:1).

일단 우리가 종/자유자 대립의 목적을 인지한다면, 바울이 어떻게 독자들을 자신이 원하는 결론으로 인도하는지 알 수 있다. 바울은 보통 "기록된바"(γέγραπται)라는 어구를 사용하면서 직접 인용문 가져오는 데, 갈라디아서 4:22에서는 "기록된바"라고 쓰면서 아브라함의 자손을 인유적으로 요약했다. "아브라함에게 두 아들이 있었는데, 하나는 여종[παιδίσκη]에게서 났고, 하나는 자유한 여자[ἐλευθέρα]에게서 났다."[76] 이러한 바울의 요약이 중립적인 진술로 보일지라도 바울은 이미 자신의 새로운 해석을 전개할 범주를 이미 형성했다. 곧, 두 아들은 할례를 받은 자/할례를 받지 않은 자로 구분되는 것이 아니라 그들의 어머니를 표현하는 방식인 종/자유자로 구별된다. 이러한 구분은 바울의 해석적 결과로서 창세기 이야기 내에서는 그렇게 두드러진 구분 방식이 아니다. 창세기(LXX)에서 하갈은 반복적으로 παιδίσκη(여종)로 묘사되지만 사라는 결코 παιδίσκη(자유한 여자)로 불린 적이 없다. 사라를 자유한 여자로 묘사하는 것—바울의 구약 해석에 있어서 결정적인—은 바울 스스로가 창작한 표현이다.

바울은 갈라디아서 4:23에서 이스마엘과 이삭을 이름으로 부르지 않고 여종의 아들/자유한 여자의 아들로 지칭하면서 종/자유자의 대립을 다시 강조한다. "여종에게서 난 자는[ὁ ἐκ τῆς παιδίσκης] 육체를 따라 났고, 자유한 여자에게서 난 자는[ὁ ἐκ τῆς ἐλευθέρας] 약속으로 말미암아 났다." (육체/영의 대조를 기대할만한 곳에서 나타나는 부조화스러운 육체/약속 이분법은 바울의 창세기 이야기 요약—이 창세기에서는 성령에 대한 언급은 나타나지 않지만 자연적으로 탄생한 이스마엘과 약속에 의해 기적으로 탄생한 이삭에 대한 대조가 나타난다—에서 비롯한 것이다. 여기까지는 바울이 창세기 이야기를 단지 요약하고 있는 것이며, 29절에 가서야 바울의 해석, 곧 육체/영에 대한 대조가 나타난다.) 결국 갈라디아서 4:22-23에 나타나는 아브라함의 자녀들에 관한 설명은 이삭-자유자-약속과 이스마엘-종-육체 사이의 대구를 형성하게 된다.

우리는 갈라디아서 4:24에 진술되고 있는바, 사라와 하갈이 알레고리적으로 해석되어야 한다는 바울의 언급 자체에 대해서 놀라서는 안 된다. 희년서에 나타나는 유대교의 관습적인 해석, 곧 이삭과 이스마엘을 유대인과 이방인의 대표자에 대한 상징으로 보고 있는 것도 역시 알레고리이다.[77] (물론 족장 이야기를 더욱 넓은 정경적 맥락에서 읽는다면 희년서의 알레고리에 대한 근거를 발견할 수 있을 것이다. 이와 같이, 새롭고 더욱 포괄적인 구조 안에서 사라와 하갈 이야기를 읽는다면 바울의 해석에 대한 근거를 마련할 수 있을 것이다.) 바울 해석학의 놀라운 점은 두 여자가 두 언약을 가리키고 있다는 주장과 하갈은 시내산으로서 "시내산에서 나와서 종을 낳은 자"라는 주장에 있다. 여기에서 사라와 하갈을 서로 다른 두 언약에 대한 알레고리로 읽는 것은, 유대교의 주석적 관습에는 나타나지 않지만, 사라와 하갈의 아들들이 유대인/이방인의 이분법으로 해석될 수 있다면 그 자체가 불가능한 읽기는 아니다. 그러나 충격적인 것은 하갈-이스마엘-종의 복잡한 상징을 이방인에 연관시키는 것이 아니라 반대로 시내산 및 율법에 연관시켰다는 것이다.

어떠한 유대 사상가가 이러한 발상을 할 수 있을까? 바울에게 있어서, 모세의 율법은 약속된 아브라함의 "씨"가 올 때까지(갈 3:19-25를 보라) 하나님의 백성들을 안전하게 가두어 두기 위한 임시적인 방편이다. 물론 유대교 내에서 아브라함 언약은 특징적으로 시내산 언약과 맞닿아 있기에, 랍비들은 아브라함을 율법 준수의 모델로—농담스러운 시대착오로—묘사하기도 한다.[78] 이러한 오래된 전통은 집회서 44:19-20에 나타난다.

아브라함은 무수한 민족의 위대한 조상이며,
아무도 그 영광을 따를 사람은 없다.
그는 지극히 높으신 분의 율법을 지키고,
그분과 언약을 맺었다.
자기 살에 그 언약의 표시를 세웠고,
시험을 당할 때에도 그는 신실하였다.

하지만 바울은 아브라함과 모세를 반제의 관계로 놓고, 아브라함 언약이 모세 언약보다 우위성을 가진다는 것을 강조했다(갈 3:15-18).[79] 그리하여 하나님의 약속은 명령(율법)의 준수가 아닌 하나님의 선택적 은혜(약속)와 관련하게 된다. "유업이 율법으로 말미암은 것이라면, 그 것은 더 이상 약속으로 말미암은 것이 아니다. 그러나 유업은 하나님께 서 약속을 통하여 아브라함에게 은혜로 주신 것이다"(갈 3:18).

바울은 이러한 획기적인 해석 전략을 가지고, 시내산 언약을 무시한 채, 아브라함 언약을 현존하는 이방 교회들에게 연결시킨다.[80] 후대의 기독교 독자들—히브리서나 "구약"과 "신약"을 대조시키는 기독교 관습에 영향을 받은—은 여기에서 바울의 알레고리의 양극을 오해하는 경향이 있다. 갈라디아서 4:24 대조되고 있는 "두 언약"은 시내산의 옛 언약과 그리스도의 새 언약이 아니다. 대조되고 있는 언약은 바로 옛 언약인 시내산 언약과 더욱 오래된 언약인 아브라함 언약이다(이러한 대조는 그리스도 안에서 구약의 진정한 의미를 발견하기 위하여 구약을 재해석할 때에 비로소 드러난다). 바울의 도식 안에서 이방 기독교인들의 자유와 유산에 대한 권리는 새로운 것이 아니라 이삭, 곧 아브라함 언약 안에 항상 내포되어 있었던 더욱 오래된 진리이다.[81]

반면, 율법을 종에 연관지은 것은 유대교의 상징체계와 관련해서 볼 때에 모욕적이고도 이교적인 것이다. 시내산의 율법은 이스라엘이 애굽의 종에서 벗어나 하나님의 백성이 되었다는 언약을 인치기 위하여 주어진 것이기 때문이다. 그렇다면 바울은 어떻게 여종 하갈을 율법에 대한 알레고리로 해석할 수 있었는가? 갈라디아서 4:25a는 "이제 하갈은 아라비아에 있는 시내산이다"라는 매우 모호한 설명을 통해 수많은 본문 전승들을 발생시키고 주석가들을 끊임없이 난처하게 만들었지만,[82] 사실 이 진술은 율법과 종이 현상학적으로 일치한다는 갈라디아서 4:25b의 노골적인 주장("하갈은 지금의 예루살렘에 해당한다. 그 여자는 자신의 자녀들과 함께 종이다.")에 비하면 아무것도 아니다. 율법과 종의 알레고리적 동일시는 이미 갈라디아서에서 율법과 저주(3:10), 율법과 매임(3:23-24),[83] 율법과 종(4:1-11)에 관한 언급으로 그 토대가 마련된 것이었다.

여기에서 중요한 것은 바울이, 갈라디아서 4:4-7이 주장하고 있는 것과 같이, 성령의 능력으로 자유하게 된 공동체의 경험에 근거하여 율법을 회고적으로 해석한다는 것에 있다.

> 그러나 때가 찼을 때에
> 하나님께서 자기 아들을 보내셔서,
> 여자에게서 나게 하시고,
> 율법 아래 나게 하셨으니,
> 이는 율법 아래에 종으로 있는 자들을 자유롭게 하시고,[84]
> 우리로 아들의 신분을 얻게 하시려는 것이었다.
> 그런데 너희는 아들들이므로,
> 하나님께서 자기 아들의 영을 우리의 마음속에 보내셔서
> "아바 아버지"라 부르게 하셨다.
> 그러므로 너는 더 이상 종이 아니고 아들이다.
> 아들이면 또한 하나님으로 말미암은 상속자이다.

이스마엘로 대표되는 이방인들은 하나님의 은혜로 선택된 것이기에 더 이상 종이 아니다. 바울은 이방 갈라디아교회가 은혜로 성령을 받았다는 이유로 그들을 "이삭과 같은 약속의 자녀"(갈 4:28)이자 아브라

함 약속의 온전히 정당한 상속자로서 "여종의 자녀가 아니라 자유한 여자의 자녀"(갈 4:31)로 당당하게 부른다.

바울은 이방인들이 하나님의 백성이 되는 것의 정당함만을 입증하고 있는 것이 아니라, 창세기 이야기의 예표가 역사적인 발전 과정 속에서는 감추어 있었지만 현재의 이방 교회 안에서 성취되었다는 것을 주장하고 있다. 이러한 이유로 어떤 주석가들은,[85] 바울이 ἀλληγορούμενα(알레고리)라는 단어를 사용했음에도 불구하고, 바울의 해석이 알레고리보다는 모형론으로 분류되어야 한다고 주장한다. 모형론은, 무시간적인 영적 진리를 다루는 알레고리와는 달리, 과거의 표상과 현재 사이의 일치점에 주목한다. 필로는 동일한 이야기를 가지고 지혜(이삭)와 궤변(이스마엘) 사이의 영혼의 선택이라는 알레고리로 해석하였지만,[86] 바울은 역사 속에 나타난 하나님의 특정한 구원 행위 내에서 구약 이야기의 완전한 의미를 발견한다. 하지만 알레고리와 모형론을 구분하는 것이 우리에게는 중요할지 몰라도, 이 본문이 보여주는 바와 같이, 바울 자신은 그 차이를 인지조차 하지 못했을 것이다. 바울이 이삭과 이스마엘의 이야기를 가리켜 "알레고리로 해석되어야 한다"라고 말한 것은 그 이야기를 단순히 표면적으로 읽어서는 안 되며—우리는 이것을 단순한 역사나 허구적인 이야기로 읽어서는 안 된다고 말할지도 모른다—표면 아래에 숨겨진 모종의 의미를 발견할 수 있어야 한다는 것을 의미한다.[87] 이 경우 구약에 숨겨진 의미는 바울이 지금 "형제들"(4:28, 31)이라고 칭하고 있는 공동체—갈라디아교회—의 경험과 관련할 때에 비로소 드러난다. 아브라함과 사라, 하갈, 이삭, 이스마엘과 관한 이야기는 오직 바울이 현재 다루고 있는 목양적·신학적 이슈와 관련할 때에 이해할 수 있는 표상이다.

따라서 구약성경은 반드시 현재의 순간을 위한 것으로 읽혀야 한다. 창세기 21장 이야기에서 "여종과 그 아들을 내쫓으라. 여종의 아들이 자유한 여자의 아들과 함께 유업을 얻지 못할 것이다"(창 21:10)라는 사라의 요청만이 직접 인용되고 있는 것은 결코 우연이 아니다. 이 창세기

21:10(LXX)은 종과 자유자, 아들 됨과 유업 모티프를 풍성하게 이끌어 내면서 독자들의 반응을 촉구하고 있는 갈라디아서 논증의 절정인데, 바울은 이 부분을 인용하면서 그것이 사라의 입에서 나온 말이라는 암시들을 모두 지워버린다. 사라의 2인칭단수 명령법("내쫓으라")은 이제 서신의 독자를 향하는 Γραφή(성경)의 말씀이 된다. 그래서 바울은 "나의 아들 이삭과 함께 유업을 얻지 못할 것이다"라는 창세기의 단어들—바울이 기독론적 알레고리에 흥미가 있었다면 쉽게 그리스도의 독점적인 유업에 대한 발화로 변형할 수 있었을—을 바꾸어 "자유한 여자의 아들과 함께 유업을 얻지 못할 것이다"로 표현한다. 이로써 우리는 더 이상 사라의 요청을 아브라함에게 대한 것으로 읽는 대신[88] 하나님의 작정하신 독자들을 위한 Γραφή—사라의 요구에 대한 반향인 성경—로 읽게 될 것이고, 그럼으로써 이 본문에서 할례를 고집하는 이들을 내쫓으라는 메시지를 발견하게 될 것이다.[89] 이 창세기 이야기의 메시지는 교회와 만나 반응할 때까지 시간과 텍스트 안에 갇혀있었다. 하지만 이제 도래한 ἐκκλησία(교회) 안에서 그 창세기 이야기는 비로소 바르게 읽혀질 수 있게 되었다. 그 이야기의 의미는 교회 안에서 드러나며 교회의 정체성은 그 이야기 안에서 드러난다.

　　바울은 이 교회중심적 읽기를 시행하면서 구약성경과 현재의 경험 사이의 또 다른 공통점을 제시한다. "그러나 그때에 육체를 따라 난 자가 성령을 따라 난 자를 박해한 것같이 지금도 그러하다"(갈 4:29). 갈라디아서는, 바울 자신이 교회를 박해하였던 일을 언급하기 시작하여(갈 1:13, 23) 자신이 할례를 전하지 않는다는 이유로 현재에는 도리어 박해를 받게 되었다는 언급으로 끝나면서(5:11), 유대인들이 기독교인들을 박해하여 왔다는 것을 넌지시 암시한다. 유대교가 기독교를 어떻게, 얼마나 박해하였는지는 역사적으로는 중요한 질문이겠지만, 갈라디아서 내부에는 이에 관한 실질적인 언질이 나타나지 않는다. 갈라디아서의 독자들은 바울이 암시하는 바를 알고 있었을 것이다. 바울은, 율법을 준수하지 않았던 기독교인들이 율법 준수했던 유대인들을 박해했던 것이 아니라 그 반대였다는 사실을 지적함으로써, 이삭-이스마엘 해석을 더욱 설득력 있게 제시할 수도 있었을 것이다. 이때 이스마엘이 이삭을 박해했던 것이라면, 율법 옹호자들의 박해는 약속의 자녀의 행동이 아닌 종의 자녀의 행동에 해당한다는 것을 돕게 될 것이다. (부언하자면, 혹자는 후대에 있었던 끊임없는 기독교의 유대교 박해를 목격한 독자들에게 이 논증의 신학적인 함의가 무엇인지 물을지도 모른다. 현재 시대에 이스마엘은 누구인가?)

　이러한 주장은 설득력 있지만, 한 가지 문제가 있다. 곧, 창세기 본문 어디에도 이스마엘이 이삭을 박해하였다는 진술이 나타나지 않는다는 것이다. 실제로 창세기 21장을 읽는 대부분의 독자들은 오히려 자유한 여자인 사라가 죄 없는 하갈과 이스마엘을 박해하였다고 추측한다. 여기에서 분명한 것은 바울이, 오랜 유대교의 전승을 따라서, 창세기 21:9("사라가 보니, 애굽 여자 하갈이 아브라함에게 낳아 준 아들이 장난쳤다[מצחק, playing; 칠십인역에는 "그의 아들 이삭에게"라는 어구가 추가되어 있다]")을 근거로 사라의 악한 질투를 무죄로 간주했다는 것이다. 후대의 랍비 주석가들은 장난치다(playing)는 단어 하나를 가지고 조롱과 우상숭배, 아동학대, 활로 공격하는 것(참조, 창 21:20)을 포함하는 온갖 종류의 나쁜 행동들을 해석해낸다.[90] 바울이 그러한 전승들을 알고 있었다 하더라도—바울은 이스마엘이 어떻게 이삭을 괴롭혔는지, 혹은 그러한 박해에 관한 언급이 어디에 나타나는지 말하지 않는다—바울이 이스마엘-이삭 박해 모티프를 알레고리적으로 해석한 것은 바울의 구약 해석이 당대 교회의 경험에 의한 것임을 결정적으로 다시 한 번 보여주는 사례가 된다. 곧, 이스마엘을 율법에 대한 알레고리로 설정한 바울은 율법 준수자들이 율법을 전하지 않았던 이방 기독교인들을 박해하였던 사실에 의거하여 구약을 해석했기에 창세기 21장의 이스마엘을 박해자로 해석할 수밖에 없었다. 이와 같이, 교회가 박해를 받은 경험은 구약 이야기의 모호한 요소를 결정짓고, 이것과 순환적이기는 하지만, 결정된 해석과 현재의 경험 사이의 일치는 바울의 해석이 진리라는 증거로 제시된다.

이는 버림받은 여자의 자녀들이 많음이라

필자는 바울의 알레고리의 한 가지 독특한 특징을 아직 다루지 않았다. 바울이 아브라함의 두 아들에 관한 이야기를 다루면서, 창세기 21:10외에, 명백하게 인용하고 있는 다른 본문이 있으니, 곧 갈라디아서 4:27에서 인용된 이사야 54:1가 그것이다.

> 잉태하지 못하고 아이를 낳지 못하는 자여, 기뻐하라.
> 해산의 지통을 겪지 못했던 자여, 큰 소리로 노래하고 외쳐라.
> 이는 버림받은 여자의 자녀들이,
> 남편 있는 여자의 자녀보다 많기 때문이다.

바울이 이 본문을 인용한 이유는 무엇인가? 그리고 이 본문이 어떻게 바울의 알레고리에 부합할 수 있는가?

바울은 이사야 54:1을 칠십인역에서 글자 그대로를 인용하였지만, 그 인용의 적절함은 바로 드러나지 않는다. 이삭을 잉태하기 전의 사라를 묘사하는 듯한 "잉태하지 못하고"라는 표현 외에, 이사야의 예언과 이삭/이스마엘 이야기 사이에는 분명한 연결점은 보이지 않는다. 이사야의 "잉태하지 못하고"라는 표현도 사실 시온을 돈호법(頓呼法, apostrophe)으로 부르고 있는 것이지 사라에 관한 언급은 아니며, 하갈에 관한 언질 역시 나타나지 않는다. 그런데 이사야의 "버림받은 여자"와 "남편 있는 여자" 사이의 대조는 바울의 하갈/사라의 대립적 도식에 이상하게 맞아 떨어지는 것 같다. 어찌됐든 사라는 아브라함의 아내이기 때문이다. 그렇다면 이사야 인용구는 바울의 주장을 위하여 어떻게 기능하고 있는가?

무엇보다도, 이 인용구는 바울이 하갈을 "지금 있는 예루살렘"(갈 4:25)으로 부르고 사라를 "위에 있는 예루살렘"(갈 4:26)으로 부른 이후에 소개된다. 바울은 단순히 "미래의 예루살렘"이 현재의 것에 변증법적으로 대립된다는 것을 의미하고 있는 것이 아니라, 유대교의 묵시 전승에 입각하여 이미 하늘에 존재하는 종말론적인 예루살렘이 지상 위에 내려올 때를 기대하고 있는 듯하다. (신학적으로, 이러한 이미지는 이스라엘의 소망이 인간의 역사적 과정의 결과가 아닌 하나님의 초월적 은혜에 달려있다는 것을 말해준다.) 여기에서 바울이 사용하고 있는 것과 밀접하게 관련된 사상은 요한계시록 21:2에도 나타난다("또 내가 거룩한 성, 새 예루살렘이 하나님께로부터 하늘에서 내려오는 것을 보니, 신부가 남편을 위하여 단장한 것 같았다"). 또한 바울이 하늘의 예루살렘을 "우리의 어머니"(갈 4:26)라고 부른 것은, 다시 말해 바울 자신 및 갈라디아교회가 이미 새 시대에 속하여 구원된 πόλις(도시)로 정의된다는 것을 말한다.

일단 갈라디아서 4:26에서 "우리의 어머니"라는 어구로 기독교 신자들이 종말론적인 예루살렘의 자녀와 알레고리적으로 동일시되었다면, 4:27에서 이사야 54장의 예언을 사용하는 것은 매우 자연스러워진다. 왜냐하면 여기에서 인용된 이사야의 위로가 예루살렘—포로기 이후의—을 향한 것이기 때문이다.[91] 제2이사야에 친숙한 갈라디아서 독자들은, 이사야 54:1에는 예루살렘이 명확하게 언급되고 있지는 않지만, 특히 54:11-14에서 선지자가 위로하고 있는 잉태치 못한/곤고한 여인이 예루살렘 도시 그 자체라는 것과 이사야 51:17(참조, 특히 사 52:1-10에서도)과 같은 더욱 큰 문맥에서도 예루살렘이 다루어지고 있다는 것을 인지할 것이다. 따라서 이사야 54:1 인용구의 의미를 이해하기 위해서는 본래의 구약 문맥을 살펴볼 필요가 있다. 이렇게 구약 본문을 인유적인 방식으로 다루지 않는다면 갈라디아서 4:27을 이해하기는 쉽지 않을 것이다.

어떻게 이사야 54:1 반향이 공중에서 사라지기 전에 널리 퍼지는

가? 갈라디아서에 이사야 선지자의 위로가 들릴 때에, 이에 대한 반응으로 이사야 51:1-3가 화성으로 울리게 된다.

> 구원을 찾고
> 주를 찾는 너희는 내게 귀를 기울여라.
> 너희를 떠낸 바위와
> 너희를 파낸 우묵한 구덩이를 보아라.
> 너희 조상 아브라함과
> 너희[예루살렘]를 낳은 사라를 생각하여 보아라.
> 그가 혼자였을 때 내가 그를 불렀고,
> 내가 그에게 복을 주어 번성하게 하였다.
> 주께서 시온을 위로하실 것이다.
>   (중략)
> 그[시온] 안에 기쁨과 즐거움과
> 감사와 노래 소리가 있을 것이다.

시온에서 들리는 "노래 소리"는 갈라디아서 4:27 및 이사야 54:1에서 언급하고 있는 소리와 같은 소리인가?

이사야 51:2에서 확인할 수 있는 "너희[예루살렘]를 낳은 사라"라는 표현은 이사야에서 창세기의 사라를 언급하고 있는 유일한 어구이다. 이렇게 이사야 51:1-3은 사라를 예루살렘의 어머니로 묘사하고, 아브라함과 사라가 그들의 진정한 부모로서 복을 받아 번성하게 된 것을 상기시키면서 독자들로 하여금 구원을 바라보게 한다. 이렇게 사라를 예루살렘과 연관 짓고 있는 이사야 51:2로 인하여 우리는 이사야 54:1의 "잉태하지 못한 자"(바벨론에 의해 멸망당한 예루살렘에 대한 언급)에서 이삭을 잉태하기 전의 사라의 모습—또한 이어서 나타나는 복에 대한 약속 역시 공통점이다—이 자체적으로 반향되고 있음(internal echo)을 확인할 수 있다. 결과적으로, 사라와 예루살렘 사이의 연결은, 비록 갈라디아서

4장에는 직접 인용되지는 않았지만, 분명히 이사야 51:2를 전제로 한 것이라고 볼 수 있다. 이렇게, 바울의 이사야 54:1 사용은 아브라함과 사라를 종말론적으로 회복될 예루살렘과 메타포적으로 연결시키고 있는 이사야 본문으로 인하여 정당화된다. 하지만 이사야 54:1의 인유적인 효과는 또 다른 방식으로 설명할 때에 더욱 잘 드러난다. 즉, 이사야 54:1 인용구는 이사야서 후반부에서 발견할 수 있는 전체적인 약속을 환용적으로 자아낸다.[92] 그 약속들 중에는, 우리가 본서 제2장의 로마서 논의에서 주목했던 바와 같이, 이스라엘의 종말론적인 복이 "버림받은 여자의 많은 자녀들"에 해당하는—바울의 해석에서—이방인들에게까지 확장될 것이라는 확신이 포함되어 있다.

　물론 바울이 이사야 54:1을 이방의 갈라디아교회에게 선언하고 있는 것은 구약 본문의 본래 의미를 크게 변형시킨 것이다. 이사야 54장의 예언은 본래 예루살렘 성읍이 하나님의 의로우심과 신실하심으로 인해 글자 그대로 회복될 것을 그리고 있다. 바울은 이 예언의 말씀을 알레고리적으로 해석하여 이방인들이 복을 받게 될 것이 구약에 예표 되었고 그 예표가 교회 안에서 실현되었다는 주장에 대한 증거본문으로 사용하는데, 이는 이사야의 본래 의미를 완전히 뒤집고 있는 것이다. 이러한 현상은 로마서 9:25-26에 나타났던 해석학적 전복(顚覆)과 동일하다. 우리는 로마서 9장에서 바울이 이스라엘의 회복에 관한 말씀을 이방인("나의 백성이 아닌 자")을 부르시겠다는 약속으로 뒤집어 읽은 것을 확인한바 있다. 바울은, 두 경우에서 모두, 구약 본문의 본래 의미를 넘어서는 새로운 의미를 발견했다. 만일 하나님께서 백성 아닌 자를 부르시기 위하여 손을 뻗으시는 하나님이시라면, 또한 만일 하나님께서 기대할 수 없는 자에게 아이를 주심으로써 잉태하지 못한 자로 노래하게 하시는 분이라면, 아브라함에게 주어진 약속에 이방인들을 포함시키는 것은 전적으로 구약이 증거하고 있는 하나님의 성품 및 목적에 부합한다. 이사야 54:1의 "많은 자녀들"에 관한 약속은 정확히 하나님의 놀라운 은혜가 나타나는 이방 교회 안에서 실현되었다. 그리하여 바울의 교회중심적 해석학은 율법중심적인 유대 독자들을 당혹스럽게 하는 방식으로, 그리고 구약에서 기독론적인 증거본문을 탐색하는 기독교 독자들을 회피하는 방식으로 구약성경을 재해석해낸다.

　우리가 이러한 바울의 독창적인 해석이 어떻게 가능할 수 있었는지를 묻는다면, 기독론이 바울의 해석을 위한 신학적 전제로 기능하였다는 것을 확인하게 될 것이다. 즉, 기독론은 바울의 교회중심적 재해석을 위한 기초이다. 바울은 갈라디아서 3:16에서 그리스도가 바로 아브라함의 한 "씨"에게 약속된 적법한 상속자라고 주장—본 장의 서론에서 설명했던 이유로—했다. 그렇다면 어떻게 이방 갈라디아교회 또한 약속의 자녀로 간주될 수 있는가? 갈라디아서 3:29에는 이 질문에 대답이 될 만한 진술이 나타난다. "너희가[ὑμεῖς(복수)] 그리스도께 속한 자이면, 아브라함의 자손이요 약속에 의한 상속자이다." 곧, 이방 기독교인들은 세례를 통해 "그리스도로 옷 입었기" 때문에(갈 3:27), 그리스도와 연합하여 그리스도의 운명과 유업에—대신해서—참여하게 된 것이다.

　따라서 갈라디아서 3:29은 결국 바울의 기독론적 확신과 교회중심적 해석학 사이의 관계의 의문을 풀어준다. 갈라디아서는 바울에게서 나타나는 이러한 두 양상이 서로 모순적이라기보다는 상호보완적이라는 것을, 다른 바울서신들보다도, 더욱 분명하게 보여준다. 예수 그리스도가 아브라함의 약속을 상속할 수 있는 유일한 자손이라는 바울의 이해는 바울의 해석학적 전략—이 전략들이 그 자체로 그리스도중심적인 것은 아닐지라도—을 위한 본질적인 신학적 전제이다. 바울은 구약을 해석하여 메시아 예언을 발굴하려고 하지 않았다. 그보다도 바울의 주된 관심사는 교회가 어떻게 구약성경에서 예표 되었는지를 보여주는 데에 있었다. 그래서 바울은 이삭을 그리스도에 대한 표상이 아니라 기독교 공동체에 대한 표상으로 읽는다. 바울은 그리스도 예수 안에서 이방인들이 아브라함의 자손, 곧 하나님의 말씀의 상속자가 되었다는—눈에 띄는 환유적인 전이(metonymic transfer)로—그 이유로, 구약성경을 이방 기독교인들을 위한, 그리고 이방 기독교인들에 대한 말씀으로 다루었다. 그리스도께서 "우리를 위하여 저주받은바 되셔서 … 아브라함의 복이 그리스도 예수님 안에서 이방인에게 미치게 하셨다"(갈 3:13-14)는 기독론적인 근거가 굳건하게 서있기에, 바울은 이스라엘의 성경을 교회에 대한 신비한 예표—이방인들에 대하여 미리 쓰인 이야기—로 읽어낼 수 있는 것이다.

본 장에서 살핀 본문들을 보자면, 바울은 종말이 자신과 교회들에게 임했다는 중심적인 확신에 비추어 구약을 해석한다. 교회는 종말론적인 하나님의 백성으로서, 예수 그리스도를 통하여 하나님의 은혜를 받을 때에 구약의 말씀의 의미를 밝힐 수 있는 살아있는 단서가 된다. 이러한 해석학적 확신은 구약을 새롭게 읽도록 요구하고 우리가 그동안 탐구하였던 교회중심적 해석을 산출하여, 구약에서 "약속의 자녀들"에게 하시는 은혜의 말씀과 교회의 예표들을 발견하게 한다.

제4장
그리스도의 추천서
A Letter from Christ

여기에서 성령은 해석학적으로 기능한다.
—에른스트 케제만(Ernst Käsemann)[1]

문자와 영의 대조는 바울의 해석학과는 무관하다.
—스테픈 웨스터홀름(Stephen Westerholm)[2]

새 언약적 해석학?

빌립보서에서 바울은 과거의 모든 종교적 열심이 "헛된 것"이었다고 고백한다.[3] 과장법을 사용하면서까지 강조하려는 것은 분명하다. "팔일 만에 할례를 받고, 이스라엘 족속이고, 베냐민 지파이고, 히브리인 가운데 히브리인이고, 율법으로는 바리새인"이었던 바울이 열성으로 믿고 따랐던 신념체계를 이제 해로 여기는 것은 "그리스도를 얻고 그 안에서 발견"(빌 3:4-11) 되고자 함이다.

바울은 빌립보서에서 자신의 구약 이해 방식이 변화되었다는 것을 직접적으로 언급하지는 않지만, 이스라엘의 경전을 세심히 해석하고 적용했던 바리새파 유대교를 떠나[4] 예수 그리스도에게로 돌아서면서 구약을 이해하는 방식이 전면적으로 바뀌었음은 틀림이 없다. 바울이 기독교 신앙 안에서 발견한 구약성경의 새로운 역할은 무엇인가?

우리가 앞서 살폈던 바와 같이, 바울의 사상이 이스라엘의 성경이라는 거대한 모체 안에서 형성 되었다면, 그가 명확하고도 일관적인 성경 해석학을 가지고 있는지 묻는 것은 당연한 일이다. 물론, 해석학이라는 용어를 바울에게 적용하는 것은 시대착오적일지라도, 그 질문 자체는 그렇지 않다. 바울은 자신의 메시지가 직접적으로 구약성경에 근거했다는 것을 주장하면서, 동시에 자신의 복음이 과거의 모든 것들을 재평가하게 하는 완전히 새로운 계시라고 주장한다. 이러한 바울의 해석학적 역설은 어느 곳에 나타나는가?

우리는 바울의 교회중심적 해석을 살피면서 도처에 내포된 해석학적 전략을 확인하였다. 더 나아가 구약이 종말론적 공동체에게 말하고 있는 것이라는 바울의 확신을 명백하게 보여주는 로마서 15:4나 고린도전서 10:11과 같은 본문들에도 이미 주목한바 있다. 이러한 본문들은 구약이 교회에게 유익이 된다는 것을 요약적으로 보여주기는 하지만, 구약과 교회 사이의 연속성과 불연속성에 관한 문제—후대의 기독교인들이 신구약의 연속성에 관한 문제로 알고 있는—를 이론적으로 다루지는 않는다. 그렇지만 바울의 서신들 중, 이러한 해석학적 이슈에 관한 바울의 입장을 보여주는 것으로 간주되어 온 결정적인 본문이 하나 있다. 그것은 바로, 옛 언약과 새 언약을 구분 짓는 표지로서 "문자"와 "영"을 대조하고 있는 고린도후서 3:1-4:6이다. 바울서신에 나타난 상호텍스트성을 연구하고자 원한다면 반드시 이 본문에 함의된 해석학적 의미를 이해해야만 한다.[5]

공교롭게도 고린도후서 3장은, 여러 세대의 해석가들이 건드려 왔지만, 당시에 이미 "이해하기 어렵게"(벧후 3:16) 쓴다고 평가된 바울의 불가해한 본문들 중 하나로 남아있다. 고린도후서 3장을 읽을 때면, 오늘날까지도, 우리의 마음에 수건이 덮여있다는 인상을 지우기 어려울 정도다. 본 장의 목적은 이 본문에 명백하게 나타난 상호텍스트적 현상을 통하여 무지하고 가변적인 우리—본문을 왜곡하거나 자의적으로 해석하는—가 모종의 통찰을 얻을 수 있는지를 살피는 데에 있다.

문제의 핵심은 고린도후서 3:6("[하나님께서] 우리를 새 언약의 일꾼으로서 자격이 충분하게 하셨는데, 그것은 문자[γράμμα]로 된 것이 아니라 영으로 된 것이다. 왜냐하면 문자는 죽이는 것이고 영은 살리는 것이기 때문이다")에 있다. 이와 관련하여 우리가 당면한 문제는 다음과 같은 질문으로 간단하게 표현될 수 있다. 새 언약적 일꾼의 자격은 새로운 해석 능력을 동반하는가?

바울은 복음의 선포자로 선택 받았을 때, 구약을 새로운 방식으로 읽게 되었는가? 그동안 우리가 보아왔던 바울의 독창적인 구약 독법들이 이 질문에 대한 결정적인 대답이 될 수 있을 것 같다. 실제로 바울은 고린도후서 3:12-18에서 자신을 "모세의 글을 읽을 때에" 마음이 "수건"으로 덮였던 "이스라엘 자손들"과 계속하여 대비시키면서, 그리스도 안에서 그 수건이 벗겨지면 진리를 분명하게 인식하고 선포할 수 있게 된다는 것을 이야기한다(참조, 4:2). 이러한 수건 이미지는 기독교인으로 거듭날 때에 새로운 해석적 능력이 생긴다는 것을 이야기해준다. 에른스트 케제만(Ernst Käsemann)은 고린도후서 3장에 "신학적 해석학에 대한 접근방식"—"구약 및 모든 일반적인 전승에 대한 비평적 해석을 내포하고 있는"[6)]—이 명확하게 드러나 있다고 보았고, 코흐는 이 본문 안에 "ἐν Χριστῷ(그리스도 안에서) 구약을 이해하는 바울의 기본적인 방식"이[7)] 나타나 있다고 말했다.

고린도후서 3장의 배경에 이러한 주제가 나타나고 있지만, 수많은 주석가들은 고린도후서 3:6에 나타난 문자와 영이 해석학적 원리의 대립을 말하는 것으로 이해되어서는 안 된다고 주장해왔다. 플러머는 간결하게 그 이유를 설명한다. "우리는 영어에서 흔히 나타나는 '문자'와 '영'의 대립 개념을 근거로 하나의 본문이 문자적 의미와 영적/내적 의미를 가지고 있다고 이해해서는 안 된다. 바울은 γράμμα(문자)와 πνεῦμα(영)를 두 개의 다른 권위를 가리키는 것으로 사용한다. 곧, γράμμα는 기호로 기록된 율법을 의미하고 πνεῦμα는 복음을 드러내고 선포하는 성령의 역사를 의미한다."[8)] 하지만 플러머의 논지를 수용하더라도, "복음을 드러내고 선포하는 성령의 역사"인 πνεῦμα에는 율법을 해석하여 복음을 전하였던 사도들의 해석 방식이 포함될 수 있다.

고린도후서 3:6을 해석학적 지침으로 이해하기를 거부하려는 태도는, 어느 정도, 기독교 신학 안에 있는 어떤 전통들에 대한 반발로 기인한 것이다. 적어도 오리겐(Origen) 이후로, 몇몇 기독교인들은 고린도후서 3:6을 근거로 성경의 문자적인 해석을 배제하고 심원한 알레고리적 독법을 선호해왔다.[9)] 그렇게 영적인 해석이 시행되는 곳, 즉 성경의 내러티브가 암호화 된 표상으로 해석되는 곳에는 영지주의의 망령과 자의적인 해석이 도사리고 있다. 이러한 해석적 입장은 고린도후서 3:6에 대한 로버트 그랜트(Robert M. Grant)의 언급에 잘 나타나 있다. "바울은 '문자'라는 단어로 구약의 문자적이고 자구적인 해석을 의미하는 것 같다. … 구약을 이해하는 유일한 방법은 성령의 인도를 받아 마음에서 문자적 율법주의의 수건을 제거하는 것이다. 이 성령은 해석의 자유를 준다. 성령은 문자들의 독재를 몰아낸다. 영은 문자가 아닌 직관에 기초하여 구약의 기독교적 해석을 가능하게 만든다."[10]

고린도후서 3장을 문자-영의 대립 구도로 읽는 것에 반대하는 것은 분명히 정당하다. 바울은 목회적 서신을 쓰고 있지, 해석학적 방법론에 대한 여담을 늘어놓고 있는 것이 아니기 때문이다. 또한 이스라엘 백성들이 알레고리적 수사를 무시했거나 내적/영적인 것보다 외적인 것에 집착했기 때문에 성경의 진의를 이해하지 못한 것이 아니다. 문자의 가치를 잘 알고 있었던 이 서신의 저자는 결코 "문자들의 독재"를 비판하고 있는 것이 아니다. 하지만 이러한 시대착오적인 반론을 제외한다면, 곧 바울이 철학적 이상주의자나 플라톤적인 알레고리(Platonizing allegory)를 따르는 알렉산드리아의 변증가가 아니라면, γράμμα와 πνεῦμα의 구분은 바울에게 어떠한 의미가 있는가? 그리고 바울의 옛 언약과 새 언약의 대조가 덮여 있던 수건이 벗겨진다는 논의로 전환되는 이유는 무엇인가?

이러한 질문들은 고린도후서 본문을 새롭게 읽을 때에 제대로 다루어질 수 있다. 필자는 고린도후서를 주해함에 있어서 이하의 세 가지 요소를 염두에 두고자 한다.

첫째, 고린도후서 3장을 해석학적 원리로 읽든 비해석학적으로 읽든 그 주석적 기초가 타당해야만 한다. 박식한 학자들의 해석이 갈리는 근본 원인은 본문 자체를 다르게 이해하고 있을 가능성이 크다. 바울이 변증법적으로 통일성 있게 이해한 것을 후대의 학자들이 이분법적으로 받아들일 가능성은 충분하다.

둘째, 우리는 바울이 해석한 구약 본문의 의미뿐 아니라 그의 구약 사용 방식에도 주목해야 한다. 고린도후서 본문이 해석학적 원리를 제시하고 있다면, 바울이 주장하는 해석학적 이론이 그 서신에 실례로써 어떻게 나타나고 있는지를 관찰할 수 있다. (물론 이론과 실제가 상이할 수 있다. 그렇다면 우리의 연구는 그 모순을 드러내 줄 것이다.)

마지막은 이상의 두 요소에 의한 필연적 결과이다. 고린도후서 3장에 나타난 구약의 사용은 출애굽기 34:29-35에 관한 미드라쉬에 집중되어 있지만, 미묘하게 드러나는 다른 구약의 반향들에 상당한 주의를 기울일 것이다.[11] 이러한 인유들의 상호작용을 통해 본문에 드러나는 의미론적 효과들을 확인할 수 있을 것이다. 필자의 고린도후서 3장 해석의 목적은 바울이 구약의 표상을 이끌어내고, 변형시키고, 다른 표상들과 융합시키면서 드러내는 메타포를 이해하는 데에 있다.

고린도후서 3:1~4:6 읽기

육신의 마음 판

고린도후서 3:1~4:6에서 바울은 자신의 사도직의 정당성을 변호한다.[12] 고린도교회를 세운 것은 바울이었지만, 그가 고린도를 떠난 이후에 나타난 반대자들은 바울의 자격과 바울이 전한 복음의 내용에 대하여 의심하기 시작했다. 이에 바울은 그들을 가리켜 "우리가 전파하지 않은 다른 예수를 전파"(고후 11:4-5) 하는 "지극히 큰 사도들"이라고 조소했다. 이 대사도들은 유대적 혈통(고후 11:22를 보라)과 지혜와 언변을 내세웠던 것은 분명하다. 고린도후서 3:1-3으로 판단해 볼 때, 우리는 다른 교회—아마도 예루살렘 교회—로부터 추천서를 가져온(고대 사회의 일반적인 관습)[13] 바울의 반대자들이 바울에게 권위를 입증해 보일 만한 증명서를 요구했다는 것을 짐작할 수 있다. 이에 바울은, 마지못해, 자신의 사역과 비방자들의 사역을 대조시키면서 자신을 변호했다.

바울의 대적자들은 고린도전서 3장 전후에서 "하나님의 말씀을 혼잡하게" 하는 "장사꾼"이며(2:17) 숨은 동기를 가지고 교활하게 행하는 자(4:2)라고 어렴풋이 묘사되어 있다.[14] 고린도후서 3장에는 이 반대자들에 대한 언급이 없지만, 3:7-18에 나타나는 바울 자신의 직분과 모세의 직분 사이의 대비는 자신이 직면한 상황에 대한 대답—즉, 이들에게 대한 대답—으로 작용한다(3:7-18).[15]

이러한 바울의 역설적인 반응에 대하여 많은 학자들은, 그 반대자들의 도전의 내용을 소상히 재구성하기 위하여, 고린도후서에 나타난 바울과 반대자들 사이의 행간을 추측하려고 노력했다. 디터 게오르기(Dieter Georgi)는, 그의 독창적인 논문인 "고린도후서에 나타난 바울의 대적자들"(*Opponents of Paul in Second Corinthians*)에서, 이러한 분석 방식을 끝까지—아마 한계를 넘어서까지—고수하면서, 바울의 반대자들이 출애굽기 34장을 자신들의 주장의 근거로 제시하였고 이에 대하여 바울은 고린도후서 3:7-18에서 출애굽기 34장을 비평적으로 해석했다고 주장했다.[16] 그런데 사실 이렇게 바울의 상황을 재구성하려는 시도는 사변적일 수밖에 없다. 근거 자체가 부족하기 때문에, 바울이 자신과 모세를 병치시킨 이유가 바울의 반대자들이 자신들의 사역을 모세의 영광과 동일시했기 때문인지, 아니면 반대로 바울 스스로가 창안한 수사학적 대구인지 확인하기 어렵다. 바울의 대적자들이 주장한 것이 무엇이든 간에, 고린도후서 3장에는 추정적인 외적 자료에 의존하지 않는 그 자체의 메타포적 논리, 곧 상호텍스트적 전의들이 나타난다.[17] 따라서 본 장에서는, 고린도후서에 언급된 간략한 정황들 외에 다른 역사적 상황들을 재구성하지 않고서, 고린도후서 3장의 중심에 있는 구약의 인유들에 주목하여, 바울의 논지 안에서 구약이 어떻게 기능하는지, 그리고 바울이 고린도후서 3장의 결론을 맺으면서 지극히 복잡한 전의들을 어떻게 엮어내고 있는지 살피고자 한다.

바울은 고린도후서 3:1-3에서 애처롭게도 반대자들의 추천서 요청을 거부한다. 이때에 자신의 권위를 무작정 주장하기보다는 추천서(ἐπιστολή συστατική)의 개념을 메타포로 전환하여 자신이 사도적 노고로 맺은 열매인 고린도 공동체로 관심을 돌린다. "너희는 우리의 추천서이니, 우리 마음에 기록 되었고, 모든 이들이 알고 읽고 있다. 너희는 우리에 의하여 전달된 그리스도의 추천서이니, 먹으로가 아니라 오직 살아 계신 하나님의 영으로 기록된 것이며, 또 돌판이 아니라 육신의 마음 판에 기록된 것이다." 고린도에 있는 교회의 존재가 바울의 사도권에 대한 살아있는 증거가 된다는 이러한 주장은 설득력이 있다. 바울의 직분의 정당성에 대하여 의문을 품는 자들은 동시에 그들이 속한 공동체의 존재 기원에 대하여도 의심해야 하기 때문이다.

이러한 추천서-고린도교회 메타포는 또 다른 메타포를 파생시킨다. 일단 살아있는 추천서로서의 고린도교회는 사람의 추천서보다도 낫다. 왜냐하면 추천서로서의 고린도교회는 더욱 높은 권위를 가진 그리스도에게서 비롯한 것이기 때문이다. 바울은 실제로 교회를, 그저 인간의 노력이 아닌, 예수 그리스도의 중재를 통해 도래한 종말론적 공동체로 여기기에, 이러한 메타포는 단지 우연히 형성된 것이 아니다. 고린도교회가 추천서이고 그리스도가 추천자라면 바울은 무엇을 표상하게 되는가? 고린도후서 3:3에 따르면, 바울은 단지 그리스도의 추천을 받은 사람일 뿐 아니라 그 추천서의 전달자이다. (이는 추천서가 "우리[18] 마음에 기록 되었다"라는 바울의 다소 이상한 표현을 이해할 수 있는 근거가 된다. 즉, 바울의 마음과 생각에는 늘 고린도교회가 있기에 고린도교회가 요구하는 증명서를 늘 지니고 다니는 것과 같다. 따라서 "우리 마음에 기록됐다"는 묘사는 고린도교회를 향한 바울의 사랑을 나타내면서 동시에 바울이 자신의 직분의 정당성을 입증해 줄 추천서를 가지고 있다는 것을 중의적으로 의미하고 있기에 다소 모호하게 느껴질 수 있다.) 물론 피추천자가 자신의 추천서를 가지고 다니는 것이 당시의 일반적인 관습이었을 것이기에, 바울은 자신을 피추천자로 묘사하면서 동시에 추천서 전달자 메타포를 사용할 수 있었다(고후 3:3, "너희는 우리에 의하여 전달된 그리스도의 추천서이니"-역주). 하지만 일반적인 해석은 아니지만 고린도후서 3:3에서 추천서를 묘사하는 분사인 διακονηθεῖσα(전달된)를 "우리의 섬김으로 인하여"라고 문자적으로 번역할 수도 있다(한글개역성경에서는 "너희는 우리로 말미암아 나타난 그리스도의 편지니"라고 번역하고 있다-역주). 그렇다면 이 동사는 추후에 나타나는 영/의의 직분(διακονία; 3:8-9)과 새 언약의 일꾼(διάκονος; 3:6)에 대한 논의를 예비하게 된다. 따라서 3절의 διακονέω는 메타포적이면서 동시에 문자적으로 기능한다. 곧, 이 단어는 배달부의 편지 배달을 보여주면서 동시에 바울의 섬김을 상기시킨다.

바울의 재치있는 "추천서" 모티프는 표면적으로는 고린도교회가 요청한 추천서에 대한 즉각적인 대답으로 보이지만, 일련의 구약 반향들을 이끌어낸다는 데에 그 의의가 있다. 이 반향들을 포착한 독자들은 구약의 이야기로 시선을 돌리게 될 것이다. 모세와 예레미야와 에스겔을 통하여 고린도후서 본문을 읽을 때에 비로소 "그리스도의 추천서" 메타포의 진정한 가치가 드러나게 될 것이다.

첫째로 살펴볼 구약의 반향은 고린도교회가 "우리의 마음에 기록된"(2절) 추천서로 묘사되는 대목에서 발견된다. 여기에서 마음에 기록되었다는 표현은 예레미야 38:33(LXX, 31:33 MT, "내가 나의 법을 그들의 속에 두며 그들의 마음에 기록할 것이다")에[19] 나타난 "새 언약"을 상기시킨다. 바울이 가리키고 있는 것은, 예레미야가 말하는 하나님의 법이 아닌, 추천서이기에 바로 다음 절에(6절) 예레미야의 독특한 모티프인 새 언약 모티프가 직접 언급되지 않았다면 이 반향은 곁가지로 치부될 수도 있었을 것이다.[20] 하지만 이러한 상호텍스트적 연결을 확실히 인지한 독자들은 바울이 말하는 그리스도의 추천서와 예레미야의 새 언약 사이의 관계를 살피게 될 것이다. 양자 사이에 발견되는 상관관계는 분명하다. 양쪽 모두 하나님이 마음에 기록하신다. 또한 양쪽에서 모두 새로운 백성—삶으로 하나님의 은혜를 가시적으로 보여주는—이 언급된다(참조, 렘 38:33c[31:33c MT], "나는 그들의 하나님이 되고 그들은 내 백성이 될 것이다").

여기에서 바울은 아직 새 언약과 옛 언약을 대조하지는 않는다. 그보다도 바울은 예레미야와 고린도후서에 공통적으로 나타나는바, 백성의 마음에 기록하시는 하나님의 행동에 주목한다. 고린도후서 3:3의

"먹으로가 아니라 오직 살아 계신 하나님의 영으로 기록된 것이다"라는 어구는 하나님을 언약의 기록자로 묘사하고 있는 또 다른 구약 본문의 반향으로 보인다(출애굽기 31:18[참조, 신 9:10-11]은 모세에게 주어진 언약의 돌판을 "하나님의 손가락으로 기록된 것"[γεγραμμένας τῷ δακτύλῳ τοῦ θεοῦ]으로 묘사하고 있다).[21] 이 출애굽기 반향은 새 언약을 모세 언약과 동일시하고 있는 것처럼 보이지만—두 언약 사이의 상호관계는 예레미야서의 새 언약 모티프에 분명하게 나타난다[22]—고린도후서 3:3의 마지막 어구("돌판에[ἐν πλαξὶν λιθίναις] 쓴 것이 아니라 육신의 마음 판에[ἐν πλαξὶν καρδίαις σαρκίναις] 쓴 것이다")는 이를 지지하지 않는다. 고린도후서 3:3에서 보이는 돌과 육신 사이의 부정적인 대비는 에스겔 36:26("또 내가 너희에게 새 마음[καρδίαν καινὴν]을 주고 너희 가운데에 새 영[πνεῦμα καινὸν]을 줄 것이니, 내가 너희 육신으로부터 돌의 마음을[τὴν καρδίαν τὴν λιθίνην] 없애고 너희에게 육신의 마음을[καρδίαν σαρκίνην] 줄 것이다")에 대한 반향이다. RSV는 고린도후서 3:3을 "돌판이 아니라 인간의 마음 판에"라고 의역했지만, 안타깝게도 이러한 번역은 에스겔 인유를 억압한다. KJV에는 "육신의"라는 형용사가 나타나기에 표면적으로는 그 인유를 발견할 수 있겠지만, καρδίαις(마음)가 아닌 πλαξὶν(판)을 수식하는 것으로 읽어, "마음의 육신의 판"이라고 번역했다.

　　이러한 출애굽기와 에스겔 반향은 고린도후서 3:1-3에서 모세 언약과 새 언약 사이의 불협화음을 은연중에 암시한다. 새 언약에 관한 바울의 인유는 예레미야 38:33(LXX, 하나님이 마음에 기록하실 것이다)과 에스겔 36:26(육신의 마음이 돌의 마음을 대체한다)의 이미지가 융합된 것인데, 특히 에스겔 본문은, 비록 인유적으로 제시되었지만, 옛 언약과 새 언약의 대조에 핵심적인 역할을 한다. 왜냐하면 에스겔은 돌의 마음을 부정적으로 해석하고 있기에, 일전에 시내산에서 기록되었던 돌판을 부정적으로 보는 바울의 과감한 해석에 개연성을 부여해주는 상호텍스트적 근거가 될 수 있기 때문이다. 바울은 에스겔의 표현인 돌의 마음을 언급하지 않고 출애굽기와 신명기에서 율법의 판을 묘사했던 바로 그 어구($\pi\lambda\acute{\alpha}\kappa\alpha\varsigma$ $\lambda\iota\theta\acute{\iota}\nu\alpha\varsigma$[돌판])를 사용함으로써 옛 언약과 새 언약을 대립시키고자 했다. 돌판과 육신의 마음판의 대립 구도는 옛 언약과 새 언약의 특징을 대조하는 급진적인 주장을 내다보고 있다. 요하자면, 바울의 상호텍스트적 전의는 새 언약의 육화(肉化, incarnation)가 돌판을 능가한다는 것을 암시한다.

필자는 육화라는 단어로 하나님의 아들이 인간이 된 성육신 (Incarnation-역주)을 의미하는 것이 아니라 고린도에 있는 바울의 형제·자매 공동체 안에서 예수 그리스도의 메시지가 화육(化肉, enfleshment) 되는 것을 의미한다.[23] 바울에 의하면, 그 육신적인 공동체는 모든 사람이 알고 있으며 읽고 있는 그리스도의 추천서이다(2절). 예레미야와 에스겔에 나타난 하나님의 구원 목적은 하나님의 영을 가진 백성(겔 36:27, "내가 내 영을 너희 가운데에 둘 것이다")을 창조한다는 데에 있는데, 그 새로운 백성들은 더 이상 "주를 알라"라는 훈계를 필요로 하지 않는다. 왜냐하면 "작은 자로부터 큰 자까지 모두가 나[주]를 알 것이기 때문이다"(렘 38:34[31:34 MT]). 이 종말론적 새 언약 공동체에서는 텍스트가 더 이상 필요하지 않기에 필사자들이나 성경 교사들도 쓸모가 없게 된다. 구약성경은 "자기-소모적인 유물"(self-consuming artifact)이 되어가겠지만, 말씀의 능력은 공동체의 삶 안에 들어와 성경 자체를 남은 것 없이 체화(體化, embody) 시킬 것이다.[24]

그렇기 때문에 "내가 그들의 조상들의 손을 잡고 애굽 땅에서 그들을 이끌어 내던 때에 그들과 맺은 언약과는 같지 않을 것이다"(렘 38:32)라는 예레미야의 새 언약은 기록된 것이 아니라 화육된 것이라는 차원에서 옛 언약과 다르다. 먹과 돌과 에스겔의 뼈들은, 에스겔의 표현을 빌리자면, 하나님의 영을 받기 전까지는 죽은 것과 같다. "주 하나님께서 이 뼈들에게 이같이 말씀하신다. 보아라, 내가 너희 안에 생기가 들어가게 할 것이니, 너희가 살 것이다. 내가 너희 위에 힘줄을 주고 살이 올라오게 하며 피부로 덮고 너희 안에 생기를 줄 것이니, 너희가 살 것이다. 그러면 너희는 내가 주인 줄을 알 것이다"(겔 37:5-6). 바울은 이 예언이 교회 안에서 성취되었다고 믿었다.

이러한 주장은, 우리가 알고 있는 고린도교회의 실체나 어떤 인간 공동체에 대한 실제적인 경험에 비추어 볼 때, 과장된 것처럼 보일 수도 있다. 만일 고린도교회가 그리스도의 추천서라면, 그 추천서는 전달될 때에 변질될 수도 있는 것인가? 어떻게 바울은 그들이 "살아계신 하나님의 영으로 기록된 그리스도의 추천서이다(are)"라고 담담하게 말할 수 있었는가?

메타포적 동일시가 우리의 이해에 부합하지 않는 것이 놀랄만한 일인가? 토머스 그린(Thomas Greene)은 뜻밖의 메타포들이 나타나는 명시선(名詩選)들을 연구하면서 다음과 같이 언급했다. "우리는 우리가 속하지 않은 어떤 '의미의 세계'(*mundus significans*)에서 사용되고 있는 계사(繫辭, copula: 주부와 술부를 연결시키는 일종의 be 동사-역주)에 대하여 잠잠해야만 한다. … 표면적으로 명쾌한 각각의 '이다'(is) 아래에는 심오한 불합리(profundities of unreason)가 감추어져 있기 때문이다."[25] 바울이 예언서에 나타난 새 언약을 고린도 공동체에게 인유적으로 적용할 때에도 마찬가지로, 우리가 충분히 잠잠한다면 선지자들의 전의를 따라가서 새 언약의 '의미의 세계' 중심에 놓인 심오한 불합리를 헤아리게 될 것이다.

이와 같이 우리가 고린도후서 3:1-3에 나타난 구약 인유들의 다층적인 구조를 바르게 이해한다면, 고린도후서 3:6의 고조된 진술을 자연스럽게 이해할 수 있을 것이다. "하나님께서 우리를 새 언약의 일꾼으로서 자격이 충분하게 하셨는데, 그것은 기록(script)으로 된 것이 아니라 영으로 된 것이다."

필자가 6절의 γράμμα를 "기록"(script)으로 번역한 것은―동사적 명사로서 "기록된 것"(inscribed)을 의미하는―3절과의 언어유희(wordplay)를 살리고자 함이다. 그리스도의 추천서가 먹으로나 돌판 위에 "기록된 것"(inscribed, ἐγγεγραμμένη)이 아니라 성령으로 마음 위에 쓰였듯(3절), 바울의 새 언약적 직분은 "기록"(γράμμα)으로 된 것이 아니라 성령으로 된 것이다(6절).[26] 다시 말하자면, 새 언약적 직분은 텍스트가 아닌 성령에 힘입어 변화된 인간 공동체에 주목한다는 말이다. (그러나 γράμμα를 구약성경과 동일시해서는 안 된다.[27] 바울이 구약성경을 지칭하는 용어는 γραφή이기 때문이다. 바울은 이 γραφή—우리가 관찰한 바와 같이—를 죽은 텍스트가 아니라 살아서 말하는 존재로 간주한다.)[28] 전통적으로 γράμμα는 라틴 벌게이트(Vulgate)의 '리테라'(littera)에 기초하여 "문자"(letter)라고 번역되어 왔지만, 이러한 번역은 3절의 반향을 들을 수 없게 만들고 바울의 성경 해석 방식을 문자적 해석과 영적 해석으로 구분 짓게 하는 근거가 될 수 있기에 좋은 번역이 아니다. 고린도후서 3장이 해석학적 원리에 관한 설명이 아니라고 주장하는 학자들은 γραφή를 '문자'로 번역하는 것에 반대한다. 이보다도 "쓰인 기호(code)가 아니라 성령으로"라고 번역하고 있는 RSV의 제안이 나을 수 있다. 이러한 번역어는 옛 언약의 문제점이 쓰였다는 특징에 있다는 것을 드러내기 때문이다. 하지만 안타깝게도 RSV의 기호라는 번역어에도 두 가지 오도의 가능성이 내포되어 있다. (1) 기호라는 용어는 1-3절과의 연결을 약화시킨다. 즉, 쓰인 추천서가 필요 없다고 해명하고 있는 바울의 주장을 약화시킨다. (2) 또한 그 번역어는 옛 언약이 편협하고 형식적이라는 것을 지적하기 위하여 선택되었을 수도 있는데, 이는 고린도후서 3장이 의미하려는 것이 아니다. 옛 언약의 문제는 그것의 요구에 순종하게 할 능력이 없고 (그저) 기록된 것뿐이라는 데에 있다. 옛 언약은 독자들을 변화시킬 능력이 없기에, 그들을 정죄하기 위한 증거가 될 뿐이다. 그래서 바울은 "기록은 죽이는 것이지만, 영은 생명을 주는 것이다"(참조, 롬 7:6-8:4)라고 말하고 있는 것이다.[29] 에스겔 36장과 37장 인유가 가리키고 있는 것과 같이, 생명을 주는 성령의 능력은 정확하게 화육된 종말론적 공동체 안에서 드러난다. 그것이 바로 고린도교회가 그리스도의 추천서라는 것의 의미이다. 곧, 고린도교회는 하나님의 말씀의 살아있는 예시가 된다. 바울은 이 종말론적 공동체를 인도하는 메시지를 선포하고 있기에 새 언약의 일꾼이다.

그러므로 고린도후서 3장에 대한 기독교의 전통적인 읽기, 곧 외적인 것과 내적인 것, 분명한 것과 잠재적인 것, 육체와 영혼을 대립시키는 문자-영의 이분법적 해석은[30] 그럴듯한 오독이었던 것으로 판명된다. 실제로는 정반대이다. 바울에게 있어서 성령은 모든 이들이 그리스도의 메시지를 알게 하도록 하기 위하여—수치스럽게도—외적이고 분명한 것, 하나님의 능력으로 변화된 특정한 새 언약적 공동체와 정확히 동일시된다. 하지만 기록은 체화된 것이 아니기에 추상적이고 죽은 것으로 남아 있다.

그러한 이유로, 스테픈 웨스터홀름(Stephen Westerholm)의 언급, "문자와 영을 대립시키는 것은 … 바울의 윤리학의 핵심이지 해석학의 핵심이 아니다"는[31] 명제는 일면만 참이다. 웨스터홀름이 주장하는바, 문자-영의 대립이 바울 윤리학의 핵심이라는 것은—특히 윤리학이 공동체의 인격형성을 가리키는 것이라면—분명히 옳다. 하지만 해석학의 핵심이 아니라는 주장은 타당하지 않다. 고린도후서 3:7-18에 따르면, 하나님의 영으로 기록된 사람들이 성경을 마주하면, 근본적으로 해석학적인 변혁을 경험하게 되기 때문이다.

수건으로 덮인 영광

바울은 자신의 직분에 대한 증거로 예레미야의 새 언약을 언급한 후에, 논의를 확장시켜 옛 언약과 새 언약의 "직분들"을 비교한다.[32] 이때 고린도후서 3:1-3에서 촉발된 출애굽기의 돌판에 대한 언급(모세가 시내산에서 "언약의 판"[출 34:29-35]을 가지고 내려오는 장면)을 연장시키면서 두 언약을 비교하기 시작한다. 흥미롭게도 새 언약에 대한 내용이 기록된 예레미야 31:31-39는 출애굽기 34:27-35와 관련된 '하프타라'(הפטרה, haftarah: 회당에서 정기적으로 읽는 오경과 연관된 선지서-역주)—팔레스타인의 3년 주기의 성경읽기표에 속한—이다. 따라서 바울이 두 구약 본문을 함께 사용한 것은 이미 존재하던 당대 유대교의 전통을 반영—비록 이 본문들에 대한 바울과 전통적인 유대교의 해석이 확연히 다르더라도—한 것일 수도 있다.

어떤 주석가들은 고린도후서 3:7-18을 출애굽기에 대한 미드라쉬로 간주하기도 하지만,[34] 사실 미드라쉬의 특징이 그렇게 두드러지게 나타나지는 않는다.[35] 바울은 출애굽기 34:34 본문을 수정하면서 주석을 달고 있는 16-17절을 제외하고는 출애굽기 이야기를 구체적으로 해석하지는 않는다. 고린도후서 3:7-18은 구약을 분명하게 인용하여 상술하고 있는 로마서 4장이나 로마서 9:6-29보다도 고린도전서 10:1-13—구약 사건에 근거한 인유적인 교훈인—과 유사하다. 즉, 바울은 본문을 분명한 모형론으로 다루기보다, 고린도전서 10:1-13에서와 같이 독자들이 그 이야기에 친숙하다는 것을 가정하고 인유적인 방식으로 주석한 후, 자신의 결론을 간결하게 표현할 수 있는 구약 본문을 발췌한다(고후 3:16). 이 단락에서는, 하위 텍스트들 사이의 복잡한 상호작용이 나타나는 고린도후서 3:1-6과는 달리, 출애굽기 34장만이 분명하게 드러난다. 이 본문은 상세히 주석되는 것이 아니기에 단지 바울의 주장을 위한 증거본문으로 기능하는 것처럼 보이지만 실제로, 이제 우리가 살펴보겠지만, 이 본문은 옛 언약뿐 아니라 새 언약에 관한 진리를 드러내주는 메타포로 기능하기에 바울에게 있어서 생산적인 역할을 하게 된다.[36] 난해한 고린도후서 3장에 속한 메타포를 추적하기 위하여 우리는 논쟁이 되고 있는 수많은 주석적 이슈들을 다루어야만 한다. 고린도후서 3장의 정상으로 가는 길에는 수많은 장애물들이 놓여 있지만 바르고 일관된 읽기를 원한다면 이를 피해갈 수는 없을 것이다.

고린도후서 3:7-11에서 바울은 일종의 '칼 바호메르'(*a minore ad maius*: 더더구나 논증)를 통하여 옛 언약과 새 언약을 대조시킨다. 비록 옛 언약의 직분이 "죽음의 직분" 내지는 "정죄의 직분"으로 다소 부정적으로 묘사되고 있기는 하지만, 그 직분의 영광 역시 인정되고 있다. 곧, 바울은 모세의 직분의 영광을 수용하면서 동시에 약화시키고 있기 때문에, 이 모호한 진술을 접한 독자들은 동요하게 된다(여기에서 어떤 이들은 안토니우스[Antony]의 추도사를 떠올릴 수도 있을 것이다). 새 언약의 직분이 옛 언약의 직분보다도 더욱 영광스럽다는 바울의 진술은 모세의 직분의 영광을 인정하면서 동시에 옛 언약을 폄하함으로써 바울 자신의 직분의 정당성을 피력하는 역할을 하게 된다. 이 역설은 10절에서 가장 날카롭게 대립한다. "영광되었던 것이 더 큰 영광으로 인하여 영광이 되지 못하였다." 이러한 모순은 헬라어 문장, οὐ δεδόξασται τὸ δεδοξασμένον("우 데독사스타이 토 데독사스메논")에서 더욱 잘 드러난다. 이 경우, 옛 언약과 새 언약 사이의 관계를 단순한 모형론으로 범주화하기 어렵다. 그 관계는 명백하게 반대되는 것도 아니고(아담/그리스도 모형론처럼), 명백하게 일치하는 것도 아니며(이스라엘/교회 모형론처럼), 그저 변증법적으로 묘사될 수 있을 뿐이다.

모세의 얼굴 빛에 대한 인유는 아브라함과 하갈, 사라 이야기의 경우와 같이(갈 4:22-23)[37] 바울의 해석을 위한 주석적 디딤돌이 된다. 고린도후서 3:7에서는 출애굽기 34:30을 암시하면서 다음과 같이 말한다. "이스라엘 자손들은 모세의 얼굴의 일시적인(transitory)[38] 영광 때문에도 그 얼굴에 주목할 수 없었다." 이 진술은 구약을 직접 인용한 것이 아니라 요약적으로 제시한 것이다. 실제로 출애굽기 34:30(LXX)에서는, "아론과 모든 이스라엘 자손들이 모세를 보았는데, 모세의 얼굴에 빛이 있음을 보고, 그에게 가까이 가기를 두려워했다"라고 이야기한다. 그런데 고린도후서 3:7에는 이 출애굽기 본문에 나타나지 않는 새로운 진술, 곧 대부분의 역본에서 "사라지는 빛"(the fading glory)으로 번역하고 있는 τὴν δόξαν … τὴν καταργουμένην라는 어구가 추가되어 있다.

물론 모세의 얼굴의 빛이 시간이 지나 없어진다는 것이 출애굽기에 묘사되었다면, 고린도후서에서 출애굽 이야기를 사용하여 사그러질 옛 모세 언약을 상징할 수도 있었을 것이다. 하지만 사실 출애굽기 34장에는 καταργεῖν 동사도 나타나지 않고, 모세의 얼굴에서 빛이 사라졌다는 어떠한 언급도 없다. 그렇다면 이러한 발상은 어디에서 비롯한 것인가? 주석가들은 바울이, 출애굽기에 모세가 수건을 쓴 명백한 이유에 대한 설명이 나타나지 않기에, 그 신비한 행동의 이유를 설명하기 위하여 빛이 사라지는 모티프를 스스로 창작했다고 추정하곤 한다. 그러나 브레바드 차일즈(Brevard Childs)는, 바울이 처한 논쟁적인 상황에서 그러한 창작이 논증에 도움이 되지 않는다는 점과[39] 바울이 모세의 얼굴 빛이 본래 사라질 것이라고 증명하려고 하지 않았다는 점에 근거하여, 이 모티프가 당대의 독자들이 잘 알고 있는 미드라쉬 전승에서 유래하였다고 추측하였다. "바울은 단순히 자신의 논증을 세우기 위하여 일반적으로 수용되었던 해석을 차용한 것이다."[40] 혹여 바울이 첨가한 어구, τὴν δόξαν … τὴν καταργουμένην를 모세의 얼굴 빛이 사라지고 있었다는 것으로 이해하는 사람이 있다면 그러한 설명은 필요할 수도 있겠지만, 문제는 유대교의 어떤 전승에도 차일즈의 견해를 지지할만한 직접적인 증거가 없다는 것이다.[41]

하지만 이것보다 더욱 나은 설명이 있다. 곧, 고린도후서 3:7의 동사 καταργεῖν은 3:11, 13, 14에서도 반복—그렇기 때문에 그 구절을 석의하는 데에 매우 중요하다—되고 있는데, 이는 "사라지다"를 의미하지 않는다는 것이다.[42] 바울은 이 단어를 일관성 있게 사용하는데, 바울서신의 용례에 따르면 καταργεῖν은 항상 '무효화하다', '폐지하다', '헛되게 하다', 혹은 '소용없게 하다'는 뜻을 가진다. 따라서 의미론적 차원에서, 이 어휘는 가시적인 이미지와 관련한 것이 아니라 법적 절차의 영역에 속한 것이다. 예를 들어, 갈라디아서 3:17에서는 καταργεῖν을, "율법이 하나님께서 미리 정하신 언약을 폐기하여, 그 약속을 무효화할 수 없다[εἰς τὸ καταργῆσαι τὴν ἐπαγγελίαν]"라는 문맥에서 사용했고, 로마서 3:31에서는 "우리가 믿음으로 율법을 폐하느냐[καταργοῦμεν]?"라는 문장에서 사용하였다.

고린도후서 3:7의 이 동사와 가장 가까운 의미로 사용된 것은 고린도전서 2:6에 나타난다. "우리가 온전한 자들 중에서는 지혜를 말하니,

이 지혜는 이 세상의 지혜도 아니고, 또 이 세대에 없어질 통치자들의 지혜도 아니다[τῶν ἀρχόντων τοῦ αἰῶνος τούτου τῶν καταργουμένων]." 여기에서 수동분사로 사용된 καταργεῖν을 적절하게 번역하는 것은 쉽지 않다. 이상에서 제시했던 필자의 고린도후서 3:7 사역에서는 임시적으로 이 단어를 일시적인(transitory)이라고 번역했었다. 이 번역어에 '비영구적'이라는 의미가 담겨 있기는 하지만, 수동태 분사의 중요한 의미를 살리지는 못한다. 수동분사는 명사를 수식하는 데에 그 가치가 있는 것이 아니라, 그 명사에 대하여 수행된 행동을 묘사하는 데에 그 가치가 있다. 따라서 고린도전서 2:6에서 바울은 이 세상 통치자들의 지혜가 비영구적이라는 것을 의미할 뿐 아니라, 그리스도 안에 있는 하나님의 행동을 통하여 종말론적으로 끝났고, 헛되게 되었고, 없어지게 되었다는 것을 의미한다. 바울이 고린도전서 1장에서 동일한 동사를 가지고 "하나님께서 세상의 비천한 것들과 멸시받는 것들과 없는 것들을 택하셔서 있는 것들을 있는 것들을 폐하시려[ἵνα καταργήσῃ] 하셨다"(고전 1:28)라고 이야기하고 있는 것을 본다면, 이것이 바울이 의도했던 의미라는 것은 보다 분명해 질 것이다.

이와 유사하게, 고린도후서 3:7은 모세의 얼굴 빛(즉, 옛 언약의 영광)이 그리스도 안에 있는 하나님의 행위를 통하여 폐하여졌다는 것을 의미한다.[43] 그렇다면 이는 모세의 얼굴의 빛이 사라지고 있었다는 것—출애굽기 34장의 내러티브 맥락 내에서—을 반드시 의미하는 것은 아닐 수 있다. 혹여 바울이 후기 타르굼(Targums)의 자유로운 의역 방식—여기서 사용된 방식은 아니다—을 사용하여 출애굽기 34장을 재진술함으로써 모세의 얼굴 빛이 사라지고 있었다는 것을 의미할 수도 있지 않은가? 고린도후서 3:7-11은 우리가 그렇게 생각할 여지를 주지 않는다. 바울의 καταργουμένην 사용은 출애굽 이야기를 묘사하는 것이 아닌 바울의 신학적 판단으로 인해 첨가된 어구이다. 실제로, 7절의 의미는 10절로 상술된다. 곧, 빛은 비영구적인 것인데, 그 빛이 감소하여 사라지기 때문이 아니라 새 언약적 직분의 더 큰 영광으로 가려졌기 때문이다.

이러한 바울의 논리는 현재수동분사 καταργεῖν가 다시 나타나는 고린도후서 3:11에서 여실히 드러난다. "일시적인 것[τὸ καταργούμενον]에도 영광이 있었다면 영원히 있을 것[τὸ μένον]에는 더욱 큰 영광이 있을 것이다." 이와 같은 대립은 7절의 일시적인 영광이 의미하는 바를 분명하게 밝혀주는데, 특히 11절에서 여성분사가 아닌 중성분사가 사용된 것은 이것이 일반적인 신학 용어라는 것을 암시한다([여성명사인] 영광은 옛 언약과 그 직분에 대한 전체적인 현상을 상징하고 있는데, 그 영광이 중성분사로 "폐하여질 것"이라고 묘사되었다는 것은 이것이 바울의 신학적 판단에 의하여 삽입된 어구라는 것을 의미한다).

이렇게 고린도후서 3:7-11은 옛 언약과 새 언약의 직분을 신학적으로 비교하고 있는 것이기에, 우리는 더 이상 고린도후서를 통하여 모세의 얼굴 빛이 사라지고 있었다고 생각할 이유가 없다. 하지만 출애굽기나 바울이 "사라지는 빛"에 대하여 언급한 적이 없음에도 불구하고 기독교 독자들은 끊임없이 옛 언약의 열등함을 상징하는 표현으로서 모세의 얼굴 빛이 사라지고 있었다고 이해하여 왔다.[44] (행여 고린도후서에 그러한 발상이 나타난다면 바울 역시도 흥미로워 했을 것이지만, 고린도후서 본문에서는 그 증거를 발견할 수 없다.) 7절의 분사 καταργουμένην은, 10-11절에 비추어, 모세의 얼굴 빛이 상징했던 것을 회고하고 있는 바울의 신학적인 판단으로 이해되어야만 한다. 따라서 이는 옛 언약을 "죽게 하는 직분"으로 묘사하는 것—같은 문장에 있는—과 같이, 바울이 스스로 첨언한 것이다. (율법을 "죽게 하는 직분"으로 묘사하는 것이 미드라쉬 전승에서 유래했다고 생각하는 사람은 아무도 없다!) 일시적인 빛을 묘사하는 분사의 형태가 문장에 끝에 놓여 있는 것도 이 분사가 "첨언"되었다는 것을 구문론적으로 반영하고 있는 것인데, 랄프 마틴 (Ralph Martin)은 이러한 문체를 잘 살려 번역한바 있다. "이스라엘은 모세의 얼굴 빛 때문에 모세의 얼굴에 주목할 수 없었다. 비록 그 빛이 일시적인 것이기는 하지만 말이다."[45] 이 해석은 옛 언약의 영광이, 배터리가 다 된 손전등이 서서히 약해지듯이, 점차로 흐려진 것이 아니라 그리스도 안에 있는 새 언약의 더욱 큰 영광으로 인해 사라진 것임을 시사한다(참조, 10절). 결론적으로, 고린도후서 3:7에 대한 해석은 다음과 같은 필자의 번역으로 요약될 수 있을 것이다. "돌에 새겨져 죽게 하는 직분에도 영광이 주어져서, 이스라엘 자손들이 모세의 얼굴 빛(현재 그리스도 안에서 폐하여진 영광) 때문에 그 얼굴을 바라볼 수 없었다면, 성령의 직분은 더욱 영광스럽지 않겠느냐?"

이 모든 논의는 분사 καταργούμενον이 다시 나타나는 고린도후서 3:13 해석에 중요한 영향을 미친다. 바울은 수건을 썼던 모세와 같지 않게 행동한다고 말하면서, 출애굽기 34장에서는 언급된 적이 없었던 요소를 추가하여 모세 이야기를 소개한다. "모세는 이스라엘 자손들이 일시적인 것의[τοῦ καταργούμενου] τέλος를 바라보지 못하게 하려고 자기 얼굴 위에 수건을 쓰곤 했다." 12-18절의 정교한 메타포의 기초가 되는 이 구절은 고린도후서 3장에서 가장 논란이 되는 문장 중 하나이다.

대부분의 현대 주석가들은 τέλος가 "종결"(termination)의 차원에서 "끝"(end)을 의미한다고 본다.[46] 이러한 관점에서 3:13은 다음과 같이 읽힌다. "모세는 이스라엘 자손들이 사라지고 있는 빛의 끝을 보지 못하게 하려고 자기 얼굴에 수건을 썼다." 물론 이러한 읽기는 바울이 사라지는 모세의 얼굴 빛을 염두에 두고 있다는 추측에 기반하고 있다. 이 입장에 서있는 주석가들은 모세가 이스라엘로 하여금 영광이 사라지는 것을 바라보지 못하게 한 이유에 대하여 설명해야 한다는 압박을 받는다. 이에 대하여 온갖 종류의 추측이 난무하는데, 어떤 이유들은 모세의 자비로움에 근거하고 있지만(예컨대, 모세가 백성들이 빛이 사라지는 것을 보고 실망하지 않게 하려고 했다든지, 백성들이 하나님의 말씀에 주의를 기울이지 않고 모세의 얼굴 자체에 주목하는 것을 막으려 했다는 것이다), 다른 어떤 이유들은 그러한 자비로움에 근거한 것은 아니다(예컨대, 모세가 이스라엘의 눈이 멀었다는 것을 예언적으로 기소하고 있다든지, 모세가 자신의 직분의 비영구성을 백성들이 알아채지 못하게 하여 체면을 세우려 했다는 것이다). 이 모든 추측들은 서로 다르지만 수건이 일시적인 옛 언약의 상징을 이스라엘에게 가린다는 점은 모두 동일하다.

그러나 현대 주석가들 중 소수는, 어거스틴(Augustine)이나 데오도렛(Theodoret)과 같은 교부들의 해석에 공감하면서, τέλος가 "목표"(goal)나 "목적"(purpose)의 차원에서 "끝"(end)을 의미한다고 주장한다.[47] 이러한 견해에 따르면, 3:13은 다음과 같이 읽힐 수 있다. "모세는 이스라엘의 자손들이 일시적인 언약의 진정한 목적을 인식하지 못하도록 자신의 얼굴을 수건으로 가렸다." 이 해석은 근본적으로 "사라지는 빛" 이론과 양립할 수 없다(모든 주석가들이 이를 깨달은 것 같지는 않지만). 이러한 해석에도 역시 의문—더욱 절박한—은 존재한다. 모세는 어떠한 이유로 백성들로부터 옛 언약의 진정한 목적을 감추려고 했는가? 여기에도 또한 주석가들의 수만큼 많은 해석들이 있다. 예를 들자면, 모세가 이스라엘에게 진리를 감춘 것은 백성들이 "깨닫지 못하도록"(참조, 막 4:10-12) 하려는 하나님의 뜻을 반영한 것이라는 설명도 있고, 비밀의 전수자인 모세가 영적인 것을 수건으로 가리는 것이 교육학적으로 도움이 된다는 것을 알고 있었다는 견해도 있다. 이 모든 추측들은 서로 다르지만 수건이 새 언약의 예표가 되는 옛 언약을 이스라엘에게 가린다는 점은 모두 동일하다.

이 본문에 관한 해석사를 적절히 살피면서 모든 전문적인 이슈들을 다루어, 갈림길에서 어떠한 길을 선택해야 하는지 해결해 줄 수 있는 논문이 필요할 것 같다. 특히 고린도후서 3:13의 τέλος의 의미를 확정하기 위해서는 바울 신학에 있어서 율법의 역할에 대하여 정리할 필요가 있고, 로마서 10:4의 "그리스도는 율법의 τέλος가 되신다"라는 논쟁적인 진술을 주석적으로 해결할 필요가 있다. 필자는, 이러한 주석적인 미로 안으로 들어가기보다는, 결론을 제시하고, 소수가 지지하는 입장에 서서 어떻게 이 결론이 그 본문의 메타포적 논리를 일관적으로 드러내는지를 보이고자 한다.

고린도후서 3:13의 τέλος를 "목표"나 "목적"으로 해석하는 것은 매우 설득력 있다. 필자가 주장해왔던 것처럼 바울이 모세의 얼굴 빛의 감소를 언급한 것이 아니라면 다른 해석의 가능성을 생각하기는 어렵다. 그렇다면 고린도후서 3:12-18의 의미는 다음과 같을 것이다. 모세는 시내산에서 하나님의 영광을 보았고 그 영광은 모세의 얼굴을 변화시켰다. 이에 모세는 얼굴에 수건을 덮어 이스라엘 백성들이 하나님의 영광을 보지 못하도록 했다. 이스라엘 백성들은 변화된 사람을 바라보는 것을 견디기 어려워했을 것이기에 그 대신에 모세가 주었던 돌판의 기록(script)에 주목했다. 그 돌판의 기록 역시 (더욱 간접적인 방식으로) 영광, 곧 옛 언약의 진정한 목적인바 하나님의 형상으로 변화될 사람을 증거 한다. 그러나 돌판 자체를 목적(end)으로 보는 사람들에게 돌판은 수건으로 덮여있는 것과 같다. 하지만 주께 돌아오는 자들은 돌판을 통해서 그 τέλος, 곧 구약의 진정한 목적을 볼 수 있게 된다. 이들을 덮고 있던 수건은 벗겨져서, 모세와 같이, 하나님의 영광으로 인해 그리스도의 형상—모세와 율법이 항상 가려진 모습으로 지시해왔던—으로 변화된다.

이러한 해석을 정리하자면 다음과 같다.

(1) 헬라어 τέλος의 일반적인 의미는—반복을 용서하라—"목적론적"(teleological)이라는 뜻으로, 일시적인 종결이나 중단보다도 목적, 결과, 혹은 목표를 가리킨다.[48]

(2) 그리스도가 율법의 τέλος라고 말하고 있는 로마서 10:4은, 앞서 필자가 로마서를 다루면서 주장하였듯, 그리스도가 바로 율법의 목적이자 완성이며 모세와 선지자들이 가리키고 있었던 진리라는 의미로 해석되어야 한다. 고린도후서 3:7, 9에서는 율법이 정죄하고 죽이는 것으로 묘사되고 있기는 하지만, 바울이 그 논증 안에서 구약을 사용하여 그리스도를 설명하고 있는 것을 볼 때에(특히 16절) 구약의 증거 하는 기능 역시 염두에 두고 있다.

(3) 교부들은 τὸ τέλος τοῦ καταργουμένου를 옛 언약의 진정한 목적이자 성취인 그리스도를 지칭하는 것으로 이해하는 데에 이견이 없었다.[49] 바울과는 다른 시대에, 다른 언어를 사용하고 있는 현대 주석가들은 이러한 해석을 수용하기 어려울 수 있겠지만, 이는 헬라어를 모국어

로 사용하면서 바울과 폭넓은 신학적 의미들을 공유하고 있었던 학자들이 간주했던 의미라는 것을 기억할 필요가 있다.

(4) 13절의 καταργουμένου는 모세의 얼굴 빛이 사라지고 있었다는 것을 언급하는 구절이 아니다. 행여 바울이 눈에 보이는 빛의 이미지에 관해 말하고 있었다면 여성분사인 καταργουμένη를 사용했을 것이지만, 11절에서부터는 옛 언약의 직분을 묘사하면서 중성분사를 사용하여 옛 언약의 특징을 반복하여 기술한다. 13절에서 "옛 언약의 τέλος를 바라보지 못하게 하기 위하여"라고 쓴 것도 11절의 의미와 별반 다르지는 않을 것이다.

(5) 고린도후서 3장의 내적 논리도 그러한 해석을 지향한다. 모세의 얼굴 빛이 사라지고 있었다면, 우리는 "수건이 벗겨졌을 때에 무엇을 볼 수 있는가?"라는 물음에 아무것도 볼 수 없었다고 대답하게 될 것이다. 하지만 고린도후서 3:18은 그렇게 대답하지 않는다. 수건이 벗겨졌을 때 드러나는 것은 하나님의 영광이다. 따라서 모세의 수건이 가리고 있었던 것은 서서히 사그러져 없어질 영광의 부재가 아닌 영광의 존재이다. 여기에서 많은 주석가들은 사라지는 빛 메타포가 고린도후서 3:18에서는 달리 사용되었다고 생각한다. 물론 그럴 수도 있겠지만, 필자의 주장은 메타포가 일관성 있게 다루어져야 한다는 것이다.

(6) 한스 윈디쉬(Hans Windisch)를 따르는 해석가들은 고린도후서 3:7-18을 서신의 당면한 상황과는 무관한 미드라쉬로 간주한다.[50] 이들은, 모세가 서서히 사라지고 있는 빛을 숨기고 있었다는 윈디쉬의 추측을 토대로, 모세의 얼굴 빛이 진정으로 표상하는 바는 옛 언약의 쇠퇴와 유대교에 대한 기독교의 우월성이라고 주장한다. 이는 고린도후서 3장의 배경이 되는바, 다른 지도자들의 도전에 대한 바울의 사도권 변호와는 무관한 주제로 보인다. 하지만 필자가 제안한 방식으로 13절을 이해한다면 바울 자신을 변증하기 위한 목적으로 기록된 이 단락을 더욱 잘 이해할 수 있다. 고린도후서 3장에서 바울은 자신과 모세를 변증적으로 비교·대조함으로써 자신의 사도권을 옹호하고 있다. 대조적인 측면에

서, 모세는 하나님의 영광을 숨긴 반면 바울은 복음을 담대하고 공개적으로 이야기했다. 모세의 옛 언약은 기록에 가려져 있는 반면, 바울의 새 언약은 기독교 공동체의 변혁 안에서 명시된다. 공통적인 측면에서, 모세는 "주에게로 돌아와" 하나님의 형상의 영광을 보는 사람에 대한 메타포가 되고, 그럼으로써 변화를 경험한다. 고린도후서 3:1-6에서 발전된 이 주제는 4:1-6에서 재진술되면서 결론이 내려진다. 즉, 바울은 자신의 사도적 권위에 대한 기록된 증거를 필요로 하지 않는다는 말이다. 왜냐하면 성령은 바울의 복음 선포를 통하여 고린도교회를 변화시켰기에, 그 공동체 자체는 하나님께서 바울을 통하여 일하신다는 경험적인 증거가 되기 때문이다.

본 장의 남은 과제는 5번과 6번 항목의 내용을 부연하고 변호하는 것이다. 하지만 이 작업에 앞서, 고린도후서 3:13의 τέλος를 목표나 목적으로 해석하는 것에 대해 반대하는 의견들을 짚고 넘어갈 필요가 있다. 이 의견들은 크게 진중한 반대와 지지부진한 반대로 구분할 수 있다.

진중한 반대들은 모두, 더욱 넓은 바울신학의 콘텍스트 내에서, 옛 언약의 목적론적(teleological) 해석이 가능한지와 관련이 있다.[51] 이러한 반대는 의미가 있기에 사려 깊은 대답을 기대할 만하다. 어떤 것들은 이미 본서의 앞 장에서 다루어졌고, 어떤 것들은 앞으로 다루어질 것이며, 어떤 것들은 추후 미래를 위하여 남겨두고자 한다.

지지부진한 반대는 모두, 모세가 이스라엘에게 그리스도를 숨긴다는 것에 대한 역사적 미심쩍음이나 율법의 진정한 의미와 관련이 있다. 예컨대, 플러머는 다음과 같이 말했다. "바울은 모세가 이스라엘 백성이 그리스도를 바라보지 못하게 하려고 자신의 얼굴을 가렸다는 것을 의미할 수 없으며, τὸ τέλος는 궁극인(final cause), 곧 율법의 목적과 목표를 의미하지도 않는다. 이스라엘 백성들이 율법의 목적을 보아서는 안 되는 이유는 무엇이며, 수건이 그것을 어떻게 가릴 수 있다는 말인가?[52] 필립 에지큠 휴즈(Philip Edgcumbe Hughes)는 플러머의 의견을 수용하면서 강화하였다.

[어떤 주석가들은] 바울이 의미하기를, 모세의 율법이 그리스도 안에서 끝나고 완성될 것을 이스라엘 백성이 인식하지 못하게 하기 위하여 모세가 수건을 쓴 것이라고 이해해왔다. 하지만 이 해석은 출애굽기 34:33의 문맥과 일치하지도 않을뿐더러 좋은 석의도 아니다. 모세가 그 얼굴에 수건을 쓴 이유는 신비하거나 종말론적—아무리 그것이 회고적으로 보았을 때 중요하다 하더라도—인 것 때문이 아니라, 죄를 지은 백성들의 눈에 신적인 영광이 부담스러웠기 때문이다. 플러머가 지적한 바와 같이, 바울은 "모세가 이스라엘 백성이 그리스도를 바라보지 못하게 하려고 자신의 얼굴을 가렸다는 것을 의미할 수 없다." 모세가 얼굴을 가린 목적이 그리스도를 보지 못하게 하는 것에 있었다면 다음의 것들을 묻는 것은 당연하다. 첫째, 물질적인 수건으로 어떻게 본질적으로 영적이고 종말론적인 비전을 가릴 수 있었는가? 둘째, 모세가 찬양받기에 합당한 광경을 보지 못하도록 막으려고 한 이유는 무엇인가?[53]

이러한 휴즈의 언급을 접한 독자들은 점차 당황하게 될 것이다. 휴즈는 바울이 구약을 상징적으로 해석하는 고대의 작가였다는 것을 인정하지 않는 것처럼 보이기도 하고, 다소 바울을 "좋은 석의"(good exegesis)에 관심이 있는 역사 비평가로 여기고 있는 것처럼 보이기도 하며, 모세가 하나님을 만난 후에 광야에서 '실제로 무슨 일이 일어났는지'(*wie es eigentlich gewesen ist*)를 설명하려는 것처럼 보이기도 한다. 그렇다면 휴즈는 영이 아닌 기록에 따라서 바울을 해석하고 있는 것이다. 제임스 쿠겔(James Kugel)이 다른 문맥에서 언급했던 것처럼, "문자주의자들의 상상은 허구적인 해석을 그럴듯한 역사로 바꾸어 놓는다."[54]

최근의 비평가들은 휴즈의 열광적인 역사주의를 되풀이하지는 않지만, 수건 모티프의 τέλος를 "목적"으로 번역하는 것에 대해 이의가 제기될 때마다, 휴즈가 가지고 있었던 몇몇 동일한 전제를 가지고서 본문에 대한 이해를 가로막는다. 바울은 모세가 옛 언약의 목적(telos)을 감춘 이유에 대하여 아무것도 이야기하지 않으며, 아마도 바울은 그 이유에 대하여 의문을 제기하지 않았을 것이다. 바울은 구약의 이야기를 취한 후에, 자신과 대적자들의 직분을 대조하기 위한 메타포를 형성할 기회를 엿본다. 자신의 깔끔한 메타포를 위하여, 심지어는 모세가 백성들에게 말하기를 마친 **후에야** 수건을 썼다는 출애굽기 34:32-35의 문학적-맥락적 사실까지도 묵살한다. 바울이 출애굽기 본문에서 유일하게 관심을 두고 있는 부분은 모세가 주의 임재 앞에 들어갈 때에 수건을 벗었다는 것이다. 이 이미지는, 바울에게 있어서, 신비하고 종말론적인 해석—이를 무마하려는 휴즈의 끈질긴 노력에도 불구하고—을 위한 핵심적인 사항이 된다.

벗겨진 수건

고린도후서 3:12~4:4는 반유(反喩, *dissimile*)의 형식을 가지고 있다. 이 용어는 필자가 조지 로드(George Lord)의 "밀턴의 르네상스 호머에 나타난 선 텍스트와 하위 텍스트"(Pretexts and Subtexts in Milton's Renaissance Homer)에 대한 분석에서 차용한 것이다. 로드는 반유를 다음과 같이 설명한다.

[반유는] 호머에게서부터 발전된 전의로서, 밀턴의 신화를 진정한 것으로 세워주기 위하여 매혹적이며 전설적인 등장인물들 및 장소들을 소환한 후에 단지 거짓되거나 열등한 것으로 내버리는 것을 의미한다. 밀턴의 『실낙원』(*Paradise Lost*) 도처에서 사용되고 있는 이러한 전략은, 유사점을 대응시키는 직유(simile)와는 달리, 차이점을 부각시킴으로써 전거에 부여된 의미에 반대하면

서 밀턴의 독특한 진리를 세우게 된다.[55]

　물론 바울이 호머를 모방하고 있는 것은 아니지만, 모세라는 강력한 표상을 상기시킨 후에 내어 버리는 것은 유사하다. 즉, 바울은 모세에게 이미 부여되었던 의미에 반하여 새 언약적 직분의 독특한 진리를 세우려 한다. "우리는 그러한 소망을 가졌기 때문에, 수건을 자기 얼굴 위에 쓴 모세와 같지 않게 더 담대하게 행동한다."

　조나단 컬러(Jonathan Culler)는 이러한 부정적 진술에 내포된 수사학적 효과를 넌지시 언급하였다. 긍정적인 진술보다도 "부정적인 제안에서는 예상할 수 있는 것이 더욱 풍성하다."[56] 다시 말하자면, 부정적인 진술을 이해하기 위해서는 주장된 사실이나 주장됐을 법한 사실을 수사학적으로 예상해야 하기 때문에, 부정은 결과적으로 모종의 진리를 메타포적으로 제시하거나, 적어도 가능성 있는 주장의 영역을 메타포적으로 열게 된다. 컬러는 보들레르(Baudelaire)의 "시테르 섬으로의 여행"(Un Voyage à Cythère)에 나타난 시구를 이에 관한 예시로 든다. 시인은 "이상한 것"(unusual object: 화자가 본 것은 교수대이다-역주)을 언뜻 본 후에 다음과 같이 감질나는 방식으로 이야기한다.

> Ce n'était pas un temple aux ombres bocagères,
> Où la jeune prêtresse, amoureuse des fleurs,
> Allait, le corps brûlé de secrètes chaleurs,
> Entrebaîllant sa robe aux brises passagères.
>
> [꽃을 사랑하는 어린 여사제가
> 비밀스런 정열로 달아올라
> 살랑이는 산들바람에 치맛자락 펄럭이며 지나친 곳은
> 숲 그늘에 싸인 신전이 아니었다.]

컬러에 따르면, 이 장황한 묘사는 "상호텍스트적 언급(citation), 곧 담론적 추정(discursive supposition)에 따라 이미 예상될만한 어떤 것을 부정"하고 있다(이 시행의 앞부분을 읽은 독자들은 화자가 언뜻 본 것을 '신전'으로 예상할 수 있다-역주).[57] 컬러가 말하는 "상호텍스트적 언급"이란 보들레르가 사용한 이미지의 특정한 문학적 출처를 일컫는 것이 아니라, 이 시의 이미지들을 상호텍스트적 모체의 일부분으로 간주하고 "데자뤼"(déjà lu: 이미 읽은 것 같은 느낌-역주)로 다루는 것을 의미한다.

물론 특정한 선 텍스트들(pretexts)은 명확하게 제시될 수도 있다. 우리가 이미 언급했던 고린도후서 3:12-18의 경우가 그러하다. 그렇다 하더라도 부정의 진술로 의미를 간접적으로 전달하고 있는 바울의 전략에는, 특히 바울의 전거인 출애굽기에서 발견되지 않는 세부 요소들이 포함되어 있기에, 여전히 수사학적 함의가 있다. 바울은 "모세와 같지 않게" 행동한다고 서술하면서 출애굽기에는 나타나지 않는 내용—모세가 스스로 수건을 쓴 이유—을 기록함으로써 담론적 추정, 곧 어떤 전거에 실제적으로 나타날 수도, 그렇지 않을 수도 있는 상호텍스트적 추측을 실존(existence)으로 만든다. 이러한 수사학은 그러한 전거의 존재를 가정하려고 했던 차일즈(Childs)와, 여기에서 더 나아가 상호텍스트적 공간을 정교한 상상의 산물로 채웠던 게오르기(Georgi)에게서 확인된다.

로드가 고찰하고 있는 밀턴의 예와 같이, 바울의 반유는 길고 복잡하다. 바울과 모세의 핵심적인 대조점은 다음과 같다. 모세는 무엇인가를 숨기려고 자신의 얼굴을 가린 반면(우리는 모세가 무엇을 감추었는지에 대하여 더욱 자세히 논할 것이다), 바울은 "벗은 얼굴"로 모든 사람 앞에서 "진리를 공개"하여 복음을 선포했다. 이 대조점은 먼저 고린도후서 3:12-13a에서 시작하고 3:18-4:4에 가서 다시 나타난다. 중간에 위치한 3:13b-17에 나타나는 묘사들, 곧 수건을 쓰고 완고하게 된 것에 대한 묘사와 읽지만 이해하지 못한 것에 대한 묘사, 주께 돌아가 변화를 받는 것에 대한 묘사 등은 모세와 바울의 대조를 강화하는 데에 일조한다. 독자들은, 바울이 출애굽기 34장 이미지를 더욱 정교하게 발전시켜 자신과 대조시킬수록, 바울의 직분이 실제로 모세의 직분과 그렇게 달랐다면 굳이 이러한 것들을 설명하고 있는 이유가 무엇인지에 대하여 궁금해하기 시작할 것이다.[58] 반유를 사용하고서 풍부하게 발전시키다보면 수사학적인 반발 효과(backlash effect)가 나타나게 된다. 곧, 우리는 모세와 거리를 두고 있는 바울이 역설적으로 자신이 지극히 반대했던 모세를 유비의 대상으로 삼고서 부정하였던 모세의 이미지를 다시 수용하고 있는 것을 확인할 수 있다. 로드는 『실낙원』, 4.268-87에서 이러한 유비의 효과를 묘사했다. "밀턴은, 에덴과 비교하여서, 헤아릴 수 없는 이방의 낙원들의 아름다움을 부정하면서도, 이방 낙원들의 강하고 전설적인 힘을 넌지시 사용하여 에덴의 비교할 수 없는 완벽함을 강화하고 치장하는 데에 사용한다." 이와 동일한 방식으로, 바울은 고린도후서 3:12~4:4에서 반유를 사용하여 자신의 직분과 시내산 언약 사이의 연결을 거부하면서도, 시내산 언약과 관련된 어떤 신화적 장엄함—특히 영광과 변화의 이미지—을 차용한다.[60]

그렇게 바울은 고린도후서 3:12-18에서 반유를 사용하기 시작한다. 표면적으로 모세는, 바울과는 달리, 수건을 쓰고서 자신이 아는 모든 것을 드러내지 않는 신비한 존재이다. 모세는 신비롭게 하나님을 만난 후에, 그분의 계시를 가지고 와서, 수건을 쓰고, 진리를 숨겨둔다. 그것이 바울이 옛 언약에 대하여 가지고 있는 그림—계시를 언뜻 볼 수는 있지만 대부분의 것은 감추어져 있는 상태—이다. 모세와는 달리 바울은 숨길 것이 없다(4:1-2). 바울은 진리를 숨김없이 드러낸다. 이렇게 바울은, 표면적인 차원에서, 반유를 사용하여 모세와 자신을 대조하면서 자신의 직분의 정당성을 주장한다. 이것이 바로 고린도후서 3장의 주제이다.

하지만 표면 아래에서의 흐름은 이와 반대된다. 모세는 하나님을 만날 때에 수건을 벗었기 때문에[61] 수건을 쓰는 것에 대한 상징일 뿐 아니라 수건을 벗는 것에 대한 상징이 된다. 바울이 사용한 모세 메타포는,

16-18절에 가서, 바울과 다른 기독교인들이 모세와 다르기보다는 모세와 유사하다는 의미를 전하게 된다. 바울은 "유사점을 대응시키는 직유와는 달리, 차이점을 부각시키는" 방식으로 시작하지만, 여기에서는 유사점을 대응시키는 방식이 부각된다. 반유에서 직유로 전환하는 지점은 16절이다. "그러나 언제든지 주께로 돌아가면 그 수건이 벗겨지리라." 하나님의 임재 안으로 들어가서 수건을 벗는 모세의 행동은 "수건을 벗은 얼굴로 거울을 보는 것 같이, 주의 영광을 보면서 주와 같은 형상으로 변화되어서, 영광에서 영광에 이르게" 되는 기독교인들("우리 모두")의 경험의 전형이 된다.

하지만 여기에는 여전히 옛 언약과 새 언약 사이의 두 가지 큰 차이점이 나타난다. 첫째, 모세가 수건을 벗고 주를 만난 것은 간간히 일어난 일이다—모세가 산에서 내려왔을 때에는 수건을 써야 했다. 이와는 대조적으로, 바울의 메타포에 따르면, 기독교인들은 예수 그리스도를 통하여 주에게로 돌아와 성령의 임재 안에서 계속적으로 살게 된다. 수건은 한 번 벗겨지면 그것으로 끝이다. 따라서 모세가 이따금씩 하나님의 임재 안으로 들어갔던 것은 기독교인들의 경험에 대한 전형이 되는 행동이지만, 단지 예표(prefiguration)일 뿐이다.

둘째, 모세는 옛 언약 하에서 홀로 하나님의 임재 안으로 들어갔고, 다른 이스라엘 자손들은 오직 모세의 중재를 통하여 하나님을 알 수 있었다(참조, 갈 3:19-20).[62] 이것은 고린도후서 3:7에서 제기된바, 기록과 영 사이의 대립을 해결할 수 있는 주요한 이슈 중 하나이다. 17-18절은 7절과 직접적으로 상응한다. "이스라엘 자손들"은 모세의 영광 때문에 모세의 얼굴조차 볼 수 없었지만(7절), 주/성령께 돌아온 사람들은 벗은 얼굴로 주의 영광을 볼 수 있다(18절). 바울에 따르면, 옛 언약 하에서 하나님을 아는 지식은 율법의 기록에 의해 중재되어 (그러므로 수건으로 가려져) 제한되어 있지만, 새 언약 하에서는 성령을 통하여 하나님을 직접 경험하게 된다.

그렇기 때문에 고린도후서 3:17-18에서는 자유를 주시는 성령이 세 차례 언급되면서 모세가 만났던 주(κύριος)와 동일시되는 것이다. 고린도후서 3:17에서 확인할 수 있는 κύριος와 πνεῦμα(성령)의 갑작스러운 동일시는, 삼위일체 교리에 한계를 느끼는 해석자들에게는 탐탁지 않은 증거로서, 출애굽기 34:34 인용구에 대한 바울의 주석적인 언급으로 제시된 것이다. 즉, 바울은 자신이 당면한 주장을 지지하기 위하여 칠십인역 출애굽기 34:34의 κύριος를 성령에 대한 표상으로—그저 기록된 언약에 대해 반대하는 것으로—읽는데,[63] 이는 NEB(New Engish Bible) 번역에 정확하게 나타나 있다. "그러나 구약성경이 모세에 대하여 말하는 것과 같이, '주에게로 돌아갈 때마다 그 수건이 벗겨진다.' 여기에서 말하고 있는 주란, 곧 성령이다"(고후 3:16-17a). 이와 같이 고린도후서 3:18은, 그 마지막 어구에 문장 요소들이 지나치게 생략되어 있기는 하지만("[이것은] 주/성령으로부터 [비롯한다]": 여기에서 "이것은"과 "비롯한다"가 생략되었다-역주), 성령이야말로 공동체의 모든 구성원들을 변화시키는 지속적인 능력(현재시제의 동사 μεταμορφούμεθα[변화된다]에 주목하라)이 된다는 의미로 읽혀야 한다. 더 나아가 이 압축적인 바울의 어구(καθάπερ ἀπὸ κυρίου πνεύματος[주, 곧 성령으로부터])는 앞서 나타난 οὐ καθάπερ Μωϋσῆς(3:13, "모세와 같지 않게")와 οὐχ ὅτι ἀφ' ἑαυτῶν ἱκανοί ἐσμεν(3:5, "자격이 우리에게서 비롯한 것이 아니다")에 대답하는 대위법적 반향으로[64] 읽혀야만 한다.

모든 신자들이 그리스도처럼(참조, "바로 그 형상(image)"[3:18]과 "하나님의 형상(image)인 그리스도"[4:4]—이 두 곳에서 모두 εἰκών[형상]이 사용되었다) 변화하게 된다는 진술은 그리스도의 추천서 메타포가 구체화된 것이다. 고린도교회는 그리스도처럼 변화되고 있기에, 그리스도의 삶이 그들의 죽을 육체에 나타난다고 말할 수 있겠다(참조. 고후 4:11).[65] 결과적으로, 바울은 성경 텍스트(출애굽기 34장)를 해석함으로써 성경의 계시가 주로 성경 텍스트가 아니라 변화된 독자 공동체 안에 나타난다는 것을 역설적으로 드러내고자 했던 것이다.

우리가 반유를 가지고 고린도후서를 분석한 것이 정확하다면, 출애굽기 34장의 모세 이야기는 바울에게 있어서 무지와 지식, 숨겨진 것과 드러난 계시 사이의 긴장을 표상하는 복잡한 비유(parable)가 된다. 해석자는 이 비유를 알레고리로 간주할 수 없다. 왜냐하면 이 비유의 주된 표상인 모세는 일대일로 대응되는 알레고리 도식으로 축소될 수 없는 메타포이기 때문이다. 13-15절에서 바울과 대조되고 있는 모세는 옛 언약의 대표자로 나타나서, 수건으로 옛 언약의 목적인 복음—결국 공개적으로 드러날—을 감추고 있다. 16-18절의 모세는 수건을 벗은 모든 기독교인들에 대한 전형—바울은 이를 직접적으로 언급하기 직전에 멈추지만—이 되지만, 앞서 언급했던 것과 같이, 기독교인들과의 차이점 역시 가지고 있는 인물이다. 모세는 기독교인들의 경험을 표상하고 있지만 기독교인은 아니다. 모세는 옛 언약의 상징으로서 기독교인들과는 대조적인 관계 위에 있으면서 동시에 성령을 직접 경험한 기독교인들의 전형이 된다.

이것은 바울의 실수로 인해 발생한 모순도 아니며 혼잡스러운 메타포도 아니다. 이는 출애굽기 34장을 비유로 읽은 것에서 비롯한 것으로, 이스라엘의 토라에 대한 바울의 복잡한 변증적 이해를 간결하게 표현해주는 단일하고도 강력한 메타포이다. 실제로 고린도후서 3:12-18에서 모세가 기록물로서의 토라가 되는(15절, "모세를 읽을 때에") 혼합적인 메타포를 인지할 때에 비로소 우리는 이 단락을 일관성 있게 읽을 수 있다. 주석가들은 13절에서 모세의 얼굴을 덮고 있던 수건이 14-15절에 가서 유대교 독자들의 마음을 덮고 있는 양상으로 나타나고 있다는 것을 합리적으로 설명하려고 노력했다. 이들의 관찰은 물론 옳지만, 이 변화보다 우선이 되는 변화가 있으니, 곧 모세가 사람을 지칭하는 것에서 텍스트를 지칭하는 것으로 전환된 것이 그것이다. 13절에서 모세는 율법의 수여자이지만, 15절에서는 회당에서 읽혀지는 토라가 된다. 이 사이에 문장이 하나 나타나서, 텍스트를 읽는 독자들의 마음을 가리고 있는 수건이 모세가 쓰고 있었던 "바로 그 수건"(τὸ αὐτὸ κάλυμμα)이라는 것을 말해준다. 이것이 어떻게 가능한가? 모세 메타포가 사람과 텍스트를 모두 지칭하고 있기에 모세가 수건을 쓴 이야기는 동시에 텍스트를 수건으로 가리는 이야기로 볼 수 있는 것이다(텍스트를 가리고 있는 수건으로 인해 독자들이 그 텍스트를 바로 읽을 수 없기에 텍스트를 가린 수건은 곧 독자의 마음을 가린 것으로 표현된 것이다-역주). 그리하여 τὸ αὐτὸ κάλυμμα(바로 그 수건)라는 하나의 어구는 우리로 하여금 모세의 수건 메타포를 텍스트 해석에 관한 이야기로 읽도록 인도한다.

그리하여 고린도후서 3:16의 상징적인 밀도는 거대해진다. 우리는 앞서 고린도후서 3:16에서 반유가 붕괴되고 긍정적인 메타포가 형성 되는 것, 곧 모세가 버려질 들러리가 아닌 전형으로 간주되는 것을 확인하였다. (혹, 모세가 들러리[foil]라면, 하나님의 장엄함이 터져 나오는 흔들리는 금박[foil]이다[제라드 맨리 홉킨스의 "하나님의 장엄함"(God's Grandeur)의 시구-역주]). 게다가 모세와 토라의 동일시에 비추어 볼 때에, 고린도후서 3:16은 다층적인 의미를 모으고 있는 상징적인 기반(nexus)으로 드러났다. 즉, 모세는 주에게로 돌아갈 때에 얼굴의 수건이 벗겨지고, 이스라엘은 그리스도에게로 돌아갈 때에 모세/토라의 수건이 벗겨진다. 바울서신의 독자들은 성령에게로 돌아갈 때에 모세 메타포의 수건이 벗겨져, 이 모든 것들이 눈 깜작할 사이에 동시다발적으로 일어나는 메타포라는 것을 깨닫게 된다. 이 의미들은 단지 같은 본문에 대한 "다른 해석의 가능성"이 아니라, 하나의 메타포에서 발생하는 다중적인 의미이다.[66] 그렇기 때문에 바울은 "우리 모두가"(고후 3:18)—이 우리에는 모세와 이스라엘, 바울, 고린도교회와 더불어 이 돌아옴에 참여하는 미래의 모든 독자들이 포함된다—자유를 경험하고 변화되기 시작한다고 말할 수 있었던 것이다.

필자가 고린도후서 3:16의 수건의 벗겨짐을 바울서신의 독자들에게까지 확장한 것이 무리한 해석이라고 생각할 수도 있겠지만, 바울 역시 고린도후서 4:3-4("만일 우리의 복음이 가려져 있다면, 멸망당하는 자들에게 가려진 것이다. 그들 가운데서 이 시대의 하나님이 믿지 않는 자들의 마음을 어둡게 하여, 그리스도의 영광의 복음의 광채를 보지[혹은, 반사하지] 못하게 하였는데, 그리스도는 하나님의 형상이다")에서 수건 메타포를 자신의 독자들에게 적용—모세의 얼굴 빛을 이해하지 못한 이스라엘에 대한 고린도후서 3장의 언급을 반향시키면서—하였다. 따라서 바울서신의 독자들 역시 주에게로 돌아간다면 수건이 벗겨지게 될 것이다.

바울이 이러한 다층적인 의미 안에서 수건 메타포를 사용하고 있다면, 우리는 수건으로 가려진 것이 무엇인지를 다시 물을 필요가 있다. 우리가 이미 살펴본 바와 같이, 대부분의 신학자들의 의견은 수건이 모세의 얼굴에서 사라지고 있는 빛을 감추고 있는 것이며, 이는 옛 언약의 후패함을 상징한다는 것이었다. 하지만 필자가 제안하는 방식으로 이 메타포를 읽는다면 다른 해석이 발생한다. 곧, 수건이 감추고 있는 것은 바로 그리스도 안에 나타나는 하나님의 영광이다.[67] 더불어 예수 그리스도의 얼굴을 바라보는 사람은(고후 4:6) 그의 영광을 반사시킴으로써 그리스도의 형상으로 변화될 것이다.[68] 이것을 다시 말하자면, (광야의 이스라엘에게 숨겨졌던) 일시적인 모세 언약의 목적은 곧, (바울 시대의 유대인들에게 숨겨졌던) 모세/토라의 진정한 의미와 동일한 것이며, 결국 이 두 가지는 (복음을 거부하는 독자들이나 바울의 메타포를 이해하지 못한 독자들에게 숨겨진) 바울의 직분에 대한 선포와 동일한 것이라고 볼 수 있다.[69] 이를 굳이 명제로 표현해야 한다면, 수건으로 가려진 것은 바로 그리스도의 형상을 가진 육신의 공동체에서 확인할 수 있는바, 예수 그리스도 안에 있는 하나님의 영광이라고 할 수 있겠다.[70] 이러한 식의 장황한 진술은 다소 부담스럽기는 하지만, 바울의 메타포에 내포되어 있는 해석학적, 윤리적 의미를 표현하기 위해서는 이 문장의 모든 요소들이 필요하다.

앞선 논의들은 고린도후서 3:12-18의 목적이 해석학적 원리를 제시하는 데에 있는 것은 아니지만 여기에 해석학적 방식이 분명하게 나타나고 있음을 암시한다. 이 단락에 함의된 해석학적 방식은 고린도후서 3:16에 결집되어 있는 메타포적 의미들이 어떻게 기능하는지 살펴볼 때에 정확하게 드러난다.

고린도후서 3:16("그러나 언제든지 주께로 돌이키면 그 수건은 벗겨질 것이다")은 출애굽기 34:34를 자유롭게 인용한 것이다. 칠십인역에는 "모세가 주와 이야기하기 위하여 주 앞에 들어갈 때마다, 나올 때까지 수건을 벗었다"라고 기록하고 있다.

출 34:34 LXX	ἡνίκα δ' ἂν εἰσεπορεύετο Μωυσῆς ἔναντι κυρίου λαλεῖν αὐτῷ περιῃρεῖτο τὸ κάλυμμα ἕως τοῦ ἐκπορεύεσθαὶ
고후 3:16	ἡνίκα δὲ ἐὰν ἐπιστρέψῃ πρὸς κύριον, περιαιρεῖ ται τὸ κάλυμμα.

바울은 출애굽기 34:34에 나타난 모세에 대한 구체적인 언급, 곧 "주와 이야기하기 위하여"와 "나올 때까지"라는 어구를 생략하고, 동사 εἰσεπορεύετο(들어가다)를 ἐπιστρέψῃ(돌아가다)—데살로니가전서 1:9(너희가 우상들을 버리고 하나님께 돌아와서[ἐπεστρέψατε] 살아계시고 참되신 하나님을 섬겼다)에서와 같이 전환을 묘사하는 단어—로 대체하였다. 더 나아가, 바울은 그 동사의 시제와 법을 미완료 직설법에서 부정과거 가정법으로 바꾸어서, 과거의 행동에 관한 서술이 아닌 일반적인 가능성을 말하는 진술로 읽힐 수 있도록 하였다. 이에 맞추어 미완료시제의 동사 "제거하다" 역시 현재시제로 바꾸었다.[71] 이러한 변화들은 바울이 출애굽기 본문을 메타포적으로 사용하면서 치밀하게 계산한 것들이기에, 별다른 증거가 없는 한 다른 어떤 본문전승에서 유래한 것으로 치부하거나 단지 바울의 기억에서 인용되면서 변화를 겪은 것으로 해명하려고 해서는 안 된다. 여기에 나타난 바울의 수정된 인용구는 바울이 구약의 문장요소를 세부적으로 다루고 있다는 증거가 되면서 동시에 자신이 확신하는 구약의 의미를 전달하기 위하여 본문을 매우 자유롭게 사용한다는 것을 보여준다.[72] 요하자면, 바울은 고린도후서 독자들이 자신이 보았던 출애굽기 34:34의 메타포적 의미를 볼 수 있도록 텍스트의 수건

을 벗기고 있는 것이다.

여기까지 바울의 메타포적 논리를 따라온 독자들은 바울이 모세를 반대편에 놓고 있는 것이 고린도후서 3:15에서 끝난다는 것을 알게 된다. 모세의 수건은 옛 언약의 목적을 가리고 있었고 이스라엘의 마음은 완고하였기에, 그들은 모세의 직분의 진정한 의미를 이해할 수 없었다. 그래서 이제 "모세가 읽혀질 때마다, 수건이 그들의 마음을 덮고 있다." 바울의 반유가 가진 힘으로 인하여 우리는 모세를 비판하면서 무지몽매한 토라의 종교를 내버리기를 바라게 된다.

그러나 이러한 흐름은 16절에서 재빠르게 반전—전환—된다. 모세는 주에게로 돌아가고 수건은 벗겨진다. 그리고 수건이 벗겨지면서, 바울서신의 독자는 수건의 목적을 메타포로서 새로이 이해하게 된다. 즉, 출애굽기 34장은 전의된다. 출애굽기 34:34은 더 이상 모세와 이스라엘에 관한 설명이 아니다. 모세가 주에게로 돌아와 수건을 벗고 하나님의 영광을 보는 이야기는 갑자기 은혜에 관한 비유가 되어 복음에 대한 예표로 읽히게 된다.

고린도후서 3:16의 수사학은 절묘하게도 이 구절 자체에서 말하고 있는 수건 벗음의 의미를 실제로 재현하는 효과를 낳는다. 이 본문의 의미는 모세의 수건 이야기 안에서만 전의되는 것이 아니라 바울서신의 독자들에게까지 전의되어 나타나는데, 이때 그 전의는 정확히 출애굽기 인용을 통하여 발생한다. 바울은 출애굽기 34:34의 단어들을 취하여 수건을 벗겨낸 후, 서로 다른 메타포적 의미들을 단번에 이야기하는 새로운 의미론적 세계에 위치시킨다. 그리하여 고린도후서 3:12-18은 단순히 새 언약 내에서 구약의 역할에 관한 해석학적 이론을 서술하기보다는, 성령의 인도를 받아 변화된 읽기를 실제로 보여주게 된다. 이러한 전환은 자연스럽게 일어난다. 코흐(Koch)는 다음과 같이 말했다.

> Dass Paulus seinen Exkurs über das nur "in Christus" gegebene sachgemässe Verstehen der Schrift so gestaltet, dass die

Spitzenaussage selbst ein Zitat der Schrift ist, nicht nur eine darstellerische Geschicklichkeit, sondern entspricht dem von Paulus hier dargelegten Sachverhalt: Mit der von Paulus behaupteten Verstehensmöglichkeit ἐν Χριστῷ ist fur ihn kein fremder Sachsgesichtspunkt an die Schrift herangetrage, sondern dies is in der Schrift selbst vorgegeben. Zugleich ist nicht zu übersehen, dass sich Paulus mit der Verwendung des Zitats von Ex 34,34a in einem hermeneutischen Zirkel bewegt: Die Anführung dieses Zitats für die von Paulus vorgetragene These von dem nur ἐν Χριστῷ gegebenen sachgemässen Verstehen der Schrift ist nur möglich, weil er das Zitat seinerseits bereits "ἐν Χριστῷ" interpretiert hat.[73]

[바울은 오직 "그리스도 안에서"만 구약을 적절하게 이해할 수 있다고 주장하면서, 구약을 인용한 것 자체가 그 주장에 대한 최고의 진술이 된다고 부연하는데, 이는 뜻밖의 설명이 아니다. 그보다도 이것은 바울이 설명하고 있는 현재의 상황과 일치한다. 환언하자면, 그리스도 안에서 가능한 구약의 이해는 낯선 것(바울이 여기에서 확신하고 있는 이해)이 아니라, 이미 구약 자체 내에 존재하고 있었던 것이다. 이와 동시에, 우리는 바울이 출애굽기 34:34a 인용구를 해석학적 순환을 통하여 다루고 있을 가능성도 배제할 수는 없다. 말하자면, 바울이 이미 출애굽기 인용구를 "그리스도 안에서" 해석하고서 자신이 제안하고 있는 테제―오직 그리스도 안에서만 구약을 적절하게 이해할 수 있다―에 부합하도록 출애굽기 인용구를 제시하고 있을 수도 있다.]

우리는 이상의 고린도후서 연구로부터 어떤 중요한 결론들을 발견할 수 있다. 바울이 주장하는 새 언약에 따르면, 진정한 해석은 독자들의 변화를 전제하고, 진정한 해석은 독자들을 변화시킨다. 오직 성령을 받은 독자들만이 수건을 벗어 던지고 구약성경의 의미를 이해할 수 있다.

성령이신 주에게로 돌아가지 않은 사람들은 필경 마음이 완고해지고 가려져 기록물에 걸리게 되어 있다. 동시에, 성령의 도움을 받아 구약에 담겨 있는 하나님의 영광을 발견하는 독자들은 필연적으로 변화를 경험하게 될 것이다. 이들은 알레고리적인 해석을 단순히 재미있는 오락거리로 다룰 수 없으며 해석학적 방식을 이론적인 학술서로 저술할 수도 없다. 수건 너머에 있는 하나님의 영광을 본 사람들은, 반드시 새 언약적 직분에 주도되어, 바울과 같이 자신들의 삶을 "화해의 직분"으로 내어주게 되어 있다. 화해의 직분은, 죄성이 가득한 시대에서, "항상 예수를 위하여 죽음에 넘겨지도록" 요구하고 "예수의 삶이 우리의 죽을 육체 안에 나타나게 한다"(고후 4:11). 이것이 바로 바울의 해석학적 행위가 가차 없이 몰고 가는 주제이다(현재 논의되고 있는 본문은 고린도후서 4:7-15로 이끈다). 누구든지 그러한 섬김에서 물러선다면 바울이 생각하고 있는 모세의 의미를 이해했다고 말할 수 없다. 모세가 보았던 영광, 곧 "예수 그리스도의 얼굴에 있는 하나님의 영광을 아는 빛"(4:6)은 십자가를 지신 그리스도의 형상을 따르기를 요구하는 주의 얼굴 안에 나타난다.[74] 그것은 새 언약적 직분을 가지게 된 독자가 치러야 할 대가이다.

하지만 이러한 대가를 지불한 사람들은 새로운 자유로 들어가게 된다. 그 자유에는 해석학적 자유가 포함되어 있다. 구약성경은 γράμμα(기록)에 얽매여 읽혀서는 안 된다. 구약성경은 반드시 성령의 인도를 받아 복음에 대한 증거로 읽혀야만 한다(필자는 학생들이 주해 과제를 제출하면서 필자에게 이 문장을 다시 적용할 것이 극심히 두렵다). 이는 궁극적으로 구약성경이—바울이 구약을 읽을 때에—메타포, 곧 예수 그리스도의 복음을 가리키고 조명하는 거대한 전의가 된다는 것을 의미한다. 또한 이 복음의 특징은 텍스트가 아닌 사람의 마음에 쓰이는 것이기에 교회 공동체는 구약성경의 의미가 화육(enflesh)되는 장소가 된다. 이러한 고찰을 가지고 다시 원점인 고린도후서 3:1-3으로 돌아가 보겠다.

변화된 텍스트

이제 본 장 서두에서 제기한 의문으로 돌아가서 고린도후서 3장에 새로운 해석학적 원리가 제시되고 있는지 살펴보려 한다. 바울은 고린도후서 3장에서 해석학적 명제를 분명하게 제시하고 있는가? γράμμα와 πνεῦμα에 관한 진술을 해석학적 원리로 받아들여야 하는가? 바울의 새 언약적 직분은 독특한 해석 방법론을 필요로—혹은 제시—하는가? 우리는 앞서 이 이슈들을 다루어 왔는데, 이를 요약하여 결론을 지을 필요가 있다.

우선적으로, 고린도후서 3장은 해석 방법론을 제시하는 실천적인 논의도 아니며 새 언약과 옛 언약 사이의 연속성/불연속성을 이론적으로 다루는 논고도 아니다. (사실, 이 문제들에 관한 바울의 이론적인 대답을 듣고자 원한다면 로마서를 살펴보는 것이 나을 것이다.) 고린도후서 3장은 오히려 바울의 사도적 정당성을 입증하기 위하여 진정한 직분의 모습을 상술하고 있는 바울의 변증에 가깝다. 여기에서 바울은 직분의 참됨을 판단하기 위한 척도를 텍스트에 한정하는 것에 반대한다. 바울이 주장하는바, 새 언약적 직분은 사람의 추천서와 같은 기록물이 아닌 마음에 쓰시는 하나님에 의해 입증된다. 다시 말해, 새 언약적 직분은 성령으로 변화된 삶으로서 하나님의 일하심을 명확하게 드러내는 교회 공동체의 존재로 입증된다. 바울은 고린도교회가 그리스도의 추천서라고 말하면서 18세기 후반, 제라드 맨리 홉킨스(Gerard Manley Hopkins)가 바울을 반향하며 기독교인 개개인에게 대하여 이야기했던 것을 공동체에 적용한다.[75]

물총새가 불타오르듯, 잠자리가 불꽃을 그리듯,
돌이 둥근 우물에 굴러들어 울리듯,

현이 떨면서 저마다 말하듯,
종(bell)이 흔들려 제 이름을 널리 울리듯,
사멸하는 것들은 저마다 한 가지 같은 일을 행합니다
저마다 내면에 거하는 존재를 표출하고
자기 자신을 이야기하며 기록하고 외칩니다
내가 행하는 것이 곧 나 자신이며, 그것이 내가 온 이유라고

저는 더욱 말합니다.
의로운 자는 의를 행하고
은혜를 가지고서 모든 행사를 은혜롭게 행한다고 말입니다
하나님의 눈에 비친 의로운 자의 행위는
그리스도의 행위는 수많은 장소에서
다른 이들의 사랑스러운 손발과 사랑스러운 눈으로
사람들의 얼굴을 통하여 아버지에게 나타납니다

우리가 고찰한 고린도후서 3장의 논지에 따르자면 γράμμα와 πνεῦμα
는 두 가지 해석학적 원리를 가리키는 이름일 수 없다. 여기까지는, 고린
도후서 3장이 해석학적 원리를 다루고 있는 것이 아니라고 주장하는 주
석가들이 전적으로 옳다. 바울이 영과 γράμμα를 대조시키고 있는 것은,
우리가 익히 알고 있는바 "영과 율법의 조문(letter)"의 대조와 같이, 구
약의 일차적인 의미에 반대하는 것도 아니며, 더구나 필로나 오리겐과
같이 구약성경 저변에 감추어진 신비한 의미가 참되다고 주장하는 것도
아니다. 바울이 말하는 영이란, 곧 삶을 변화시키며 직분에 능력을 부여
하시는 성령으로서, 공동체 안에서 실제로 경험되며 방언이나 예언과 같
은 영적 은사로 나타내 보이시는 분이다(참조, 고전 12-14장). 성령은
추상적인 실체나 신학적인 개념이 아니다. 성령은 믿음의 공동체가 일상
에서 하나님의 강한 임재를 경험하는 방식이다.[76]

따라서 새 언약적 직분이 기록의 직분이 아니라 영의 직분이라는

것은 "이는 백성들의 삶을 변화시키는 직분이지 기록된 글자를 위한 직분이 아니야"라고 말하는 것과 같다.[77] 학술적인 공동체에 속하여 기록된 글자를 위하여 삶을 바치고 있는 우리가 이러한 이분법을 불편하게 느끼는 것은 당연하다. 그런데 사실 바울 역시 기록된 글자를 가지고 방대한 작업을 해나간다. 행여 바울이 본문 해석 활동 '그 자체'(in se)에 반대했다면 그러한 작업에 몰두하고 있는 바울을 어떻게 설명할 수 있는가? 분명한 것은, 고린도후서 3:6은 풍부한 수사학을 사용하여 διακονία τοῦ πνεύματος(영의 직분[고후 3:7~4:15])를 소개하고 있는 것이지, 바울의 해석학적 입장을 확정적으로 밝히고 있는 본문이 아니라는 것이다.

바울은 영의 직분을 설명하면서, 우리가 관찰한 것처럼, 곧바로 구약성경을 인용하고 해석하기 시작한다. 이는 바울의 γράμμα(기록)에 대한 거부가 결코 γραφή(구약성경)에 관한 것이 아니라는 것을 보여준다. 더 나아가 고린도후서 3:12-18에 나타난 모세와 기록물로서의 토라 사이의 메타포적 동일시는 그리스도에게 돌아오는 자가 새로운 능력을 부여받아 구약의 τέλος(목적)를 알게 될 것을 암시하고, 바울의 출애굽기 34장 해석은 새로운 해석학의 전형, 곧 성령의 영감을 받은 읽기에 대한 예시가 된다. 따라서 바울이 이 단락에서 해석학적 논의를 개진하거나 γράμμα/πνεῦμα의 구분을 대조적인 해석학적 원리로 제시하고 있지는 않지만, διακονία τοῦ πνεύματος(영의 직분)를 받은 자는 이스라엘의 성경을 전혀 새롭게 읽게 된다는 것이 드러난다. 이 새로운 해석 방식은 고린도후서 3장에서는 체계적으로 정의되어 있지는 않지만, 아주 생생하게 묘사되어 있다.

주에게로 돌아와 수건이 벗겨진 독자들은 모든 구약성경이 그리스도 안에 있는 새로운 공동체의 살아있는 현실을 증거 하는 방대한 메타포라는 것을 알게 될 것이다. 이는 우리가 앞 장에서 관찰했던 바울의 교회중심적 해석학과 전적으로 일치한다. (물론 "우리는 우리 자신을 전파하는 것이 아니라, 오직 예수 그리스도께서 주가 되신 것과, 또한 우리 자신이 예수를 위하여 너희의 종 된 것을 전파한다"[고후 4:5]라고 말하고 있는 바울이 자신의 설교의 초점을 놓칠 리는 만무하다. 바울의 변혁적인 해석은 주이신 예수에게로 돌아갈 때 일어나는 것이지만, 고린도후서 3장에서는 구약의 주제를, 우리가 살펴본 다른 본문들과 마찬가지로, 은혜로 자신의 백성들을 모으시는 하나님의 행동으로 보고 있다. 이는 예레미야의 새 언약이 의미했던 것과 같다.) 바울은 모세를 그리스도에 대한 모형론적 예표로 보거나 모세의 얼굴 빛을, 후대에 공관복음의 저자들이 그랬던 것과 같이, 예수에 관한 사건을 상징하는 것으로 해석하기보다 기독교인들의 경험을 예표하는 것으로 읽는다. 여기에서 바울이 출애굽기 34장 이야기를 기독론적으로 해석—모세가 시내산에서 보았던 것은 그리스도의 영광이었다는 식으로—하고 있을 수도 있다는 주장에 대한 애매한 근거가 있기는 하지만,[78] 실제로 바울이 그렇게 해석했을 가능성은 낮다. 분명하게 바울은 모세와 이스라엘에 관한 구약 이야기를 자신 및 교회에게 적용한다. 출애굽기 34장의 진정한 의미는 현재 교회 공동체 안에서 드러난다. "우리가 다 수건을 벗은 얼굴로 … 변화된다."

구약의 의미가 기독교 공동체 안에서 형성되기에 기독교 공동체에 속한 사람만이 구약을 이해할 수 있다. 결과적으로, 변화된 공동체는 진정한 구약 해석의 증거 및 결과일 뿐 아니라 전제이기도 하다. 하나님의 영이 역사하고 있는 공동체("우리 모두")는 그리스도의 형상으로 변화하게 되고, 구약이 정확하게 이러한 공동체의 변화를 예표하고 있다는 사실을 확인하게 된다. 이 변화가 일어나지 않은 공동체라면 어떠한 해석으로도—그것이 아무리 정교한 해석 방법론이라 하더라도—텍스트를 덮고 있는 수건을 투과하여 그 의미를 읽어낼 수 없다.

이와 같이 텍스트가 공동체로 변화되면서, 해석학과 윤리학 사이의 이분법은 사라지게 된다. 새 언약적 해석학은 해석 이론에 관한 것도 아니며 랍비의 '미도트'(middot)와 같이 해석 과정을 모아놓은 창고도 아니다. 바울의 새 언약적 해석학에 따르면, 도덕적 변화 없는 진정한 해석은 없으며, 진정한 해석 없는 도덕적 변화도 없다. 구약성경에 뿌리를 두고 있는 공동체는 그 일상에서 "저마다 내면에 거하는 존재를 표출"(이 상에서 언급했던 제라드 맨리 홉킨스의 시행-역주)하기에, 그들의 일상 은 구약에 대한 해석이 된다. 이때 구약 해석을 보증하는 '준거점'(準據 點, discrimen)은[79] 바로 종말론적 언약 공동체가 성령의 능력으로 인해 그리스도의 형상으로 변화되었는가 하는 것이다. 이 준거점과 일치한다 면 어떠한 구약 해석도 진정한 해석으로 볼 수 있다.

이렇게 해석학과 윤리학의 통합된 면모는 본 논증의 마지막 문장인 고린도후서 4:6에서 확인할 수 있다("'어두움 속에 빛은 비추라' 말씀하 신 하나님께서 예수 그리스도의 얼굴에 있는 하나님의 영광을 아는 빛을 우리 마음에 비추셨다"). 이 구절은 구약에서 직접 인용된 것이 아니라, 컬러가 묘사한바, 일종의 상호텍스트적 언급(citation)으로서 그 문장 자 체를 '데자뤼'(déjà lu)로 제시하는 사도 바울의 자유로운 창작물이다. 이 는 이스라엘의 성경이라는 상호텍스트적 기반에 근거한 바울의 가설적 인 진술이다.

이 인용구는 두 가지 기본적인 본문을 반향하고 있다. 첫째는, 많 은 주석가들이 인지하고 있는 것으로, 창세기 1:3a("빛이 있으라")이다. RSV는 이 인유를 분명하게 알아볼 수 있도록 고린도후서의 미래직설법 동사 λάμψει(빛이 비출 것이다)를 창세기와 같은 3인칭 명령법으로 번 역하여 "빛이 비추게 하라"라고 특이하게 번역하였지만, 사실 창세기 1 장에는 이 동사가 전혀 나타나지 않는다. 실제로, 고린도후서 4:6과 창 세기 1:3-4 사이에서 직접적으로 병치되는 단어는 빛과 어둠 뿐이다. 이 반향은 빛과 어둠이라는 보편적인 상징 요소와 관련되었기 때문에 희미한 것으로 간주될 수도 있겠지만, 창세기 1장 본문은 매우 기본적 인 창조 이야기에 속하여 있기에 독자들은 이 인유를 놓치기 어려울 것 이다.[80] 여기에 나타나는 또 다른 반향은, 형식에 있어서는 고린도후서 4:6과 매우 유사하지만, 자주 간과되는 본문으로 이사야 9:2(9:1 LXX) 이다. 이사야 선지자는 다음과 같이 이야기했다. "어둠[σκότει] 속을 걷 던 백성이 큰 빛을 보았다. 죽음의 그늘진 땅에 사는 네 위에 빛이 비쳤다[φῶς λάμψει]."[81] 바울은 두 본문을 인용하지 않고 모두 반향시킴으로 써, 창조주 하나님과 구원자 메시아에 관한 언급을 혼합시켜 고린도교회 에게 비추어진 빛이 창조자이자 구원자이신 하나님에 의한 것임을 암시 한다. 바울은 두 개의 핵심적인 구약 본문을 자유롭게 반향하여 "새 창 조"(참조, 고후 5:17)에 관한 증거로 제시한다.

바울에 따르자면, 새 창조는 정확히 믿음의 공동체 안에서 드러나 는 것이기에, 창조주이자 구원자이신 하나님은 빛이 "우리의 마음"을 비 추도록 명령하신다. 이러한 조명으로 인해 우리는 "예수 그리스도의 얼 굴에 있는 하나님의 영광"(고후 4:6)을 알 수 있다. 이 구절은 고린도후 서 3:16-18의 수건을 벗는 언급에 대한 결론으로서, 주에게로 돌아갔던 모세의 수건이 벗겨졌다는 진술은 모든 이들이 "벗은 얼굴로" 주의 영광 을 보게 된 교회 안에서 재진술된다. 고린도후서 3:18에서는 주의 영광 을 보게 된 믿음의 공동체를 묘사하고 있지만, 아직은 고린도교회가 보 고 있는 것에 대하여 구체적으로 말하지 않는다. 이를테면, 영광의 원천 이라든지 영광의 특징 같은 것들은 무대 뒤에 남아있다. 바울은, 이 흐름 의 절정인 고린도후서 4:6에서, 영광을 비추는 것이 "예수 그리스도의 얼굴"이라고 선언하기에 이른다. 그리스도는 변화된 공동체에게 빛을 비추는 εἰκών(형상)으로서 새 언약 백성의 전형이기에, 모세가 감추었던 것과 같은 영광을 육신의 얼굴에 반사시키는 고린도교회의 용모는 어떻 게 모세가 읽혀져야 하는지에 대한 진정하고 확정적인 해석이 된다.

제5장

"말씀이 네게 가까이 있으니":
종말론적 공동체의 해석학

"The Word Is Near You":
Hermeneutics in the Eschatological Community

바울의 구약 읽기

　　이제 우리는 바울의 구약 해석을 정리하고 평가해야 할 시점에 당도했다. 이 마지막 장에서는 바울서신의 해석학에 관한 우리의 관찰들을 요약하면서, 결론적으로 바울의 상호텍스트적 해석학을 신학적 반성을 위한 규범적인 전형으로 다루려 한다. 우리는 구약성경의 독자인 바울을 다섯 가지의 범주로 구분하여 평가할 수 있다. (1) 해석학적 자유, (2) 새로운 해석과 연속성, (3) 해석학적 방법론과 한계, (4) 단어의 직접성, (5) 종말론적 해석학이 그것이다. 이제 각각의 주제들을 차례로 살펴보도록 하겠다.

주의 영이 있는 곳에 자유가 있다

　　"자유"(ἐλευθερία)는 하나님의 백성의 삶의 모습과 관련한 것으로서(갈 5:1-2; 고후 3:17), 우리가 관찰한 바와 같이, 해석학에도 영향을 미친다. "예수 그리스도의 얼굴에 있는 하나님의 영광을 아는 빛"(고후 4:6)은 독자로 하여금 옛 언약적 읽기의 속박에서 자유롭게 하고, 구약을 예수 그리스도 안에 있는 하나님의 의에 대한 증거로 자유롭게 읽도록—보다 정확히 말하자면, 자유롭게 살도록—한다. 이는 구약이 다른 무엇보다도 메타포적으로 해석된다는 것을 의미한다. 다시 말하자면, 구약은 구약 자체가 말하고 있는 것보다 더욱 많은 것을 의미한다. 구약에 잠재된 의미는 오직 "주에게로 돌아오는 사람"에게만 드러난다.

　　주에게로 돌아와 성령의 조명을 받은 독자들은 구약 자체에서 전의들을 파생시킨다. 바울의 구약 해석 방식은 변혁적이다. 곧, 바울은 이스라엘을 향한 하나님의 말씀을 교회라는 새로운 환경 및 자신의 케리그마와 연관시키면서 새로운 해석들을 창출한다―그럼에도 불구하고 이 해석들은 고대 문헌들이 가리키고 있었던 종말론적인 진리로 평가된다. 바울의 해석을 따르자면, 신명기 30:11-14와 같은 본문들은 명쾌한 것처럼 보일지라도, 그 안에는 모세나 에스라가 결코 추측할 수 없었고 바울 자신도 주에게로 돌아오기 전까지는 상상 할 수 없었던 의미들이 감추어져 있다. 하지만 그렇게 감추어졌던 의미들이 드러나면 과거에 선포된 하나님의 계시들을 드러내는 해석학적 열쇠로서 기능하게 되는데, 바울의 복음 선포는 바로 구약에 감추어진 그 의미들을 드러낸 사건이었다 (롬 10:8, "'말씀이 네게 가까워 네 입에 있으며, 네 마음에 있다' 하였는데, [곧, 우리가 전파하는 믿음의 말씀이다]").

이렇게 복음이 구약성경 안에 감추어 있는 것이라면, 구약성경은 기독교의 케리그마를 메타포적으로 예표하는 인유로 이해되어야 한다. 구약에는 방대한 약속이 감추어져 있기에 해석적 전략들을 통하여 그것들을 드러낼 필요가 있다. 그런데 바울의 해석학만이 가진 독특한 특징은, 흥미롭게도, 구약을 모방하면서도 간접적이고 인유적인 방식으로 그 의미를 드러낸다는 것에 있다. 바울의 해석 방식의 특징은 쿰란언약자들(Qumran covenanters)나 필로(Philo)와는 다른 방식으로 구약을 한 줄씩 해독(decode)해 나가는 것에 있는 것이 아니다. 바울은, 우리의 분석이 옳다면, 구약을 반향시킴으로써 명시된 주장보다도 더욱 넓은 의미들을 함축적으로 제시한다. 따라서 바울서신은 구약성경이라는 거대한 하위 텍스트를 복잡한 인유로 요약해 놓은 것이라 말할 수 있다.

그렇기 때문에 바울의 상호텍스트적 '행위'(ποίησις)는 바울서신의 독자들을 도전하게 된다. 해석학적 사건으로서의 바울서신에는, 그 대화 전략에 있어서, 명시적이기보다는 암시적으로 다루어지는 텍스트(구약성경)에 대한 인유적인 고찰이 담겨 있다. 바울의 상호텍스트적 모체는 복잡하기에 풍부한 환용을 발생시킬 수밖에 없다. 바울의 반향들은 독자들을 구약의 상징적인 세계 안으로 인도하고, 바울의 인유들은 이미 상당한 의미의 무게를 가지고 있는 전거들을 향하여 손짓한다. 이러한 상호텍스트적인 상황에서는 명백한 인용구도 전의의 방식이 될 수 있다. 다시 말하자면, 인용구는 본래의 콘텍스트를 내포하고 있기에, 구 콘텍스트와 신 콘텍스트 사이의 가장 중요한 상호텍스트적 공통 요소는 직접 언급되기 보다는 함축적일 수 있으며, 따라서 인용구의 의미는 두 텍스트가 접촉하고 있는 무언(無言)의 공간에서만 인지될 수 있다. 인용구의 의미라는 것이 그러한 상호텍스트적 관계의 산물이라면, 그 의미—표상을 전환시키는—는 고대의 텍스트 안에서 출토된 유물과 같은 것이 아니라 삽으로 바위를 쳤을 때에 발생하는 스파크(spark)와 같은 것이다.[1]

결과적으로 바울의 해석학에 있어서 구약의 본래 의도는 바울의 주요한 관심 사항이 아니다. 바울의 상호텍스트적 해석들이 그 특징에 있어서 메타포적이라면 바울서신의 독자들 역시, 바울이 형성한 표상에 함축된 의미들을 이해하기 위하여, 바울과 동일한 해석적 활동에 참여해야만 한다. 그런데 그렇게 함축된 의미들은 구약 저자의 의도를 넘어설 수 있다. 메타포로서의 구약 본문은 저자를 통해 이야기하지만, 바울의 구약 독법은 구약의 본래 의미에 대한 면밀한 역사에 제한되지 않기에, 그것이 저자의 지식에서 나온 것인지 아닌지는 중요한 사항이 아니다. 하지만 구약의 종말론적인 의미는 본래의 의미를 포괄한다. 고린도후서 3장에서 명확하게 주장한바, 주에게로 돌아와 수건이 벗겨진 자들은 이전의 모든 독자들에게 감추어져 있었던 진리를 인지하게 되는데, 예컨대, 출애굽기 34장의 진정한 의미는, 오직 고린도후서 3:7-18에서 상호텍스트적으로 발생한 해석학적 변화(transfiguration)의 결과로서, 바울의 독자 공동체 안에서 드러난다. 진정한 해석은 본문에 대한 역사적인 연구나 학문적인 문예 분석에 달려 있는 것이 아니라 성령의 사역에 주의를 기울이는 것에 달려있다. 그 성령은 구약성경을 통하여 놀라운 방식으로 복음을 드러낸다. 이때, 유희적인(playful) 해석들이 발생하기도 하지만 자유로운 상호텍스트적 놀이는 하나님의 은혜라는 안전한 의미에 기반을 두고 있기에, 바울은 모세를 통해 말씀하셨던 그 하나님이 여전히 자신의 변혁적인 해석 안에서도 말씀하고 계신다는 것을 신뢰할 수 있었다.

"우리가 율법을 폐하느냐?": 새로운 해석과 연속성의 문제

그러한 해석학은 즉각적으로 다음과 같은 문제에 봉착하게 된다. 구약성경이 성령의 인도를 받아 전의로 해석된다면, 그러한 읽기가 결국 구약의 의미를 뒤집게 되는가? 바울이 토라의 의미를 너무 과감하게 변형시켜서 그 의미가 사실상(de facto) 전복(顚覆)되는 것은 아닌가? 바울은 항상 그러한 반대에 직면하면서 "우리가 율법을 굳게 세운다"(롬 3:31)라고 주장해왔지만, 여러 세대의 기독교 독자들을—그리고 유대인들은 더욱 더—거의 설득하지 못했다.[2] 허버트 막스(Herbert Marks)는 이 이슈에 관하여 가장 직설적인 언어로 이야기했다. "바울에게 있어서 해석 작업은 '기독교인의 자유'나 '권위'(ἐξουσία)를 행사할 수 있는 최초의 기회였다. … 바울은, 영적 자율성에 대한 갈망을 가지고 성경 그 자체의 의미에 반발함으로써, 변증가—구약의 증언에 적법하게 의존하는—가 아닌 독단론자—자신이 가진 개념들을 이전의 전통에 부과함으로써 자신의 개념의 우월성을 확인하려는—가 되었다."[3] 바울의 해석은 진정으로 토라와 연속성을 가지고 있는가? 그렇지 않다면, 막스가 주장하고 있는 것과 같이 "선조들의 폭정에 반발하는 과정에서 갖게 된 새로운 힘에 대한 전형"이[4] 되는가?

물론 어떤 면에서 보자면, 바울이 토라의 본래 의미와는 다르게 해석하고 있는 것은 분명하다. 바울은 율법 준수의 규범성을 몰아내고 "할례나 무할례가 중요한 것이 아니라, 오직 새롭게 지으심을 받는 것이 중요하다"(갈 6:15)라고 말하면서, 1세기 유대교의 관습적인 해석을 뒤로하고 구약에 내포된 상징적인 세계로 다가섰다. 그렇다면 바울은 어떻게 복음이 율법을 굳게 세운다고 주장할 수 있었던 것인가?[5]

우리는 바울이 구약성경을 주로 하나님의 선택과 약속에 관한 내러티브로 해석함으로써 율법과 복음 사이의 연속성을 발견하고 있다는 것을 확인하였다.[6] 그 이야기의 주인공은 하나님으로서, 그분은 아브라함 때부터 줄곧 이스라엘을 돌보고 계시며, 약속에 대하여 영원토록 신실하신 분이다. 구약은 δικαιοσύνη θεοῦ, 곧 하나님의 의에 관한 이야기로서, 이 이야기는 바로 율법과 복음 사이의 통일성의 근거가 된다. 이러한 심층적인 차원에서 보자면 우리는 바울이 자신의 신학 개념을 앞선 전통에 부여하려고 했다고 비난할 수 없을 것이다. 오히려 바울은 구약 이야기의 기본적인 주제를 해석학적인 열쇠로 다루어 전통의 의미를 밝히려 했다. 바울이 선택한 핵심 주제는 중요한 면에 있어서 랍비 유대교가 선택한 것과는 다르지만, 해석학적 연속성에 대한 바울의 주장은 전적으로 텍스트 그 자체에 기초하고 있다. 바울은 이전에는 이해할 수 없었던 성경 내러티브의 통일성이 예수 그리스도 안에 있는 하나님의 행위에 의하여 드러났다고 주장했다. 이는 로마서 3장과 4장에서 다루고 있는 과제이기도 하다. 말하자면, 그리스도 안에서 새로운 방식으로 드러난 하나님의 의는 율법과 선지자들이 증거 했던 하나님의 성품 및 목적—이스라엘을 다루셨던 과거의 하나님의 이야기에 나타난—에 정확히 부합한다.

이렇게 내러티브를 해석학적 렌즈로 삼아 구약을 읽는 것은 이야기 내의 특정한 요소에 대한 해석에 지대한 영향을 미치게 된다. 예컨대, 모세와 시내산의 율법은 하나님의 구원 드라마를 주도하는 것이 아니라 일시적으로 보조하는 역할을 한다. 그렇기 때문에 토라는 대체되거나 폐지되는 것이 아니라 복음의 증인으로 변화되는 것이다. 이것이 바로, 율법에 대하여 끊임없이 부정적으로 서술하고 있는 갈라디아서에서조차도 아브라함 이야기에 복음이 담겨 있다고 해석하면서, 구약을 세울 수 있는 이유가 된다.

구약에 대한 바울의 파편적인 언급이나 반향들은 공통적으로 하나님의 의의 이야기에 뿌리를 두고 있다. 이 인용구들이 취사선택적이고 산발적인 것처럼 보이더라도, 그 출처의 더욱 넓은 내러티브 문맥 안에서 인유적으로 이해되어야 한다.[7] 예를 들어, 우리가 이미 살펴본 바와 같이, 로마서 1:17의 하박국 2:4 인용은 하박국서 전반에 나타나는 신정론에 대한 의문을 그 배경으로 하고 있다. 또한 이사야의 심판 신탁에 대한 언급(예, 롬 2:24에서 인용한 사 52:5)은 오직 이스라엘의 심판과 구원에 대한 이사야의 정경적 묘사를 고려하여 읽을 때 바르게 이해할 수 있다. 바울의 인유는 그러한 내러티브의 순서 패턴을 함축적으로 상기시키기 때문에, 우리는 상호텍스트적 반향이—특별히 로마서에서—차후에 나타날 바울의 논증(dialectic)을 예비하면서 논의를 은연중에 통일시키는 것을 확인할 수 있었다.

그렇게 바울의 해석학적 과정 안에 기본적으로 구약과 복음 사이의 내러티브적인 연속성이 나타나고 있다면, 막스가 구약과 복음 사이의 관계를 반제로 놓고 있는 이유는 무엇인가? 막스의 바울 해석은 저만의 독특한 것이 아니라, 마르시온(Marcion)과 하르낙(Harnack)의 전통,[8] 곧 모세를 죽이는 데에 앞장서서[9] 바울을 반유대교적 사도로 해석하는 전통을 반영한 것뿐이다. 막스는 이러한 바울에 관한 전통적인 묘사를 해럴드 블룸(Harold Bloom)의 비평이론으로 다루어서, 영향에 대한 불안을 가지고 있는 바울이 전통에 반하여 자율성을 행사하려고 했다고 평가했다.

막스의 이러한 바울에 대한 오독은 블룸에게 만큼이나 불트만의 영향을 받은 것이다. 막스가 불트만의 영향 아래에 있다는 증거는, "해석의 내용이나 결론이 중요한 것이 아니라 해석 활동 그 자체가 가장 중요한 것이라는 견고한 확신"을 바울에게 적용하고, 이 의심스러운 명제를 지지하기 위하여 "바울은 민족사와 세계사에 관심이 없었다"라는 더욱 이상한 불트만의 의견을 인용하는 것에서 확인할 수 있다.[10] 불트만의 역사에 대한 관심은 "사람의 역사성"에 대한 관심에 국한되었는데, 막스는 이 "사람의 역사성"을 다음과 같이 이해하였다. "사람은 개인적인 (personal) 행동—필연적으로 자신의 과거를 침해하는 행동—을 통하여 자신의 본질을 형성한다."[11]

우리는 이러한 막스의 태도에 대하여 두 가지로 논박할 수 있다. 첫째, 바울이 민족사와 세계사에 대한 관심이 없었다는 생각은 바울 사상에 만연한 묵시적 모티프와 전연 반대되며, 특히 세상의 운명(특별히 롬 8:18-25를 보라)과 이스라엘의 운명을 가장 시급한 문제로 다루고 있는 로마서의 전체적인 논지와도 반대된다.[12] 둘째, 바울이 이스라엘의 전통에 반하여 개인의 자율성을 주장하려고 했다는 것은 시대착오적인 발상이다. 무엇보다도, 바울은 (블룸이 셰익스피어[Shakespeare]에 대하여 말한 것처럼) "대홍수 이전, 곧 영향에 대한 불안이 시학의 중심적인 관심사가 되기 이전의 거대한 시대에 속하여 있다."[13] 바울의 위대한 투쟁은 구약성경에 대한 자신의 권한을 주장하기 위한 것이 아니었다. 바울의 투쟁은 오히려 구약성경과 관련한 자신의 선포의 진정함과 그 선포와 관련한 구약성경의 진정함을 드러내기 위한 변증적인 투쟁이며, 이스라엘의 하나님이 예수 그리스도 안에서 행하셨던 것을 입증하기 위한 투쟁이었다.

막스는 갈라디아서 6:15에서 할례보다 중요하다고 언급하고 있는 "새 창조"를 바울의 자율적인 해석학적 창조성에 대한 언급으로 해석하지만, 이는 이사야 65:17-25의 인유로서 타락한 피조물과 이스라엘에 대한 하나님의 종말론적 회복에 관한 언급으로 보아야 한다.[14]

> 보라, 내가 새 하늘과 새 땅을 창조할 것이니,
> 이전 것들은 기억되지도
> 마음에 떠오르지도 않을 것이다.
> 너희는 내가 창조하는 것으로 인해 영원히 기뻐하고 즐거워하여라.
> 보라, 내가 예루살렘을 기쁨으로 창조하고
> 그 백성을 즐거움으로 창조할 것이기 때문이다.
> 내가 예루살렘을 즐거워하며
> 내 백성을 기뻐할 것이니,
> 우는 소리와 부르짖는 소리가
> 다시는 거기서 들리지 아니할 것이다.

또한 갈라디아서 앞부분(4:26-27)에 나타나는 새 예루살렘의 종말론적인 이미지("우리의 어머니")의 관점에서 보자면 새 창조의 공동체적 면모는 충분히 분명하며,[15] 무엇보다도 그 새 창조는 하나님의 종말론적인 행동에 달려 있는 것이지[16] 바울의 해석학적 창의력에 달려 있는 것이 아니다.

막스가 진정으로 우리에게 제시하고 있는 것은 바울을 강하게 오독한 불트만—물론 불트만은 루터의 더욱 강한 오독을 반향하고 있다—에 관하여 블룸에 충실한 (그러므로 "빈약한") 해석이다. (여기에서 필자는 하르낙이나 마르시온을 언급하지는 않으려 한다.) 어거스틴(Augustine)으로부터 (프로테스탄트[Protestant] 한 가지인) 루터를 거쳐 불트만에 이르기까지 서구 기독교 전통의 주류는 바울을 개인의 구원에만 초점을 두고 읽어왔는데,[17] 이는 바울서신에 나타난 구약의 메시지들, 곧 이스라엘에 대한 하나님의 신실하심을 강조하는 바울의 복음을 강하게 억압해야만 가능한 것이다. 분명히 막스도 가장 영향력 있는 프로테스탄트 바울 주석가들에게 의존하고 있기에 결과적으로 바울에 대하여 오해할 수밖에 없었다. 이러한 막스의 오해는 자신이 사용한 렌즈의 왜곡하는 경향을 부각시켜주기에 발견적으로(heuristic) 대단한 가치가 있다.

우리는 바울서신의 뿌리가 되는 구약을 무시하거나 복음과 구약 사이의 반제적인 양상을 강조하는 것에 반대하면서, 바울이 구약과 바울서신의 연속성 위에서 자신의 전반적인 신학적 관점에 비추어 구약을 달리 해석하고 있다는 것을 확인하였다. 바울은 구약성경 안에서 자신의 케리그마를 표현하기 위한 언어와 이미지를 발견한다. 바울은 구 텍스트와 신 텍스트 사이의 상호작용 안에서 구약의 이미지들을 필연적으로 (때로는 교묘하게) 비틀면서 새로운 의미들을 창출한다. 복음은 구약을 해석하고, 구약은 복음을 해석한다. 이 혼합된 해석은—바울서신 내에서—은혜에 대한 새로운 표상을 산출하게 된다.

바울서신에 나타난 해석학적 방법론과 한계

　　바울은 이 새로운 표상을 주장하기 위하여 어떠한 방법론들을 사용하는가? 우리는 바울의 구약 해석 작업에 체계적인 석의의 과정이 나타나지 않는다는 것을 확인한바 있다. 제임스 바아(James Barr)가 신약의 구약 사용에 관하여 일반화한 사실은 전적으로 바울에게 적용될 수 있다. "특정한 해석학적 원리나 방법론이 합리화될 때, 곧 계속적이며 무차별적으로 사용될 때에 가장 심각한 독단이 발생할 수 있다. … 이러한 종류의 독단, 곧 끊임없이 합리화되고 고착화되어 독단이 된 방법론에는 신약성경의 상황이 결여되어 있다. 이러한 독단은 확고한 전통으로부터 분리된 창조적인 독단이다."[18] 필로는 구약성경을 "알레고리 법칙"으로 일관하여 설명하였는데, 이는 고대의 성경 해석에서 발견할 수 있는 "합리화되고 고착화된 방법론"의 한 예가 될 수 있다. 이와는 대조적으로, 바울은 구약을 직관적으로 읽기 때문에 그 방법론을 예상할 수도, 일반화할 수도 없다. 바울서신에서 해석학적 원리를 제시하고 있는 것처럼 보이는 몇 안 되는 경우들도(롬 4:23-24, 롬 15:4, 고전 9:9-10, 고전 10:11) 구체적인 해석의 규칙을 제공하고 있는 것이 아니라 구약 본문을 공동체에게 직접 적용하고 있는 것뿐이다. 바울은 어떤 단일한 해석 과정이나, 심지어는 확실하게 구체화된 해석 과정들도 고수하지 않는다. 과학적인 해석 방식의 효과를 경험한 현대의 성경학자들은 자신들의 잣대로 바울의 구약 해석 방식을 규명하려 한다. 예를 들어, 롱네커(Longenecker)는 바울의 해석을 네 가지 방식(문학적, 미드라쉬적, 페쉐르, 알레고리)으로 분류한다.[19] 그러한 분류가 어떤 목적을 위하여는 유용할 수 있겠지만 과거에 소급하여(ex post facto) 적용하기는 어렵다. 바울은 그러한 분석적인 방식들을 염두에 두고서 구약을 해석한 것이 아니다. 현대에 규명한 해석 방식들은 바울에게 친숙한 것들이 아니다.[20]

　　정리하자면, 바울서신 내에는 바울이―필로와 같은 다른 고대의 저자들과는 대조적으로—구약의 의미를 포착하기 위하여 특정한 해석적 방법론을 사용하였다는 근거가 나타나지 않는다. 바울은 체계적인 해석학에 의존하기보다 구약 본문의 의미를 직관적으로 이해—메타포적 통찰로—하려고 했던 것 같다.

이는 바울의 독법이 "혼잡"(wild)하거나 목적이 없었다는 것을 의미하는 것은 아니다. 바울의 구약 해석을 제한할 수 있는 사항들이 있지만, 그러한 제한사항들은 형식적인 방법론을 따라 발생하는 것이 아니라 실질적(즉, 신학적)인 측면에서 발생한다. 다시 말해, 바울의 구약 독법의 해석학적 근거는 율법과 선지자가 하나님의 의의 복음에 대하여 증거 했고, 그것이 이제 메시아 예수의 죽음과 부활 안에서 확정적으로 드러났다는 확신에 있다. 그렇기 때문에 바울의 해석을 랍비 미드라쉬로 설명하려는 시도는 실패할 수밖에 없다. 이따금 나타나는 바울과 랍비들의 해석 사이의 형식적인 병행은, 그들이 중요한 문제들을 얼마나 다르게 해석하고 있는지를 강조하는 데에 도움이 될 뿐이다.[21] 더욱이 바울의 해석학적 방법론을 설명하는 것보다 미드라쉬를 체계적으로 설명하는 것이 더욱 어렵다.[22] 또한 바울의 해석 방식을 파악하기 위한 미드라쉬가 바울보다 후대의 것이라면 이는 직접적으로 도움이 되지 않는다. 따라서 우리는 미드라쉬보다도 바울이 상대적으로 더욱 큰 관심을 보이고 있는 구약 인용구의 본래 내러티브 문맥으로 관심을 돌려야 한다.[23]

바울의 해석학이 내러티브적인 기원을 가지고 있다는 사실은 바울의 주요한 해석학적 전략이 모형론이라는 '일반적인 견해'(*communis opinio*)를 지지한다. 바울은 구약 이야기가 바울 당대에 성취된 실체를 예표한다는 확신을 가지고 구약을 읽는다. 하나님의 구약 이야기는 시간 위에서 펼쳐지는 것이기에 바울의 해석은 영원한 세계의 도덕이나 영적인 진리를 표방하는 알레고리와는 다르다. 하지만 모형론을 해석의 방법론으로 간주하는 데에는 더욱 깊은 고찰이 필요하다.[24] 구약과 현재 상황 사이를 메타포적으로 연결하기 위한 해석학적인 조건을 만들고 있는 것은 모형론이라는 방식이 아니라 구약의 문예적-역사적 의미이기 때문이다. 더 나아가 이 연결은 문자적인 차원이 아닌 표상적인 관점에서 이해될 수 있는 것이기에, 몇몇 비평학자들이 그랬던 것처럼, 바울서신의 모형론을 "역사적 사실"에 관한 문제로 다루려고 해서는 안 된다.[25] 모형론은 내러티브 흐름(narrative sequence) 안에서 사건들의 상호관계를 창의적으로 형성한 것인데, 모든 내러티브 흐름들이 역사적인 것은 아니기 때문이다.[26]

우리의 이목을 집중시켰던 바울의 모형론의 한 가지 특징은 예수에 대한 예표에 초점을 두고 있기보다는 하나님의 구원 행위의 결과로서 나타난 백성에게 초점을 두고 있다는 것이다. 이는 바울에게 있어서 예수가 부차적인 존재라든지, 바울의 신학에 있어서 기독론이 구원론에 종속된다는 것을 의미하는 것이 아니다. 그보다, 바울의 교회중심적인 해석의 특징은 바울서신을 특정한 역사적 상황(historical contingency)을 위한 목회서신으로 다룰 때에 이해될 수 있다. 바울의 공동체에게 있어서 예수의 정체는, 이후에 쓰인 요한복음의 기독론적 이슈—유대인과 기독교인 사이에 격렬한 논쟁을 불러일으킨—와는 달리, 쟁점적인 이슈가 아니었다. 바울은 이방 기독교인으로 구성된 새로운 공동체 내지는 아마도 이방인과 유대인으로 구성된 공동체(예, 로마)에게 서신을 쓰고 있는 것이기에, 공동체의 정체성에 관한 문제를 해결하는 것이 가장 시급했다. 이러한 공동체들은 자신들과 이스라엘과의 관계를 어떻게 이해하였을까? 이방인들과 모세에게 주어진 율법과는 어떠한 관련이 있는가? 바울은 어떻게 율법 없는 믿음을 정당화하여 할례 받지 않은 이방인들을 하나님의 언약 백성으로 통합시킬 수 있었는가? 이러한 질문들은 갈라디아서와 로마서에서 논쟁이 되는 질문들이다. 우리는, 심지어는 복음과 이스라엘의 토라 사이의 연속성과 불연속성이 주된 관심사가 아닌 고린도후서와 같은 서신에서도, 바울이 이스라엘의 이야기를 종말론적 공동체에 대한 예표로 읽는 메타포적 전략을 통하여 공동체를 위한 자신의 목회적 관심을 표명하고 있다는 것을 확인하였다.

이러한 해석학적 척도에 비추어, 바울이 실질적으로(de facto) 사용했던 정경 목록들을 회고적으로 이해하는 것은 어렵지 않다. 바울은 하나님의 의의 복음을 설명하기 용이한 본문을 중심으로 구약을 사용했다. 따라서 바울이 가장 빈번하게 인용하고 있는 네 개의 책은 이사야(28회)와 시편(20회), 신명기(15회), 창세기(15회)이다. 그 외에 다른 책들은 5회 이상 인용되지 않는다.[27] 이사야는 이방인들이 이스라엘과 함께 시온에서 주를 예배하게 된다는 보편적이고 종말론적인 비전을 가장 명확하게 제시하고 있기에, 이는 바울에게 있어서 실질적으로 가장 만족스러울 만한 구약의 원천이 된다. 또한 바울의 창세기 인용구 중 대부분은 아브라함 이야기와 관련한 것인데, 바울은 이 아브라함 이야기를 가지고 유대인과 이방인이 모두 믿음으로 언약 백성이 된다고 주장한다. 시편이 다수 나타나는 것은, 부분적으로는, 아마도 시편이 회당이나 기독교인들의 집회에서 예전적으로 사용되었던 것에 영향을 받았을 것이다. 어찌하든, 바울의 시편 사용을 살펴보자면, 그 인용구들은 이방인들이 백성이 될 것이라는 이사야적인 주제를 강화시키는 본문(시 18:49와 117:1을 인용하는 롬 15:9-11에서처럼)이나 이스라엘에 대한 하나님의 의로우신 심판을 극적으로 표현하는 본문(시 51:4를 인용하는 로마서 3:4; 시 69:22-23을 인용하는 롬 11:9-10에서처럼)에 집중되어 있음을 알 수 있다. 바울은 몇몇 경우에는 시편을 기독론적으로 해석하고 있지만(롬 15:3; 고전 15:27)[28] 대부분의 경우에는, 이사야나 창세기와 같이, 교회 중심적 주제를 돕기 위하여 사용한다. 그리하여 시편은 교회가 경험하게 될 심판과 은혜를 표상하게 된다.

　　신명기는 바울이 사용하고 있는 정경들 중 가장 놀라운 책이다. 어떤 이들은 신명기의 조건적인 축복 및 저주가 정확히 바울이 거부하려고 했던 일종의 행위 종교에 대한 증거라고―갈 3:10, 13에서 분명히 증거 하는 것과 같이―생각할지 모르겠다. 하지만 실상 바울의 신명기 인용을 살펴보자면 그 특징에 있어서 신명기의 메시지를 부정하고 있는 경우는 없다. 그와는 달리, 우리가 확인하였던 것처럼, 바울의 신명기 인용구는 '믿음으로 말미암는 의'를 전한다. 더욱이 우리는 바울의 구체적인 인용뿐 아니라 수많은 인유들을 살펴보면서 특히 신명기 32장의 모세의 노래에 주목한바 있다. 바울에게 신명기가 그토록 중요한 이유는 무엇인가? 그리고 바울은 신명기의 복과 저주를 어떻게 이해하고 있는가?

게어하르트 폰 라트(Gerhard von Rad)는 신명기와 신약성경 사이의 신학적 연관성을 논하면서 신명기에 나타난바 언약에 대한 하나님의 주권적인 은혜를 강조했다.[29] 이 주제는, 우리가 살펴본 바와 같이, 로마서에서 신명기 30:12를 인용할 때 사용되었던 도입구(신 8:17, 9:4, "네 마음에 말하지 말라")에 잘 나타나 있다. 그러나 바울이 하나님의 은혜가 나타난 신명기를 단순히 이신칭의 교리에 대한 전거로 사용했던 것은 아니다. 바울신학의 관점에서 신명기의 문제는 하나님의 은혜가 이스라엘의 행위를 조건으로 하며, 불순종에 대해서는 끔찍한 저주가 선언된다는 것에 있다. 어떻게 "율법의 저주"를[30] 말하고 있는 책이 복음의 예표로 기능할 수 있는가? 바울은 로마서 10:6-10에서 신명기 30:11-14을 놀랍게 해석하면서 이에 관한 중요한 단서를 제공하고 있다. 즉, 댄 비아(Dan O. Via Jr.)가 관찰한 것과 같이, 신명기와 로마서의 신학적 언어는 구조적으로 매우 밀접하다. "[로마서의] 생명을 주시는 하나님의 행위는 신명기에 나타난바 생명을 주시는 하나님의 말씀이 해석된 것으로 보인다."[31] 그렇기 때문에 바울은, 신명기 30:11-14에서, 백성 공동체에 존재하는 하나님의 말씀을 믿음의 말씀을 지칭하는 것으로 읽을 수 있었던 것이다.

하지만 이러한 확신으로도 이스라엘의 불순종의 신비를 설명하지는 못한다. 이때, 이스라엘을 향한 하나님의 뜻을 예표하고 있는 모세의 노래가 해석학적인 열쇠—제2이사야(Deutero-Isaiah)의 예언들과 동등한 중요성을 가지는—가 될 수 있을 것이다. 모세의 노래는 하나님의 선택을 받은 이스라엘(신 32:6-14)과 이해할 수 없는 이스라엘의 반역(신 32:15-18, 참조, 32:5) 및 하나님의 심판(신 32:19-35)과—궁극적이고 신비하게—그 백성에 대한 종국적인 구원과 신원(신 32:36-43)에 대하여 끊임없이 이야기한다. 여기에서, 비아가 주장했듯이, 신명기와 로마서가 단지 "재미를 위한 책"(comic genre)이[32) 아니라는 것이 핵심이다. 하위 텍스트와 그에 대한 바울의 해석 사이의 관계는 더욱 세밀하고 복잡하다. 그렇기 때문에 바울은 신명기 32장에서 단지 이스라엘의 불신 및 궁극적 회복에 관한 예언을 발견할 뿐 아니라 이방인들이 주의 백성과 함께 찬양하도록 부르심을 받아(신 32:43) "이스라엘을 질투하게"(신 32:21) 하려 한다는 하나님의 뜻에 대한 예표 역시 발견할 수 있는 것이다. 바울이 로마서(10:10, 15:10)에서 이 두 신명기 구절(32:21, 32:43)을 정확하게 인용하고 있는 것은 우연이 아니다. 신명기 32장에는 로마서가 '간결하게'(in nuce) 담겨 있다.

이와 같이 신명기는—바울의 읽기에 따르면—이방인을 통해 이스라엘을 질투하게 하려 한다는 하나님의 신비한 행동에 대하여 다음과 같은 말씀(신 32:39)을 통하여, 전 세계, 곧 유대인 및 헬라인으로 하여금 하나님의 무조건적인 주권을 인정하게 한다. 그렇기에 신명기는 바울의 구약 사용에 있어서 가장 위대한 정경이라는 묘사에 어울리는 책이라고 할 수 있겠다.

> 이제 나를 보라. 나 곧 내가 그이며,
> 나 외에는 신이 없다.
> 나는 죽이기도 하며 살리기도 하며
> 상하게도 하며 낫게도 한다.
> 내 손에서 능히 구원할 자가 없다.
>
> (신 32:39)

더불어 신명기에 대한 해석은 이사야의 중대한 해석과 병행이 된다. 양자 모두는 이미 이스라엘의 역사를 모형론으로, 즉 더욱 큰 종말론적인 계획에 대한 예표로 읽어왔다.[33) 그래서 이 두 성경은, 다른 어떤 성경들보다도, 바울서신을 위한 특별한 전거가 될 수 있는 것이다. 양자에 있어서, 출애굽 사건은 이미 역사 속에서 계속되는(ongoing) 하나님의 백성의 삶을 함축하는 메타포가 되었으며, 이스라엘이 약속의 땅으로 들어가는 것은 종말론적 소망의 표지로 전환되었다. 따라서 이 두 성경은 구약의 말씀과 복음의 말씀이 서로 일치한다는 바울의 주장을 뒷받침하게 된다. 바울의 모형론적 읽기 전략은 신명기와 이사야 자체에서 이미 시작된 모형론의 흔적(trajectory)을 확장한 것이다.

현재 선포된 말씀으로서의 구약성경

바울은 구약성경을 백성에게 말씀하시는 하나님의 살아있는 음성으로 다룬다. 바울에게 있어서 구약성경은 단지 옛 계시의 연대기(chronicle)를 나열하고 있는 책이 아니라, 현재 믿음의 공동체에게 말씀하고 있는 책이다. 구약 이야기 내의 등장인물들에게 선포되었던 말씀이 본래의 청중들로부터 벗어나 그 이야기와 관련이 없는 독자들에게 다가오면서 간혹 기발한 해석들이 창출되곤 하는데, 이러한 해석들은 단지 독자들에게 웃음을 주기 위한 것(comic)이 아니다. 바울과 당대의 교회들은 과거의 텍스트와 사건들의 종말론적인 의미, 즉 바울서신의 독자들에게 선포되고 있는 복음이 드러나는 특권의 순간에 서있다고 믿었다.

구약성경이 우리에게 영적인 것을 말하고 있다는 확신을 가지고 구약을 읽는다면, 가장 일상적인 것으로 보이는 구약의 선언에서조차도 영적인 의미를 발견하게 된다. 이에 관한 예시로 고린도전서 9:8-10에 나타난 바울의 신명기 25:4 해석을 생각해 볼 수 있다. 바울은 "복음을 전하는 자들이 복음으로 살아갈 것"(고전 9:14; 바울이 고린도에서는 포기했던 권리)을 주장하는 맥락에서, "모세의 법"을 인용—중요한 것은 바울이 "모세의 법"을 단순히 사람의 권리와 나란히 놓고 있다는 것이다—했다. "내가 사람의 관례를 따라[κατὰ ἄνθρωπον] 말하고 있느냐? 율법도 이것을 말하고 있지 않느냐? 모세의 율법에 기록되어있기를, '곡식을 타작하는 소에게 망을 씌우지 말라.'[신 25:4] 하였으니, 하나님께서 어찌 소들을 염려하시는 것이냐? 아니면, 전적으로 우리를 위하여 말씀하시는 것이냐? 이것은 참으로 우리를 위하여 기록된 것이니, '밭을 가는 자는 소망을 가지고 갈고, 곡식을 타작하는 자는 함께 나누어 가질 소망을 가지고 타작하는 것이다.'" 신명기 25:4은 단순히 가축을 다루기 위한 팁(tip)을 설명하고 있는 것이 아니다. 왜냐하면 그 말씀은 δι' ἡμᾶς("우리를 위하여") 쓰인 것으로, 곧 우리와 관련이 있기 때문이다. 바울은 자신의 해석을 지지하기 위하여 곡식을 타작하는 자라는 단어가 나타나는 또 다른 고대 문헌을 제시하고 있는데,[34] 이 두 본문을 해석하고 있는 바울의 해석학적 전제는 δι' ἡμᾶς πάντως λέγει("그는 전적으로 우리를 위하여 말씀하신다")이다.

물론 바울이 수사학적으로 동물에 사람을 비견—하나님의 관심의 대상으로서—하고 있는 것은 옳지만, 우리가 δι' ἡμᾶς(우리를 위하여)를 단순히 일반적인 δι' ἀνθρώπους(사람을 위하여)를 지칭하는 것으로 생각한다면 이 논의의 핵심을 놓치게 될 것이다. 우리는 바울이, 자신과 교회를 위한 예표를 구약에서 발견 하듯이, 모세의 율법 안에서 자신의 사역과 관련한 재정 충당 방식을 발견하고 있다는 사실을 기억할 필요가 있다. 이러한 상황에서 고린도전서 9:10의 지시대명사 ἡμᾶς(우리를)가 11절의 ἡμεῖς(우리가)와 동일한 대상, 즉, 바울과 바나바(참조, 4-6절)를 지칭하고 있는 것은 분명하다("이것은 참으로 우리를[바울과 바나바를] 위하여 기록된 것이니 … 우리가[바울과 바나바가] 너희에게 영적인 것을 뿌렸다면, 우리가[바울과 바나바가] 너희에게서 육신의 것을 거둔다고 해서 그것이 지나친 일[μέγα]이 되겠느냐?"). 신명기 25:4의 바울의 해석을 알레고리나[35] '게제라 샤바'(gezerah shawah)의 한 실례로 묘사한다면, 비록 그러한 묘사 방식이 옳다 하더라도, 바울이 분명하게 이 본문을 자신의 환경에 대한 직접적인 언급으로 읽고 모세의 율법을 이방 기독교인들에게 대한 직접적인 명령으로 읽고 있다는 것을 간과하게 될 것이다. (바울이 자신의 구약 본문 해석과는 반대로 행동한다는 것은 더욱 주목할 만하다[고전 9:12 참조-역주].)[36]

많은 학자들이 주목한 것과 같이 알레고리화(allegorization)는 바울의 주된 해석학적 방식이 아니다.[37] 행여 알레고리가 바울에게 주요한 도구였다면 할례와 '카슈루트'(כשרות, *kashrut*-유대교의 음식법-역주)에 관한 구약의 명령들을 알레고리화 할 수도 있었을 것이며, 따라서 바울 자신은 고뇌할 필요가 없었을 것이다. 바울이 그러한 전략을 사용하지 않았다는 것은 놀랍다. 여기에서 "곡식을 타작하는 소"에 대한 바울의 해석은 알레고리적인 것으로 보이지만, 이는 구약을 현재에 직접 선포된 것으로—바울서신 전반에서 일관적으로 추구된 방식—읽었을 때에 발생한 부차적이고도 우연한 결과이다.

예를 들자면, 바울은 로마서 4:23-24에서 자신이 도입한 아브라함 이야기의 결론을 맺으면서 아브라함의 믿음의 의가 죽은 자 가운데서 예수를 일으키신 분을 믿는 모든 이에게도 적용된다고 주장한다("그것이 그에게 의로 여겨졌다"라고 기록된 것은 아브라함만을 위한 것이 아니라, 의로 여기심을 받을 우리, 곧 예수 우리 주를 죽은 자 가운데서 살리신 분을 믿는 우리까지도 위한 것이다). 로마서에서 창세기 15:6의 ἐλογίσθη αὐτῷ(그에게 여겨졌다)라는 어구는 아브라함뿐 아니라 바울과 바울서신의 독자를 가리키는 말이 된다. 또한 바울은 고린도전서 10:11에서 출애굽 이야기가 "우리를 가르치기 위한 것[πρὸς νουθεσίαν ἡμῶν]"이라고 분명히 언급한바 있다. 이러한 주장은 로마서 15:4에서 교육학적인 격언으로 일반화되어 나타난다. "무엇이든지 전에 기록된 것은 [προεγράφη] 우리를 교훈하기 위하여 기록된 것이니[εἰς τὴν ἡμετέραν διδασκαλίαν ἐγράφη], 이는 우리로 하여금 인내와 성경의 위로를 통해 소망을 가지게 하려는 것이다." 이 본문들의 강조점은 조금씩 다르지만, 모두 동일하게 구약이 하나님의 백성인 종말론적 공동체에게 하는 말씀이라는 확신을 전하고 있다. 이 본문들이 규정하고 있는 구약 해석 방식은 실제로 바울이 구약 본문들을 다루면서 사용하던 방식이다.

우리는 본서에서 이러한 읽기 방식이 나타난 생생한 예시들을 주시하였는데, 여기에서 몇몇 구절들을 다시 확인하고자 한다. 바울은 고린도전서 5:13에서 신명기 17:7을 고린도교회에게 직접 선포되고 있는 권위적인 말씀으로 전환했다("너희는 너희 가운데서 그 악한 자를 쫓아내라"). 갈라디아서 4:30에서, 아브라함을 향한 사라의 요구는 갈라디아 교회에게 직접 요구하는 γράφη(성경) 말씀이 되었다("여종과 그 아들을 내쫓으라. 여종의 아들이 자유한 여자의 아들과 함께 유업을 얻지 못할 것이다"). 로마서 10:5-10은 이러한 현상을 보여줄 뿐 아니라 그 해석학적 근거 역시 제시하고 있다는 점에서 훌륭한 예시가 된다. 여기에서 믿음으로 말미암는 의라는 화자는 독자들에게 직접 이야기한다. "그러면 이것이 무엇을 말하느냐? '말씀이 네게 가까워 네 입과 네 마음에 있다.'"

이 주요한 해석학적 전의는 바울서신의 모든 상호텍스트적 현상을 좌우한다. 구약의 말씀이 우리에게 하나님의 말씀으로 읽혀진다는 이 전의는 단순하지만 거의 무한히 잠재적이다. 구약성경은 오래 전에 어떤 인간 저자가 고대 이스라엘 공동체를 위하여, 그리고 이스라엘에게 대하여 쓴 것이지만, 원저자와 원독자는 모형이 되고 그 모형의 온전한 의미를 오직 교회 안에서—오직 바울이 세우려는 경험적인 종말론적 공동체 안에서—명료하게 드러나게 된다. 구약성경의 어떤 발화가 다른 시대의 다른 이들을 향한 것일 지라도, 그것의 진정한 청중은 우리이다. 하나님이 아브라함에게 복을 주신 것은 우리에게 복을 주신 것이고, 모세가 이스라엘을 책망한 것은 우리를 책망하는 것이며, 이사야가 예루살렘을 위로했던 것은 우리를 위로하는 것이다.

바울이 이러한 전의를 고안한 것이 아니다. 이 메타포적 읽기 전략은 이스라엘 안에서 이미 오래 전부터(προεγράφη) 시행되던 것이다. 특별히 신명기는 다음과 같이 진술한다. "주 우리 하나님께서 호렙에서 우리와 언약을 맺으셨으니, 이 언약은 우리 조상들과 맺으신 것이 아니라, 오늘 여기에 살아 있는 우리들 모두와 맺으신 것이라"(신 5:2-3; 참조, 신 26:5-9). 하지만 바울의 전의는 신명기처럼 단지 시간을 가로지르는 것에 그치는 것이 아니라 인종의 경계까지 뛰어 넘는다. 바울은 이러한 말씀의 근접성에 관한 약속이 깨지지 않고 계속될 것을 확신했다.

　물론, 말씀이 우리 가까이에 있다는 것을 주장한다고 해서, 다시 말해 구약이 우리에게 직접 말하고 있다는 해석학적인 확신을 가지고 있다 하더라도, 구약성경의 메시지가 우리에게 그대로 전해지는 것은 아니다. 바울은 주요한 해석학적 전의를 이용하여 새로운 읽기의 흐름을 만들어낸다. 이 해석들은 교리와 같이 고정된 것이 아니라, 확정되지 않은 창작물로서, 오직 바울서신과의 상호텍스트적인 화학반응에 의하여 형성된다. 즉, 바울은 구약을 자신의 목회적인 상황과 결부하고 그 접점에서 메타포를 생성한다. 이 메타포는 아무렇게나 발생하는 것이 아니다. 우리가 이미 살펴본 것과 같이, 구약의 음성이 들리는 방식을 결정 짓는 것은 전체적인 구약 메시지를 토대로 한 특정한 해석이다. 그래도 여전히 구약의 말씀과 그 해석 사이의 관계는 진정으로 변증법적이다. 다시 말하자면, 구약의 말씀은 바울의 영향에서 벗어나 독자들에게 직접 전달될 때에 효과적으로 기능한다.

　이것이 바로 바울의 해석학이 교회 공동체의 형성을 특별히 강조하는 이유이다. 교회 안에서 화육된 말씀은 구약성경의 의미를 드러낸다. 구약성경이 기록물로 간주되는 곳에서 구약은 그저 독자들의 양심을 찌르거나 멀리 있어 이해할 수 없는 γράμμα(기록)일 뿐이다. 하지만 구약성경이 살아서 말씀하는 곳에서 구약은 삶으로 해석학을 증언하는 공동체, 말씀을 체화하여 그 말씀을 지각할 수 있게 만드는 공동체를 창조한다. 그것이 바로 우리가 의미하는 교회중심적 해석학이며, 그것이 바로 바울이 고린도교회에게 대하여 의미하는 "그리스도의 추천서"이다. 그때, 구약은 올바르게 들릴 수 있는 공동체를 창조하기 위해 말하기를 계속할 것이다.

전환된 시대에서의 해석학

바울은 구약이 말씀하고 있는 공동체를 종말론적인 공동체로 여긴다. 이에 관한 것은 본서에서 반복적으로 다루었지만, 바울의 종말론이 해석학적으로 함의하고 있는 것들에 대하여 더욱 상세히 정리할 필요가 있다.

바울은 고린도전서 10:11에서 자신의 구약 해석 방식을 소개하면서 종말론적 관점에 대하여 언급한바 있다. "그들에게 일어난 이런 일들은 모형이 되고 종말을 만난 우리를 가르치기 위하여 기록되었다." 여기에 나타나는 흔치 않은 어구인, τὰ τέλη τῶν αἰώνων(마지막 시대들[the ends of the ages; 두 명사 모두 복수형태])의 정확한 해석은 논쟁적이다. 이 어구는, 요하네스 바이스(Johaness Wiess)의 주장처럼, 옛 시대의 끝이자 새 시대의 시작―기독교인들이 두 시대의 접점으로 간주하고 있는―을 가리키는 것인가?[38] 그것이 아니라면, 과거의 모든 세대들이 동시적으로 바울 당대에 완성되었다는 것을 의미하는 것인가? 이 어구가 어떤 것을 의미하든, 바울이 직면한 현재의 순간이 유례없는 독특한 시대라는 것은 분명하다. 바울은 자신이 절정의 시기, 곧 모든 과거를 혁신적으로 평가하는 καιρός(시간) 위에 서있다고 생각했다. 하나님이 예수 그리스도 안에서 새로운 시대를 시작하셨기 때문에, 모든 과거는 새롭게 읽혀야 한다.[39] 물론 종말론적으로 재평가 되어야 하는 것에 구약성경 역시 빠질 수 없다. 우리가 살펴본 바와 같이, 바울은 자신이 이스라엘 이야기의 결말이라는 특별한 위치에 서있기 때문에 이전의 등장인물들과 독자들에게는 감추어져 있었던 패턴―통일성과 아이러니(irony) 모두―을 인지할 수 있다고 주장한다. 결과적으로, 그 종말론적 관점은 전환된 구약 해석에 대한 해석학적 근거가 된다.

하나님의 종말론적 행위는 놀라움으로 가득하기에, 해석학의 전환은 불가피하다. "하나님께서 지혜로운 자들을 부끄럽게 하시려고 세상의 어리석은 것들을 택하셨으며, 강한 것들을 부끄럽게 하시려고 세상의 약한 것들을 택하셨다"(고전 1:26-27). "십자가의 도"는 세상에서 어리석은 것처럼 보이는 것들을 역전시켰다. 우리는 종말론적인 십자가의 도에 의하여 역전된, 예상할 수 없었던 결과들을 살펴보기 위하여 갈라디아서 3:13의 신명기 21:23 해석을 관찰할 필요가 있다. 신명기는 "나무에 달린 자는 저주를 받은 것이다"라는[40] 진리를 말하고 있지만, 바울은 이제 그 진리를 아이러니하게 해석한다. 곧, 예수가 나무에 달려 저주를 받음으로써 복이 다른 이들에게 미치게 되었다는 것이다. 십자가의 종말론적인 ἀποκάλυφις(드러남)로[41] 인하여 바울의 구약 해석은 전복되었다.

하나님이 이방인들을 자신의 백성으로 부르신 것과 그와 동시에 발생하는 이스라엘의 회복은 이 반전 패턴에 포함되어 있다. 이방인들이 이스라엘과 함께 하나님의 자비를 찬양하게 된 공동체의 현실(롬 15:7-13)은 그것이 어떻게 가능하게 되었는지 설명하도록 구약을 새롭게 읽도록 요구한다. 이러한 공동체의 존재가 하나님의 의가 드러난 결과로 나타난 것이라면 우리는 구약을 이스라엘이 생각했던 대로 읽을 수 없다. 구약성경이 십자가에 달린 메시아 및 종말론적 공동체의 형성이라는 렌즈를 통하여 굴절되면, 새롭고 심오한 상징적 일관성이 도래하게 된다.

이 해석적인 반전이 가장 놀랍게 나타나는 곳은 갈라디아서 4:21-31로서, 여기에서 하갈은 "지금의 예루살렘으로 … 자신의 자녀들과 함께 종노릇" 하는 것을 상징하고 있는 반면, 이삭은 이방 기독교인들을 상징하고 있다. 하지만 우리가 여기에서 종말론적인 반전 패턴을 인지한다면, 바울서신 전체에서 이 패턴이 해석학적 열쇠로 기능한다는 것을 알게 될 것이다. 예컨대, 로마서에 나타나는 사실상의 모든 구약 인용구들을 이 반전 패턴으로 묘사하는 것이 가능할 것이다. 이 반전 패턴은, (하나의 예를 들자면) 로마서 9:25-26에 있는 호세아 인용구가 보여주는 것과 같이, 이스라엘의 예언 전승에 근거하고 있는 것이지만, 바울의 종말론적인 관점은 구약을 새로운 시간 체계 안에 위치시켜 아이러니를 강화한다.

새로운 시간 체계는 바울서신 내에서 분명하게 제시된다. 말하자면, 바울은 구약을 반향하면서 구약 동사의 시제를 바꾼다. 이사야의 "내가 수치를 당하지 않을 것이다"는 "내가 수치를 당하지 않는다"로 바뀌고, 시편 94편의 "하나님은 그의 백성을 버리지 아니하실 것이다"는 "하나님은 그의 백성을 버리지 아니하셨다"로 바뀐다. 이러한 시제의 변화는 시대가 전환되었음을 보여준다.

종말론적 공동체가 가진 시각에 비추어 보자면 시간적인 경계들은 사라지기 시작한다. 그래서 구약성경이 아브라함에게 "복음을 미리 전했다"라고 말할 수 있게 되고, 모세의 명령은 바울의 독자들에게 믿음으로 말미암는 의에 대한 말씀으로 기능할 수도 있게 된다. 이렇게 시간을 넘나드는 현상(temporal warp)은 바울의 부주의함이나 순진함에서 기인한 것이 아니다. 이는 시대가 전환되었음을 의미한다. 하나님의 과거의 모든 행사들은 종말론적 공동체에 집중되어 있기에, 구약에 나타난 과거의 모든 말씀들은 현재 도래한 은혜의 시대 안에서 그 의미를 드러낸다. 결과적으로, 바울은 출애굽기 34장에서 모세가 주에게로 돌아와 주의 영광으로 변화하였던 것을 교회의 경험을 표상하는 비유(parable)로 읽을 수 있었던 것이다. 텍스트에 숨겨진 종말론적 의미는 수건이 벗겨진 종말론적 공동체 안에서 드러난다.

따라서 바울의 상호텍스트적 읽기는 자신의 공동체 위에 있는 시간에 집중하게 된다. 이 해석학적 현상은 바울과 고대 유대교 해석가들 사이의 지대한 차이를 보여준다. 본 연구에서는 비교의 방법론을 사용하고 있지는 않지만 바울과 유대교 사이의 어떤 유사점들을 어깨너머로 살펴보면 바울의 읽기 전략의 과감함을 확인할 수 있다.

제임스 쿠걸(James Kugel)은 후기성서 유대교를 특징짓는 "시간관"(sense of time)에 주목해왔다. 쿠걸에 따르면, 묵시적인 환상들과 알렉산드리아의 알레고리, 랍비 미드라쉬에서 다른 방식으로 표현되고 있는 시간관은 다음과 같은 공통적인 인식을 근거로 하고 있다. "현재의 세계는 성경의 세계와는 다소 단절되어 있기에, 하나님의 행하심에 대한 성경의 시각을 그저 '당연하다는 듯이'(consequential) 직선적으로 연장시켜 현재의 역사를 덮을 수는 없다." 이들의 해석학적인 전략들은 서로 다르지만, 이렇게 이들 모두는 성경에 나타난바 "하나님이 주관하셨던 사건들"이[43) 현재의 시간과는 연속될 수 없다는 인식을 내비치고 있다. 필로와 묵시적 작가들은 "현재의 실제성(present reality)을 과거의 성경적 장식물로 치장하기 위하여"[44) 다방면으로 노력했지만, 랍비 미드라쉬는 이 시간적인 간극에 대하여 달리 대답한다.

> 미드라쉬에서는 … 일반적으로 구약성경을 우리의 시대와는 직접적인 관련이 없는, 독립된 세계로 간주한다. 어떤 비평가가 표현하였듯이, "(과거에) 행동하셨던 하나님은 (종말론적 미래에) 행하실 것이지만, 그 사이에서 행동하고 계신 것은 아니다." 메시아사상은, 그것이 아무리 중요하다 할지라도, 결코 과거의 성경과 현재의 미드라쉬 사이의 연결고리가 될 수 없다. 그러한 연결고리가 조금이라도 존재한다면, 그것은 할라카적인(halakhic) 것이다. 즉, 과거의 성경은 현재를 유대인들이 고수하고 있는 관습의 원천으로 제시한다. 하지만 성경의 시대와 우리의 시대 사이에 연결고리는 없다. 하나님은 행하셨고 행하실 것이지만, 현재의 하나님은 장엄한 왕권을 행사하지 않으신다.[45)

이러한 랍비들의 시간관은 바울의 것과는 상당한 차이가 있다. 그 차이점은 본서 제1장에서 다루었던 본문인 신명기 30:11-14에 대한 서로 다른 해석으로 표출된다. 랍비들에게 있어서 하나님의 말씀은 과거 시대에 매몰된 것이기에 계속적인 해석 공동체에게 맡겨진 것과 다름이 없지만, 바울에게 있어서 하나님의 말씀은 현재 시대에 살아있고 능동적인 것으로서 성령을 받은 공동체 안에서 체화(embody)된다. 양자의 공동체 내에서 해석 작업이 계속 되고 있지만, 이들의 서로 다른 시간관은 공동체 내의 전혀 다른 삶의 규준 및 전혀 다른 읽기 방식을 자아낸다.

바울은, 아무리 주제 넘는 일처럼 보인다 하더라도, 이스라엘의 성경적 예언 전승 위에 직접 서서 현재 시대를 하나님께서 주관하시는 시대로 여기고 자신의 직분을 아브라함으로부터 현재까지의 당연한 흐름의 일부분으로 간주했다. 바울은 하나님께서 자신을 통해 말씀하고 계시다는 사실을 믿었고, 그렇기에 바울의 상호텍스트적 전의는 자유로울 수 있었다. 바울의 성경 해석에는 자신의 시대가 성경 시대와 소원하다는 시각이 전혀 나타나지 않는다. 이와 같은 현상에는 하나님께서 자신의 백성들에게 직접 말씀하셨던 "옛날 옛적"(once upon a time)의 거룩한 말씀을 보전하여 반복하고자 했던 바울의 갈망이 나타난다. 그렇게 하나님께서는 지금 말씀하고 계신다. 이에 관하여 고린도후서 5:20~6:2 보다 더욱 명쾌하게 표현된 본문은 어디에도 없을 것이다.

> 그러므로 우리는 그리스도를 대신한 대사로서, 하나님께서 우리를 통하여 권면하시는 것같이 그리스도를 대신하여 간구하는데, 너희는 하나님과 화목하라. … 그러나 우리가 하나님과 함께 일하는 자로서 너희를 권하니, 하나님의 은혜를 헛되이 받지 말라.[46] 이렇게 말씀하셨다. "은혜를 베풀 때에 내가 너를 듣고, 구원의 날에 너를 도와주었다." 보라, 지금은 은혜 받을만한[47] 때요, 지금은 구원의 날이다.[48]

이사야가 예언했던 구원의 날이 밝았다. 그러므로 바울은 현재를 과거의 장식물로 치장할 수 없다. 이와는 반대로 구약의 의미는 오직 현재 시대에 드러난 하나님의 의를 통하여 폭로된다. 이 모든 것은 바울의 종말론적인 해석학에 따른 직접적인 결과이다.

1세기 유대교 내에서 바울의 시간관과 가장 유사한 태도는 쿰란 텍스트, 특히 '호다요트'(הודיות, hodayot: 감사시)와 성경 주석(pesharim[페샤림])에서 발견할 수 있다. 사해언약자들(The Dead Sea covenanters)은 스스로 참된 성경 해석을 전수 받은 특별한 종말론적 공동체로 여기는데, 이는 바울의 해석학과 중요한 병행을 이룬다.[49] 예컨대, 이하의 찬송시에서는 율법을 진정으로 해석할 수 있는 공동체의 지식을 영원한 복이라고 노래하고 있다.

> 나의 눈이 영원한 것을,
> 사람들에게는 감추어진 지식을,
> 사람들의 아들들에게는 (숨겨진)
> 지식과 지혜의 뜻을,
> 의의 샘(fountain)을,
> 힘의 보고(storehouse)를,
> 육신의 모임에게는 (숨겨진)
> 영광의 도래를 봅니다.
> 하나님은 이것들을 선택된 자들에게
> 영원한 소유로 주셨습니다.
> 또한 이것들을 많은 거룩한 자들에게
> 상속할 수 있도록 하셨습니다.
> 하나님은 그들의 모임이
> 공동체의 회의가 되도록,
> 곧 성전의 기초가 되도록,
> 다가올 모든 세대의 영원한 경지(plantation)가 되도록,
> 하늘의 자손들에게 포함시키셨습니다.

또한 우리는 '페샤림'을 통하여 쿰란공동체가 구약 예언들을 비밀스러운 해석 체계로 다루어 자신들과 그 대적들에 대한 암호화된 표상으로 읽는다는 것을 알 수 있다. 쿰란공동체의 해석과 바울의 해석을 구체적으로 비교 분석하면 적어도 세 가지의 차이를 발견하게 된다. 첫째, 바울은 할례 받지 못한 이방인들을 하나님의 백성으로 편입시키는 것을 정당

화하면서 율법의 의식적인 요구를 상대화시키는 데에 구약 본문을 사용하는 반면, 쿰란공동체는 주류 유대교의 관습조차도 비판하면서 철저하게 배타적인 유대교 종파를 지지하기 위하여 구약을 사용한다. 둘째, 쿰란문헌에는 종말론적인 사건이 이미 확정적으로 도래했다는 바울의 확신이 나타나지 않는다. 셋째, 쿰란의 성경 주석은 다른 공동체들에 대하여 자신들의 관습을 정당화하려는 자기변호적인 특징을 가진 반면, 바울의 구약 해석은 자신의 공동체를 양육하고 훈계하려는 데에 그 목적이 있었다. 이러한 차이들에도 불구하고, 쿰란의 "시간관"(sense of time)은 과감하게 새로운 해석을 태동시킨다는 점에서 바울의 것과 유사하다. 어느 경우에도, 현재가 과거의 이스라엘과 단절되었다는 인식이나 현재에 말씀하고 계시는 하나님의 행위를 거부하는 식의 태도는 나타나지 않는다.

바울은 시대의 절정 위에서 구약을 읽으면서 자신과 자신의 독자들이 하나님의 구원 목적의 중심 위에 있다는 것을 확신했다. 그래서 바울은 하나님이 예수 그리스도를 통하여 백성들을 창조하셨다는 복음을 선포하면서 그 백성들이 하나님의 의를 체화함으로써 화해의 메시지를 전하도록 요구하는 것이다(참조, 고후 5:20-21). 구약 본문과 종말론적 공동체 사이의 메타포적인 일치는 올바른 구약 해석을 정립하게 될 것이다.

결론: 상호텍스트적 반향의 전략들

그동안 우리가 관찰한 바울의 해석적인 관습들을 가지고 구약과 바울의 구약 해석 사이의 전반적인 관계를 개괄적으로 제시할 수 있는가? 필자는 미드라쉬나 모형론, 알레고리와 같은 해석의 범주가 바울의 독특한 해석을 설명하기에 불충분하다고 주장한바 있다. 이러한 전통적인 분류 방식을 대신하여 필자는 토머스 M. 그린(Thomas Greene)의 『트로이

의 빛: 르네상스 시에 나타난 모방의 발견』(*The Light of Troy: Imitation and Discovery in Renaissance Poetry*)에 나타나는 분석체계를 각색하여 제시하고자 한다.

그린은 르네상스 인문주의 시인들이 고전 및 하위 텍스트들을 다루는 방식에 따라 "인문주의의 모방 전략들"을 네 가지 모형론으로 설명하는데, 여기에서 제시되는 모방의 수사학들은 모방의 정도와 그 모방에 "함의된 역사관"에 따라 매우 다양하다. 그린에 따르면, 문학적인 모방 행위에는 저자를 과거의 역사로부터 분리시킬만한 창의적인 해석들이 내포되어 있을 수밖에 없다. 과거와 현재 사이의 간극에 대한 저자의 관점은 문학 작품 내에 내포되어 있거나, 무의식적으로 나타날 수도 있으며, 역사적으로 더욱 자의식적인 텍스트(self-conscious text) 안에서는 문학 작품의 구조적 요소로서 명백하게 주제화될 수도 있다.[51] 시인들이 자신들의 작품을 전거 텍스트와 연관 짓는 전략에 대한 그린의 비평적인 관찰은 다음과 같은 네 가지 범주로 나타난다.

1. 성례전적 모방(Sacramental imitation; 혹은 "재사용적 모방"[reproductive imitation]): 맹목적으로 모방함으로써 전거에 대한 존중을 표하는 것.
2. 취사선택적 모방(Eclectic imitation; 혹은 "착취적 모방"[exploitative imitation]): 어떤 하나의 하위 텍스트에 확정적으로 제한하지 않고 다양한 본문과 전승에 대한 인유들을 섞어놓은 것.
3. 발견적 모방(Heuristic imitation): "기원으로 추정되는 하나의 텍스트를 선택하고 그것을 재진술함으로써 의미를 정의하는 것. 말하자면, 전거의 '현대화', 곧 본문의 '아죠르나멘토'(*aggiornamento*, 현대화)라고 할 수 있다. … 발견적 모방이 반영된 시는 구체화된 과거와 드러난 현재 사이에 있는 일종의 '통과의례'(*rite de passage*)가 된다."[52] 이러한 전략의 결

과, "발견적 모방은 그 하위 텍스트와 거리를 두게 되며, 우리로 하여금 과거와 현재 사이의 시적 거리를 인지하게 한다."[53]

4. 변증법적 모방(Dialectical Imitation): 전거를 사용하되, 두 상징적인 세계가 서로 충돌하여 각각의 세계가 서로 다른 세계를 해석하고 비평하도록 사용하는 방식. "변증법적 모방은, 마치 발견적 모방이 하나의 의미론적 세계(universe)로부터 다른 세계로의 통로가 되듯이, 두 시대나 두 문명이 깊이 연관될 때에, '의미의 세계들'(*mundi significantes*) 사이의 갈등을 수반한다."[54] 두 세계(worlds)가 융합되었을 때에 변증법적 모방이 성공했다고 말할 수 있겠지만, 변증법적 모방의 특질(genius)은 문학 작품 내에서 두 세계 사이의 긴장을 해결하기보다는 유지시키면서 통합을 일구어 낸다는 데에 있다.

텍스트를 모형론적 유형에 따라 구분하는 것은 텍스트 사이의 문체나 문자적인 일치에 근거하고 있는 것이 아니라, 하위 텍스트의 상징적인 세계에 표현된 과거에 대한 저자의 자세에 의거한 것이다.

그린은 시적 모방의 전략들을 분석하기 위하여 이 모델들을 창안하였지만, 필자는 상호텍스트적인 현상이 나타나고 있는 어느 곳에서든 이 네 가지 범주를 적용할 수 있다고 주장하는 바이다. 그것이 가능하다면 바울의 상호텍스트적 반향의 전략 역시 이러한 용어들로 평가될 수 있을 것이다. (필자가 인용한 그린의 분석이 착취적 모방인지, 아니면 발견적 모방인지는 독자들의 판단에 맡기도록 하겠다.)

물론 바울이 구약을 모방하고 있는 것은 아니다. 모방은, 적어도 대충이라도, 원문과 같은 장르 안에서만 가능하다. 그린을 따르자면, 쿰란의 '호다요트'(*hodayot*)는 시편 정경의 모방으로 볼 수 있고, 희년서는 오경 내러티브의 모방으로 볼 수 있겠다. 또한 에베소서 역시 진정한 바울서신의 모방일 수 있다. 하지만 바울서신은 장르에 있어서 구약성경과 공유하고 있는 책이 없다. 그렇기에 우리가 그린의 범주를 상호텍스트적 읽기 전략의 일환으로 삼아 바울서신에 분석적으로 적용한다면, 구약에 대한 바울의 해석학적 태도를 적절하게 파악할 수 있을 것이다.

어느 누구도 바울의 구약 해석을 성례전적인 것으로 간주하지는 않는다. 바울은 인용구를 자유롭게 사용하여 전통을 변혁적으로 반전시키는데, 이는 바울의 해석학적 방식이 성례전적인 것과는 전적으로 다르다는 것을 보여준다. 실제로 자료를 단순하게 재사용하고 있는 경우는 성경 안에 거의 나타나지 않는다. 마태복음이나 누가복음이 마가복음의 큰 부분을 통합할 때에조차도 마가복음 자료를 매우 다른 내러티브 및 신학적 틀 위에 위치시키고, 그럼으로써 재사용적이라기보다는 발견적인 상호텍스트적 화학반응을 일으킨다. 아마도 목회서신들은 성례전적 상호텍스트성 전략에 가까울 것이다. 하지만 성례전적 모방에 관한 정말 좋은 예는 성례전적 모방이라는 그린의 용어가 태동했던 출처, 곧 후대 교회의 예전적 전통 안에서 발견할 수 있을 것이다.[55]

우리는 취사선택적인 전략이 바울서신 도처에 나타나고 있다고 생각할 수 있다. 고린도전서 9:8-10의 "타작하는 소"에 관한 내용이나 로마서 10:18에서 시편 19:4를 인용하면서 하늘의 영광에 대한 시편기자의 은혜로운 묘사를 복음 선포의 우주적 영역에 대한 묘사로 바꾸고 있는 것이 취사선택적 전략의 좋은 예시가 된다. 이와 같은 경우를 보자면, 바울은 진지한 고민 없이 인용구를 가져다가 쓰는 것처럼 보인다. 바울은, 자신의 인용과 그 전거의 의미론적 영역에는 최소한의 주의만을 기울인 채, 자신의 논지를 수사학적으로 지지해 줄 수 있는 어구를 단순히 차용한다. 이러한 상호텍스트적 읽기 방식은 전통적으로 증거본문화(prooftexting)라는 오명을 가지고 있지만, 이것은 바울서신에 나타나는 상호텍스트적 전략의 수사학적 기능을 오해한 결과이다. 이상에서 잠시 언급했던 로마서의 시편 19:4 인용구는 유대인들이 복음을 들을 기회가 있었다는 것을 증명하는 데에 그 목적이 있는 것이 아니다. 그보다도 바울은 "이차적이면서 더욱 큰 힘을 가진 어휘"를[56] 가지고 유대인들이 복음을 들었다는 것을 주장하고 있는 것이다. 주석가들은 간혹, 바울의 상호텍스트적 전의들 안에서 결코 들을 수도 없고 들어서도 안 되는 문자적인 차원의 주장을 발견하기 때문에, 바울서신에 분명하게 나타나고 있는 취사선택적 해석학의 논리적 부적합성에 대하여 노심초사한다.

바울의 구약 읽기 방식이 이러한 식의 취사선택적인 것이라면 서신의 진중함은 사라지게 될 것이다. 우리는 이러저러한 반향의 명석함에 경의를 표하고 싶을지 모르겠지만, 그러한 상호텍스트적 연결은 결국 아무 의미가 없다. 구약성경은 단어의 일치를 근거로 인용될 수 있는 것이 아니라, 상징들의 저수지(pool)로서, 곧 "한없이 휘저어도 그 내용물이 손상되지 않을 수 있는 거대한 그릇"으로서[57] 어느 곳에서든지 바울의 목적을 위하여 사용될 수 있어야 한다. 마태복음은 구약과 관련하여서 착취적인—그린의 용어에 의하면—해석학적 전략이 사용되고 있는 가장 분명한 예가 될 것이다. 하지만 바울서신에 관한 우리의 연구에 따르자면 바울의 상호텍스트적 반향들은 좀처럼 취사선택적인 방식으로 기능하지 않는다. 바울의 반향들은 독자들로 하여금 구약성경의 '의미의 세계'(*mundus significans*)와 바울이 직면한 새로운 상황 사이의 관계에 대하여 심사숙고 할 것을 요구한다.

바울의 상호텍스트적 전략이 취사선택적인 것이 아니라면 발견적인 것인가? 바울은 문자적인 속박에서 벗어나기 위하여 구약을 해석하는 데에 심혈을 기울이고 있는가? 널리 알려진 대로, 성경을 구약과 신약으로 구분하고 있는 기독교의 전통은 구약을 '과거'(*Vergangenheit*)에 확고히 위치시켜 우리와의 거리를 두는데, 이는 이스라엘의 성경과 그에 대한 기독교의 해석 사이의 발견적인 관계가 전제된 것이다. 로마서에 대한 전통적인 해석 및 고린도후서 3장의 문자-영의 대립적 해석 역시 구약을 바울의 신학적 비전을 위한 들러리로 이해하고 구약을 발견적으로 재진술하여 모세와 아브라함을 율법/복음의 이분법적 도식으로 조명한 것에서 기인하였다. 이러한 해석적 전략은 하위 텍스트와 그 해석 사이의 거리를 강조하여, 아담과 그리스도가 반제 관계에 있는 것과 같이, 구약과 신약을 반제적인 모형론으로 놓는 결과를 낳았다. 본 연구에서는 바울의 상호텍스트적 읽기 전략에 대한 그러한 평가가 안타깝게도 실수였다는 것을 보여준바 있다.

바울서신 중에서 갈라디아서만이 발견적인 상호텍스트적 읽기의 예로 간주되는 것이 정당할 것이다. 하지만 갈라디아서에서조차도 바울은, 우리가 살펴본 바와 같이, 자신의 논지와 구약 사이의 반제적인 도식에 대하여 불편한 기색을 보인다(갈 3:21, 5:6, 6:15). 갈라디아서는 더욱 복잡한 해석학적 전략을 따라 표현되어야 했던 입장을 강력하게 피력하고 있는데, 이후에 이러한 이슈가 다시 나타나는 로마서에 비추어 볼 때, 이는 발견적 모방의 예비 단계처럼 보인다. 로마서에 대한 우리의 분석 및 고린도후서 3장의 메타포에 관한 논의를 비롯하여 고린도전서와 갈라디아서에 있는 이스라엘/교회 모형론의 논의를 따르자면, 바울의 기본적인 읽기 전략은 완전히 **변증법적인** 것으로 드러난다. 구약성경은 복음을 위한 들러리나 종교 발전의 초기 상태, 혹은 단지 장차 오게 될 좋은 것에 대한 그림자로 간주되어서는 안 된다. 그보다도 바울의 집요한 해석학적인 과제는 하나님의 의가 진정으로 드러나도록 구약과 복음을 상호 해석적 관계로 다루는 데에 있다.

그린이 범주화한 모형론의 미묘함을 존중한다면, 바울의 시적 상호텍스트성에 있어서 발견적 개념과 변증법적 개념 사이의 차이를 바르게 이해할 수 있다. 그린이 관찰한 고전적인 방식에 있어서의 발견적 모방은 전거를 예속시키려는 시인의 적대적인 책략이 아니며, 변증법적 모방 역시 두 개의 서로 다른 상징적 세계를 자연스럽게 통합시키기 위한 수단이 아니다. 두 해석적 전략에는 모두 표층 텍스트와 하위 텍스트 사이의 갈등이 존재한다. 이 두 모방 방식의 차이는 시인이 하위 텍스트 자체의 의미를 어느 정도로 인정하고, 어느 정도로 대답하며, 어느 정도로 통합하려는 지에 달려 있다. 발견적인 읽기 전략에서는 상호텍스트적 긴장을 통시적으로 해결함으로써 과거와 현재 사이의 거리를 극복하려 하는 한편, 통시적인 해결을 거부하는 변증법적 전략에서는 상호텍스트적 긴장을 유지하지만, 그럼으로써 과거의 전거가 파생된 텍스트 안에서 말하기를 계속하기 때문에 과거와의 동시성(contemporaneity)을 더욱 완전하게 갖게 된다. 필자가 이전에 썼던 용어를 다시 사용하자면, 발견적 모방은 대체적(supersessionist) 해석학의 한 형태이다. 구약성경의 상징적 세계는 여지없이 신약의 '의미의 세계'(*mundus significans*)로 동화된다. 구약과 복음 사이의 발견적 해석을 보여주는 신약성경의 전형으로는 히브리서가 있겠지만, 바울의 로마서는 변증법적 상호텍스트성을 보여주는 전형이 된다. 바울의 복음 선포는 구약의 복을 필요로 하고, 이스라엘의 이야기를 증거 하는 구약은 복음에 관한 모든 표현들을 형성한다. 또한 구약성경은 오직 복음에 비추어 볼 때에 종말론적인 일관성이 생기며, 복음은 이스라엘 백성들의 불신을 심판하는 입장에 서게 된다. 이렇게 구약과 복음은 서로 대위법적으로 이야기한다.

이하의 두 가지 방식은 우리가 바울서신에서 확인했던 상호텍스트적 전략이 변증법적인 과정을 거치도록 계속적으로 이끈다. 첫째, 바울의 인유적인 구약 사용 방식은 구약이 반론(변증법에 있어서 정반합[正反合]의 반[反]을 가리킨다–역주)을 제기할 수 있는 충분한 여지를 남긴다. 바울은 상호텍스트적 공간을 자신의 설명으로 채우려 하기보다는 독자들이 스스로 구약의 메시지를 발견하도록 인도한다. 바울이 침묵하는 곳에서 들리는 구약의 말씀은 바울에 대한 반론을 형성한다. 실제로 로마서 11:26, "온 이스라엘이 구원을 받을 것이다"라는 결론적인 진술을 읽을 때에, 우리는 적어도 이 순간만큼은 구약성경이 우위를 점하고 있다고 생각하게 될 것이다. 둘째, 바울 해석학의 교회중심적인 특징은 구약의 실제적인 모습을 인정하고 존중하게 한다. 구약성경을 십자가에 달리신 예수 메시아를 가리키는 것으로 읽는 것은 하나님의 주권을 고백하고 하나님의 의를 드러내는 백성 공동체를 전 세계에 세우려는 하나님의 목적에 대한 예시로 읽는 것보다 더욱 큰 창의력(ingenuity)을 필요로 한다. 바울은 전자의 기독론적인 주제보다도 후자의 교회중심적인 주제를 강조하고 있기 때문에, 구약과 복음 사이의 변증법적인 대화가 발생할만한 여지가 더욱 많다고 볼 수 있다. 이와 같이, 그리스도중심적 해석과 교회중심적 해석 사이의 비교는 교회중심적 읽기라는 것이 단지 바울이 다루고 있는 목회적인 상황에 대한 역사적 우연성(historical contingency)으로만 설명될 수 있는 것이 아니라, 바울의 변증법적 해석 전략에서 인정하는 구약 자체의 자율적인 음성으로도 설명될 수도 있다는 것을 암시한다. 따라서 구약성경은 기독론적 읽기, 한 가지 방식으로만 다루어질 수 없다.

하나님의 말씀이 종말론적인 공동체의 입과 마음에 있다는 바울의 확신은 과거와 현재 사이의 거리를 좁힌다. 구약은 하나님의 발화 도구로서 엄청난 힘을 가지고 있는데, 동시에 공동체의 해석 행위는 거대한 자유를 드러낸다. 진정, 이것은 역설이 아니다. 말하자면, 해석학이 텍스트의 권위로 해석자의 창조성을 말살시키는(혹은 반대로 해석자의 창조성이 텍스트의 권위를 침해하는) 제로-섬 게임(zero-sum game)이라는 개념은 바울이 이해하지 못할 합리주의적인 난문(難問, conundrum)일 뿐이다. 바울은, 하나님의 말씀이 종말에 선 우리에게 가까이 있기에, 수건을 벗게 된 신실한 독자들이 성령의 인도를 받아 하나님의 의의 복음에 대한 율법과 선지자들의 증언을 드러내는 창의적인 상호텍스트적 읽기를 창출하게 될 것을 확신한다. 그때, 구약의 "본래" 의미가 바울의 해석을 규정하지는 못하겠지만, '칸투스 피르무스'(cantus firmus, 고정선율: 다성음악의 주제가 되는 선율-역주)로서 '칸투스 피구라투스'(cantus figuratus: 칸투스 피구라투스와 성질이 같지만 높이가 다른 음정-역주)가 노래될 수 있는 배경을 제공하게 될 것이다.

해석학적 모델로서의 바울서신

그러므로 내가 너희에게 권하노니 너희는 나를 본받는 자가 되라
—고전 4:16

진중한 독자들은 바울이 구약 말씀을 가지고 대위법적으로 즉흥연주 하던 것을 우리 역시 이어 받아야 하는지에 대한 고민을 하게 될 것이다. 우리는 바울이 가지고 있었던 것과 동일한 해석적 자유를 가지고 구약을 해석할 수 있는가?

최근, 필자의 학생들 중 한 명이 이와 비슷한 문제로 고심하면서 필자에게 보낸 편지를 소개하려 한다.

저는 한 달 전에 『디트리히 본회퍼의 말씀 묵상』(*Dietrich Bonhoeffer: Meditating on the Word*, ed. David McI. Gracie)을 읽었습니다. 내용은 참 좋았지만 당혹스러운 것이 있었습니다. 이는 거듭 대두되는 이슈이기도 한데, '구약성경의 구절들을 어떻게 해석하고 어떻게 사용할 수 있는가' 하는 것입니다. 이 책 97-98쪽에는 이와 관련한 좋은 예시가 하나 나옵니다. "본회퍼는 안전했던 미국—강의를 초청받았던—을 떠나 1939년 여름에 독일로 돌아왔는데, 이러한 행동은 당해 6월 26일에 받았던 성경구절을 근거로 결정하였던 것 같다. "너는 겨울 전에 어서 오라"(딤후 4:21). 본회퍼는 이 본문에 대하여 다음과 같이 이야기했다. '이 성경구절이 온 종일 저를 따라다닙니다. 마치 휴가를 나온 군인과 같이 다시 돌아가야 할 것을 느낍니다. ⋯ "너는 겨울 전에 어서 오라"—제가 이 말씀을 제 자신에게 직접 적용하더라도 그것

은 구약을 잘못 사용한 것이 아닙니다.'" 이러한 본회퍼의 성경 해석으로 인해 성경의 사용 방식에 대하여 의문을 갖게 되었습니다. 성경구절이 온 종일 저를 따라다닌다고 생각하면, 저도 역시 그 성경구절을 하나님께서 제게 직접 말씀하고 계신 것으로 생각할 것 같습니다. 이것은 그저 단순한 생각입니다. 하지만 저는 여기에서 다른 이슈를 생각하게 됩니다. 성경의 '삶의 정황'(Sitz im Leben)과 정경적인 배경에 관심을 두고 있는 신학교의 모든 수업은 구약의 본래 문맥을 벗어나 말씀을 자유롭게 적용하지 못하게 막는 것 같습니다. … 제 생각에는 신약의 저자들도 본회퍼의 해석적 자유와 같은 자유를 누리고 있는 것 같은데, 이것이 어떻게 정당화될 수 있는지요? 다른 이들도 이렇게 해석해도 되는지요? 그러한 해석을 강단에서 말해도 되는지요? 아마 교수님은 저보다 이 이슈가 무엇이며, 제 질문이 무엇인지 더 잘 아실 겁니다. 지금, 구약성경이 제게 직접 말씀하고 있는지에 대하여 궁금해 하고 있는 것이 아니라는 것을, 교수님은 아실 겁니다. 물론 저는 구약이 제게 직접 말씀할 수 있다고 생각합니다.[58]

이 학생의 질문에는 우리가 당면한 문제의 핵심이 나타나 있다. 본회퍼가 디모데후서의 구절을 개인적으로 직접 사용한 것은 바울의 구약 사용 방식을 상기시키지만, 이는 비평적인 방식도 아니고 상식적이지도 않은 것 같다. 바울이 디모데에게 썼던[59] 고대의 편지가 어떻게 1900년 후 독일의 목사를 고국으로 불러들이기 위한 하나님의 말씀이 될 수 있는가? 본회퍼가 믿음으로 읽은 방식과 비평적인 해석 방식 사이에 발생하는 충돌은, 우리가 남겨놓은바, 해석학적 규범에 대한 질문을 다루도록 요구한다. 바울은 성경을 어떻게 해석해야 하는지에 대한 좋은 모델을 제공하는가? 바울이 구약성경을 읽은 방식에 대한 우리의 연구가 성경으로서의 바울서신을 읽는 것과 어떠한 관련이 있는가? 여러 독자들은 다양한 정도로 이 질문에 대하여 고민하게 될 것이다.

어떤 이들은 바울의 구약 해석을 보편적인 상호텍스트적 현상의 한 예로 살펴본 것에 만족할 것이다. 바울은 서구문화를 형성했던 원천의 근저에 위치하고 있고, 또한 바울의 구약 독법은 매우 기묘하기에 바울의 해석학을 연구하는 것은 매우 흥미로운 연구가 될 수 있겠지만, 바울의 구약 해석의 적법성을 다루는 연구는 큰 소득을 얻기 어렵다. (실제로, 상호텍스트성을 분석적으로 다루는 비평적 작업에서는—어떤 이들은—진리와 거짓에 대한 문제들을 배척하는 것처럼 보인다.)[60] 그러한 준거기준(frame of reference)을 가지고 있는 독자들에게는 바울서신이 결국 기독교의 정경의 일부가 되었다는 사실이 별 의미가 없다.

하지만 어떤 독자 공동체에게는 바울의 구약 해석이, 하나님의 말씀으로서, 복음이 되기도 하고 저주가 되기도 할 것이다. 이러한 공동체 안에서는 바울의 해석학의 적법성에 대한 의문을 제기할 수 없다. 이들은, 초월적 기의(記意, signified)에 대하여 포스트모던적인 불가지론(agnosticism)의 입장에 설 수 없기에, 단지 바울의 구약 해석의 타당성이 합리적으로 설명되기를 기다리고 있을 뿐 아니라, 이것이 긴급히 해결되기를 바라고 있다. 필자는 이러한 공동체에 속하여 있기에 이 문제에 대하여, 본서의 연구가 지닌 신학적 함의들을 가지고서, 결론을 내려야 할 의무를 느낀다. 우리 앞에 놓인 질문은 다음과 같다. 바울의 경우를 통하여 믿음의 공동체 내에서 구약을 읽는 법을 배울 수 있는가?[61]

바울의 구약 해석의 적합성에 관한 문제는 다음과 같은 세 가지 질문을 통하여 더욱 정교하게 다룰 수 있다.

1. 바울의 구약성경의 구체적인 해석들이 실질적으로 규범적인 것들인가?
2. 바울의 해석 **방법론**들이 모범적인 형식으로서 사용될 수 있는가?
3. 자유로운 해석들을 제한할 수 있는 방법은 무엇인가?

이에 대한 대답은 신조와 신학에 따라 각기 다르게 나타난다.

예를 들어, 제1장에서 경험적-표현적(experiential-expressive) 접근 방식을 설명하려고 인용했던 퍼시 가드너(Percy Gardner)는 바울의 당혹스러운 구약 사용을 부적절한 방법론에서 기인한 실질적인 오류로 간주한다. "바울은 당대 랍비들의 방식을 가지고 구약을 해석한다. 그렇기에 바울의 방식이 진정한 비평적 방식이 아니라는 것은 두말할 필요가 없다." 가드너의 대답은 명확하다. 1-2번 질문에 대하여는 강하게 "No"라고 대답하고, 추정컨대, 3번 질문과 관련해서는 분명히 현대의 역사-비평적 방법론으로 해석적 자유가 적절히 제한되어야 한다고 말할 것이다.

리처드 롱네커(Richard Longenecker)는 이와는 다른 입장을 표명한다.

> 그렇다면 "우리가 신약성경에 나타난 해석 방식들을 재사용할 수 있는가?"라는 질문에 어떻게 대답할 수 있는가? 필자는 "No" 와 "Yes" 모두를 말할 수 있어야 한다고 주장하는 바이다. "No" 가 되는 경우는 구약을 계시적으로 해석하거나 문화에 대한 증거로 활용하는 경우, 혹은 구약 해석이 부수적인 역할을 하거나 본질상 '대인논증'(對人論證, *ad hominem*)으로 기능하는 경우이다. 하지만 우리가 오늘날 구약성경을 역사적-문법적 해석을 따라 문예적인 방식으로 다루는 경우에는 "Yes"이다. 우리는 기독교인으로서 사도의 신조를 따르는 것이지, 반드시 사도들의 구체적인 해석적 관습을 따라야 하는 것은 아니다.[63]

롱네커는 필자의 분석적인 질문에 대하여 매우 독특하게, "Yes"이지만 "No"라고 대답한다. 즉, 바울의 해석은 실질적으로 규범적이지만 (이는 우리가 "사도의 신조"를 따르고 있다는 것에 나타난다), 현대의 "역사적-문법적 해석"과 일치하지 않을 때에는 바울의 방법론을 따를 수 없다는 것이다. 롱네커는 바울의 특이한 해석들을 단순한 오류가 아닌 계시로 보는 경우가 있다는 점에서 가드너와 다르다. 또한 롱네커는 더욱 깊은 역사적인 이해를 보여주며 1세기 유대교의 해석적 관습을 인정하지만, 결국 가드너와 마찬가지로 바울의 해석적 방식들 중 다수는 "그저 문화적인 것"이며 현대의 비평 방법론들(이 방법론들은 "그저 문화적인 것" 그 이상의 것인가?)로 해석적인 자유를 확실하게 제한해야 한다고 주장한다.

필자가 가드너와 롱네케를 예시로 드는 이유는 이들이 특별히 중요하기 때문이 아니라 바울의 해석학의 규범적 가치에 대한 일반적인 입장을 대표하고 있기 때문이다. 가드너는 바울의 해석을 특이한 것으로 평가하면서도 부수적인 것으로 폄하한다. 왜냐하면 바울의 진정한 믿음은 믿음의 진정한 실체는 "종교적 경험"에 놓여있기 때문이다. 하지만 그러한 입장에서는 구약을 집요하게 해석하고 있는 바울서신을 진중하게 다룰 수 없다. 더욱이 바울의 해석을 쉽게 오류로 치부하는 가드너의 태도는 종국에 기독교의 정경으로 인정된 바울서신을 읽는 데에 도움이 되지 않는다. 가드너에게 있어서 바울서신에 나타난 초기 기독교의 영적인 경험들은 그 자체로 규범적인 의미를 가지고 있었지만, 바울의 특이한 해석 방식들은 부차적인 것으로 치부되었다.[64]

반면 롱네커는 바울의 해석 활동을 더욱 진지하게 받아들이는데, 실제로 바울의 기이한 해석들을 계시로 다룸으로써 바울서신을 신학적 토대로 삼는다. 롱네커에 따르면, 우리는 바울의 가르침을 믿고 그 가르침을 "재사용"해야 하지만 구약을 해석하는 바울의 자유를 모방해서는 안 된다. 이러한 입장은 그린(Greene)의 재사용적(reproductive; 혹은 성례전적[sacramental]) 모방을 따르는 것과 같다. 하지만 필자는 롱네커의 입장이 본질적으로 불안정하다고 주장하는 바이다. 말하자면, 바울의 해석을 냉철한 해석학적인 기준을 가지고 부당하다고 판단하면서 동시에 독단적으로 인정해주는 것은 독자로 하여금 독특한 지적 정신분열증을 유발시킬 수 있다. (이에 대하여 우리 자신을 속이지 말자. 바울은 우리가 가르치고 있는 해석학 서론 과정에 낙제할 수밖에 없을 것이다.) 롱네커는 바울의 구약 해석을 계시로 인정하고 있지만 그가 말하는 해석적 제한사항은 현 시대의 것으로 바울의 시대와는 단절되어 있는 것이다. 아이러니하게도, 신약성경에 대한 롱네커의 입장은 쿠걸이 관찰했던 랍비들의 구약관과 형식적으로 동일하다(271-272쪽을 보라). 즉, 구약성경은 우리가 더 이상 참여할 수 없는 거룩한 과거에 속하였다는 말이다. 구약에 대한 이러한 태도의 미덕이 무엇이든 간에(구약성경 앞에서 겸손하다는 것이 첫째 덕목일 것이다), 이 입장을 고수하면서 해석학적인 자유의 모델이 되는 바울을 따른다는 것은 이상한 일이다. 롱네커는 바울 자신이 전혀 알지 못했던 현대의 방법론에게 해석학적 거부권을 쥐어주고 바울을 따르는 자들의[65] 해석학적 자유를 제한한다. 믿음의 관점에서 보자면 왜 그래야만 하는지 분명하지 않다.

게다가 (이는 롱네커의 입장에 대한 더욱 근본적인 반대가 되는데) "사도의 신조"는 사도의 해석 방식을 배제해서는 발견할 수 없는 것이다. 우리는 바울서신을 고찰하면서 바울의 메시지가 어떻게 상호텍스트적인 해석 방식에 근거를 두고 있는지를 확인하였다. C.H. 다드(Dodd)는 초대교회의 구약 해석 패턴이 "모든 기독교 신학의 토대"가 된다고 설득력 있게 주장한바 있다.[66] 결과적으로, 사도의 신조에서 확인할 수 있는 "주요한 규칙들"(chief regulative ideas)은 롱네커가 단지 문화적이거나 비규범적인 것으로 여기고 싶었던 구체적인 해석 관습과 근본적으로 융합되어 있다. 구약성경 해석은 초대교회만의 전유물이나 바울의 메시지를 치장하기 위한 장식품이 아니다. 구약 해석은, 롱네커 자신의 작업이 보여주고 있듯이, 총체적으로 기독교 선포의 표현과 결부되어 있다.[67] 구약 해석은 케리그마가 형성되어지는 신학적 모판이기에, 그 모판을 제거한다면 기독교의 케리그마는 죽게 될 것이다. 롱네커는 그 모판으로부터 사도적 교리라는 꽃만을 뽑아서 보존하고 싶었겠지만, 꽃의 뿌리가 해석학이라는 모판에서 뽑히게 된다면 꽃은 분명히 시들어버릴 것이다.

바울의 메시지를 지탱하고 있는 구약 해석 방식을 거부하면서 바울의 메시지를 수용한다는 것은 불가능하다. 바울이 율법과 선지자의 증거를 잘못 해석했다면, 바울의 복음 역시 그릇된 것이기에 결국 바울의 해석학은 우리를 혼란스럽게 할 것이다. 다른 한편으로, 바울의 메시지가 어떤 의미에서 참되다면, 우리는 돌아가서 바울이 구약을 어떻게 읽었는지를 배워야만 할 것이다.

물론, 이론적으로는, 롱네커의 반대 입장도 상상해볼 수 있다. 말하자면, 바울의 구약 주해가 실질적으로 잘못되었거나 구시대적인 것일지라도 그 방법론은 좋은 모델이 될 수 있다는 입장이다. 사실 어떤 기독교 전통도 그러한 관점을 옹호했던 적이 없지만, 막스(Marks)—막스는 자신의 논문에서 해석학적 방법과 해석의 내용을 구분하려 한다—가 이러한 입장을 개괄적으로 묘사한바 있다. "그러나 바울의 [새로운 의미를 부여하는 해석의] 행위나 태도를 신뢰할만한 것으로 여기는 사람들이 있다. 이 사람들은, 이러한 태도가 항상 자신들의 유산(patrimony)과 대립한다는 것을 알면서도, '성령 받은 것'을 자유의 기회를 얻은 것으로 생각할 것이다. … 그들은 시간의 축에 따라서 복음의 내용이 변화할 수 있다고 생각할 것이다."[68] 그리하여 막스는 바울을 강한 오독자의 전형으로 제시하면서, 진정한 바울의 제자라면 바울과 마찬가지로 전수된 전통—추정컨대 바울을 포함하여—을 공격하게 될 것이라고 이야기한다. 이러한 바울의 진정한 제자에 대한 화상(畵像)의 예로서, 막스가 인지한 것과 같이, 마르시온(Marcion)을 꼽을 수 있다. 필자는 이미 막스가 바울의 구약관을 오해하였다고 주장한바 있지만, 그 비평은 막스의 공식적인 주장이 원칙적으로 틀렸음을 입증할 수 있는 것은 아니었다. 그렇지만 막스가 제시한 입장과 기독교 신앙을 함께 품는 것은 사실상 불가능하다.[69] 막스의 읽기는 '초월독자'(Überleser: 스스로를 신적 존재로 여기는 독자. 제1장 참조-역주)의 해석학적 '권위'($ἐξουσία$)를 인정함으로써 예수 그리스도 안에 있는 하나님의 은혜로운 행위에 관한 바울의 복음을 "다른 복음"(참조, 갈 1:6-9)으로 바꾸어 버린다.

이상에서 확인하였던 모든 답변들에 반대하여 필자는, 본서의 연구에 따라, 바울의 해석학에 대한 적절한 신학적 반응은 1번과 2번 질문에 대하여 오직 "Yes"라고 대답하는 것이라고 주장하는 바이다. 바울의 해석학은 실질적으로 기독교 신학에 있어서 (신중하게 구체화된 의미에서) 규범이 되고, 바울의 해석적 방법론은 기독교 해석학의 전형이 된다.[70] 바울의 서신들은 우리에게 구약의 의미와 구약을 읽는 방법 모두를 가르쳐준다. 하지만 필자는 여기에서 하나의 단서를 붙이기를 원한다. 즉 이 확신은, 앞서 고찰한 것과 같이, 현 시대에 나타난 하나님의 종말론적인 행위와 구약성경이 공유하고 있는 비전에 비추어 이해되어야 한다는 것이다. 바울에게서 구약 읽는 방식을 배운다는 것은 바울서신에서 구약의 비전을 발견하는 것을 의미하며, 그 결과 우리는 복음에 비추어 구약을 해석하고[71] 구약에 비추어 복음을 해석하면서, 성령의 인도하에 그 비전을 읽고 말할 수 있게 된다. 요하자면, 우리는 바울과 같은 독자의 역량을 갖추기 위하여 바울에게서 변증법적 모방의 기술(art)을 배움으로써, 과거 구약성경에 나타난 하나님의 행위를 현재에 대한 비평적 원리로 취하고, 현재 우리 가운데에 나타난 하나님의 행위로 과거를 조명할 수 있어야 한다. 그렇게 바울 자신도 독자들이 자신을 닮기를 (imitate) 권면한다(고전 4:16, 11:1; 빌 3:17).[72] 결국 우리는 바울을 확실하게 닮기 위하여 바울의 구약 해석 기술을 배워야 한다.

우리가 바울의 해석적 관습을 모방한다면, 어떠한 구약 해석 방식을 갖게 되는가? 바울의 구약 해석에 대한 규범적 함의를 파악하기 위한 가장 간단한 방법은 본 장 전반부에서 정리하고 있는 설명적 진술들을 규정들로 전환하는 것이다. 하지만 이미 논의하였던 것들을 다시 반복하기보다는 그것들을 요약하면서 필자가 강조하고자 하는 바를 제시하고자 한다.

우선 우리가 바울에게 구약성경 읽는 법을 배우게 되면, 우리는 구약을 주로 선택과 약속의 내러티브로 읽게 될 것이다. 즉, 우리는 구약을 하나님의 의에 관한 증거로 읽게 될 것이다. 하나님의 신실하심에 관한 언약의 이야기는 현재 시대까지 연장되어서 현재 시대를 아우른다. 이러한 해석학적 관점은 기독교와 유대교에 대한 전통적인 구별을 무마시킨다.

왜냐하면 이스라엘과 맺은 하나님의 언약 이야기는 유대인들에게만 유효한 것이 아니라—이사야 40-55장과 신명기 32장에 비추어—이방인들 역시 하나님의 백성으로 부르시고 찬양하게 하시는 더욱 큰 이야기로 읽히기 때문이다. 구약을 약속의 내러티브로 읽게 되면 현재의 상황—대부분의 유대인들은 하나님의 의(예수의 죽음과 부활)에 대한 말씀을 믿지 않았지만 많은 이방인들은 믿고 있는 상황—은 필연적으로 그 내러티브의 일부분으로서 기능하게 된다. 우리가 구약 이야기를 통하여 하나님의 신실하심에 대하여 배웠다면, 우리는 하나님께서 그 선택의 이야기를 분열과 불신이라는 현재의 비정상적인 상황으로 끝내지 않으실 것을 믿게 될 것이다.

바울이 구약에서 발견하고 있는 이야기는 하나님의 백성과 관련한 이야기이다. 결과적으로, 우리가 바울에게 구약성경 읽는 법을 배우게 되면, 우리는 구약을 교회중심적으로 읽게 될 것이다. 즉, 우리는 구약을 믿음의 공동체에 관한 말씀으로 읽게 될 것이고, 믿음의 공동체를 위한 말씀으로 읽게 될 것이다. 구약성경은 오직 성령이 역사하는 살아있는 공동체와 관련할 때에 그 의미를 드러내게 된다. 여기에서 의미가 공동체와 "관련"한다는 것은, 마치 구약의 의미가 먼저 비평적인 방식으로 드러난 후에 현재 상황에 적용되어야 한다는 식의 의미가 아니라, 믿음을 체화하는 공동체에서 읽혀지기 전까지는 결코 이해될 수 없다는 것을 의미한다. 따라서 진정한 해석이란—그 해석은 하나님의 은혜로 가능하다—공동체의 행위를 회고적으로 돌아보는 것이다. 우리는 성령의 인도를 받아 하나님의 은혜가 구약에 예표되었다는 것을 확인할 수 있고, 우리 가운데에 일하시는 하나님의 은혜로 인하여 구약을 새롭게 이해하게 될 것이다.

구약성경이 오로지 공동체와 결부될 때에 비로소 그 의미를 드러내기에 해석은 결코 설교와 분리될 수 없다. 우리가 바울에게 구약성경 읽는 법을 배운다면, 우리는 구약을 선포의 측면에서 읽게 될 것이다. 성경이 설교나 (바울서신과 같은) 목회적인 상담에서 해석될 때에는—말하자면, 구약 말씀을 공동체에게 직접 적용하여 읽는 경우에—본래적으로 적절한 '삶의 정황'(*Sitz im Leben*)을 가지고 있다. 본회퍼가 "너는 겨울 전에 어서 오라"라는 디모데후서 4:21을 하나님이 자신에게 주시는 말씀으로 취한 것은 바울의 해석들이 보여주고 있는 선포적인 차원을 충실하게 반영한 것이다. 물론 본회퍼의 해석은 좋은 주해가 아닐 수 아니지만, 이는 결코 본문에 대한 주해로서 제안된 것이 아니다. 그보다도 이는 본문의 의미를 카리스마적(charismatic)이고 예언적으로 전이(transference)시킨 것이라고 볼 수 있다. 바울의 구약 해석은 실제로 엄격히 주석적이기보다는 설교적(homiletical)이고 예언적인 경우가 더러 있다. 비평적인 주해는 우리가 처한 상황과 거리가 있지만, 설교의 경우에는 본문의 말씀이 우리의 면전에 서게 된다. 말씀은 우리에게 가까이 있으며, 우리의 반응을 요구한다. 물론 이러한 읽기 전략은 위험하다. 왜냐하면 모든 비평적인 장치들을 무장 해제시켜 우리를 무분별하거나 조작적인 해석에 노출시킬 수 있기 때문이다. 하지만 다른 한편으로, 우리가 바울에게서 구약을 우리에게 직접 말씀하시는 하나님의 말씀으로 대하는 법을 배우지 않는다면, 우리는 결코 하나님의 말씀을 힘 있게 전할 수 없을 것이다. 신학교에서 연구하고 가르치는 교수들은 설교자들이 이러한 방식으로 구약성경 읽는 법을 배우지 못한다는 사실을 알고 있을 것이다. 그런데 우리의 신학교 교육과정에서 모범으로 제시되고 있는 고전적인 신학자들(어거스틴, 루터, 칼빈, 웨슬리)은 바울의 예를 모방하면서 선포의 방식으로 구약을 해석했다. 우리가 이러한 바울의 경우를 따르지 못한다면 무엇인가 놓치고 있는 것이다.

이렇게 구약성경을 공동체에게 직접 말씀하고 있는 것으로 읽고 있는 바울의 해석학에는 바울서신의 독자들이 "종말을 살고 있다"는 집요한 확신이 전제되어 있다. 우리가 바울에게 구약성경 읽는 법을 배우게 되면, 우리는 종말론적 구원 드라마에 참여한 백성으로서 구약을 읽게 될 것이다. 우리가 바울에게서 배우는 해석학적 규칙들 중 가장 소화하기 어려운 것이 바로 이것이다. 우리는 바울과 같이 현재를 마지막의 시기로 여길 수 있는가? 바울의 종말론적 비전이 세기가 거듭됨에 따라 믿을 수 없는 것으로 간주되지는 않는가? 바울의 종말론을 신뢰할 수 없다면 바울의 해석학적 전략들은 단지 허상(illusion)이 될 뿐이다. 바울의 종말론적인 관점 없이 그의 해석학적 전략들을 사용하는 것은 불가능하다. 바울의 종말론을 비신화화(demythologize) 하여 시간성을 배제시킨다면 결국 바울의 해석학은 설 수 없게 될 것이다.[73] 왜인가? 상호텍스트성은 시간성(temporal sensibility)을 전제하기 때문이다. 모든 상호텍스트적 반성 행위는 독자의 시간과 과거 시간 사이의 관계를 형성하는데(이를 변증법적으로 되받아치는 것은 불가피한 것처럼 보인다), 시간성(temporality)에 관한 독자의 의식은 텍스트가 해석되는 방식을 형성한다.

우리는 구약을 해석하면서 우리의 현재를 과거 이스라엘의 이야기 위에 위치시킨다. 바울은, 종말의 도래가 과거와 미래 시간에 대한 주제적 통일성을 볼 수 있는 특별한 관점을 제시하기에, 시대의 전환에 대한 인식이 완전히 새로운 구약 해석에 대한 근거가 된다고 생각했다. 우리가 바울의 종말론적 시각을 수용하지 못한다면 바울의 읽기 전략은 그저 무분별하고 과장된 것으로 보이게 될 것이고, 그렇게 된다면 우리가 처한 시간이나 장소 및 역사적 상황에 따라 상대적으로 더욱 적절한 해석학적 관습을 사용하는 것이 나을지도 모르겠다. (이것이 정확하게 해석학을 역사비평적인 방식으로 제한하려는 기독교 신학 안에서 일어나고 있는 일이다.) 이와는 달리 우리가 현재를 하나님이 통치하시는 시기로 믿고, 바울과 함께 "이제는 구원의 날이다"라고 고백하며, 모든 피조물이 썩어지고 있는 현실에서 자유하게 될 것(롬 8:21)을 기다리고 있다면, 바울의 구약 해석은 이해되기 시작할 것이며 바울의 해석 전략은 우리에게 전형이 될 수 있을 것이다.

이러한 점에서, 바울을 단순히 그대로 모방하는 것은 불가능하다. 우리가 경험한바, 수많은 세대들을 거치면서 재림(parusia)이 아직 나타나지 않았다는 것은, 바울 당대의 유대인들이 복음을 믿지 않았던 것이 바울에게 해석학적인 문제였던 것과 마찬가지로, 현재 우리에게 해석학적으로 곤란한 문제가 된다. 그렇기에 이러한 우리의 역사적 경험은 바울과 같이 창의적이고도 신뢰할 수 있는 해석학적 대답을 요구한다. 그러므로 우리가 임박한 주의 재림에 관한 본문들을 새롭게 읽으면서 하나님의 구원과 창조의 회복을 소망할 때에, 바울의 종말론을 모방하는 것은 필연적으로 변증법적인 특징을 가지게 된다.[74]

　　무엇보다도, 바울은 우리에게 해석학적인 자유의 모델이 된다. 우리가 바울에게 구약성경 읽는 법을 배우게 되면, 우리는 구약을 메타포적으로 해석할 수 있을 것이다. 그러므로 우리는 문법이나 논리 못지않게 시적인 수사학을 중시하게 될 것이다.[75] 우리는 말씀을 선포하면서 반향과 인유 및 표상적인 상호텍스트적 연결과 심지어는 환용을—우리의 공동체가 구약의 상징적인 토양에 충분하게 뿌리내리고 있다면—충분히 고려할 것이다. 이러한 텍스트의 전의들은 우리의 삶을 구약 이야기의 연장선 위에 놓았을 때에 발생하는 자연스러운 결과이다.[76]

　　우리가 바울의 구약 해석을 메타포적 방식으로 이해할 때에 비로소, 해석 방식의 규범성과 해석의 산물을 동시에 인정할 때에 발생하는 역설을 이해할 수 있다. 딜레마(dilemma)는 다음과 같다. 우리가 바울과 같이 자유롭게 구약을 읽어 나간다면 바울의 특정한 해석과 불가피하게 모순될 수도 있지 않을까? 실제로 우리는 바울서신에 나타난 구약 해석의 결을 가로질러 해석하게 되지 않을까? 딜레마에서 벗어나는 방법은 바울의 상호텍스트적 연결에서 창조된 표상적인 방식을 인지하는 것이다. "반석은 곧 그리스도이다"라는 것이 메타포라는 것을 인식하지 못하는 독자들은 실로 어리석다. 하지만 성경 신학자들은, 예컨대, 신명기 30장이 가리키고 있는 언약의 말씀과 로마서 10장이 말하고 있는 복음의 말씀이 동일한 것이라는 바울의 메타포를 좀처럼 인지하지 못한다. 율법이 복음에 대한 메타포라는 것은 구약의 진리를 부정하고 있는 것이 아니다. 오히려 여기에는 메타포적인 방식을 적절하게 수용할 필요가 있다는 것이 함의되어 있다. 따라서 바울의 신명기 30장 해석 방식이 실제로 기독교 해석학의 규범이라는 필자의 주장은, 말하자면, 바울의 메타포적 해석이 신명기 및 토라 전체를 위한 적절한 해석학적 모델이라고 제안하는 것과 같다. 상호텍스트적 관계가 가지고 있는 메타포적 특징을 인지하는 것은 구약을 문자적으로 해석 하거나 절대화하는 것을 막아준다. 실제로 바울서신은 성령의 인도를 받는 공동체가—계속 말씀하시는 하나님을 통하여—동일한 본문을 다르게 읽는 것에 대하여 열려 있다는 것을 보여준다.

우리는, 바울의 구약 읽기를 정당한 표상으로서 변함없이 인정하겠지만, 바울이 해석했던 본문 안에서 새로운 표상을 창조할 수도 있다. 부분적으로는 바울의 저작들을 서로 상호텍스트적인 얼개(intertextual web)로 엮어—아마도 바울 자신에게서는 확인할 수 없는 연결점들을 인지하면서—그렇게 할 수 있다. 어떻게 이러한 상호텍스트적 읽기가 건설적으로 수행될 수 있는지 하나의 예를 통해 살펴보고자 한다.

우리는 로마서 9장을 다룰 때에, 바울이 창세기 18:10, 14에 나타난 하나님의 약속("이 때에[κατὰ τὸν καιρόν τοῦτον] 내가 네게 돌아올 것이니, 사라에게 아들이 있을 것이다")을 인용하면서 이삭을 육신이 아닌 약속에 연결했던 것에 주목한바 있다. 명백한 차원에서, 이 인용구는 이삭이 하나님의 약속에 의하여 탄생되었다는 주장을 뒷받침하는 역할을 한다. 그러나 우리가 로마서 9:6-9를 갈라디아서 4:21-31에 나타난 알레고리에 비추어 상호텍스트적 대위법으로 읽는다면 새로운 해석적 가능성이 열리게 된다. 갈라디아서 본문에서는, 우리가 살펴보았던 것처럼, 이방 기독교인들을 "이삭을 따라 난 약속의 자녀들"로 여기면서 창세기 21:10에 나타나는 "나의 자녀 이삭"을 기독교 공동체의 표상으로 다루고 있다(갈 4:30-31을 보라).[77] 이삭에 관한 이러한 해석을 창세기 21장 인용이 나타난 로마서 9장(창 21:12가 나타난 롬 9:7)으로 가지고 온다면 어떨까? 그렇게 되면 바울의 창세기 21:12과 18:10, 14(롬 9:7, 9) 인용은 단지 하나님이 뜻하신 대로 약속을 성취할 수 있는 분이라는 일반적인 제안을 위한 것이 아니라, 이방인들을 백성으로 부르시려는 하나님의 구체적인 뜻을 미리 속삭이고 있는 것이 된다. 로마서에서 갈라디아서를 인지한 독자들의 귀에는 이 창세기 본문들이 종말론적인 예언으로 들리게 될 것이다. 바울에게 있어서, 창세기 18:10, 14의 이삭이 탄생하게 될 "이 때"(τὸν καιρόν τοῦτον)란, 약속이 성취되는 순간으로서 구약의 모든 약속들이 지시하고 있는 때이며 하나님의 의가 드러나게 되는 로마서 3:26의 "이제"(ἐν τῷ νῦν καιρῷ)와 같은 때이다. 바울이 특별히 아브라함 이야기를 현재 시대를 위한 약속의 말씀으로 읽기를 선호했다는 것을 감안할 때, 창세기 18:10을 그렇게 해석하는 것이 잘못되었다고 할 수 있을까? 로마서 9:9의 아브라함을 향한 약속("내년 이 때에 내가 오겠으니, 사라에게 아들이 있을 것이다")을 읽으면서, 우리는 사라에게 아들을 주신다는 약속이, 예수 그리스도가 오셔서, 이방인들을 백성으로 불러들이신 것으로 성취되었다고 간주해야 하는 것일까?

바로 그러한 구약 읽기 방식이 갈라디아서에는 조심스럽고도 분명하게 나타난다. 하지만 로마서 9:6-9에서는, 바울이 갈라디아서를 염두에 두고 있었다 하더라도, 그러한 식의 진술은 확인하기 어렵다. 로마서 9장의 논증은 갈라디아서의 알레고리 없이도 깔끔하게 전개된다. 우리가 만일 문제해결 활동(problem-solving activity)으로서 "석의를 하고 있는 것"(doing exegesis)이라면, 이러한 해석은 오컴의 면도날(Ockham's razor: 필요 이상의 가정 및 논리를 배제하는 것으로 일종의 단순성을 추구하는 것-역주)을 매우 잘 적용하면서 로마서 9:9에 잠재된 의미를 알레고리적으로 드러낸 것이라고 할 수 있을 것이다. 하지만 우리가 로마서 9:9 자체의 의미론적 범위 내에서 본문을 읽고자 하는 것이라면, 우리는 바울의 창세기 인용구에서 촉발된 갈라디아서의 상호텍스트적 공명들을 걸러내야 할 것이다. 어떻게 그럴 수 있을까? 사실 바울은 "이것이 약속의 말씀이다"라는 형식으로 인용구를 소개한 후에, 이를 더욱 깊이 해석하지 않고 단락의 끝에 남겨두어, 그 인용구로 하여금 잔향들(lingering echoes)을 울리게 할 뿐이다.

따라서 우리는 바울의 로마서 독자들이 갈라디아서를 읽었다거나 필자가 제안했던 창세기 18:10의 배음을 들었을 것이라고 생각할 이유가 없다. 이 경우에 환제된 본문(갈 4:21-31)은 로마서의 원독자들이 생각하는 정경 범위에 속한 것은 아니지만 신약 정경 안에는 포함된다. 결과적으로 후대의 독자들은 로마서 9:9를 읽을 때에 바울의 의미 범위 안에는 당연히 있겠지만 원독자들에게는 분명히 감추어졌을 상호텍스트적 전의를 지각할 수 있다. 이 경우는 역사적인 해석과 상호텍스트적인 정경적 해석 사이의 차이를 극명하게 보여준다. 바울은 로마서 9:9와 갈라디아서 4:21-31 사이의 공명을 주장하지는 않았지만, 사실상 이 두 서신을 정경으로 가지고 있는 독자들은 이 공명을 듣게 될 것이다. 더구나 그 결과로 발생한 창세기 18:10의 예언적인 해석은 새로운 공동체를 창조하는 것이 하나님의 뜻이라는 로마서 9-11장의 전체적인 논지를 보완해준다. 따라서 로마서 9:9에서 갈라디아서 4:21-31 반향들을 읽어내는 것은, 바울이 로마서에서 그것을 의도하지 않더라도, 바울이 구약을 읽었던 것과 동일한 해석학적 감각으로 바울을 읽는 것이라고 할 수 있다.[78]

이러한 해석 방법론이 적법한가? 이 해석은 육신으로 말미암아 난 것인가? 아니면 약속으로 말미암아 난 것인가? 이는 해석의 기원(parentage)에 대하여 비유적으로 묻는 것으로서 해석의 "적법성"을 말해준다. 곧, 필자가 방금 제안했던 로마서 9:9 해석을 진정으로 낳은 자(어쩌면 그 해석의 조부[祖父])가 바울이라는 점에서 이 해석은 적법하다. 로마서 9:9에 대한 필자의 해석은 일반적인 해석 규준에 따르자면 정당한 역사적 해석이 아니며, 더더구나 창세기 18:10에 대한 해석 역시 정당한 것이 아니다. 그럼에도 불구하고 이 상호텍스트적 읽기는 선포 '행위'(ποίησις)에 있어서 효과적이고 충실하게 역할하게 될 것이다. 이것이 바로 바울의 예시가 독려하고 있는 읽기 방식이다.[79]

그렇다면 우리가 가진 이 해석학이 정경을 폐하는가? 그럴 수 없다. 오히려 반대로, 우리는 정경을 세운다. 우리가 바울의 자유를 가지고 과감하게 구약을 읽는다면, 궁극적으로 바울의 자유로운 창의성이 구약의 권위를 손상시킨다고 볼 수 있는가? 그럴 수 없다. 오히려 반대로, 해석자들과 설교자들이 바울과 같은 자유를 가지고 구약을 읽을 때에 비로소 교회는 구약의 음성을 듣게 될 것이다. 우리는 말씀의 종이 아니라 말씀의 자녀이다.

이와 같은 읽기가 위험한 것은 사실이다. 기독교 공동체가 바울의 자유로운 해석을 모방하도록 격려하는 것이 마치 지적자살(intellectual suicide)을 즐기고 있는 것처럼 보일지 모르겠다. 말하자면, 우리의 해석이 공동체의 해석 전통에서 과도하게 벗어나서 바울이 선포했던 믿음과 우리가 주장하는 믿음이 실질적으로 달라질 수도 있다는 말이다. 그렇기 때문에 구약을 새롭게 해석할 수 있는 사도적인 자격을 바울 및 다른 신약성경 저자들에게만 부여하고서, 이후의 세대의 독자들은 그러한 해석 방식을 더 이상 사용할 수 없도록 규제하는 것이 더욱 안전한 방법으로 보일 수도 있다. 그렇게 되면 바울의 읽기는 이후의 기독교 독자들이 반드시 순응해야만 하는 정통의 윤곽을 새롭게 확정해줄 수 있을 것이다. 하지만 이러한 해석학적 전략은 안전해 보일지라도 두 가지 측면에서 기만적이라고 말할 수 있다.

첫째, 의미가 고정된 명확한 텍스트에 대한 이상적인 권위는, 해석 행위에 있어서 독자 및 독자 공동체의 역할을 부정하기 때문에, 지속될 수 없다. 우리는 더 이상 텍스트의 의미라는 것이 텍스트 내에 포함되어 있는 어떤 것으로 간주해서는 안 된다. 왜냐하면 텍스트의 의미는 오직 텍스트가 독자 공동체에 의하여 읽혀지고 사용될 때에 발생하기 때문이다. 그러므로 우리는 공동체에서 구약 해석 방식을 규범화할 때에 우리가 가진 해석학의 능동성(agency)을 고려해야만 한다.

둘째, 필자가 이미 주장했던 것과 같이, 우리에게서 해석학적 자유를 빼앗으려는 시도는 바울의 구약 해석의 뿌리를 잘라내려는 것과 같다. 이는 아이러니하게도 "말씀이 네게 가까워 네 입에 있으며 네 마음에 있다"라는 바울의 가장 기본적인 가르침에 충실하지 못한 것과 같다. 바울의 말에 충실한 사람은 해석적 자유의 위험을 감내한다. 그러한 위험을 감수하지 않으려는 사람들은, 아닌 척 하면서, 사실상 계속하여 구약을 변혁적으로 읽을 것이기에, 하나님의 말씀을 앵무새처럼 고정된 형식을 되풀이하면서 억압하거나 영감된 계시의 개념을 자기기만을 위한 수단으로 이용하게 될 것이다.

단연코 구약을 변증법적으로 해석하고 있는 바울의 경우를 모방하는 편이 훨씬 낫다. 우리가 구약성경을 창의적인 자유를 가지고 읽는다 하더라도, 구약은 우리의 정체성을 형성하게 될 것이다.[80] 실제로 바울서신이 성경으로 기능하는 한에 있어서―그리하여 우리의 공동의 정체성을 형성한다―바울서신은 우리에게 구약을 자유롭게 읽는 법을 가르치게 될 것이다. 왜냐하면 한때 백성이 아니었던 우리는 바울서신을 통하여 이제 성령의 인도 아래에서 자유롭게 행동할 수 있는 하나님의 백성으로 부름 받았다는 것을 알기 때문이다. 이 자유로운 해석 행위―계속적으로 공동체의 필요를 다루는―에는 책임이 뒤따를 수밖에 없다. 우리가 무슨 권위로 해석의 책임을 떠맡을 수 있는가? "우리는 그리스도로 말미암아 하나님을 향하여 이 같은 확신을 가지고 있다. 그러나 우리는 어떠한 것이든지 우리에게서 나온 것처럼 생각하여 스스로 능력 있다고 생각하지는 않는다. 우리의 능력은 오직 하나님께로부터 나온다. 하나님께서는 우리를 새 언약의 일꾼이 되기에 충분하게 하셨다. 그것은 기록이 아니라 성령으로 된 것이다"(고후 3:4-6a). 새 언약의 백성인 우리의 마음에는 율법이 쓰였고, 우리 공동체의 삶은 모든 사람이 알 수 있고 읽을 수 있는 그리스도의 추천서이기에―그 메시지는 가장 깊은 차원에서 구약성경의 메시지와 동일하다―창의적인 해석 행위를 할 수 있는 권위를 받은 것이다.

하지만 우리가 주장하고 있는 해석학이 그러한 용기를 필요로 하는 것이라면, 우리는 자기기만적 해석이나 완전히 그릇된 해석의 위험성에 대하여 어떻게 대답할 수 있는가? 우리 공동체의 표상적인 해석이 바울의 해석과는 극도로 달라서 우리의 복음이 다른 복음이 될 수도 있지는 않는가? 우리가 가진 해석학적 자유가 육신의 기회가 되는 것은 아닌가? 그러한 위험성은 심각한 것이다. 우리는 본 논의 서두에서 물었던 세 번째 질문으로 돌아가게 된다. 자유로운 해석들을 제한할 수 있는 방법은 무엇인가? 혹여 해석에 대한 제한사항이 없다면 구약은 공동체의 정체성을 형성하는 힘을 잃게 될 것이다. 즉, 구약 해석은 독자의 기분에 따라 달라지는 한 줌의 진흙이 되고 말 것이다.

바울은 이미 이 문제에 직면했다. 즉, 바울의 구약 해석은 너무나도 파격적이었기에 바울은 그 해석이 토라의 의미와 일치한다는 것을 변호해야만 했다. 이 변호 과정에서 바울은, 암시적이든 명시적이든 간에, 자신의 해석이 정당하다고 평가될만한 어떤 기본적인 제한사항들 내지는 척도를 인정했다. 바울의 해석학적 관습이 우리의 전형이 된다는 필자의 제안을 실현하기 위하여, 우리는 바울이 인정했던 것과 동일한 해석적 제한사항들을 인정해야만 한다. (이는, 필자의 생각에, 바울의 저작들을 성경으로 인정하는 것의 일부이다.) 그러나 우리가 바울의 해석학적 제한사항들을 우리의 읽기에 대한 규범으로 가진다면, 역사비평은 그것이 다른 목적—유추적인 상상력을 자극하는 것과 같이—을 위하여 아무리 유용하다 할지라도 기독교의 선포에 있어서 구약 사용을 판단하는 도구가 되어서는 안 된다.[81] 역사비평이 그러한 규범적 과업을 맡게 된다면 바울의 읽기 중 다수는 낙제하게 될 것이다. 그렇다면 바울이 인식하고 있었던 제한사항들은 무엇이며, 우리가 그것을 인정하면서 바울을 모방한다는 것은 무엇을 의미하는가?

우리는 바울의 해석학적 제한들이 방법론적이라기보다는 실질적이라는 것에 이미 주목한바 있다. 이 제한사항들을 확인하는 것은 극도로 복잡한 작업이지만, 개괄적으로 보자면 바울에게는 최소한 두 가지 척도가 있었던 것 같다. 첫 번째 척도는, 우리가 이미 살펴보았던 것처럼, 약속에 대한 하나님의 신실하심이다. "사람은 다 거짓되되 하나님은 참되시다." 만일 하나님의 신실하심을 부정하는 결과를 낳는 해석이라면 어떠한 해석도 적법할 수 없다. 이 기준은 바울의 해석적 자유를 이스라엘의 이야기 위에 고정시키는 역할을 한다. 하지만 이와 동일하게 중요한 두 번째 척도 역시 기억할 필요가 있다. 즉, 구약은 반드시 예수 그리스도의 복음에 대한 증거로 읽혀야만 한다. 만일 하나님의 의가 드러난 것으로서 예수의 죽음과 부활을 인정하지 못하는 해석이라면 어떠한 해석도 적법할 수 없다. 이 기준은 바울의 해석적 자유를 기독교의 케리그마에 대한 신실함(faithfulness) 위에 고정시킨다. 이 두 가지 기본적인 제한사항은 교회 내에서 수행되는 구약 해석 작업의 영역을 확정해준다. 다른 비유로 설명하자면, 다른 모든 해석들은 이 두 가지 확신을 핵(nucleus) 삼아 공전(公轉) 해야만 한다.

하지만 우리가 연구한 바울의 해석적 관습에 따르자면, 앞선 두 개의 기준보다도 더욱 까다로운 또 하나의 해석적 제한사항을 상기할 수 있는데, 결국 이것은 독단과 오류를 걸러낼 수 있는 가장 강력한 기준이 될 것이다. 구약의 진정한 메시지를 발견한 독자들은 예수 그리스도 안에 있는 하나님의 영광을 보게 되기 때문에 그들은, 바울의 말과 같이, "그리스도의 형상으로 변화된다." 만일 독자들로 하여금 그리스도 안에 있는 하나님의 사랑을 체화시키지 못하는 해석이라면 어떠한 해석도 적법할 수 없다. 이 척도는 경박한 해석이나 자신만을 위한 해석들 및 해석자를 부각시키는 모든 해석들과 그저 독창적이기만 한 모든 해석들을 걸러낸다. 진정한 구약 해석은 우리의 삶을 공동체—우리를 사랑하사 우리를 위하여 자기 몸을 버리신 하나님의 아들을 믿는—에게 무조건적으로 내어주게 만든다. 그리스도의 형상을 가진 공동체는 십자가의 형상을 지니고 있는 것이다. 그러므로 올바른 해석은 반드시 십자가의 형상과 같아야 한다. " 우리 살아 있는 자가 항상 예수를 위하여 죽음에 넘겨짐은 예수의 생명이 또한 우리 죽을 육체에 나타나게 하려 함이라 "(고후 4:11). 이와 다른 무언가를 요구하는 해석이라면 어떠한 해석도 잘못된 것이다.

웨인 믹스(Wayne Meeks)는 "텍스트의 참된 전제를 객관적으로 믿거나 텍스트의 상징이 자아내는 진정한 자기이해를 개인적으로 사용하는 것이 아니라, 공동체의 삶의 모습을 텍스트에 표현된 상징적인 세계

(universe)에 일치시키는 데에 목적이 있는" 신학적 해석학을 "사회적 체화의 해석학"이라고 불렀다.[82] 바울의 해석학적 관습은 믹스가 전형적으로 묘사한 형식에 부응한다. 즉, 바울은 십자가에 달리신 예수 그리스도의 복음을 체화시키는 공동체를 형성하는 데에 자신의 삶을 바쳤다. 그러한 공동체야말로 비정상적인 해석을 제한하기 위한 최고의 제한사항이며, 가까이에 있는 말씀을 들을 수 있는 창의적인 독자들을 훈련하기 위한 최고의 소망이 된다. 물론 우리가, 바울이 그러했듯, 진리를 드러내고 생명을 주시는 성령의 능력을 믿는다면, 그러한 공동체가 창의적이면서 동시에 신실할 수 있다는 것을 알게 될 것이다.

우리가 "신학적 해석학"이라고 부르는 것은 바울에게는 이해하지 못할 진기한 메타포적 방언과 같다. 하지만 바울은 구약의 의미가 궁극적으로 육신의 마음 판에 쓰였다는 것의 의미를 이해했을 것이다. "무엇이든지 전에 기록된 바는 우리의 교훈을 위하여 기록된 것이니, 우리로 하여금 인내로 또는 성경의 위로로 소망을 가지게 함이니라. 이제 인내와 위로의 하나님이 너희로 그리스도 예수를 본받아 서로 뜻이 같게 하여 주사, 한마음과 한 입으로 하나님 곧 우리 주 예수 그리스도의 아버지께 영광을 돌리게 하려 하노라."[83]

미주

서문

1. Robert Alter and Frank Kermode, eds., *The Literary Guide to the Bible* (Cambridge: Harvard University Press, 1987).
2. "The Good Books," The New Yorker (January 11, 1988), 94-98, 인용문은 97쪽.
3. Dietrich-Alex Koch, *Die Schrift als zeuge des Evangeliums: Untersuchungen zur Verwendung und zum Verständnis der Schrift bei Paulus* (BHT 69; Tübingen: J. C. B. Mohr, Paul Siebeck, 1986).
4. Alfred Rahlfs, ed., *Septuaginta* (Stuttgart: Deutsche Bibelstiftung, 1935).

제1장 당혹스러운 바울의 해석학

1. 이 어구의 헬라어는 ἡ ἐκ πίστεως δικαιοσύνη이다. 물론 바울이 실체화 (hypostatization, 혹은 실재화) 한 "의"는 교리적인 명제가 아니라 시적 장치이다.
2. 이 간극에 대한 바울 자신의 설명은 빌 3:2-14에 나타난다.
3. *Baba Meṣia* 59b. 이에 대한 영역본은 다음과 같다. I. Epstein, ed., *The Babylonian Talmud*, vol. 20 (London: Soncino, 1935), 352-53.
4. 물론 필자는 여기에서 탈무드 이야기에 나오는 등장인물에 대해 언급하고 있는 것이지, 역사적 인물의 신 30:12 해석이 믿을만한 것인지를 논하고 있는 것이 아니다.
5. 성경 해석이 전체적인 개념이나 창의적인 "준거점"(discrimen)에 지배를 받을 수밖에 없다는 논의를 위해서는, David Kelsey, *The Uses of Scripture in Recent Theology* (Piladelphia: Fortress, 1976), 158-81을 보라.
6. David Weiss Halivni, *Midrash, Mishnah, and Gemara: The Jewish Predilection for Justified Law* (Cambridge: Harvard University Press, 1986)에서 랍비 전승 내에 있는 이러한 현상을 관찰한다.
7. 출 23:2의 히브리어 본문은 논쟁적이다. 그 문제에 대한 요약적인 설명은 Brevard S. Childs, *The Book of Exodus* (Philadelphia: Westminster, 1974), 450, 481에 나타나 있다.
8. 칠십인역(LXX) 번역자는 분명히 이 본문을 다음과 같이 이해하고 있다. "다

수와 함께 악을 행하지 말고, 정의를 굽히기 위하여 다수의 무리에 참여하지 말라." 마찬가지로, *Mekilta*, Kaspa 2 (Lauterbach II, 161-62)에서는 기소된 사람이 유죄판결을 받도록 결정적인 표를 행사하지 말라는 뜻으로 이 본문을 이해한다("11명이 무죄 표를 던지고, 11명이 유죄 표를 던진 상황에서 한 사람이 다음과 같이 말했다. '나는 모르겠소. 자, 보시오. 무죄판결이 되는 것이 아니라면 부동표(浮動票)는 위험하오. 성경도 "재판에서 다수를 따라감으로써 정의가 왜곡되지 않게 하라"고 말하지 않소?'"). 이러한 유대교의 해석들과 비교해 볼 때, 랍비 Jeremiah가 본문을 다루고 있는 방식은 더더욱 독특하다.

9. 필자의 동료인 Steven Fraade는 랍비들이 토라에 있는 어느 단어도 불필요한 것은 없다는 확신을 가지고 다음과 같은 제안을 하였다. 곧, 출 23:2 히브리어 본문의 마지막 단어인 להטת(기울도록)은 잉여적인 것처럼 보이는데, 이 때 문장의 구두점을 새롭게 찍어 그 구절의 마지막 세 단어로 하나의 문장을 구성하면 *Baba Meṣia* 59b.에서 랍비 Jeremiah가 인용한 출애굽기 본문의 의미와 일치하게 된다. 이러한 해석이 문맥상 말이 안 된다는 사실—실제로 출애굽기 23:2의 전반절과 모순된다—은 랍비 해석학에 있어서 중요하지 않은 문제이다.

10. James Kugel은 다음과 같이 말했다. "간혹 미드라쉬에 대한 농담스러운 것들이 나타난다. … 농담의 궁극적인 주제는 랍비들의 종교와 그 종교의 기초가 되는 경전 사이의 불일치—그리고 … 보다 정확하게 말하자면, 추정적으로는 성경의 메시지가 통일되고 조화되어야 하지만 실제적으로는 파편적이며 서로 불일치한다는 것—에 있다." ("Two Introductions to Midrash," in Geoffrey H. Hartman and Sanford Budick, eds., *Midrash and Literature* [New Haven: Yale University Press, 1986], 77-103, 인용은 80쪽).

11. Wayne A. Meeks, "A Hermeneutics of Social Embodiment," *HTR* 79 (1986): 182.

12. 특히 Christiaan Beker가 *Paul the Apostle: The Triumph of God in Life and Thought* (Philadelphia: Fortress, 1980)에서 바울서신의 "우연성"(contingency)이 가진 해석학적 중요성을 강조하였다. 더욱 최근에, Beker는 "바울은 조직신학자라기보다는 해석학적 신학자이다"라는 선언으로 바울신학에 대한 자신의 접근방식을 요약하였다. ("The Faithfulness of God and the Priority of Israel in Paul's Letter to the Romans," *HTR* 79 [1986]: 10). 이는 매우 훌륭한 진술이지만, 사실 Beker의 작품은 바울의 해석학적 신학이 단지 특정 상황에 대한 '복음'을 해석할 뿐 아니라 이스라엘의 '성경들'을 해석하고 있다는 것을 충분하게 보여주지 못했다. 바울서신의 우연성에 대하여는, 또한 Nils A. Dahl, "The Particularity of the Pauline Epistels as a Problem in the Ancient

Church," in *Neo Testamentica et Patristica: Freundesgabe Oscar Cullmann* (NovTSup 6; Leiden: Brill, 1965), 261-71을 보라.

13. 이 연구에 대한 간략한 역사는, E. Earle Ellis, *Paul's Use of the Old Testament* (Edinburgh: Oliver and Boyd, 1957), 2-5을 보라.

14. George A. Lindbeck, *The Nature of Doctrine: Religion and Theology in a Postliberal Age* (Philadelphia: Westminster, 1984), 16 et passim.

15. Percy Gardner, *The Religious Experience of Saint Paul* (New York: G. P. Putnam's Sons, 1913), 215. 이 내용에 대하여 필자는 Leander Keck의 도움을 받았다.

16. Adolf von Harnack, "Das Alte Testament in den Paulinishen Briefen und in den Paulinishen Gemeinden," *Sitzungsberichte der Preussischen Akademie der Wissenschaften*, Philosophish-historishche Klasse (1928): 124-41. Harnack의 주장을 지지하기 위하여, 바울의 가장 초기 서신(데살로니가전서)에는 구약에 대한 해석이 나타나지 않는다는 것과 바울이, 당대의 유대교와는 대조적으로, 성경 주석을 쓰지 않았다는 것을 근거로 제시할 수 있다. 하지만 바울이 자신의 대적들에게 대답할 때에만 구약에 호소했다는 의견은 데살로니가전서를 비롯하여 바울서신 내에 만연한 구약의 인유들을 충분하게 설명하지 못한다. 이 점에 대한 더욱 깊은 논의를 위해서는 Richard B. Hays, "Crucified with Christ: A Synthesis of the Theology of 1 and 2 Thessalonians, Philippians, Philemon, and Galatians," in David J, Lull, ed., *Society of Biblical Literature 1998 Seminar Papers* (Aatlanta: Scholars, 1988), 318-35를 보라.

17. Rudolf Bultmann, *Theology of the New Testament*, trans. Kendrick Grobel (New York: Scribner's Sons, 1951-55), 1.198-352. 그러나 D. Moody Smith는 자신의 최근의 논문("The Pauline Literature," in D. A. Carson and H. G. M. Williamson, eds., *"It Is Written": Scripture Citing Scripture: Essays in Honor of Barnabas Lindars*, SSF [Cambridge: Cambridge University Press, 1988], 265-91)에서 바울의 인간론(anthropology)에 대한 Bultmann의 해석이—비록 암시적일 뿐이긴 하지만—근본적으로 구약적 개념들에 기초하고 있다고 주장했다.

18. R. Bultmann, "The Significance of the Old Testament for Christian Faith," pp. 8-35 in Bernhard W. Anderson, ed., *The Old Testament and Christian Faith* (New York: Harper & Row, 1963), 14.

19. Ibid., 17.

20. Ibid.

21. Ibid., 31-32.

22. Leonhard Goppelt의 작품에 이러한 경향이 나타난다. "역사적 그리스도

및 구약에 나타난 계시는 비역사적인 신화로 간주되어서는 안 된다. 모형론(typology)은 과거의 것(old)에 비견하여 새로운 것(new)의 성질을 보여줄 뿐 아니라, 새로운 것이 직접적으로/유일하게 구속사(*Heilsgeschichte*)에 기초하고 있다는 것을 보여준다"(*Typos: The Typological Interpretation of the Old Testament in the New*, trans. D. H. Madvig [Grand Rapids: Eerdmans, 1982], 151-52). 1939년에 출판된 Goppelt의 작품은 Ellis에게 상당한 영향을 주었는데, 그 영향은 다음과 같은 학자들에게서도 발견할 수 있다. e.g. David L. Baker, "Typology and the Christian Use of the Old Testament," *STJ* 29 (1976): 137-57; Walter C. Kaiser, Jr., *The Uses of the Old Testament in the New* (Chicago: Moody, 1985).

23. 주 22번에서 언급했던 모든 작가들이 이에 해당하는데, 구약의 본래 의미와 바울의 구약 사용 사이에 간극이 전혀 존재하지 않는다는 "철벽"(stonewall) 입장을 고수했던 Kaiser는 여기서 제외된다. "신약이 구약 '안에 들어와서 해석'(read into) 되거나 신약으로 구약을 '거꾸로 해석'(read back) 하는 모형들은 일종의 곡해(曲解, *eis*egesis: 읽어서 의미를 산출하는 것이 아닌 의미를 집어넣어 읽는 것-역주)이다"(*Use of the OT*, 121). 더욱 일반적인 반응은 Ellis의 조심스러운 언급에서 확인할 수 있다. "구약 및 구약의 역사의 성질에 대한 바울의 입장을 수용한다면, 바울의 독자적인 구약 해석에서 오류를 거의 찾아볼 수 없을 것이다"(*Paul's Use of the OT, 148*).

24. Richard N. Longenecker, *Biblical Exegesis in the Apostolic Period* (Grand Rapids: Eerdmans, 1975), 121.

25. Goppelt와 Ellis의 연구에 더하여, 이에 관한 두드러진 작품들은 다음과 같다. Otto Michel, *Paulus und seine Bibel* (BFCT 2/18; Gütersloh: Bertelsmann, 1929 [reprint, Darmstadt: Wissenschaftliche Buchgesellschaft, 1972]); J. Bonsirven, *Exégèse rabbinique et exégèse paulinienne* (Paris: Beauchensne, 1939); C. H. Dodd, *According to the Scriptures: The Sub-Structure of New Testament Theology* (London: Nisbet, 1952); Barnabas Lindars, *New Testament Apologetic* (London: SCM, 1961). 이 논의에 대하여 새롭게 공헌한 주요 작품은 다음과 같다. Dietrich-Alex Koch, *Die Schrift als Zeuge des Evangeliums*.

26. 필자는 이러한 묘사를 Leander Keck("Pauline Studies: Retrospect" [Address delivered in the Pauline Epistles Section of the Society of Biblical Literature Annual Meeting, Atlanta, 1986])에게서 빌려왔다. 1971년에 Merrill P. Miller 가 이 상황에 대하여 다음과 같이 평가하였는데, 사실상 그 이후로 이러한 상황은 나아지지 않았다. "신약에 나타난 구약 사용에 대한 최근의 연구는 대부분 구약 인용의 형태나 그 저작들의 배경(milieu) 및 '삶의 정황'(Sitz im Leben)에 천착되어 왔다"("Targum, Midrash, and the Use of the Old Testament

in the New Testament," JSJ 2 [1971]: 29-82; 64쪽 인용). A. T. Hanson, *Studies in Paul's Technique and Theology* (London: SPCK, 1974). Hanson은 성경 해석자로서의 바울에 각별한 주의를 기울여 왔지만—수많은 중요한 통찰에도 불구하고—그가 제안한 석의들은 난해할 뿐 설득력이 없다. Koch의 *Schrift als Zeuge*는 방향을 제대로 잡았지만, 그가 분석했던 바울의 성경 '이해'(*Verständnis*)는 엄밀한 의미에서 바울의 성경 '사용'(*Verwendung*)과 다르다.

27. 바울이 유대교의 율법의 역할을 제대로 이해하지 못했다고 평가하는 고전적인 진술은 Hans-Joachim Schoeps, *Paul: The Theology of the Apostle in Light of Jewish Religious History*, tran. Harold Knight [Philadelphia: Westminster, 1961], 168-218)에 나타난다. 더욱 최근에, Heikki Räisänen(*Paul and the Law* [WUNT 29; Tübingen: J. C. B. Mohr, Paul Siebeck, 1983])은—"바울이 율법에 대한 자신의 신학적 입장을 결정하지 못했다"(201)라고 주장하면서—Schoeps의 의견("바울은 유대교의 '구원론'을 오해하고서, 회개의 역할뿐 아니라 구원론의 근간이 되는 공로 패턴을 무시하였다")에 동의하였다.

28. 예, Gerd Theissen, *The Social Setting of Pauline Christianity*, ed. and trans. John H. Schültz (Philadelphia: Fortress, 1982); Wayne Meeks, *The First Urban Christians: The Social World of the Apostle Paul* (New Haven: Yale University Press, 1983); Norman R. Petersen, *Rediscovering Paul: Philemon and the Sociology of Paul's Narrative World* (Philadelphia: Fortress, 1985).

29. 그 예로써, Hans Dieter Betz, *Galatians* (Hermeneia; Philadelphia: Fortress, 1979). 이에 관한 최근의 평가와 더욱 폭넓은 참고문헌을 위하여 Wilhelm Wuellner, "Where Is Rhetorical Criticism Taking Us?" *CBQ* 49 (1987): 448-63을 보라.

30. 예를 들자면, E. P. Sanders, *Paul and Palestinian Judaism* (Philadelphia: Fortress, 1977); *Paul, The Law, and the Jewish People* (Philadelphia: Fortress, 1983); Beker, *Paul the Apostle*. 중요한 예외들은 다음과 같다. Koch, *Schrift als Zeuge*; Hans Hübner, *Gottes Ich und Israel: Zum Schriftgbrauch des Paulus in Römer 9-11* (FRLANT 136; Göttingen: Vandenhoeck & Ruprecht, 1984).

31. 놀랍게도 그러한 연구들의 해석적인 산물은 빈약하지만, 특정 본문들에 대한 몇몇 구체적인 연구들은 도움이 될 만한 통찰들을 제공한다. 주목할 만한 작품으로는 Wayne A. Meeks, "'And Rose Up to Play': Midrash and Paraenesis in 1 Cor. 10:1-22," *JSNT* 16 (1982): 64-78; William Richard Stegner, "Romans 9.6-29—A Midrash," JSNT 22 (1984): 37-52; E. Earle Ellis, *Prophecy and Hermeneutic in Early Christianity* (WUNT 18; Tübingen: J. C. B. Mohr, Paul Siebeck, 1978).

32. Renee Bloch("Midrash," *DBSup* 5.163-81)는 구약 정경에 이미 광의(廣義) 의 미드라쉬가 존재한다는 것을 확인하였고, 신약 저자들의 구약 사용은 언 제나 "미드라쉬의 실현"(midrashic actualization)이라고 주장하였다. Bloch 의 중요한 논문은 현재 영어로 번역되었다(Mary H. Callaway in W. S. Green, ed., *Approaches to Ancient Judaism*, vol. 1 of *Brown Judaic Studies* [Missoula, Mont.: Scholars, 1978], 29-50). 바로 이 논문집에서 W. S. Green과 W. J. Sullivan이 번역한 Bloch의 논문인 "Note methodologique pour l'étude de la littérature rabbinique" (51-75), originally published in *RSR* 43 (1955): 194-227가 있다. 미드라쉬를 서론적으로 다루고 있는 것으로는 Jacob Neusner, *Midrash in Context: Exegesis in Formative Judaism* (Philadelphia: Fortress, 1983); Gary G. Porton, *Understanding Rabbinic Midrash* (Hoboken, N.J.: KTAV, 1985)가 있다.

33. 예를 들어, James A. Sanders는 "비교 미드라쉬"(comparative midrash)라는 법칙—초기의 성경 저작에서부터 랍비 미드라쉬 작품까지를 하나의 연속체 (continuum)로 여기는—을 가지고 바울과 신약 저자들을 다룬다; e.g., *From Sacred Story to Sacred Text* (Philadelphia: Fortress, 1987), 20 et passim.

34. 분명한 예를 위해서는 Hanson, *Paul's Technique*, 209-24를 보라.

35. Philip S. Alexander, "Rabbinic Judaism and the New Testament," *ZNW* 74 (1983): 244. Alexander가 언급했던 것과 같이 신약 비평가들은 복음서를 무 비판적—자신들이 랍비들의 문헌들을 다루듯이—으로 다루지 않는다. Cf. Jacob Neusner, "Compareing Religions," *HR* 18 (1978): 177-91.

36. 그 예로, Geza Vermes, *Scripture and Tradition in Judaism*, 2d ed. (Leiden: Brill, 1973)가 있다.

37. Ellis, *Prophecy and Hermeneutic*, 217-19; Stegner, "Romans 9:6-29"를 보라.

38. Eliis, *Prophecy and Hermeneutic*, 214-19에 그 예들이 나타난다.

39. 그러한 문제가 나타나는 경우를 보기 위해서는 Nils A. Dalh, "Contradictions in Scripture," *Studies in Paul* (Minneapolis: Augsburg, 1977), 159-77을 보라. Dahl의 주장에 대한 언급과 비평을 보기 위해서는 Richard B. Hays, *The Faith of Jesus Crist: An Investigation of the Narrative Substructure of Galatians 3:1-4:11* (SBLDS 56; Chico: Scholars, 1983), 218-21을 보라.

40. Alexander, "Rabbinic Judaism," 242-44를 보라.

41. I.e., 표상적인 목적으로 언어의 의미를 "전환"(turnings) 시키는 것.

42. Jacob Neusner, "Judaism and the Scripture: The Case of Leviticus Rabbah," *BTB* 14 (1984): 96.

43. David Daube, "Rabbinic Methods of Interpretation and Hellenistic Rhetoric," *HUCA* 22 (1949): 239-65; "Alexandrian Methods of Interpretation and the

Rabbis," in Henry A. Fischel, ed., *Essay in Greco-Roman and Related Talmudic Literature* (New York: KTAV, 1977), 165-82. 또한 Alexander, "Rabbinic Judaism," 246.

44. Dahl은, 갈라디아서 3장에 랍비적인 문체가 나타난다는 논지의 결론부에서, 바울과 랍비의 저작들이 형식적으로는 유사한 것처럼 보일지라도, "바울의 관점이 랍비들의 것과 이처럼 다른 곳은 어디에도 없다"(*Studies in Paul*, 175) 라고 말했다.

45. E.g. Susan A. Handelman, *The Slayers of Moses: The Emergence of Rabbinic Interpretation in Modern Literary Theory* (Albany: State University of New York Press, 1982)와 Hartman and Budick, *Midrash and Literature*에 있는 논고들을 보라. 하지만 William Scott Green, "Romancing the Tome: Rabbinic Hermeneutics and the Theory of Literature," *Semeia* 40 (1987): 147-68의 반박도 보라.

46. Michael Fishbane, *Biblical Interpretation in Ancient Israel* (Oxford: Clarendon, 1985); Bloch에 대해서는 이상의 주 32번을 보라.

47. Michael Fishbane, "Inner Biblical Exegesis: Types and Strategies of Interpretation in Ancient Israel," in Hartman and Budick, *Midrash and Literature*, 36.

48. Johannes Munck, *Paul and the Salvation of Mankind*, trans. F. Clarke (Richmond: John Knox, 1959), 11-35; Krister Stendahl, *Paul Among Jews and Gentiles* (Philadelphia: Fortress, 1976), 7-23.

49. 간혹 현대의 성경비평가들은 고전문학 안에 나타난 문학적인 인유를 광범위하게 배웠던 19세기의 사람들보다도 둔감하다. Benjamin Jowett("On the Quotations from the Old Testament in the Writings of St. Paul," *The Epistles of St. Paul to the Thessalonians, Galatian, Romans, with Critical Notes and Dissertations*, vol. 1 [London: John Murray, 1859], 401-16)이나 Franklin Johnson(*The Quotations of the New Testament from the Old: Considered in the Light of General Literature* [Philadelphia: American Baptist Publication Society, 1896])을 읽어보는 것은 매우 도움이 될 것이다.

50. Julia Kristeva, *Semiotiké* (Paris: Seuil, 1969); *La Révolution du langage poétique* (Paris: Seuil, 1974); Roland Barthes, *S/Z* (Paris: Seuil, 1970); "Theory of the Text," in Robert Young, ed., *Untying the Text: A Post-Structuralist Reader* (Boston: Routledge & Kegan Paul, 1981), 31-47. Cf. 또한 Gérard Genette, *Palimpsestes: La littérature au second degré* (Paris: Seuil, 1982). 상호텍스트성(intertextuality)에 관한 도움이 될 만한 다른 작품들로는, Jonathan Culler, "Presupposition and Intertextuality," The Pursuit of Signs: Semiotics, Literature,

Deconstruction (Ithaca: Cornell University Press, 1981), 100-18.

51. Culler, *Pursuit of Signs*, 103.

52. Petersen은 Rediscovering Paul에서 바울에 대하여 이와 유사하게 접근한다. Jacob Neusner는 *Canon and Connection: Intertextuality in Judaism* (Lanham, Md.: University Press of America, 1987)에서, Susan Handelman이 특히 성경과 랍비 문헌들을 다루는 정통 유대교의 관습을 "모든 것을 다른 모든 것에 비추어 읽어야만 한다"는 체계로 일관하면서 통시성을 고려하지 않은 것에 대하여 비판했다. 필자가 본서에서 개진하고 있는 상호텍스트성 모델에서는 통시적인 문제를, 논의의 중심에 놓지는 않았지만, 진지하게 고려하였다.

53. Thomas M. Green, *The Light in Troy: Imitation and Discovery in Renaissance Poetry* (New Haven: Yale University Press, 1982), 51.

54. Ibid., 50.

55. Theissen의 작품에 더하여서, Meeks와 Betz(이상의 주 28번과 29번)의 특별한 언급은 Abraham J. Malherbe(e.g., "'Gentle as a Nurse': The Cynic Background of I Thess ii," *NovT* 12 (1970): 203-17; "Ancient Epistolary Theorists," Ohio Journal of Religious Studies 5 (1977): 3-77; "Exhortation in First Thessalonians," *NovT* 25 (1983): 238-55; *Social Aspects of Early Christianity*, 2d ed. (Philadelphia: Fortress, 1983); *Paul and the Thessalonians: The Philosophic Tradition of Pastoral Care* (Philadelphia: Fortress, 1987); "Hellenistic Moralists and the New Testament," *ANRW*, 2d pt., vol. 26.1 (출간 예정).

56. T. S. Eliot, *Selected Essays* (New York: Harcourt, 1950), 4.

57. 이 용어는 Claude Lévi-Strauss에게서 차용한 것으로, 특히 Northrop Frye, *The Great Code* (New York: Harcourt Brace Jovanovich, 1982), xxi에 의해 일반적으로 Blake나 Dante, Eliot의 시적 관습을 묘사하는 데에 사용되었다.

58. Harold Bloom, *The Anxiety of Influence* (New York: Oxford University Press, 1973); *A Map of Misreading* (New York: Oxford University Press, 1975); *Kabbalah and Criticism* (New York: Seabury, 1975); *Poetry and Repression: Revisionism from Blake to Stevens* (New York: Seabury, 1975); *Agon: Towards a Theory of Revisionism* (New York: Oxford University Press, 1982); *The Breaking of the Vessels* (Chicago: University of Chicago Press, 1982). Bloom의 비평 프로젝트에 대한 비평은 Frank Lentricchia, *After the New Criticism* (Chicage: University of Chicago Press, 1980), 318-46을 보라.

59. Bloom, *Anxiety of Influence*, 94. 이 인용문은 반드시 기억해야만 하는 요지를 보여준다. Bloom의 비평 세계(universe)에 있어서, 모든 읽기는 "오독"이다.

60. Ibid., 30.

61. Bloom, *Map of Misreading*, 5을 보라.

62. Bloom, *Poetry and Repression*, passim. 모시(parent poem)라는 용어는 숙고하여 선택한 것이다.

63. 이것이 Bloom과 해체주의자들 사이의 공통점이다.

64. 도움이 될 만한 평가(review)로, Thaïs E. Morgan, "Is There an Intertext in This Text?: Literary and Interdisiplinary Approaches to Intertextuality," *American Journal of Semiotics* 3, no. 4 (1985): 1-40을 보라. 또한 Dyton Haskin, "Studies in the Poetry of Vision: Spenser, Milton, and Winstanley," *Thought* 56 (1981): 226-39.

65. Bloom, *Anxiety of Influence*, 31.

66. Reuben Brower, *Alexander Pope: The Poetry of Allusion* (Oxford: Clarendon, 1959), viii.

67. Barbara Kiefer Lewalski, *Protestant Poetics and the Seventeenth-Century Religious Lyric* (Princeton: Princeton University Press, 1979); George deForest Lord, *Classical Presences in Seventeenth-Century English Poetry* (New Haven: Yale University Press, 1987); Joseph Anthony Wittreich, *Visionary Poetics: Milton's Tradition and His Legacy* (San Marino, Calif.: Huntington Library, 1979); Francis Blessington, *Paradise Lost and the Classical Epic* (Boston: Routledge & Kegan Paul, 1979). 다른 예로, E. Talbot Donaldson, *The Swan at the Well: Shakespeare Reading Chaucer* (New Haven: Yale University Press, 1985)를 보라.

68. "필자는 인유적인 반향 패턴들을 조직적으로 분류하려고 시도하지 않았다"(John Hollander, *The Figure of Echo: A Mode of Allusion in Milton and After* [Berkeley: University of California Press, 1981], ix). 이러한 온건한 방법론은 Genette의 Palimpsestes에 나타난 더욱 "과학적인" 분류 방식과 대조된다.

69. Hollander, *Figure of Echo*, ix.

70. Ibid., 111.

71. Robert Alter, "The Decline and Fall of Literary Criticism," *Commentary* 77, no. 3 (March 1984): 50-56.

72. Ibid., 55.

73. 이 용어는 적어도 Quintilian에게까지 거슬러 올라간다. 그 역사를 살펴보기 위해서는 Hollander, *Figure of Echoe*, 133-49를 보라.

74. Ibid., 115.

75. 시대착오에 관한 의문은 정당한 것이다. 필자는 이에 대하여 간단하게 세 가지로 대답하려 한다. 첫째, Hollander가 고려했던 "시적인" 종류의 인유들은 단지 시 안에서만 발견되는 것이 아니다. 인유는 새로운 표상을 창출하기

에 시적인 것이지, 미적인 텍스트 안에서 나타나기 때문에 시적인 것은 아니다. 이러한 식의 의미를 발생시키는 인유들이 산문에 나타나지 않는 것은 아니다. 둘째, 바울은 이차적인 신학적 관념어가 아닌 "일차적 반영"(primary reflectivity)의 언어로 쓰고 있다(Hays, *Faith of Jesus Christ*, 20-28을 보라.) Ricoeur의 표현으로 말하자면, 바울의 언어는 기본적으로 믿음의 언어로 구성되어 있기에 "상징적 언어의 특성을 반영하고 있는 개념어"라고 말할 수 있다("Biblical Hermeneutics," *Semeia* 4 [1975]: 36). 이는 바울서신이 시적 담론을 환기시키는 특징이—그리고 인유적인 다면성이—있다는 것을 의미한다. 마지막은 가장 중요한 것으로서, 영미문학에서 자구적인 공명에 매우 민감한 모습을 보이는 문학비평가들의 경향은 모든 경험들을 구약의 언어와 상징으로 이해하려는 바울서신의 현상과 거의 흡사하다. 그렇기 때문에 바울서신에 나타난 반향들과 인유들에 귀를 기울이는 것을 가리켜 시대착오적인 것이라고 말할 수 없다. 성경 내에서 발생하는 상호텍스트적 반향을 연구하는 것은, Hollander가 영미시 안에서 추적했던 상호텍스트적 반향과 현상학적으로 관련되어 있는 것으로서, 우리로 하여금 성경 "안에" 살았던 바울의 감각을 발견하도록 해준다.

76. Fishbane, "Inner Biblical Exegesis," 34.

77. Hollander, *Figure of Echo*, 65.

78. Ellis(*Paul's Use of the OT*, 150-52)와 Koch(*Schrift als Zeuge*, 20-23)가 제시하고 있는 인용 목록에는 빌립보서가 나타나지는 않지만, Ellis는 빌립보서에서 8개의 구약 인유를 발견하였다(*Paul's Use of the OT*, 154).

79. 빌립보 교인들이 그 반향을 인지할 수 있었을까? 이에 관하여는 확실하게 말하기 어렵다. 이 역사적인 질문은 현재 당면한 우리의 목적을 위하여 필요한 것이 아니다. 이하에 나타난 더욱 깊은 논의를 보라.

80. 메타포적 담론에서 사용되는 "확정적 언사"(assertorial weight)에 대한 개념은 Philip Wheelwright, *The Burning Fountain: A Study in the Language of Symbolism* (Bloomington: Indiana University Press, 1968), 92-96을 보라.

81. 필자는 Elizabeth Randall로 인해 이 반향에 주의를 기울이게 되었다.

82. 필자는 여기에서 히브리 성경을 번역한 RSV를 인용하였다. 칠십인역은 그것과 조금 다르다.

83. 그런데 이 소프라노 아리아는 상호텍스트적으로 욥 19:25-26과 고전 15:20이 혼합된 것이다.

84. Hollander의 시의 전문은 *Figure of Echo*, v에 나타난다. 시 중간의 고딕체는 Hollander가 쓴 것이다.

85. Hollander, *Figure of Echo*, 99.

86. Greene, *Light of Troy*, 53.

87. Ibid.

88. 이 분류는 Krister Stendahl, "Biblical Theology, Contemporary," *IDB* 1.418-32 에서 비롯한 것이다. Cf. Bultmann, *Theology of the NT*, 2.251.

89. 이 어구는—어느 정도 자유롭게—A. K. M. Adam, "Giving Jonah the Fish-Eyes," (S.T.M. Thesis, Yale Divinity School, 1987; *Semeia*에서 출간예정)에서 빌려온 것이다.

90. 저자의 의도에 관한 논의에서 종종 간과되는 것은 W. K. Wimsatt, Jr.와 Monroe C. Beardsly("The Intentional Fallacy," *The Verbal Icon: Studies in the Meaning of Poetry* [Lexington: University of Kentucky Press, 1954])가 저 자의 의도를 알 수 있는 가능성을 모든 텍스트에서 원칙적으로 배제하지 는 않았다는 것이다. 실제로 이들은 "실천적인 메시지"—"시"(poetry)와는 구분되는—에서는 저자의 의도를 정확하게 추론할 수 있어야 의미가 있다 (successful)"(5)라고 주장했다. 하지만 그들의 논점은 "저자의 계획이나 의도 가 문학 작품의 성공(success) 여부를 판가름할 수 있는 척도로서 기능할 수도 없으며, 그렇게 기능하더라도 그것은 바람직하지 않다"(3, 강조는 필자의 것 이다)라는 것이다. 저자의 의도란 심미적인 것(aesthetics)이기에, 역사적인 지식 차원에서 비판할 수 있는 성질의 것이 아니다.

91. 따라서 필자의 현재 작업은 필자가 Norman Petersen의 *Rediscovering Paul* (review in *JAAR* 54 [1987]: 173-75에 대하여 비평하고 있는 것과 동일한 비평 을 받게 될 것이다.

92. 원독자의 재구성한 모습이 실제 모습과 일치한지 묻는 것은 오직 내부텍스 트적 현상(intratextual phenomenon: 텍스트 안에 한정되어 발생하는 현상-역 주)으로 주의 깊게 분별해야 하는 문학적인 질문이다. 하지만 바울의 실제 독 자에 대한 그러한 묘사(characterization)를 믿기 어려운 것만은 아니다. Cf. 갈 4:21에서 바울은 이방 그리스도인들에 대하여 "율법 아래에 있기를 원하는 너희들"이라고 언급한다.

93. Hollander, *Figure of Echo*, 64.

94. Koch, *Schrift als Zeuge*, 32-48.

95. 더 깊은 논의를 위해서는 본서 제4장을 보라.

96. 이 척도는 Dodd가 "The Bible of the Early church" (*According to the Scriptures*, 61-110)에서 사용한 방법론과 유사하다.

97. Frank Kermode, *The Genesis of Secrecy: On the Interpretation of Narrative* (Cambridge: Harvard University Press, 1979), 17.

98. Hollander, *Figure of Echo*, 65-66.

99. Wimsatt와 Beardsley가 제안한 예시를 가지고 살펴보자. "나는 인어가 서로 에게 불러주는 노래를 들었습니다"라는 Eliot의 시행은 Donne을 인유한 것인

가(Eliot의 시는 "The Love Song of J. Alfred Prufrock"인데, Donne의 "Song: Go and Catch a Falling Star"에는 "인어가 노래하는 것을 듣는 법을 내게 가르쳐 주세요"[Teach me to hear mermaids singing]라는 시행이 나타난다-역주)? Wimsatt와 Beardsley는 이와 같은 문학비평적인 문제가 Eliot에게 직접 확인하여 해결할 수 있는 것이 아니라고 주장했다. 그보다도 "시적 분석과 석의를 통하여 Eliot-Prufrock(Prufrock은 이상에서 언급한 Eliot의 시에 나타나는 화자-역주)가 Donne을 염두에 두고 있었다면 어떠한 의미가 발생하게 되는지, 그것이 중요하다"(*Verbal Icon*, 18). 이들의 입장에 따르자면, Eliot이 Donne을 인유했다고 가정할 때에, Donne의 시가 Eliot의 텍스트 안에서 이해될 수 없다면, Eliot이 그것을 의도했는지 여부는 중요한 것이 아니다. 저자의 차원에서 계획하지 않은 반향에 대한 또 다른 예는 필자가 본서 62쪽에서 마가복음 13:14을 인유한 것(읽는 자는 깨달을진저-역주)을 생각할 수 있다. 여기에서 이 인유를 설명하여 웃음거리를 잃고 싶지 않다.

제2장 로마서의 상호텍스트적 반향

1. 일반적이지 않은 또 다른 특징들 역시 이 로마서의 고백이 바울 이전의 자료에서 비롯한 것임을 보여준다. 즉, 예수가 다윗의 자손이라는 것에 대한 강조, 곧 4절의 양자론(adoptionist christology)이나 "성령"이 아닌 "성결의 영"이라는 이상한 표현들이 그 예가 될 수 있다. 이 논의를 위해서는 다음의 주석들을 보라. C. K. Barret, *The Epistle to the Romans*, 2 vols. (ICC; Edingburgh: T. & T. Clark, 1975, 1979), 1.57-65; Ulich Wilckens, *Der Brief and die Römer*, 3 vols. (EKK; Zurich-Einsiedeln-Koln: Benziger, 1978, 1980, 1982 and Neukirchen-Vluyn: Neukirchener Verlag, 1978, 1980, 1982), 1.56-61.

2. 이러한 모습은 Koch, *Schrift als Zeuge*, 21-24에서 가져온 것이다. Ellis(*Paul's Use of the OT*, 150-52)는 이와 유사한 통계를 제시하여, 바울서신 전체에서는 93개의 인용을, 로마서에서는 53개의 인용을 발견했다. 이 숫자에는 Ellis가 바울의 것으로 확실하게 간주하는 에베소서와 목회서신의 6개의 인용이 포함되어 있다. 로마서는 가장 긴 서신이기는 하지만, 바울의 전체 저작의 단지 1/3을 차지하고 있을 뿐이다.

3. Karl Paul Donfried, ed., *The Romans Debate* (Minneapolis: Augsburg, 1977)에 수록된 논문들을 보라. 또한 Peter Stuhlmacher, "Der Abfassungszweck des Römerbriefes," *ZNW* 77 (1986): 180-93.

4. "이스라엘의 교사들의 음성은 과거로부터 전수된 말씀과 전통 안에서 새롭게 울려 퍼질 것이다"(Fishbane, "Inner Biblical Exegesis," 34).

5. Beker, "Faithfulness of God," 11.

6. Brevard Childs(*The New Testament as Canon* [Philadelphia: Fortress, 1984], 262)가 주장했던 것과 같이, "로마서가 정경으로 들어오면서" 로마서 "본래의 실제적인 역사적 상황을 넘어설 수" 있게 되었다.

7. 이 용어는 Hollander, *Figure of Echo* (e.g. 50, 100)에서 빌려온 것이다.

8. 롬 3:7과 특히 롬 15:8에 나타난 ἀλήθεια 개념—시 97:3과 동일한 언약적 함의 안에서 사용되고 있는—에 주목하라.

9. 이에 대한 분명한 설명을 위해서는, Eldon Jay Epp, "Jewish Gentile Continuity in Paul: Torah and/or Faith (Romans 9:1-5)," *HTR* 79 (1986): 80-90.

10. Cranfield, *Romans*, 1.86-87.

11. Käsemann, *Romans*, 22; 이와 유사한, Wickens, *Römer*, 82. Cf. C. K. Barrett, "I Am Not Ashamed of the Gospel," *AnBib* 42 (1970): 19-50.

12. Bultman, "αἰσχύνω, ktl.," *TDNT* 1.190.

13. 칠십인역 이사야에서는 οὐ μὴ αἰσχυνθῶ의 부정과거 가정법과 함께 쓰인 οὐ μή를 통하여 미래의 가능성을 강하게 부정하고 있다. BDF, 365를 보라.

14. 바울의 합 2:4 해석을 다루고 있는 글들은 매우 방대하다. 이에 대해 가장 잘 요약하고 있는 것은 다음과 같다. D. Moody Smith, "Ο δε δικαιος εκ πιστεως ζησεται," in B. L. Daniels and M. J. Suggs, eds., Studies in the History and Text of the New Testament in Honor of Kenneth Willis Clark (SD 29; Salt Lake City: University of Utah Press, 1967), 13-25. 또 다른 유용한 논의들로는 이하를 보라. T. W. Manson, "The Argument from Prophecy," *JTS* 46 (1945): 129-36; Dodd, *According to the Scriptures*, 49-51; James A. Sanders, "Habakkuk in Qumran, Paul, and the Old Testament," *JR* 39a (1959): 232-44; Lindars, *New Testament Apologetic*, 229-32; A. Strobel, *Untersuchungen zum Eschatologischen Verzögerungsproblem* (NovTSup 2; Leiden: Brill, 1961), 173-202; Hanson, *Paul's Technique*, 40-45; H. C. Cavallin, "The Righteous Shall Live by Faith: A Decisive Argument for the Traditional Interpretation," *ST* 32 (1978): 33-43. 더욱 깊은 논의를 위해서는 Hays, *Faith of Jesus Christ*, 150-57 를 보라.

15. 합 1:2, 13 (LXX)

16. 이 번역은 마소라 텍스트(MT)보다는 칠십인역을 따른 것이다. 이 논의에 대하여는 이하의 단락을 보라.

17. 이 본문에 대한 유대교와 기독교의 해석사에 관한 논의는 Strobel, *Verzögerungsproblem*을 보라.

18. Ibid., 7-170.

19. 이와 유사하게, 하박국 본문을 중심을 벗어나게 사용한 것은 행 13:41에 나

타난다. 여기에서 바울은 하박국에 기록된 군사적 파멸에 대한 본문(합 1:5)을 가지고 하나님을 믿지 못한 이스라엘에 대한 심판을 예표 한다.

20. ἐκ πίστεώς μου의 정확한 읽기에 대하여는, Dietrich-Alex Koch, "Der Text von Hab 2:4b in der Septuaginta und im Neuen Testament," *ZNW* 76 (1985): 68-85.

21. ὁ δίκαιος를 메시아로 해석한다면 세 번째 해석 역시 가능하다. 그 근거에 대한 요약 및 평가는 Richard B. Hays, "'The Righteous One' as Eschatological Deliverer: A Case Study in Paul's Apocalyptic Hermeneutics," in M. L. Soards and J. Marcus, eds., *Apocalyptic and the New Testament* (Sheffield: JSOT, 1989).

22. 네스틀레-알란트 26판의 난외주에 기록되어 있는 이사야 28:22는 오타인 것 같다.

23. 하지만 θλῖψις καὶ στενοχωρία의 반향은 그리스도의 사랑에서 끊을 수 없다는 묘사의 항목 중 서두에 위치하여서(롬 8:35) 다른 방식으로 기능한다. 여기서 바울은 이사야 8:22를 효과적으로 반전시킨다. 즉, 이 반향은 종말론적인 "환난과 고통"의 위협에도 불구하고 예수 그리스도가 우리를 위하여 탄식하고 계시기에(롬 8:34), 이사야가 예언한 심판이 우리에게 미치지 못할 것이라는 의미를 전한다. (첨언하자면, 네스틀레-알란트의 난외주에는 롬 8:35를 8:25라고 기록하는 오류가 나타난다. 필자의 상호참조표[cross reference] 샘플에 따라 체계적으로 검토할 필요가 있다.) 하지만 그 반향에서 또 다른 배음을 들을 수 있다. 즉, 이 심판 신탁에서 이사야는 자신과 그의 제자 그룹을 심판 받게 될 열방 중에 남은 자로 간주하면서 하나님의 의가 나타나기를 고대하고 있다(사 8:16-18, "너는 증거를 싸매어 두고, 내 제자들 가운데 율법을 봉인 하여라. 나는 야곱의 집으로부터 자기의 얼굴을 숨기시는 주를 기다리며, 그분을 바랄 것이다. 보라, 주께서 나와 내게 주신 어린 아이들이 이스라엘 중에 표적과 징조가 되었으니, 이는 시온 산에 거하시는 만군의 주께로부터 말미암은 것이다"). 그렇다면 바울이—자신을 이스라엘의 남은 자로 여기고(롬 11:1-8), 심지어는 "야곱의 집으로부터 자기의 얼굴을 숨기시는" 하나님이 어떻게 여전히 신실하고 정의로운 분으로 간주될 수 있는지를 설명하면서—이사야에서 하나님의 약속에 신실하지 못한 사람들을 심판하는 부분을 끌어온 것이 우연일 수 있는가? 히브리서(cf. 히 2:10-13)의 저자와는 달리, 바울은 사 8:16-18을 인용하거나 이를 기독론적으로 해석하지 않는다. 바울은 θλῖψις καὶ στενοχωρία라는 반향을 가지고 이사야와 그의 제자들에 대한 묘사를 자신의 기독교 공동체—보지 못한 것에 대하여 인내심을 가지고 기다리는(롬 8:18-25)—에 대한 표상으로 읽어 환용적인 의미를 창출해낸다. 반면, "진리에 복종하지 않는" 사람들은 이사야가 예언한 혼란과 흑암, 환난과 고통—불순종한 열방의 운명—을 경험하게 될 것이다.

24. 신명기 인유를 충분히 고려한다면, 한 가지 진부한 문제를 해결할 수 있다. 즉, 그리스도가 우리를 속량하신 "율법의 저주"(갈 3:13)란, 율법 자체를 저주로 간주하고 있는 어구가 아니라, 신명기 27장에서 율법이 선고하고 있는 저주를 의미한다는 것이다(정확히 F. F. Bruce가 *Commentaryc on Galatians* [NIGTC; Grand Rapids: Eerdmans, 1982], 163-64에서 언급했다). Pace Betz, *Galatians*, 149. 그 차이는 중요하다.

25. 롬 2:11에 대한 가장 면밀한 논의는 Jouette Bassler, *Divine Impartiality: Paul and a Theological Axiom* (SBLDS 59; Chico, Calif.: Scholars, 1982)에 나타난다.

26. 본 장의 마지막 부분에 있는 롬 10:5-10에 대한 논의를 보라.

27. 여기서 필자는 φύσει(본성으로)를 그보다 앞선 어구인 τὰ μὴ νόμον ἔχοντα(율법을 가지지 않은)로 해석하고 있는 Cranfield의 제안(*Romans*, 156-57)을 따른다. 더 깊은 논의를 위해서는 다음을 보라. Paul Achtemeier, "'Some Things in Them Hard to Understand': Reflections on an Approach to Paul," Int 38 (1984): 254-67.

28. 필자는 이 지점에서 또 한 번 Cranfield와 같은 입장이다. 이 읽기는 해석사 내에서 소수의 입장이기는 하지만, 특히 롬 2:14-15를 고후 3:2-3과 연관하여 읽을 때에, 훌륭한 의미를 산출한다.

29. 이는 바울이 칠십인역을 의존하고 있다는 또 하나의 분명한 예가 된다. 마소라 텍스트는 이 구절을, "주께서 말씀하시기를, 그들을 통치하는 자들이 소리치고, 내 이름을 종일토록 끊임없이 모독한다"(RSV)라고 읽는다. "너희들로 인하여"라는 어구와 "이방인들 중에서"라는 어구는 칠십인역에만 나타난다.

30. 이 경우에, 바울의 인용구는 칠십인역보다는 마소라 텍스트에 가깝다. 본문 비평 문제에 관하여는 Koch, *Schrift als Zeuge*, 66-69를 보라. Koch는 바울이 히브리 텍스트를 직접 사용하기보다는 히브리식으로 개정한 헬라어 판본에 의존하고 있다고 주장하였다.

31. Leander Keck, *Paul and His Letters* (Philadelphia: Fortress, 1979), 117-30.

32. τὰ λόγια τοῦ θεου(하나님의 말씀이)라는 표현은 바울에게서만 나타난다. ὁ λόγος τοῦ θεοῦ(Cranfield, *Romans*, 178-79)와 동일한 것일 수도 있는 이 표현은 이스라엘에게 특별하게 주어진 신적 계시를 의미하고 있는 것 같다. 즉, 이스라엘은 말씀을 가지고는 있었지만, 그 신탁을 올바르게 해석할 해석학적 열쇠가 없었다. Cf. 제4장에서 논의되고 있는 고후 3:14-16을 참조하라.

33. πᾶς δὲ ἄνθρωπος ψεύστης(모든 사람이 거짓되다)라는 어구—롬 3:4a에서 "하나님이 참되시다"와 병치되는—는 시 115:2(LXX, 시 116:11[MT])의 반향이다.

34. E.g. R. Bultmann, "Δικαιοσύνη θεου," *JBL* 83 (1964): 12-16; H. Conzelmann,

"Die Rechtfertigungslehre des Paulus: Theologie oder Anthropologie?" *EvT* 28 (1968): 389-404; G. Klein, "Gottes Gerechtigkeit als Thema der neuesten Paulus-Forschung," Rekonstruktion und Inerpretation (Munich: Chr. Kaiser, 1969), 225-36; Cranfield, *Romans*, 1.92-99, 2.824-26.

35. David R. Hall, "Romans 3.1-8 Reconsidered," *NTS* 29 (1983): 183-97.

36. Fishbane, *Biblical Interpretation*, 404-05. 내러티브 본문과 관련한 시편 표제들에 관한 보다 상세한 논의는 Brevard Childs, "Pslm Titles and Midrashic Exegesis," *JJS* 16 (1971): 137-50; and E. Slomovic, "Toward an Understanding of the Formation of Historical Titles in the Book of Psalms," *ZAW* 91 (1979): 350-80.

37. 여기에 나타난 수사학적 장치에 대해서는, Richard B. Hays, "Relations Natural and Unnatural: A Response to John Boswell's Exegesis of Romans 1," *JRE* 14, no. 1 (1986): 194-95.

38. 여기에서 사용된 인용구—바울 이전의 전통일수도 있는—에 대한 분석을 위해서는, L. E. Keck, "The Function of Romans 3:10-18—Observations and Suggestions," in J. Jervell and W. A. Meeks, eds., *God's Christ and His People: Studies in Honor of Nils Alstrup Dahl* (Oslo: Universitetsforlaget, 1977), 141-57 를 보라.

39. 이는 바울이 ὁ νόμος(율법)와 ἡ γραφή(성경)를 분명하게 동의어로 사용하는 실례가 된다. 여기에는 오경에 대한 인용은 나타나지 않으며, 대부분은 시편에서 온 것이다. 그 외에, 전 7:20, 사 59:7과 잠 1:16에 대한 반향으로 볼 수 있는 문장들이 보인다.

40. 더욱 깊은 논의를 위해서는, R. B. Hays, "Psalm 143 and the Logic of Romans 3," *JBL* 99 (1980): 107-115를 보라.

41. 롬 3:21을 새 단락의 시작으로 보는 수많은 주석가들은 Hays, ibid., 109 n.11 에서 나열하고 있다.

42. 이 번역은 바울의 πίστις Ἰησοῦ Χριστοῦ에 대한 필자의 초기 저작(*Faith of Jesus Christ*, 특히 170–74쪽과 거기에서 인용한 문학작품들을 보라)을 반영하였다. 이 문제에 대하여 도움이 될 만한 것으로는, Luke Timothy Johnson, "Romans 3:21-26 and the Faith of Jesus," *CBQ* 44 (1892): 77-90이 있다. 그 입장을 지지하는 최근의 학자들은 다음과 같다. Brendan Byrne, *Reckoning with Romans* (Good News Studies 18; Wilmington, Del.: Michael Glazier, 1986), 79-80; Sam K. Williams, "Again Pi,stij Cristou," *CBQ* 49 (1897): 431-47.

43. 이 논의에 대한 요약은, M. T. Brauch, "Perspectives on 'God's Righteousness' in Recent German Discussion," in E. P. Sanders, *Paul and Palestinian Judaism*, 523-42을 보라. 이보다 최근의 논의는 Marion L. Soards, "The Righteousness

of God in the Writings of the Apostle Paul," *BTB* 15 (1985): 104-109.

44. 이 일반화에 대한 주요한 예외는 Nils A. Dahl, "The Doctrine of Justification: Its Social Functions and Implications," *Studies in Paul*, 95-120.

45. 바울이 토라를 내러티브 방식으로 읽었다는 것에 대한 논의는 James A. Sanders, "Torah and Christ," *Int* 29 (1975): 372-90; reprinted in Sacred Story, 41-60.

46. 이 번역에 대한 근거는, Richard B. Hays, "'Have We Found Abraham To Be Our Forefather According to the Flesh?': A Reconsideration of Rom. 4:1," *NovT* 27 (1985): 76-98를 보라.

47. Cf. Dahl, "The One God of Jews and Gentiles (Romans 3:29-30)," *Studies in Paul*, 178-91.

48. 이러한 읽기는 Lloyd Gaston, "Abraham and the Righteousness of God," *HBT* 2 (1980): 39-41, 59에서 설명하고 있는 해석학적 원리와 일치한다.

49. Philo, *De Abr* 88. 번역은 F. H. Colson, *Philo*, vol. 6 (LCL; Cambridge: Harvard University Press, 1935).

50. Cranfield, *Romans*, 1.440.

51. 본서 제3장 이하에 나타나는 바울의 교회중심적 해석학에 관한 논의를 보라.

52. 시 43:17-24 LXX.

53. Dahl(*Studies in Paul*, 142)이 언급했던 것과 같이, 로마서를 기록한 바울의 주된 목적들 중 하나는 "자신이 반율법주의자나 유대교의 변절자가 아니라는 것을 증명하는 데에" 있었다.

54. 이에 대한 기본적인 연구들은 다음과 같다. Israel Levi, "Le sacrifice d'Isaac et la mort de Jesus," *REJ* 64 (1912): 161-84; Hans-Joachim Schoeps, "The Sacrifice of Isaac in Paul's Theology," *JBL* 65 (1946): 385-92; Shalom Spiegel, *The Last Trial*, trans. Judah Goldin (New York: Schocken, 1969); Geza Vermes, "Redemption and Genesis xxii—The Binding of Isaac and the Sacrifice of Jesus," *Scripture and Tradition in Judaism*, 2d ed. (Studia Post-Biblica 4; Leiden: Brill, 1973), 193-227; Nils A. Dahl, "The Atonement: An Adequate Reward for the Akedah?" *The Crucified Messiah* (Minneapolis: Augsburg, 1974), 146-60.

55. 이 용어는 Hans Frei, *The Identity of Jesus Christ* (Philadelphia: Fortress, 1975), 74-84, 102-15에서 차용하였다.

56. 바울이 사용한 미완료 직설법 동사인 εὐχόμην(I [could] pray)은 이룰 수 없는 것이나 부적절한 무언가를 위하여 기도하기를 갈망하는 표현으로 이해하는 것이 좋다. 이 번역을 지지하는 학자로는, Cranfield, *Romans*, 2.454-57을 보

라.

57. 바울이 모세 이야기(출 32:30-40, 이스라엘의 죄를 위하여 자신을 대신 바치려는 이야기)를 회상하고 있다는 해석이 제시되기도 하지만, 출애굽기 본문과 롬 9:3 사이에 직접적인 단어의 반향은 나타나지 않는다.

58. 신자의 몸들(복수)이 산 제사(단수)로 드려진다는 것에 주목하라. 이 이미지는 중대한 바울신학의 요소를 보여준다. 곧, 믿음에 순종하는 것은 개인적인 행위를 통해 나타나는 것이 아니라 전체적인 공동체의 삶 안에서 드러난다.

59. 이 마지막 문장은 독자들이 바울의 상호텍스트적 모체(matrix) 안에서 발견할 수 있는 문장이다. 바울 자신은 그러한 생각을 명시적으로 기술하지는 않았지만, 골 1:24를 참고하라.

60. E.g. Robert Badenas의 분석(*Christ the End of the Law: Romans 10:4 in Pauline Perspective* [JSNT Sup 10; Sheffield: JSOT Press, 1985]), 94-96을 보라. 더욱 확장된 논의를 위해서는, C. K. Barret, "Romans 9:30-10:21: Fall and Responsibility of Israel," *Essays on Paul* (Philadelphia: Westminster, 1982), 132-53.

61. RSV의 롬 9:7 번역은 바울의 논증과 일치하지 않는다("모두가 아브라함의 자녀인 것은 아니다. 왜냐하면 그들이 아브라함의 후손이기 때문이다."). 그러나 바울의 창 21:12 인용이 보여주듯이 바울의 요지는 정확하게 반대된다 ("아브라함은 많은 자녀들이[τέκνα] 있지만 그들 모두가 그의 씨에[σπέρμα] 속하는 것은 아니다").

62. 이 단락에 대한 논의를 위해서는, James W. Aageson, "Scripture and Structure in the Development of the Argument in Romans 9-11," *CBQ* 48 (1986): 268-73. 여기에 나타나는 설명 패턴이 그 형식에 있어서 미드라쉬적이라는 논의를 위해서는, Ellis, *Prophecy and Hermeneutic*, 219; and Stegner, "Romans 9:6-29"를 보라.

63. 여기에 나타난 바울의 석의에 대한 전체적인 논의를 위해서는, John Piper, *The Justification of God: An Exegetical and Theological Study of Romans 9:1-23* (Grand Rapids: Baker, 1983)를 보라.

64. 렘 18:3-6 외에도, 우리는 여기에서 욥 9:12, 10:8-9; 사 29:16, 45:9, 64:8; 집회서 33:10-13. (필자는 여기에서 명기한 몇몇 반향의 출처를 가져오는 데에 Maggi Despot의 도움을 받았다.) 이 하위 본문들에 대한 상세한 연구는 바울의 메타포가 발생한 상호텍스트적 모체(matrix)의 복잡성을 보여줄 수 있을 것이다.

65. 이러한 통찰은 Karl Barth, *Church Dogmatics* II.2, trans. G. W. Bromiley et al. (Edingburgd: T. & T. Clark, 1957), 223-38에 의하여 개진되었다.

66. 구약의 본문들에 대한 바울의 조작(manipulation)에 관한 논의를 위해서는,

Koch, *Schrift als Zeuge*, 166-68을 보라.

67. 이 어구는 이사야가 아닌 호 2:1(LXX)에서 온 것인데 사 10:22을 번역한 것으로 교묘하게 사용되고 있다.

68. E.g., RSV, NEB, JB, NIV, TEV.

69. 양자의 경우에, 바울이 마음에 그리고 있는 부르심은 모두 예수 그리스도의 복음을 통한 부르심이다. 바울서신에 유대인과 이방인을 따로 부르는 교리가 있는 것은 아니다. 동등한 언약이 있을 뿐이다. 하지만 구원될 남은 자는, 바울 자신과 같이, 유대 기독교인들로 구성되어 있다.

70. 바울은 여기에서 갈 3:16에서 그러하듯이 σπέρμα(씨)에 관한 해석을 명백한 기독론으로 제시하지 않는다. 하지만 갈라디아서를 알고 있는 독자들은 롬 9:29에 기독론적 의미가 숨겨져 있는지에 대하여 의문을 갖게 될 것이다. 이와 같은 정경적 상호텍스트성에 대한 논의는 본서 제5장의 마지막 부분을 참고하라.

71. 이 본문에 대한 희미하고도 아이러니한 반향—내지는 반전—으로 눅 3:19-20을 떠올릴 수 있다.

72. 애가시에서 통상적으로 확인할 수 있는 이 동사는, 초기 기독교 안에서, 시편 기자들의 고통-신원 패턴을 예수의 죽음과 부활로 해석하는 데에 사용되었다.

73. Barth(*Church Dogmatics* II.2, 270)는 왕상 20:15에 나타나는 "모든 이스라엘"의 수가—바알에게 무릎 꿇지 않은 자 칠천 명을 남기겠다는 하나님의 약속(왕상 19:18) 대로—칠천 명이라는 사실에 주목한다! Barth는 다음과 같이 말했다. "이 신실한 칠천 명은 이스라엘을 대표하는 자들이었다. 하나님은 '그들을 남겨 둠으로써' 자신의 백성 이스라엘을 버리지 않는다는 것을 확증하셨다. 따라서 … 엘리야가 칠천 명이 남아 있다는 하나님의 이야기를 통하여 위로를 받았을 때, 그는 더 이상 혼자가 아니라 칠천 명으로 둘러싸여 있는 것과 같았다. … 엘리야가 홀로 하나님 앞에 선 것도 이스라엘 전체를 위한 것이었으며, 엘리야 한 사람은 이스라엘 그 자체였다. … 그렇기에 바울은 자신의 존재—유대인이자 이방인의 선교사로서—를 근거로 하나님이 그의 백성을 버리지 않았다는 것을 주장할 수 있었다"(필자는 이 단락을 상기하게 해준 Sherry Jordan에게 감사를 드린다.)

74. 롬 15:9a의 구문은 쉽지 않다. Cranfield, *Romans*, 2.742-44; Wilckens, *Römer*, 3.106에서 해석의 가능성들이 나타난다. 이 문장에 나타나는 δοξάσαι를 부정과거 부정사가 아닌 부정과거 능동태 희구법으로 보아, "이방인들이 그의 자비로 인하여 하나님께 영광을 돌리기를 원하노라"라는 소망의 기도를 표현하는 것이 가장 자연스럽다. 하지만 필자는 본문에서 Barrett, *Romans*, 271-72의 번역을 따랐다.

75. Käsemann, *Romans*, 387.

76. Käsemann(ibid., 386)은 화자가 바울 자신임에 틀림이 없다고 생각한다. "이방인의 사도는 자시의 과업을 구약 안에서 발견하였다." M.J. Langrange(*Épitre aux Romains* [Paris: Gabalda, 1950], 347)가 제안한 메시아적 해석을 Cranfield(*Romans*, 2.745)와 Wilckens(*Römer*, 3.108)가 수용하였다.

77. William Sanday and Arthur C. Headlam, *A Critical and Exegetical Commentary on the Epistle to the Romans* (ICC; Edinburgh: T. & T. Clark, 1906), 289. Longenecker(*Biblical Exegesis*, 121-23)는 그들의 의견을 따르고 있다.

78. M. Jack Suggs, "'The Word Is Near You': Romans 10:6-10 within the Purpose of the Letter," in W. R. Farmer, C. F. D. Moule, and R. R. Niebuhr, eds., *Christian History and Interpretation: Studies Presented to John Knox* (Cambridge: Cambridge University Press, 1967), 289-312; Koch, *Schrift als Zeuge*, 153-60; J. D. G. Dunn, "'Righteousness from the Law' and 'Righteousness from Faith': Paul's Interpretation of Scripture in Romans 10:1-10," in G. F. Hawthorne and O. Betz, eds., *Tradition and Interpretation in the New Testament: Essays in Honor of E. Earle Ellis for His Sixtieth Birthday* (Grand Rapids: Eerdmans, 1987), 216-28.

79. Barth, *Church Dogmatics* II.2, 245-47; Ellis, *Paul's Use of the Old Testament*, 123; Cranfield, *Romans*, 2.522-26; Käsemann, *Romans*, 283-92.

80. 동사 κατέλαβεν은 지식적 이해를 포함하는 단어이다. cf. 요 1:5에서도 이 단어가 사용되었다.

81. 또한 여기에서도 바울의 칠십인역 인용은 자유롭다. Koch, *Schrift als Zeuge*, 50-51을 보라.

82. Barth, *Church Dogmatics* II.2, 259에서는, 이 인용문이 이스라엘을 향한 하나님의 행동을 묘사하는 데에 자주 언급된다고 주장한다. "하나님은 이 백성들에게 결코 … 자신을 내어주기를 마다하지 않으시고, 멸시하지 않으시며, 반복적으로 자신의 헌신을 보이신다. 하나님은 이 백성들에게 자비를 베푸시는 분이다."

83. Badenas(*Christ the End of the Law*)의 상세한 연구는 τέλος를 "목적" 내지는 "완성"으로 보는 "목적론적"(teleological) 해석에 대한 설득력 있는 예시가 된다. Cranfield(*Romans*, 2.515-20)와 Wilckens(*Römer*, 2.222-23)는 이미 비슷한 결론을 제시한바 있다. 또한 섬세하게 논의하고 있는, Paul Meyer, "Romans 10:4 and the End of the Law," in J. L. Crenshaw and S. Sandmel, eds., *The Divine Helmsman: Studies on God's Control of Human Events, Presented to Lou H. Silberman* (New York: KTAV, 1980), 59-78. τέλος를 "종결"로 읽기에는 증거들이 부담스럽다.

84. 롬 10:6의 접속사 δέ는 항상 역접을 나타내는 것은 아니다. 이에 대한 구체적인 논의를 위해서는, Badenas, *Christ the End of the Law*, 121-25; Cranfield, *Romans*, 2.520-23; Meyer, "Romans 10:4," 68-69; Barth, *Church Dogmatics* II.2, 245.

85. 실제로 롬 10:3b("그들은 하나님의 의에 복종하지[ὑπετάγησαν] 않았다")은 롬 8:7("육신의 생각은 하나님께 원수가 되나니, 그것은 하나님의 율법에 복종하지[ὑποτάσσεται] 않는다")에 대한 상호참조를 통하여 상술된다. 여기에서 "하나님의 의"와 "하나님의 율법" 사이의 명백한 등식은 신학적으로 주목할 만하다.

86. E.g. Käsemann, *Romans*, 284-87; C. H. Dodd, *The Epistle of Paul to the Romans* (New York: Harper and Brothers, 1932), 165-66.

87. 갈 3:12에서 사용된 레 18:5은 전혀 다른 의미를 전한다. 바울은 로마서에서 자신이 초기의 갈라디아서에서 주장했던 방식과는 매우 다른 방식으로 논증을 이끌어 간다. Barth(*Church Dogmatics* II.2, p. 245)가 생각한 것과 같이, 갈 3:12를 로마서 10장에 비추어 재해석하는 것이 가능한지 묻는 것은 너무나도 복잡하기에 여기에서 다루기 어렵다. 마찬가지로, 우리는 롬 10:5-6을 완전히 주해한 후에, "율법에서 난 의"와 "그리스도의 신실하심을 통하여" 난 의, 곧 "믿음에 근거한 하나님의 의"를 대조하고 있는 빌 3:9를 설명해야만 한다. 하지만 여러 바울서신 안에 나타나는 율법에 대한 서로 다른 진술들이 어떻게 해석되든지 간에, 이를 조화시키는 작업이 로마서 10장의 내적 논리를 침해하게 두어서는 안 된다.

88. 주해의 문제에 대한 상세한 논의를 위해서는, Badenas, *Christ the End of the Law*, 108-33을 보라.

89. '의'(Righteousness)의 의인화는 물론 표상적인 장치이다. 이러한 수사는 그리스도가 어떤 성경 본문을 직접 말한 것과 같이 읽는 기독교의 관습과 동일하기는 하지만, Barth는 그리스도와 ὁ δίκαιος ἐκ πίστεώς(믿음으로 말미암는 의) 사이의 동일시는 어렵다고 반박했다. "여기에서 말하고 있는 것은 누구인가? 분명히 '의인화 된' 생각이 아니라 율법을 '완성'(כלל)하여 살 것이라고 모세가 말했던 바로 그 사람이다. … 그는 바로 하나님 앞에 있는 의 (righteousness), 그 자신이다"(*Church Dogmatics* II.2, 245). 이는 신학적인 독자들이 메타포적인 비확정적 언사(lightness of Paul's assertion)를 인지하지 못한 것에 대한 좋은 예가 된다.

90. Cf. Koch, *Schrift als Zeuge*, 185-86.

91. 이 점은 Cranfild(*Romans*, 2.523)뿐 아니라 Franz J. Leemjardt, *The Epistle to the Romans, trans. Harold Knight* (London: Lutterworth, 1961), 268-69 역시도 주목한바 있다.

92. 칠십인역은 여기서 복수 형태 δικαιοσύνας(아마도 "의로운 행동들")를 사용했다. 이 표현에 대해서는 롬 10:3과 비교하라(주 92번은 편집상의 오류로 본문에서 빠진 것으로 보인다. 하지만 역자가 92번의 위치를 추측하여 본문에 표기하였다-역주).

93. Cf. 렘 2:3(렘 2:3에서 예레미야는 모세를 인용한다-역주)에 대한 Fishbane의 언급("Inner Biblical Exegesis," 31: "실제로, 초기의 권위 있는 본문을 사용하여 새로운 예언을 전달할 때에, 과거의 언어는 새로운 신탁을 위한 들러리로 기능하게 된다. 이때 동시에 들리는 두 음성—모세를 통하여 말하는 하나님의 음성과 그 모세를 사용하고 있는 예레미야의 음성—은 서로 상쇄될 수 없다."

94. 여기에서 후대의 기독교 독자는 눅 24:5(너희들은 왜 산 자를 죽은 자들 가운데서 찾고 있느냐?)나 막 16:3(누가 우리를 위하여 무덤 문에서 돌을 굴려 줄까?)을 상기할 수도 있을 것이다.

95. Suggs, "The Word Is Near You," 306-12.

제3장 약속의 자녀들

1. E.g. Longenecker, *Biblical Exegesis*, 104-5, 205-9; Ellis, *Paul's Use of the OT*, 115-16; Cranfield, *Romans*, 2.867.

2. 4Q Florilegium 1:10-11. 관련된 논의를 위해서는 George J. Brooke, *Exegesis at Qumran: 4Q Florilegium in Its Jewish Context* (JSOTSup 29; Sheffield: JSOT, 1985), 197-205; Donald Juel, *Messianic Exegesis: Christological Interpretation of the Old Testament in Early Christianity* (Philadelphia: Fortress, 1988), 59-77 을 보라.

3. Dennis C. Duling, "The Promises to David and Their Entry into Christianity," *NTS* 20 (1973-74): 55-77; Dahl, *Studies in Paul*, 128, 130; Max Wilcox, "The Promise of the 'Seed' in the New Testament and the Targumim," *JSNT* 5 (1979): 2-20; Juel, *Messianic Exegesis*, 77-88.

4. 제2장 주 1번을 보라.

5. 마 1:22; cf. 마 2:15, 2:17-18, 2:23, 3:3, 4:15, 8:17, 12:17-21, 13:35; 21:4-5; 27:9-10. 마태복음의 구약성경 사용에 대해서는 다음을 보라. Krister Stendahl, *The School of St. Matthew* (Philadelphia: Fortress, 1954); Robert Gundry, *The Use of the Old Testament in St. Mattew's Gospel* (Leiden: Brill, 1967). 요한복음의 구약 사용에 대해서는 Edwin D. Freed, *Old Testament Quotations in the Gospel of John* (NovTSup 11; Leiden: Brill, 1965)를 보라.

6. Ellis, Paul's Use of the OT, 115. Cf. Herbert Marks, "Pauline Typology and Revisionary Criticism," *JAAR* 52 (1984): 71-92, especially 75-56.

7. 우리는 이와 동일하게 **목회적 해석학**이라고 부를 수도 있겠지만, 필자는 교회 중심적이라는 용어를 선호한다. 이는 바울이 구약성경을 교회를 위해 해석하고 있을 뿐 아니라, 교회에 대한 것으로 해석하기 때문이다.

8. 만일―많은 이들이 추측하듯(제2장, 주 54번)―아케다(Akedah) 전승이 신약 기독론의 형성에 영향을 준 것이라면, 여기에서는 기독론적 알레고리가 더욱 자연스럽고 더욱 설득력 있을 수도 있다.

9. 사본은 여기에서 ἡμεῖς(우리)와 ὑμεῖς(너희)로 갈린다. 최근의 논의에 있어서, 이 차이는 큰 문제가 되지 않는다. 본문의 번역은 ℵ, A, C, D² 등을 반영한 RSV를 따랐다. Bruce M. Mezger(*A Textual Commentary on the Greek Testament* [New York: United Bible Societies, 1971], 597)는 ὑμεῖς를 선호한다.

10. 갈 3:16과 4:21-31 사이의 논리적인 연결은 갈 3:29이다. 본 장의 마지막 부분을 보라.

11. 이 진술은 로마서가 갈라디아서보다 늦게 쓰였다는 진술에 기초하고 있다. 바울서신의 연대기에 관한 최근의 논의에 대해서는, Robert Jewett, *A Chronology of Paul's Life* (Philadelphia: Fortress, 1979); Gerd Lüdemann, *Paul, Apostle to the Gentiles: Studies in Chronology*, trans. F. S. Jones (Philadelphia: Fortress, 1984)를 보라.

12. Hans Lietzmann, *An die Korinther I/II*, 5th ed. (HNT 9; Tübingen: J. C. B. Mohr, Paul Siebeck, 1969), 135. Cf. R. H. Strachan, *The Second Epistle of Paul to the Corinthians* (MNTC; London: Hodder and Stoughton, 1935), 138: "출 16:18 인용은 주로 자구적인데 그 타당성은 분명하지 않다. 이 인용구는 바울이 설명하고 있는 것과 같이 '주고받음'(give and take)의 원리를 예시하고 있는 것이 아니다."

13. Hanson, Paul's Technique, 176.

14. Alfred Plummer, *A Critical and Exegetical Commentary on the Second Epistle of Paul to the Corinthians* (ICC; Edinburgh: T. & T. Clark, 1915), 245. 이와 비슷한 해석은, Furnish, *II Corinthians* (AB 32A; Garden City, N.Y.: Doubleday, 1984), 420에서 확인할 수 있다. Hans Dieter Betz는 유대교의 하가다 (haggadic) 전승 안에 이미 윤리적인 해석이 나타난다는 것에 주목한바 있다(*2 Corinthian 8 and 9: A Commentary on Two Administrative Letters of the Apostle Paul* [Hermeneia; Philadelphia: Fortress, 1985, 1985], 69-70).

15. 만나 모티프에 대한 논의는, Fishbane, *Biblical Interpretation*, 326-29을 보라.

16. Philo의 핵심 단락은 *Her.* 191이다. 전승을 사용하고 있는 요한복음에 대해서는, Peder Borgen, *Bread from Heaven: An Exegetical Study of the Concept of*

Manna in the Gospel of John and the Writings of Philo (NovTsup 10; Leiden: Brill, 1965)을 보라.

17. 고린도 서신의 다양한 부분들에 대한 저작 연대 문제는, 현재 서신이 신약 정경 안에서 완전하게 편집된 저작 형태로 나타나기에, 극도로 복잡한 문제이다. 이에 관한 최근의 세심한 논의를 위해서는, Furnish, *II Corinthians*, 29-55를 보라. 필자는 본서에서, 고후 8장이 우리가 가지고 있는 고린도전서 보다 대략 일 년 정도 후에 쓰인 서신(고후 1–9장)에 속하였다는 Furnish의 입장을 따랐다.

18. 여기에 나타난 바울의 표현을 종교사적(history-of-religions)으로 설명하려는 다양한 시도(e.g., Joachim Jeremias, "Der Ursprung der Johannestaufe," *ZNW* 28 [1929]: 312-20)는 번번이 실패한다. Cf. Koch, *Schrift als Zeuge*, 212, n. 54.

19. Hollander, *Figure of Echo*, 115.

20. Cf. 제1장, 주 80번.

21. 물론 이 관찰은, 바울의 공동체가 구약에 대하여 아주 최소한의 지식만을 가지고 있었으며, 바울은 "유대교주의자들"의 반박에 대응할 때에만 구약 본문을 사용하였다는, Harnack의 입장("Alte Testament," 129-130, 134-35)에 직접적으로 반대된다.

22. Meeks, "Rose Up to Play."

23. Ibid., 68-71.

24. 주석가들은 14–22절과 그 앞의 구약에 대한 언급들 사이의 관계를 간과하곤 했다. 예컨대, Koch는 이 구절들을 전적으로 무시했다(*Schrift als Zeuge*, 211-16). 그런데 Meeks의 논문은 고린도전서 10장의 통일성에 관하여 중요한 역할을 했다.

25. Metzger, *Textual Commentary*, 560-61.

26. 물론, 여기에는 창세기 1:26에 대한 반향 역시 존재한다. 그 효과는 복잡하고도 아이러니하다. 즉, 하나님은 다른 피조물들을 "다스리도록" 인간 존재를 창조하셨지만, 타락하여 우상숭배자가 된 인간은 짐승의 형상 앞에 절하게 되었다.

27. Cf. 제2장, 주 37번을 보라.

28. Käsemann, *Romans*, 44-47.

29. 우리가 살핀 바와 같이, 신명기 32장은 바울에게 있어서 중대한 하위 텍스트이다(cf. 롬 10:19, 11:11, 14).

30. 고전 10:13(πιστὸς δὲ ὁ θεός, "그러나 하나님은 신실하시다")에 나타난 신 32:4(θεὸς πιστός)의 반향 역시 주목할 필요가 있다.

31. 이 사실의 중요성에 대하여 Andrew J. Bandstra, "Interpretation in 1 Cor 10:1-11," *CTJ* 6 (1971): 5-21 (특히 9–14쪽을 보라)뿐 아니라 Meeks("Rose Up to

Play," 72) 역시 언급한 바 있다.

32. 현대의 작가—포스트모던 작가는 아니더라도—는 이 정보를 각주에 넣었을 것이다.

33. Eric Auerbach, "Figura," *Scenes from the Drama of European Literature,* vol. 9, *Theory and History of Literature* (Minneapolis: University of Miinnesota Press, 1984), 11-76를 보라. Cf. Koch, *Schrift als Zeuge,* 216-20.

34. 마찬가지로, C. K. Barrett, *The First Epistle to the Corinthians* (HNTC; New York: Harper & Row, 1968), 223; Hans Conzelmann, *1 Corinthians,* trans. James W. Leitch (Hermeneia; Philadelphia: Fortress, 1975), 167; Gordon D. Fee, *The First Epistle to the Corinthians* (NICNT; Grand Rapids: Eerdmans, 1987), 452-53.

35. Marks, "Pauline Typology," 77.

36. "바울의 상징 세계 내에서의 동족 관계"에 관한 포괄적인 연구는, Petersen, *Rediscovering Paul,* 200-40에 나타나 있다.

37. 예로써, Meeks("Rose Up to Play")와 Koch(*Schrift als Zeuge,* 214-16)가 이 가설을 지지하는데, 이들은 텍스트 내에 편집된 부분을 분별해 내는 것이 가능하다고 생각했다(cf. 216쪽, 주 69번).

38. 몇몇 고린도교회 사람들은 그러한 관점을 가지고 있었을 것이다. 만일 그렇다면, 바울은 그들에게 대하여 필사적으로 반대하고 있는 것이 된다. E.g. 고전 4:8, 8:1-3, 10:12를 보라.

39. 바울이 칠십인역의 미래 직설법 ἐξαρεῖς를 부정과거 명령 ἐξάρατε로 바꾸어 쓰고 있는 것은 의미론적으로 무시해도 된다. 바울은 자신의 논지를 고린도교회 독자들이 더욱 명료하게 이해할 수 있게 하기 위하여, 칠십인역의 특정 관용구를 보다 일반적인 헬라어로 단순히 바꾼 것이다.

40. Ulrich Luz, *Das Geschichtsverständnis des Paulus* (BEvT 49; Munich: Kaiser, 1968), 122.

41. Auerbach, "Figura," 50.

42. Goppelt, *Typos,* 199, 202; Kaiser, *Uses of the OT,* 107-08.

43. Auerbach, "Figura," 51. 여기에서 Auerbach는 Bloom의 전거이다.

44. 이 문장은 Northrop Frye(*Anatomy of Criticism* [Princeton: Princeton University Press, 1957], 77-79; and *The Stubborn Structure: Essays on Criticism and Society* [Ithaca: Cornell University Press], 164)과 Paul Ricoeur("The Narrative Function," *Semeia* 13 [1978]: 177-202, especially 182-85)의 통찰에 도움을 받은 것이다.

45. Fishbane, *Biblical Interpretation,* 350-79, 408-40에서는 모형론을 섬세하게 다루고 있다. Fishbane은 히브리 성경을 다루고 있지만, 이는 신약 모형론에

도 도움이 된다. 이미 인용하였던 모형론에 대한 작품에 더하여서 다음의 작품들을 보라. G. W. H. Lampe and K. J. Woolcombe, *Essays on Typology* (SBT; Naperville, Ill.: Allenson, 1957); Jean Danielou, *From Shadows to Reality: Studies in the Biblical Typology of the Fathers*, trans. W. Hibberd (London: Burns & Oates, 1960); James Barr, *Old and New in Interpretation: A Study of the Two Testaments* (London: SCM, 1966), 103-48; James Samuel Preus, *From Shadow to Promise: Old Testament Interpretation from Augustine to the Young Luther* (Cambridge: Harvard University Press, Belknap Press, 1969); Earl Miner, ed., *Literary Uses of Typology: from the Late Middle Ages to the Present* (Princeton: Princeton University Press, 1977); George P. Landow, *Victorian Types, Victorian Shadows: Biblical Typology in Victorian Literature, Art, and Thought* (Boston: Routledge & Kegan Paul, 1980); Northrop Frye, *The Great Code*, 78-138.

46. 이 예는 Fishbane, *Biblical Interpretation,* 358에서 인용한 것이다.

47. Conzelmann, *1 Corinthians*, 166.

48. Marks, "Pauline Typology," 79.

49. 이것은 Louis L. Martz, ed., *The Anchor Anthology of Seventeenth Century Verse*, vol. 1 (Garden City, N.Y.: Doubleday, 1969), 185-86에서 인용하였다.

50. Herbert의 시에 대한 섬세한 논의를 위해서는, Rosemond Tuve, *A Reading of George Herbert* (Chicago: University of Chicago, 1952; reprint 1982), 112-17; Stanley Fish, "Catechizing the Reader: Herbert's Socratean Rhetoric," in Thomas O. Sloan and Raymond B. Waddington, eds., *The Rhetoric of Renaissance Poetry* (Berkeley: University of California Press, 1974), 180-85; Richard Strier, *Love Known: Theology and Experience in George Herbert's Poetry* (Chicago: University of Chicago Press, 1983), 155-59.

51. 이 점에 대해서는, Tuve와 Strier의 입장이 다르다. Tuve는 "이 시에는 그저 특정한 개인적 감정을 전달하는 것, 즉 현대의 독자들이 만족할만한 가벼운 주제을 넘어서는 또 다른 차원의 주제가 있다"(*Reading of Herbert*, 117)라고 주장한 반면, Strier는 이 시가 "Herbert의 경험을 역사적이고 종교적으로 확증하게 하고, '개개의 기독교인들'은 이 시를 통해 이제, 과거 유대 공동체가 그러했듯, 하나님의 행하심에 대해 더욱 많은 관심을 두게 된다"(*Love Known*, 156)라고 주장했다.

52. 갈라디아서의 구조에 대해서는, Hans Dieter Betz, "The Literary Composition and Function of Paul's Letter to the Galatians," *NTS* 21 (1974-75): 353-79.

53. 이는 로마서의 논증과 맞닿아 있다. 로마서와 갈라디아서는 바울은 이방인들이 하나님의 백성으로 포함된 것에 대하여 피력한다. 바울은 갈라디아서에

서 이방인들이 할례를 받고 율법을 지켜야 한다는 입장에 대하여 논박하고, 로마서에서 바울 자신이 율법을 폐하고 있다는 주장에 대하여 반박한다.

54. 갈라디아서의 핵심 주제로서 이방인들이 백성으로 들어오게 된 것을 중점적으로 다루는 작품으로는, George Howard, *Paul: Crisis in Galatia: A Study in Early Christian Theology* (SNTSMS 35; Cambridge: Cambridge University, 1979); T. L. Donaldson, "The 'Curse of the Law' and the Inclusion of the Gentiles: Gal 3:13-14," *NTS* 32 (1986): 94-112.

55. 다소 모호한 이 주장은 갈 3:16과 3:29에서 설명되고 있다. 더욱 깊은 논의에 대해서는 이하를 보라.

56. E.g. F. F. Bruce, *The Epistle to the Galatians: A Commentary on the Greek Text* (NIGTC; Grand Rapids: Eerdmans, 1982), 155-56.

57. 물론, 아브라함이 성경을 읽었던 것은 아니다. 바울이 생각했던 바를 추정하는 것은 쉽지 않다(어떤 이들은 내레이터가 무대 위에 있는 한 등장인물에게 이야기를 건네는 연극의 요소를 생각할 것이다). 갈 3:8은 바울의 유비로서, Hollander(*Figure of Echo*, 102)가 "주요한 시"(major poetry) 안에서 여러 차례 확인하였던 수사학적 전략과 같다.

58. 그 동사는 Philo, *Op.* 34와 *Mut.* 158에 나타난다. Cf. Betz, *Galatians*, 143 n. 43.

59. Betz, *Galatians*, 139.

60. 우리는 바울이 접두사 προ를 '쓰다'와 '선포하다' 앞에 붙여 시간의 우선성이 아닌 다른 의미를 전하고 있는 것에 대하여 의문을 갖는 것은 당연하다. 여기에서 προ가 시간의 우선성을 가리키고 있다면, 이 문장은 그리스도의 십자가가 구약에 예표 되었음─바울이 갈라디아 교회를 가르치는 과정에서 설명했을(cf. 고전 15:1-3)─을 의미하게 된다. "오, 어리석은 갈라디아 사람들아, 예수 그리스도께서 십자가에 못 박히신 것이 너희의 눈앞에 미리 기록되어 [나타나] 있는데 누가 너희를 미혹하였느냐?" (이 해석에 대해서는, P. G. Bretscher, "Light from Galatians 3:1 on Pauline Theology," *CTM* 34 [1963]: 77-97을 보라.) 이러한 해석이 옳다면, 이는 바울서신이 구약을 기독론적으로 해석하고 있다는 것을 의미하게 되겠지만, 그 증거가 모호하다. 따라서 주석가들이 일반적으로 지지하고 있는 번역이 이 본문의 정확한 의미라고 볼 수 있다. 그리스도의 십자가가 구약에 이미 기록되었다는 식의 이해는 그 구절 저변에 깔려있을 뿐이다.

61. Hays, *Faith of Jesus Christ*, 143-49; David Lull, *The Spirit in Galatia: Paul's Interpretation of "Pneuma" as Divine Power* (SBLDS 49; Chico, Calif.: Scholars, 1980).

62. 그 핵심은, Betz(*Galatians*, 140)가 설득력 있게 제안한 것과 같이, καθὼς가

καθὼς γέγραπται의 축소된 형태라는 것에 있다.

63. 갈라디아교회의 "교사들"의 입장에 대한 설득력 있는 재구성을 위해서는, J. Louis Martyn, "A Law-Observant Mission to Gentiles: The Background of Galatians," *STJ* 38 (1985): 307-24 (originally published in Michigan Quarterly Review 22 [1983]: 221-36).

64. Cf. Hays, *Faith of Jesus Christ*, 200-2; Hays, "Righteous One."

65. 필자의 표현은 물론 E. P. Sanders에 대한 반향이다.

66. 이상의 모형론에 대한 논의를 보라.

67. 필자는 그 단락의 내러티브 논리를 *Faith of Jesus Christ*, 110-15에서 분석하였다. 또한 Donaldson, "Curse of the Law"를 보라.

68. "비록 바울이, 유대인들의 기준으로 볼 때에, 약속의 객관적인 내용을 넘어섰지만, 바울은 그럼에도 불구하고 하나님이 이스라엘의 조상들에게 약속하신 관점을 여전히 수용하고 있다."(Dahl, *Studies in Paul*, 136).

69. Philo, *Mig.* 53, 70-71. 전체적인 논의(1-126)는 바울의 구약 읽기와 대조된다. Philo에게 있어서 아브라함은 미숙한 지각을 내어버리고 영원한 지혜를 얻어 미덕의 진보를 이루려는 철학자와 같다.

70. 우리는 바울이, "모든 육체 위에"(cf. 이 본문은 행 2:16-21에 나타난다) 성령을 부어준다는 약속이 나타나는 요엘 2:28-29와 같은 본문을 가지고, 자신이 새롭게 해석한 약속을 입증하려고 하지 않은 이유에 대하여 결코 알 수 없다. 그 본문은 분명, 우리가 롬 10:13에서 사용된 욜 2:32에서 확인할 수 있는 것과 같이, 바울에게 친숙한 본문이었을 것이다.

71. Barrett, "The Allegory of Abraham, Sarah, and Hagar in the Argument of Galatians," *Essays on Paul*, 154-70.

72. 이 번역은 R. H. Charles, *The Apocrypha and Pseudepigrapha of the Old Testament in English*, 2 vols. (Oxford: Clarendon Press, 1913), 2.38 (약간 수정됨).

73. 필자는, 어떤 독특한 독자들이 이 문장에서 영문으로 사용된 이웃 사랑(agape)이라는 단어보다도 헬라어 ἀγάπη를 더욱 선호하는 것에 대하여, 반대하지 않는다. 즉, 바울은 율법의 집약체로 ἀγάπη를 남겨두었다(cf. 갈 5:14, 레 19:18 인용).

74. 이 책략의 수사학적 효과를 이해하기 위하여, 현대 미국의 독자들은 7월 4일의 독립선언문에 공산주의가 예표되었다는 주장을 떠올릴지도 모르겠다.

75. 바울은 자신의 논지를 위하여 인용구들을 빈번하게 고친다. Ellis에게는 미안한 일이지만, 바울의 해석에는 쿰란의 '페쉐르'(pesher) 주석보다도 더욱 광범위한 본문 수정이 나타난다. Koch, *Schrift als Zeuge*, 102-98을 보라.

76. 창 25:1-6은 아브라함이 둘 이상의 아들을 가지고 있었다고 묘사하고 있는

데, 이는 현재 목적과는 무관하다.

77. 여기에서 Bruce(*Galatians*, 218)는 부주의하게도 이삭이 유대인들의 조상이고, 반면에 이스마엘은 이방인들의 조상이라는 "역사적인 사실"에 대하여 표명한바 있다(강조는 필자의 것).

78. "우리는 우리의 조상 아브라함이 주어졌던 모든 토라를 지켰다는 것을 압니다. 아브라함은 나의 음성에 순종하였고, 나의 요구와 나의 명령, 나의 지위, 나의 법에 순종하였다고 기록되어 있기 때문입니다(*Quidushin* 82a, 창 26:5 인용). (이 번역은, Epstein, ed., *Babylonian Talmud*, vol. 18 [London: Soncino, 1936], 424에서 사용한 것이다.) 랍비들의 이러한 개념을 다루고 있는 논의로는, E. E. Urbach, *The Sages, trans. Israel Abraham* (Jerusalem: Magnes, 1975), 318-19.

79. 그러한 해석적 전략에 대한 유대교 내의 역사적인 선례를 위해서는, Betz의 아브라함에 대한 설명(*Galatian*, 139-40, 여기에서 인용된 더욱 많은 작품들)을 보라.

80. 물론, 시내산 언약을 명확히 부정하고 있는 것은 갈라디아 내에서 풀리지 않은 주요한 신학적 문제이다. 바울은 그 전체적인 이슈에 대하여 고린도후서 3장과 로마서에서 솜씨 있게 다루었다.

81. 독자들이 지겨울 수도 있겠지만, 필자는 여기에서 다시 한 번 이 전략이 구약 해석을 대체하는 것과는 얼마나 다른 지에 주목한다.

82. 여기에서 주석가들이 좋아하는 생각 중 하나는 바울이 "바위"를 의미하는 아랍어 ḥadjar에 빗대고 있다는 것이다. 만일 그것이 옳다면, 우리는 그렇게 빗대는 것이 우리의 이해를 전혀 돕지 못한다는 것에 대하여 의문을 품어야한다(cf. Betz, *Galatians*, 244-45; Bruce, *Galatians*, 219-20). 그 단락에 대한 최근의 상세한 연구는—갈 4:25a의 의미를 결정하지 못하고 있는—Charles H. Cosgrove, "The Law Has Given Sarah No Children, (Gal. 4:21-30)," *NovT* 29 (1987): 219-35를 보라.

83. 바울의 παιδαγωγός(개역성경에서는 "몽학선생"으로 번역-역주) 메타포의 사용에 대해서는, David J. Lull, "The Law Was Our Pedagogue," *JBL* 105 (1986): 481-98; Norman H. Young, "Παιδαγωγός: the Social Setting of a Pauline Metaphor," *NovT* 29 (1987): 150-76.

84. 여기에서 "자유롭게 하다"(liberate)로 번역된 동사 ἐξαγοράζω는 문자적으로 종을 사서 종에서 벗어나게 하는 것을 가리키기에, 일반적인 영어 번역인 "속량하다"(redeem)가 적합하다. 하지만 그 용어는 전적으로 신학적인 것이기에 그곳에 함의된 메타포의 힘을 잃기 쉽다.

85. E.g., Goppelt, *Typos*, 139-140. Bruce의 생각이 더욱 주의 깊게 표현되었다. "[바울은] 필로 식의 알레고리를 생각하고 있는 것이 아니다. … 그는 일반적으

로 모형론이라고 불리는 알레고리의 형태를 염두에 두고 있었다.(*Galatians*, 217).

86. "[하나님은] 그 지혜로운 남자가 사라의 말에 경청하도록 하셔서, 여종과 그의 아들을 쫓아내게 하셨다(창 21:10). 존재의 가장 완벽한 모형은 바로 세상의 분리이며 지혜자와 궤변가의 문화 사이에는 서로 유사성이 없기에, 미덕[사라]의 의견에 귀를 기울인 것은 잘한 일이다. 궤변가는 확신을 가지고 그릇된 주장을 세우려는 데에 열중하여 영혼을 파괴시키지만, 지혜자는 진리를 갈구함으로써 마음, 곧 올바른 지식에 적합한 위대한 원천을 얻는다"(*Cher.* 9; cf. *Sob.* 7-9).

87. 알레고리와 모형론을 구분하는 하나의 방식은 다음과 같다. 알레고리적 해석의 독특한 종류에 속하는 모형론에서는 텍스트의 잠재된 의미가 시간적으로 나중에 밝혀지는 경향이 있다. 모형론에서, 텍스트의 표상들 안에 잠재된 알레고리적인 의미들은 독자가 영적으로 고양됨으로써 드러나는 것이 아니라 앞선(preliminary) 지식들을 결말(ultimate)과 관련하여 이해할 때에 드러난다.

88. Barrett("Allegory," 165)에게는 미안한 일이지만, "(천사와 같은) 중개자들에게 하는 하나님의 명령"으로도 읽을 수 없다.

89. 이 해석을 갈라디아서 서두(갈 1:6-9)에서 "문제를 일으키는 자"를 향한 저주 선언과 비교해 본다면, 이 해석이 그렇게 무자비하게 보이지는 않을 것이다.

90. Meeks, "Rose Up to Play," 69-70에서 랍비들의 언급을 모아 놓았다. Philo(*Sob.* 8)는 이스마엘이 "서자인 자신을 참된 자녀와 동등한 것으로 주장하였기 때문에" 쫓겨난 것이라고 설명한다.

91. 이 이사야 본문과 해석사에 관한 논의를 위해서는, Mary Callaway, Sing, *O Barren One: A Study in Comparative Midrash* (SBLDS 91; Atlanta: Scholars, 1986), 59-90를 보라. 107-13쪽에서, Callaway는 바울의 전승 사용에 대하여 다루었다.

92. 이러한 분석으로 인해 사 52:13~53:12의 역할에 관한 의문이 대두될 수 있다. 갈 4:27에 나타난 인용구가 사 51-54장의 반향들을 환기시킨다면, 갈라디아서 본문 이면에서 '고난의 종'(Suffering Servant) 표상—"자신의 입을 열지 않았던"—을 발견할 수 있을까?

제4장 그리스도의 추천서

1. Ernst Käsemann, "The Spirit and the Letter," *Perspectives on Paul*, trans.

Margaret Kohl (Philadelphia: Fortress, 1971), 138-66, 인용은 155쪽.

2. Stephen Westerholm, "Letter and Spirit: The Foundation of Pauline Ethics," *NTS* 30 (1984): 229-48, 인용은 241쪽.

3. 바울이 사용한 σκύβαλα(빌 3:8)는 영역본들에서 "거절"(refuse; RSV), "폐물"(rubbish; JB, NIV), "쓰레기"(garbage; NEB, TEV)라고 완곡하게 번역되었다. KJV는 보다 문자적으로 "똥"(dung)이라고 번역하였다.

4. 주후 70년 이전의 바리새 운동에 대한 역사를 재구성하려는 시도에 대해서는, Jacob Neusner, *The Rabbinic Traditions about the Pharisees before 70*, 3 vols. (Leiden: Brill, 1971); *From Politics to Piety: The Emergence of Pharisaic Judaism* (New York: KTAV, 1979); Ellis Rivkin, "Pharisees," *IDBSup*, 657-63; *A Hidden Revolution: The Pharisees' Search for the Kingdom Within* (Nashville: Abingdon, 1978).

5. 이 부분은 고후 3:1보다도 고후 2:14에서 시작하는 것으로 보는 것이 관습적이다(접속사 δ̀ε가 있지만). 3:1~4:6의 주요 주제(하나님께 위임을 받은 직분의 충족성)가 이미 2:14-17에 나타나고 있는 것은 분명하다. 하지만 본서의 목적을 위하여서, 필자는 시작 부분을 3:1로 잡았다. 왜냐하면 3:1은 쓰기(writing) 및 읽기(reading)와 관련한 새로운 메타포가 소개되고 있기 때문이다. 2:14-16a에 나타난 어려운 메타포들의 이미지는 3장의 메타포와는 전적으로 다르다. Stephen B. Heiny, "2 Corinthians 2:14-4:6: The Motive for Metaphor," in Kent Harold Richards, ed., *SBL 1987 Seminar Papers* (Atlanta: Scholars, 1987), 1-22; Scott J. Hafemann, *Suffering and the Spirit: An Exegetical Study of II ccor 2:14-3:3 within the Context of the Corinthian Correspondence* (WUNT 2d ser., vol. 19; Tübingen: J. C. B. Mohr, Paul Siebeck, 1986)를 보라.

6. Käsemann, *Perspectives*, 138, 159.

7. Koch, *Schrift als Zeuge*, 340. 이와 유사하게, Morna D. Hooker, "Beyond the Things That Are Written? St. Paul's Use of Scripture," *NTS* 27 (1980-81): 295-309; Marks, "Pauline Typology," 84-85.

8. Alfred Plummer, *A Critical and Exegetical Commentary on the Second Epistle of St. Paul to the Corinthians* (ICC; Edinburgh: T. & T. Clark, 1915), 87. Cf. Furnish, *II Corinthians*, 199-200; Westerholm, "Letter and Spirit," 240-41; Luz, *Geschichtsverständnis*, 123-35.

9. 이 해석 전통의 역사에 대한 간략한 설명에 대해서는, Robert M. Grant, *The Letter and the Spirit* (London: SPCK, 1957)을 보라.

10. Ibid., 51.

11. 이 단락에 나타난 구약 반향에 대한 좋은 설명을 위해서는, Earl Richard, "Polemics, Old Testament, and Theology: A Study of II Cor., III, 1-IV, 6," *RB* 88

(1981): 340-67를 보라.

12. 본서의 목적을 위한 것이라면, 고린도후서에 관한 문학적 완전성에 대한 복잡한 문제를 다룰 필요는 없다; cf. Furnish, *II Corinthians*, 30-48. 적어도, 2:14~4:6이 하나의 통일된 저작이라는 데에는 이견이 없다.

13. William R. Baird, "Letters of Recommendation: A Study of II Cor 3:1-3," *JBL* 80 (1961): 166-72.

14. 인용된 어구들은 Furnish의 훌륭한 번역을 반영하였다(II Corinthians, 173, 202).

15. Hans Windisch는 고후 3:7-18이 일찍이 저작된 미드라쉬로서, 바울을 반대했던 유대 기독교인들을 반박하기 위한 것이 아니라, 유대교 그 자체를 반박하기 위한 것이라고 주장했는데, 이 가설은 본 단락과 서신의 상황 사이의 연관성을 약화시킨다. Koch(*Schrift als Zeuge*, 332) 역시 이 이론을 지지한다. 하지만, Furnish, *II Corinthians*, 229-30, 242-45는 이에 반대되는 입장을 개진한다. 본 장에서는 7-18절과 그 주변의 논증 사이의 내적 관계를 확고히 할 것이다.

16. Dieter Georgi, *The Opponents of Paul in Second Corinthians* (Philadelphia: Fortress, 1986), 264-71. Georgi의 분석은 Windisch의 작품과 Siegfried Schulz, "Die Decke des Moses. Untersuchungen zu einer vorpaulinischen Überlieferung in II Cor 3:7-18," *ZNW* 49 (1958): 1-30을 기반으로 하고 있다.

17. N. T. Wright, "Reflected Glory: 2 Corinthians 3:18," in L. D. Hurst and N. T. Wright, eds., *The Glory of Christ in the New Testament: Studies in Christology: in Memory of George Bradford Caird* (Oxford: Clarendon, 1987), 139-50에 비슷한 입장이 나타난다. "우리는 바울의 논증을 이해하기 위하여 바울 대적자들의 신학이나 본문의 초기형태에 관한 가설을 설정할 필요가 없다."

18. 물론 여기에는 사본학적 문제가 있다. RSV는 "너희의[ὑμῶν] 마음"이라고 읽고 있지만, 사본들의 증거는 "우리의[ἡμῶν] 마음"을 강력하게 지지하고 있다. Hafemann, *Suffering and the Spiritm*, 186-88을 보라.

19. Rudolf Bultmann(*The Second Letter to the Corinthians*, trans. Roy A. Harrisville [Minneapolis: Augsburg, 1985], 73)은 고후 3:3과 몇몇 헬라 문헌들(Thucydides, Isocrates, Plato)과의 병행되는 점들을 제시하지만, 이 문헌들은 렘 31:33 만큼 유사하지는 않는다.

20. Richard("Polemics," 344-49)는 바울을 설명하기 위하여 예레미야 본문의 근본적인 특징을 강조한다.

21. "하나님의 영"과 "하나님의 손가락"이 등장하는 또 다른 구절은 동일한 전승, 을 반영하고 있는 다른 곳에서 나타난다. 마 12:28와 눅 11:20을 보라. "만일 내가 하나님의 영/손가락으로 귀신을 쫓아낸다면 하나님의 나라가 이

미 너희에게 임한 것이다."

22. 예레미야의 예언에서, 옛 언약의 문제는 백성들의 불순종에 있는 것이지 모세 율법의 어떤 부족한 속성에 있는 것이 아니다. Hans Walter Wolff, "What Is New in the New Covenant?" *Confrontations with Prophets* (Philadelphia: Westminster, 1986), 610-14.

23. 그렇기 때문에 이 단락은 바울의 교회중심적 해석에 대한 또 다른 설명으로 볼 수 있다.

24. 물론, 이 표현은 Stanley Fish의 "자기-소모적인 인공물"로서의 텍스트 개념이 플라톤-어거스틴 전승뿐 아니라 이스라엘의 예언에도 기초하고 있을 수 있다는 것을 암시하고 있다. Cf. Stanley Fish, *Self-Consuming Artifacts: The Experience of Seventeenth-Century Literature* (Berkeley: University of California Press, 1972), 5-43.

25. Green, *Light in Troy*, 25, 26. 필자는 여기에서 William Blake에게서 가져온 Green의 묘사들 중 하나만 재사용하였다.
> 인간의 옷은 벼려 낸 쇠
> 인간의 모습은 이글이는 대장간
> 인간의 얼굴, 봉인된 용광로
> 인간의 마음, 허기진 뱃구레

26. 명사 γράμμα는 "쓰인 것"(writ)으로, 분사 ἐγγεγραμμένη를 "쓰인"(written)으로 번역할 가능성도 있다.

27. Adolf Schlatter는 안타깝게도 γράμμα를 "문자"(Die Schrift)로 번역하는 실수를 범했고, 그로 인하여 불필요한 해석적 문제를 만들어 낼 수밖에 없었다 (*Die Korintherbriefe* [Stuttgart: Calwer, 1950], 246-48).

28. γράμμα와 γραφή의 차이에 대해서는 G. Schrenk, "Γράφω, γραφη, γράμμα, ktl.," *TDNT* 1.742-73, 특히 746-69쪽을 보라.

29. 고후 3:6과 로마서를 함께 다루는 고전적인 논의는 Augustine, "The Spirit and the Letter" in *Augustine: Later Works*, trans. John Burnaby, *Library of Christian Classics* (Philadelphia: Westminster, 1955), 182-250에서 발견할 수 있다. Cf. Furnish, *II Corinthians*, 200-1, 228-29.

30. "튜린(Turin)의 클라우디우스(Claudius)는 샤를마뉴의 날(Charlemagne's Day)에 모인 학자들에게 교부들의 전통을 요약하여 제시했다. 곧, 사람이 육체와 영혼을 가지고 있듯이 '말씀'(Word)은 성경으로 육화(incarnate) 되어 나타난다. 육체는 신적인 문서를 가리키는 것으로서, '문자'(letter)이자 문자적 의미를 가리키고 있지만, 영혼은 영적인 의미를 가리킨다. 문자적 의미란, '자구적이거나 세속적인'(*litteraliter vel carnaliter*) 것을 의미하기에, '문자'(*littera*)와 '육체'(*corpus*)는 거의 동의어와 같다." (Beryl Smalley, *The*

Study of the Bible in the Middle Ages [Notre Dame: University of Notre Dame Press, 1964], 1.)

31. Westerholm, "Letter and Spirit," 241.

32. 유감스럽게도, 고후 3:7-9의 διακονία를 "베푸는 것"(dispensation)으로 번역한 RSV는 옳지 않다.

33. Richard, "Polemics," 352-53; cf. Jacob Mann, *The Bible as Read and Preached in the Old Synagogue, with a prolegomenon by Ben Zion Wacholder* (New York: KTAV, 1971), 1.530-33.

34. Hans Windisch, *Der zweite Korintherbrief*, 9th ed. (MeyerK; Göttingen: Vandenhoeck & Ruprecht, 1924), 112-31를 따랐다.

35. James Kugel은 이 본문이 미드라쉬라는 것의 근거로 "겉보기에 불규칙하다"는 특징을 언급했다("Two Introductions to Midrash," 92-93). 고후 3:7-18을 출애굽기 34장에 대한 미드라쉬로 읽고 있는 가장 좋은 예는, J. D. G. Dunn, "2 Corinthians III.17—'The Lord is the Spirit'," *JTS* 21 (1970): 309-20에 나타난다.

36. "바울의 고린도후서 3장 해석은 진정한 신학적 변증법에 대한 고전적인 예가 된다. 바울은 그리스도 안에 소망이 있다는 믿음을 가지고 텍스트를 읽지만(12절), 반대로 텍스트로부터 하나님에 대한 이해를 형성하며 성령에 따른 기독교인들의 삶을 설명하기도 한다"(Childs, Exodus, 624).

37. 제3장에 있는 이 단락에 관한 논의를 보라.

38. 이 단어의 번역에 대해서는 이하를 보라. Cf. Wright의 번역은 다음과 같다 ("Reflected Glory," 141). "이스라엘 자손들은 모세의 얼굴을 지속적으로 볼 수 없었다. 왜냐하면 그 영광—영광은 지나가 버렸다(pass away)—때문이다."

39. 특히, 반대자들이 출애굽 이야기를 이미 자신들을 위한 증거로 사용하고 있었다면, 바울이 자신이 지어낸 논증에 기초하여 설명하는 것은 설득력을 얻지 못했을 것이다.

40. Childs, *Exodus*, 621.

41. 실제로, Wayne Meeks는 모세의 얼굴 빛이 분명하게 사라지고 있었다고 묘사하는 후대의 랍비 미드라쉬에 주목했다("Moses as God and King," in Jacob Neusner, ed., *Religions in Antiquity: Essays in Memory of Erwin Ramsdell Goodenough* [NumenSup 14; Leiden: Brill, 1968], 354-71, especially 363-64). 물론 그러한 주장은 바울에게 방해가 되었을지도 모른다.

42. A. T. Hanson, "The Midrash in II Corinthians 3: A Reconsideration," *JSNT* 9 (1980): 14에서 이점을 강조하고 있다.

43. Furnish(*II Corinthians*, 203)는 현재 분사 καταργουμένην이 "주동사인 … ἐγενήθη(있었다)와 같은 시제(부정과거 시제-역주)를 표현한다"고 주장한다.

여기에서 καταργουμένην이 한정적으로 쓰였다기보다는 술어적으로 사용되었기 때문에, 그 주장이 반드시 옳은 것만은 아니다. 결과적으로, 현재 분사가 과거를 가리키고 있는 것인지, 바울의 저작 시점을 가리키고 있는 것인지를 통사적으로 결정하는 것은 불가능하다. 그것의 의미는 주변 문맥, 특히 10절에 의거하여 결정 내려야 한다.

44. 결과적으로, 바울이 고전 3:7-11을 마음대로 수정한 것으로 간주하는 Marks의 주장("Pauline Typology," 84)은 수정될 필요가 있다.

45. Ralph P. Martin, *2 Corinthians*, Word Biblical Commentary 40 (Waco, Tex.: Word, 1986), 57.

46. 다음과 같은 학자들은 이 입장을 지지한다. Windisch, Plummer, Strachan, Barrett, Bultmann, Furnish, J.-F. Collange(*Énigmes de la deuxième Épître de Paul aux Corinthiens* [Cambridge: Cambridge University Press, 1972], 96), Ernest Best(*Second Corinthians* [Interpretation; Atlanta: John Knox, 1987], 32).

47. 현대 해석가들 중에서, Martin, Hanson, Matthias Rissi(*Studien zum zweiten Korintherbrief* [ATANT 56; Zurich: Zwingli, 1969], 32-33), Jean Hering(*The Second Epistle of Paul to the Corinthians*, trans. A. W. Heathcote and P. J. Allcock [London: Epworth, 1967], 25), Badenas(*Christ the End of the Law*, 75-76)는 τέλος에 대하여 목적론적 내지는 완결적 해석을 지지한다. Cf. 또한 이하의 주 49번을 보라.

48. Badenas, *Christ the End of the Law*, 38-80.

49. 가장 명확한 논증은 Theodoret의 주석에 나타난다. "[모세는] 자신의 얼굴에 수건을 쓰고서, 그들이 율법의 τέλος를 볼 수 없다고 가르쳤다. '율법의 τέλος는 그리스도로, 모든 믿는 자들의 의를 위한 분이다'[롬 10:4]. 또한 바울은 '이스라엘의 자손들이 일시적인 것의 τέλος를 보지 못하게 하기 위하여'라고 기록하고 있기도 하다. 그는 율법이 '일시적인 것'(transitory), 즉 중단될 것이라고 말했다. 하지만 일시적인 τέλος는 율법 아래에서 선포된 것, 곧 그리스도이다." (필자의 번역; 헬라어 본문은 *PG* 82.396에 나타난다.) Theodoret은 롬 10:4를 참조하여 고후 3:13을 해석 하였는데, 이는 τέλος가 두 본문에서 "목적" 내지는 "완결"을 의미한다는 것을 보여준다. (Cf. 롬 10:4에 대한 교부들의 해석에 대한 Badenas의 논의[Christ the End of the Law, 7-14].) 또한 Chrysostom는 Homily VII on 2 Corinthians에서 τέλος에 대하여 분명하게 주석하고 있지는 않았지만, 율법이 더 이상 효력이 없다고 주장하면서, 유대인들이 율법 안에 있는 그리스도를 알지 못한 것에 대한 책임이 있다고 주장한 바 있다. "유대인들이 그리스도를 믿지 않은 것이 율법을 믿지 않은 것 때문이라는 것에 놀라지 마십시오. 그들은 율법 안에 있는 옛 언약이나 영광을 보지 못했기 때문에 은혜를 무시한 것입니다. 율법의 영광은 그리스도께로 돌

아가는 것에 있습니다." (필자의 번역; 헬라어 본문은 *PG* 61.445.) Tertullian
은 Marcion에게 대항하면서 그 본문을 사용했다. 모세의 하나님이 예수 그리
스도의 하나님과 다른 하나님이 아니다. 왜냐하면 "모세는 그리스도에 대하
여 말했기" 때문이며 "모세에 관한 전체적인 사건들은 그리스도에 대한 표상
이기 때문이다"("Against Marcion," V.xi [ANF 3.454]).

50. Windisch, *Korintherbrief*, 112. 대조적으로 Bultmann(*Second Letter to the
Corinthians*, 84)은 "3:12-18은 사고의 흐름에 가장 일관 된다"라고 대답했
다.

51. E.g. *Bultmann, Second Letter to the Corinthians*, 87-88; Furnish, *II Corinthians*,
207.

52. Plummer, *Second Epistle*, 97.

53. Philip Edgcumbe Hughes, *Paul's Second Epistle to the Corinthians* (NICNT;
Grand Rapids: Eerdmans, 1962), 110 n. 6.

54. Kugel, "Two Introductions to Midrash," 100.

55. Lord, *Classical Presences*, 40.

56. Culler, *Pursuit of Signs*, 115.

57. Ibid., 116.

58. 물론, 이러한 수사학으로 인해 독자들은 바울의 대적자들이 자신들을 모세
의 표상이라고 가설적으로 생각하게 된다.

59. Lord, *Classical Presences*, 40-41.

60. 또 다른 강력한 반유는 히 12:18-20에 나타난다. "너희가 온 곳은 만져질
수 있는 곳, 불붙은 산, 어두움, 흑암, 폭풍, 나팔 소리, 말씀의 음성이 아니다.
그 소리를 들은 자들은 자신들에게 더 이상 말씀하지 아니하시기를 간청하였
는데, 이는 '짐승이라도 그 산에 이르거든 돌에 맞아 죽게 하라' 하신 명령을
감당하지 못했기 때문이다."

61. 이 표현은 출 33:11을 반영한 것이다("사람이 자기 친구에게 말하듯이 주께
서 모세와 대면하여 말씀하셨다"; Cf. 또한 민 12:7-8). 분명히 오경은 모세
와 야훼 사이의 거리를 두고 있는 다른 전승들과 동일한 양상을 보이기도 한
다. 예를 들어, 하나님이 모세에게 자신의 얼굴을 보이지는 않으셨지만("나를
보지 않는 자는 살 것이다") "등"은 보이시는 에피소드(출 33:18-23)를 생각
해볼 수 있다. 하지만 고후 3:18이 보여주듯이, 바울은 이러한 경고성 언급은
무시한 채, 하나님과 모세가 직접 만났다는 사실만을 강조한다.

62. 이 경우에도 다른 오경 본문들은 다소 다르게 이야기한다. "주께서는 불 가
운데에 있는 산에서 너희와 함께 얼굴을 서로 마주보며 말씀하신다"(신 5:4).
하지만 바로 다음 구절에서는 모세의 중재적 역할이 재확인 된다. "너희가 불
을 무서워하여 산에 올라가지 못하였기에, 내가 주와 너희 사이에 서서 너희

에게 주의 말씀을 전해 주었다"(신 5:5). 고후 3:12-18이 출 34:29-35를 중심으로 하고 있기에, 바울은 하나님의 임재 가운데로 들어간 모세와 그렇게 하지 못한 이스라엘 사이의 차이—수건으로 상징화 된—를 강조한다.

63. 이 점은 Dunn, "The Lord is the Spirit"에서 명쾌하게 설명되었다.

64. 이는 주석가들에 의하여 보통 간과되는 것인데, 그로 인하여 주석가들은 καθάπερ를 어떻게 해석해야 하는지에 대하여 혼란을 느낀다. 다양한 해석들에 대한 요약은, Furnish, *II Corinthians*, 216에 나타난다.

65. 더욱 넓은 문맥(특히 4:7-12)이 이 해석에 부합하기에, 필자는 다음과 같은 Wright의 해석적 제안("Reflected Glory," 147)에 전적으로 동의할 수는 없을 것 같다. "바울은 사람이 그리스도와 동일한 형상으로 변화된다는 것을 말하고 있는 것이 아니라, 기독교인들이 서로의 형상을 닮도록 변화된다고 주장하고 있다. 그래서 바울은 그렇게 용감할 수 있었던 것이다. 즉, 바울과 그의 독자들은 서로 동일한 형상으로 변화되고 있기에, 타인에게서 반사된 주의 영광을 볼 수 있다." Wright 자신이 주장하고 있는 바는 옳지만, 사람이 그리스도의 형상으로 변화되는 것이 아니라는 진술은 틀렸던 것 같다. 곧, 기독교인들이 서로에게서 반사된 주의 영광을 볼 수 있다면, 그들이 변화되고 있는 형상은 그리스도의 형상이어야 한다.

66. 모호함을 극복하려는 성경비평은 다양한 의미를 양산하고 있는 이러한 본문에 대하여 도움이 되지 않는다.

67. John Koenig("The Knowing of Glory and Its Consequences (2 Cor. 3-5)." Unpublished paper presented in the Pauline Epistles section, annual meeting of the Society of Bibilical Literature, Atlanta, 1986)가 이러한 주장을 하였다. (필자는 원고에 대해 자문을 구할 수 있었던 것에 대하여 Koenig 교수에게 감사를 전한다.) Hanson("Midrash in II Corinthians 3," 15-19)은 "바울에 따르면, 모세는 선재하는 그리스도의 영광—성막 안에서 볼 수 있었던—을 가리려고 얼굴에 수건을 썼다"라고 주장했다. 여기에서 Hanson의 문자적 해석에 이상을 느끼지 못하는 독자들을 위하여 한마디를 덧붙이려 한다. 바울의 창의적인 표상에 대한 Hanson의 설명은 모호한 메타포를 좋아하지 않는 역사비평가들의 의견을 대변하고 있는 것과 같다. Hanson은 이렇게 말했다. "출애굽기 34:29 이하의 내러티브는 바울에게 그저 암호(cipher)로 기능하는 것이 아니었다. 바울은 그 이야기의 사건이 실제로 일어났다고 믿었지만, 그 사건의 패턴은 초대교회의 상황 안에서 재사용 되었다. … 분명히, 바울의 수건 표상이 당대에 적용 될 때에는 불명확했다. 왜냐하면 그 수건 메타포는 이스라엘로 하여금 선재하는 그리스도의 영광을 보지 못하게 하려 했던 모세의 생각과 바울 당대에 예수 그리스도를 인정하지 못한 유대인들의 실패 모두를 가리키고 있기 때문이다. 그렇기에 이 메타포는 알레고리로 가는 경향이 있다. 하지

만 이것은 바울의 의도―구원 역사 개념에 기초하고 있는―가 아니다"(23). 여기에서, Hanson은 역사에 기초한 (그렇기에 나쁜 알레고리보다는 좋은 모형론을 사용하는) 바울의 단일한 의도를 확신하는데, 이러한 태도로 인하여 Hanson의 해석은 여기에서 멈추게 된다.

68. 종교사에서는 바울이 말하는 형상의 변화가 많은 연구의 주제가 되어 왔다. 그 논의에 대한 요약 및 세심한 결론에 관해서는, Bultmann, *Second Letter to the Corinthians*, 90-96; Joseph A. Fitzmyer, "Glory Reflected on the Face of Christ (2 Cor. 3:7-4:6) and a Palestinian Jewish Motif," *TS* 42 (1981), 630-44.

69. 물론 이 불충분한 동일시는 Greene이 말한 복잡한 표상적 계사(copula, 이상의 주 25번을 보라)에 대한 경고의 대상이 되지만, 우리는 실수하곤 한다.

70. Cf. 롬 8:29-30에서 이 모든 것들이 분명하게 진술되고 있다.

71. 이 전환된 단어들에 대한 분석을 위해서는, Koch, *Schrift als Zeuge*, 126-27, 151-52를 보라.

72. Ibid., 186-90.

73. Ibid., 338-39.

74. 또한 이 표현은 Koenig, "The Knowing God"과 일치한다.

75. Hopkins의 시는 W. H. Gardner, ed., *Poems of Gerard Manley Hopkins*, 3d ed. (New York-London: Oxford, 1948; revised 1961), 95.

76. 성령의 임재는 바울에게 있어서 매우 생생한 실제이기에, 성령은 갈 3:2-5 에서처럼 신학적인 논증에 대한 결정적인 근거로 사용 될 수 있었다. David J. Lull, *The Spirit in Galatia*, 54-57, 103-04.

77. 여기에서 발생할 수 있는 한 가지 오해에 대하여 다루어야 할 것 같다. 바울은 γράμμα와 πνεῦμα 사이의 이분법을 결코 반유대적으로 사용하지 않았다. 예레미야가 반유대적이지 않듯 바울 역시 반유대적이지 않다. 바울과 예레미야는 모두 이스라엘의 언약 공동체 안에서 말하고 있으며, 그 공동체에 대한 심판과 자비를 선포하고 있다. 더 나아가 이 두 사람은 이스라엘이 은혜로 인하여 불순종을 극복하게 될 것을 약속하고 있다. 필자가 본서에서 반복적으로 주장하고 있는 바와 같이, 바울은 이스라엘의 내적-성경 해석(inner-Biblical exegesis) 전통 안에서 새로운 해석을 발전시키고 있다. 그렇기에 실제 유대 (랍비의) 해석학적 관습을 알면 알수록, 바울서신 안에서 유대 해석학의 특징을 언급하고 있다고 생각하는 것이 얼마나 어리석은 것인지를 알게 된다. 하지만 역사적으로 기독교는 γράμμα/πνεῦμα를 유대교와 기독교의 해석적 특징을 가리키는 것으로 오독해왔다.

78. Hanson, "Midrash in II Corinthians 3."

79. Kelsey, *Use of Scripture*, 158-81.

80. 후대의 기독교 독자들은 여기에서 요한복음의 서두를 반향(intracanonical

echo, 정경 내적 반향)으로 들을 수도 있다. 이는 물론 바울이 예상하지 못했던 것이다. 더불어 사복음서의 저자들이 고후 4:6을 반향했다고 생각할 이유는 없다. 왜냐하면 바울과 요한 모두가 창세기 1장을 반향한 것이기 때문이다.

81. 이 반향은 Collange, *Énigmes*, 138-39에서 제안하고 있는 것이다.

제5장 "말씀이 네게 가까이 있으니": 종말론적 공동체의 해석학

1. 랍비들은 성경이 그러한 불꽃(spark)을 만들어낼 수 있다는 것을 잘 알았다. "'주가 선포하셨다. 내 말이 불같지 않으냐? 바위를 부수는 망치 같지 않으냐?'"(렘 23:29). 하나의 망치에서 많은 불꽃이 발생하듯이, 하나의 성경 본문은 많은 의미들을 산출한다"(Sanhedrin 34a, trans. Moshe Greenberg; unpublished article for faculty seminar, Yale University, New Heaven, 1986).

2. 구약의 율법을 신학적으로 깊이 존숭하고 있는 기독교인들조차도(예를 들자면, 칼빈주의[Calvinist] 전통) 율법을 문자적 차원, 곧 1세기 바리새인이나 그 후대의 랍비들이 생각했던 방식대로 고수하지는 않는다.

3. Marks, "Pauline Typology," 80.

4. Ibid., 72.

5. Heikki Räisänen은 바울의 율법에 대한 진술을 모순—즉, 바울이 자신이 속했던 종교 전통에서 이탈하면서 발생한 인식적 불화를 다루려는 "이차적인 합리화"의 산물—이라고 주장했다(*Paul and the Law* [WUNT 29; Tübingen: J. C. B. Mohr, 1983]).

6. 여기에서, 필자의 주장이 대체로 James A. Sanders, "Torah and Christ," *Int* 29 (1975): 372-90; reprinted in From Sacred Story to Sacred Text, 41-60과 일치한다는 것을 알게 되었다.

7. Dodd(*According to the Scriptures*)는 반복적으로 이 현상에 주의를 기울인다.

8. Marks, "Pauline Typology," 72.

9. Handelman에 대한 필자의 반향은 물론 아이러니한 것이다. 왜냐하면 Handelman이 말하는 "죽이는 자들"—바울과는 다르게—은, 그들의 새로운 해석학에도 불구하고, 반유대교의 혐의에서 잘 빠져나갔기 때문이다.

10. Marks, "Pauline Typology," 87-88에서 Bultmann, *The Presence of Eternity* (New York: Harper & Row, 1957), 43.

11. Marks, ibid., 88.

12. 어떤 이들은 바울이 이스라엘을 신학적인 종말론으로만 다루고 있다고 생각할지 모르겠다. 그러한 입장에 따르자면, 바울의 관심은 더 이상 이 세상

의 역사적인 문제에 한정되어 있지 않기 때문에 결국 Bultmann이 옳은 것이 된다. 하지만 이러한 식의 이원론적인 종말론은―Augustine의 '하나님의 도성'(civitas Dei)과 '지상의 도성'(*civitas terrena*) 사이의 이분법의 영향으로― 역사의 시간이 한참 지난 후, 곧 교회가 내세적인(other-worldly) 용어로 재정의 되고, 주의 재림과 부활, 온 세상의 회복에 대한 묵시적 소망이 성취될 때에나 가능하게 될 것 같다. 하지만 로마서 9―11장은 바울이 역사적인 이스라엘의 운명과 씨름하고 있다는 것을 분명하게 보여주고 있다.

13. Bloom, *Anxiety of Influence*, 11. Barry Seltser는 Marks가 말하는 '아곤'(ἀγών) 이 개인적인 시적 의식이 아닌 공동체적 자기인식(self-definition)에 관한 것이었다면(즉, 바울이 자신의 개인적인 자율성이 아닌 초기 기독교 공동체의 해석학적 자율성―유대교의 성경 해석 관습과 비교했을 때―에 관해 고민했던 것이라면) 바울의 해석학을 조명하는 데에 도움이 될 수도 있었다고 말했다.

14. "바울이 자율성―자신이 바라던―을 얻게 되면서 그의 사상에 영향을 주었던 문학으로서의 토라(torah)는 도전을 받게 된다. 왜냐하면 토라는, 적어도 부분적으로, 언약을 중재하는 것으로서 중재 없는 언약을 향한 바울의 갈망을 자극하기 때문이다. 물론 바울에게 있어서 토라를 배제한 상황은 상상할 수 없다. 즉, 바울은―'새 창조'를 얼마나 담대하게 선포했든지 간에―자신이 구약에 빚지고 있다는 부담으로부터 결코 해방될 수 없었기에, 바울에게 있어서 새 창조라는 것은 불가능한 것이었다"(Marks, "Pauline Typology," 87).

15. 바울의 "새 창조" 언어에 대한 개인주의적인 해석들은 고후 5:17a("그런 즉 누구든지 그리스도 안에 있다면, 그는(he is) 새로운 피조물(new creation)이다"[RSV])에 대한 대부분의 영역본들에 의하여 촉진되었다. 헬라어 원문에는 "그는"(he is)이라는 단어가 나타나지 않는다(ὥστε εἴ τις ἐν Χριστῷ, καινὴ κτίσις). 바울이 κτίσις와 동일한 어원의 단어를 우주론적인 언급(e.g. 롬 8:19-23을 보라)에 사용하고 있다는 점과 더불어 바울이 이 단어를 가져온 구약 본문을 고려해 볼 때, 헬라어 문장에서 생략된 요소를 개인적인 영적 갱생을 가리키는 것으로 해석하기보다는 하나님과 세상의 화해(cf. 고후 5:19)로 해석하는 편이 더욱 낫다. "그러므로 누구든지 그리스도 안에 있다면―새 창조가 있다!"

16. 갈라디아서―미래의 종말론에 대하여는 명백하게 진술하고 있지 않는―에 있는 신학적인 묵시 모티프에 대한 중요한 논의를 위해서는, J. Louis Martyn, "Apocalyptic Antinomies in Paul's Letter to the Galatians," *NTS* 31 (1985): 410-24.

17. Krister Stendahl의 논고, "The Apostle Paul and the Introspective Conscience of the West"(*HTR* 56 [1963]: 199-215; reprinted in *Paul among Jews and*

Gentiles [Philadelphia: Fortress, 1976], 78-96)에서는, 지나치게 단순화하였지 만, 그 문제를 매우 설득력 있게 부각시키면서 바울서신을 이해하기 위한 독 자들을 위한 읽기가 필요하다고 주장했다.

18. Barr, *Old and New in Interpretation*, 143.

19. Longenecker, *Biblical Exegesis*, 114-32.

20. 이 점은 Rowan Greer in James L. Kugel and Rowan A. Greer, *Early Biblical Interpretation* (Philadelphia: Westminster, 1986), 127에서 잘 언급되었다. 하지 만 바울이 구약을 단순히 증거본문으로 사용하고 있다는 Greer의 주장에는 동의하기 어렵다.

21. Cf. Dahl, *Studies in Paul*, 175.

22. 제1장에서 언급한 미드라쉬에 관한 논의 및 거기에서 인용된 참고문헌들을 보라.

23. Kugel은 미드라쉬 저작에 대해 다음과 같이 언급했다. "[미드라쉬 저작은] 보통 독립적이고 개별적인 구절들에 초점을 두고 있다. … 우리가 가진 집합 적인 미드라쉬는 전체적인 텍스트를 조각별로 다루고 있는 것처럼 보인다는 점에서 기만의 가능성이 있는데, 몇몇 경우들을 제외하고, 이 '조각들'은 다소 원자론적(atomistic)이며―랍비 문헌을 연구하는 학생들이 알고 있듯이―상 호교환이 가능하고, 수정 가능하며, 결합이 가능하다. 요하자면, 미드라쉬는 전체적인 석의에 대한 일부분으로 결코 생각할 수 없다"("Two Introductions to Midrash," 94-95).

24. 현대의 성경학자들이 이야기하는 방법론이란, 보통 텍스트의 의미를 결정하 는 데에 필요한 체계적인 절차를 가리키는 것으로서, 동일한 방법론을 사용 하는 다른 독자들은 서로 비슷한 해석에 도달하게 된다. 그러한 의미에서 모 형론은, 상호관계를 완전히 창의적으로 해석하는 행위이기 때문에, 방법론으 로 묘사되기 어렵다.

25. E.g., Goppelt, *Typos*, 17-18; Baker, "Typology and the Christian Use," 152.

26. 여기에서 다시, Erich Auerbach의 영향으로 인해 그 논점이 흐려진다. Auerbach는, 그의 영향력 있는 *Mimesis: The Representation of Reality in Western Literature*, trans. Willard R. Trask (Princeton: Princeton: Princeton University Press, 1953)의 첫 장, "Odysseus' Scar"에서, 성경 내러티브는 그 리스 서사시와는 달리 "역사적인 진리에 대한 절대적인 주장을 포함하고 있 다. … 성경의 화자는 아브라함의 희생제사 이야기의 객관적인 진리를 믿어 야만 했다―생명에 관한 신성한 법의 존재는 이 이야기 및 이와 유사한 이야 기에 의존하고 있다"(14). 물론, 이스라엘 공동체의 정체성이 성경의 화자에 의하여 소개된 그 이야기들에 의존하고 있는 것은 사실이다. 하지만 이 내러 티브들에 내포된 주장들이 현대적인 의미에서 역사적인 것인가? 여기에서

Auerbach는 Hans Frei가 *The Eclipse of Biblical Narrative* (New Heven: Yale University Press, 1974)에서 진단한 오류에 빠진 것처럼 보인다. 곧, Auerbach 는 역사적인 주장을 하고 있는 내러티브와 그 내러티브의 의미가 명시적인 (ostensive) 언급에 달려있지 않은 내러티브를 구분하지 못했다.

27. 이 표상은, Koch, *Schrift als Zeuge*, 33에 나타난다.

28. 이와 같은 또 다른 경우는, 거의 나타나지는 않지만, 고후 4:13이 될 수 있을 것이다. A. T. Hanson, *Paul's Understanding of Jesus Christ*, 189 n. 125를 보라.

29. Gerhard von Rad, *Old Testament Theology*, trans. D. M. G. Stalker (2 vols.; New York: Harper & Row, 1962), 1.229-31.

30. 필자는 여기에서 바울의 표현, κατάρα νόμου(율법의 저주)의 속격이 반드시 보충설명적(epexegetical)이라기보다는 주격적이어야 한다고 반복하여 주장 하는 바이다. 제2장, 주 24번을 보라.

31. Dan O. Via Jr., *Kerygma and Comedy in the New Testament* (Philadelphia: Fortress, 1975), 62-63.

32. Ibid., 64. Via는 로마서를 신학적으로 읽어 하나님의 말씀과의 실존적 만남 에 집중하는데, 이는 이스라엘의 특정한 민족적 운명에 대한 바울의 관심을 약화시킨다.

33. Fishbane(*Biblical Interpretation*, 374)은 제2이사야를 "광대한 모형론적 얼 개"(vast typological net)라고 묘사하였다.

34. 곡식을 타작하는 자에 관한 이 인용구의 출처는 매우 모호하다. 집회서 6:19 가 종종 제안되곤 하지만, 그 인용구를 신 25:4에 연결시키는 핵심 단어인 ἀλοῶν(타작하는 자)이 정확히 빠져 있다. Koch(*Schrift als Zeuge*, 41-42)는 바 울이 이 인용구를 헬라 회당의 구전전승이나 바울 이전의 헬라 교회에서— 즉, 구약 인용이라고 착각할만한 곳에서—가져온 것이라고 제안했다.

35. Koch, *Schrift als Zeuge*. 202-04.

36. 이 놀라운 사실은 바울이 다른 특정한 법칙과 규칙을 넘어서—그것이 구약 의 직접적인 명령일 때조차도—'이미타티오 크리스티'(*imitatio Christi*, 그리 스도를 본받는) 모델을 따르고 있다는 것을 보여준다.

37. E.g. Michel, *Paulus und seine Bibel*, 110; Ellis, *Paul's Use of the OT*, 51-54; Longenecker, *Biblical Exegesis*, 126-29; Koch, *Schrift als Zeuge*, 202-16, 230-32.

38. Johannes Weiss, *Der Erster Korintherbrief* (MeyerK; Göttingen: Vandenhoeck & Ruprecht, 1910), 254.

39. Cf. J. Louis Martyn, "Epistemology at the Turn of the Ages: 2 Corinthians 5:16," *Christian History and Interpertation* [제2장, 주 78번을 보라], 269-87.

40. 바울이 제시하고 있는 인용문의 형태는 신 21:23과 신 27:26이 혼합된 것이

다.

41. 이 어구는 "바울의 묵시적(apocalyptic) 주제가 그리스도의 재림이 아닌 그의 죽음에 있다고 주장하고 … 그럼으로써 갈라디아서의 주제가 정확히 예수 그리스도의 묵시, 특히 십자가의 묵시"라고 주장하는 Martyn("Apocalyptic Antinomies," 420-21)의 통찰을 반영한 것이다.

42. Kugel, "Two Introductions to Midrash," 88.

43. Ibid., 89.

44. Ibid., 87.

45. Ibid., 90. Kugel이 언급한 "한 비평가"는 Daniel Patte, *Early Jewish Hermeneutic in Palestine* (SBLDS 22; Missoula: Scholars, 1975), 72이다.

46. 이 고후 6:1에 대한 번역은 Oliver O'Donovan, *Resurrection and Moral Order: An Outline for Evangelical Ethics* (Grand Rapids: Eerdmans, 1986), 172 에서 차용했다.

47. 바울은 이사야의 δεκτός(받을 만한)를 그대로 쓰기보다는 εὐπρόσδεκτος(굳이 번역하자면, '선뜻' 내지는 '기쁘게' '받을만한'-역주)라고 바꾸어 씀으로써, 하나님의 큰 은혜에 대한 주장을 미묘하게 강조하였다. 즉, 그 καιρός(때)는 단순한 δεκτός의 때가 아니라 εὐπρόσδεκτος 한 때이다.

48. 사 49:8 인용은 바울의 환용법에 대한 분명한 예시가 된다. 바울이 여기에서 인용한 본문의 본래 문맥을 보자면, 이는 제2이사야서의 "종의 노래"에 속한다. 여기에서 선지자/종/이스라엘은 전 세계에 대한 주의 구원을 선포하도록 부름을 받는다.

> 네가 나의 종이 되어서
> 야곱의 지파를 일으키고
> 보존된 이스라엘을 회복하는 것은 너무나도 쉬운 일이다.
> 내가 너를 민족들의 빛으로 삼아
> 나의 구원이 땅 끝까지 이르게 할 것이다.
> (사 49:6, RSV)

만일 이 종의 역할(사 49:1-13)에 대한 전체적인 묘사가 "화해의 직분"(고후 5:18~6:2)에 대한 설명과 대위법적으로 읽힌다면, 두 본문은 새로운 공명으로 울리게 된다. 하나님의 은혜를 "헛되이"(εἰς κενὸν) 받지 말라는 고린도 교회를 향한 바울의 훈계 역시도 이사야 49:4의 종의 애가에 대한 반향이다. "내가 헛되이(κενῶς) 수고하였고, 공연히 헛되게 힘을 쏟았다."

49. 쿰란의 해석에 관한 방대한 연구에 대해서는, F. F. Bruce, *Biblical Exegesis in the Qumran Texts* (Grand Rapids: Eerdmans, 1959); Joseph A. Fitzmyer, "The Use of Explicit Old Testament Quotations in Qumran Literature and in the New Testament," *NTS* 7 (1961): 297-333; "4QTestimonia and the New Testament,"

TS 18 (1957), 513-37 (Fitzmyer의 두 논문은 모두 그의 *Essays on the Semitic Background of the New Testament* [SBLSBS 5; Missoula: Scholars, 1974]에서 재발간 되었다; J. Murphy-O'Connor, ed., *Paul and Qumran: Studies in New Testament Exegesis* (Chicago: Priory, 1968); Maurya P. Horgan, *Pesharim: Qumran Interpretations of Biblical Books* (CBQMS 8; Washington: Catholic Biblical Association of America, 1979); Brooke, *Exegesis at Qumran* (본서 제3장, 주 2번).

50. 1QS 11:5-9, Geza Vermes, *The Dead Sea Scrolls in English*, 2d ed. (Harmondsworth: Penguin, 1975), 92-93.

51. Greene, *Light in Troy*, 16-19, 37-53.

52. Ibid., 41.

53. Ibid., 40, Greene의 강조. (신약 학자들이 이 문장을 읽으면서 Bultmann의 *Theology of the New Testament*를 발견적으로[heuristic] 재해석한 작품으로 생각하지 않을 수 있을까?)

54. Greene, *Light of Troy*, 46.

55. 기독교 신학의 관점에서 보자면, Greene의 성례전적(sacramental)이라는 용어는 그렇게 달갑지 만은 않다. Greene는 아마도 은혜를 상기하기 위한 정통적인 의식의 반복(repetition) 개념을 생각했던 것 같다. 보통, 성례전적인 예전들(liturgies)이 전통을 새롭게(innovative) 재현하는 것은 아니지만, 성례라는 용어는 공동체의 예배 행위가 과거와 현재, 미래를 상징적으로 결속시켜 말씀을 새롭게(fresh) 체화시킨다는 식의 개념으로 이해될 수도 있다. Ἀνάμνησις(기억나게 하는 것)를 단순히 반복(repetition) 개념으로 혼동해서는 안 된다.

56. Greene, *Light in Troy*, 39.

57. Ibid.

58. Geoffrey Gwynne의 편지(1987년 7월 12일). 인용문은, 편지에서 언급하고 있듯이, Dietrich Bonhoeffer, *Meditating on the Word*, ed. and trans. David McI. Gracie (Cambridge, Mass.: Cowley, 1986), 97-98에서 가져온 것이다.

59. 위서에 대한 의문은 필자가 여기에서 다루고 있는 문제와 관련하여 결정적인 것은 아니다. 어느 경우이든, 디모데후서가 진정한 바울의 편지가 아니라는 입장은, 이 경우에 있어서, 해석학적 문제를 더욱 어렵게 만드는 것이 아니라 더욱 쉽게 만든다. 디모데후서가 위서라면 "디모데"라는 인물은 상징적 표상, 곧 이후의 기독교 독자들이나 지도자들에 대한 암호(cipher)가 되어버리기 때문이다. 따라서 Bonhoeffer의 읽기는 Childs가 전통에 대한 "정경 형성"(Childs, "New Testament as Canon, 373-95를 보라)이라고 즐겨 불렀던 것에 대한 적절한 응답이 된다. 최근에 이 문제를 정리한 것은, Luke Timothy

Johnson, *The Writings of the New Testament* (Philadelphia: Fortress, 1986), 381-407에 나타나 있다. 목회서신들이 위조문서라는 주류 학자들의 입장에 대해서는, Werner G. Kümmel, *Introduction to the New Testament*, rev. ed., trans. Howard C. Kee (Nashville: Abingdon, 1975), 366-87을 보라. 신약성경의 위조 현상에 대한 가장 최근의 일반적인 논의는, David G. Meade, *Pseudonymity and Canon: An Investigation into the Relationship of Authorship and Authority in Jewish and Earliest Christian Tradition* (WUNT 39; Tübingen: J. C. B. Mohr, Paul Siebeck, 1986).

60. 이 문제가 본서의 독자들에게 분명하듯이, 필자 역시도 여기에 동의할 수 없다. 그럼에도 불구하고, 그 신학적인 문제—Brevard Chlds, Timothy Jackson과 다른 동료들을 통하여 필자가 제기한 것과 같이—는 중대하다. 만일 성경 본문이 상호텍스트성이라는 "세속적인" 문학비평 이론으로 읽혀지는 것이라면, 바울의 해석도 단지 그러한 흐름의 일부분으로 간주될 뿐인가? 결과적으로, 복음에 대한 진리 주장은 필자가 사용했던 방법론에 의하여 타협될 수 있는 성질의 것인가? 이 질문은 "초월적 기의"(transcendental signified)와 언어의 지시 지향성(referential power) 개념에 대한 포스트모던의 다양한 도전에 충분히 대답하지 않고서는 만족할만한 대답을 기대하기 어렵다. 필자가 본서에서 그러한 문제에 대하여 완전한 대답을 주지는 못하겠지만, 임시적으로 두 가지 대답을 제시하려 한다. (1) 초월적 지시(reference)의 부재로 인한 문제는 비평적 범주로서의 상호텍스트적 반향에 의하여 만들어진 것도 아니며, 역사비평적인 방법론으로 돌아감으로써 회피할 수 있는 것도 아니다. 바울의 구약 해석을 추적하는 문학비평적인 작업은, 원칙적으로, 언어와 진리 사이의 관계에 대한 메타이론들(metatheories)에 관하여 중립적이다. 문학적 분석 도구를 가지고 바울의 상호텍스트적인 표상들에 대하여 연구하는 것은—예수의 삶에 대한 역사적인 연구가 칼케돈 신조(Chalcedonian confession)를 위협하지 않듯—성경 계시의 권위를 손상시키는 것이 아니라는 말이다. 문학적인 방식이나 역사적인 방식은 모두 "아래에서부터"(from below) 연구하는 것으로서 더욱 풍성한 신학적 이해를 가능하게 한다. 본서의 어떠한 내용도 바울의 신학이 오직 상호텍스트적 반성의 산물이라는 식으로 해석되어서는 안 된다. (2) 기독교 신학은 "초월적 기의"의 실재(reality), 즉, 말씀으로 세상을 창조하시고 그럼으로써 진정으로 지시하는 힘을 가진 언어를 사용하시는 하나님과 관련이 있다. 구약성경을 하나님의 말씀으로 받아들이는 믿음의 공동체에게 구약은 살아있고 활력이 있다. 구약 본문 안에서 발견되는 새로운 의미는 단지 인간 해석의 상대성에 대한 표일 뿐 아니라 신적인 능력의 표지이기도 하다. 따라서 우리가 바울의 해석학적 관점을 가지고 있다면, 텍스트를 벗어난(extratextual) 진리에 대해 회의(懷疑) 하지 않게 될 것이다.

61. 본서의 독자들은 이 문서들을 성경으로 인정하기로 오래 전에 결정한 역사적인 공동체이기에, 여기에서 바울의 저작들이 규범적인 역할을 가지고 있는 이유에 대하여 설명하지 않을 것이다. 바울의 저작들을 규범으로 여기는 것의 결과는 David Kelsey(*Uses of Scripture*, 208)에 의하여 묘사되었다. "특별히 신학에 있어서 성경의 권위는 … 교회의 일상적인 삶을 위하여 기능한다. … 그러므로 '성경의 권위'는 기독교 공동체—어떤 식으로든 '교회'로 간주되는—의 실제적인 일상을 배경으로 신학을 할 때에 상정(postulate) 해야 하는 것이다. 요하자면, '성경과 그 권위'에 관한 교리는 실천신학의 필요조건(postulate)이다."

62. Gardner, *Religious Experience*, 215.

63. Longenecker, *Biblical Exegesis*, 219.

64. Elisabeth Schüssler Fiorenza(*In Memory of Her: A Feminist Theological Reconstruction of Christian Origins* [New York: Crossroad, 1983])는 이와 유사한 해석학적 프로그램을, Gardner보다도 더욱 억지로(sophistication), 옹호한다.

65. 필자가 재차 말하는 것은, Longenecker의 입장이 평범한 성경 학자들의 입장을 대변하고 있는 것이지 독특한 것이 아니라는 것이다.

66. Dodd, *According to the Scriptures*, 127.

67. Lindars(*New Testament Apologetic*)와 Juel(*Messianic Exegesis*)의 작품은 Dodd의 기본적인 입장을 더욱 지지하고 있다.

68. Marks, "Pauline Typology," 88.

69. "과정 해석학"(process hermeneutics)을 옹호하는 기독교인들은, 전통에 대하여 블룸과 같은 적대감을 보이지 않으면서, Marks와 유사한 입장을 취하여 왔다. 좋은 예로써, David J. Kull and William A. Beardslee, *Biblical Preaching on the Death of Jesus* (Nashville: Abingdon, 1989)을 보라. 하지만 여전히, 그러한 해석가들의 전략이 어떻게 바울이 고백했던 믿음과 연속성을 가질 수 있는지를 증명하는 데에는 부담이 따른다. 이 입장은, 필자가 Longenecker에 대하여 언급했던 것들과 완전히 반대되는 이유로, 불안정하다. 말하자면, 바울의 규범적인 가치가 자신의 특정한 확신에 있는 것이 아니라 고유한 전통들을 변화시키는 과정에 있는 것이라면, 바울의 증언은 그의 저작 없이도 알 수 있는 더욱 보편적인 과정의 한 경우일 뿐이다. 따라서 바울서신이 좋은 예시로 역할 하더라도, 바울 선포의 특별한 위상은 해석학적 강(river)의 흐름 안에서 와해되고 말 것이다.

70. 필자가 바울의 해석을 전형(paradigmatic)이라고 말할 때에, 그의 해석이 좁은 의미에서 규범적이라는 것을 의미하는 것은 아니다. 한 가지를 언급하자면, 다른 신약성경 저작들에는 바울과는 매우 다른 방식으로 구약을 사용하

고 있는데, 이때 바울의 방식만이 규범이라는 것은 아니라는 것이다. 더 나아가, 그 전형은 기계적(cookie-cutter)으로 기능하는 것이 아니라 유추적으로 기능해야만 한다. 우리는 바울과는 다른 역사적 상황—우리는 적어도 신약성경을 가지고 있지만 바울은 그렇지 않다(이하의 주 71번을 보라)—에 있기 때문이다. 필자의 요지는 단지 우리의 해석학이 바울에 의하여 (철저하게 결정된 것이 아니라) 소개될 필요가 있다는 것이다.

71. 여기서 말하는 "복음"(gospel)이란, 물론 바울의 케리그마를 말하는 것이지, 바울서신보다 후대에 쓰인 복음서(Gospels)를 뜻하는 것은 아니다. 실제로 바울의 예들을 면밀히 따르기를 원한다면 복음서의 구약 해석 방식을 따라서는 안 된다.

72. 갈라디아서의 "모방" 모티프에 대해 더욱 깊은 논의는, W. P. De Boer, *The Imitation of Paul* (Kampen: J. H. Kok, 1962), 188-96; Beverlcy R. Gaventa, "Galatians 1 and 2: Autobiography as Paradigm," *NovT* 28 (1986): 309-26; Richard B. Hays, "Christology and Ethics in Galatians: The Law of Christ," *CBQ* 49 (1987): 268-90.

73. Käsemann에 영감을 받은 Beker(*Paul the Apostle*)는 이 관점을 지지한다. 이후에 나온 Beker의 저서, *Paul's Apocalyptic Gospel: The Coming Triumph of God* (Philadelphia: Fortress, 1982)에서는 초기 저작에서는 드러나지 않았던 바울에 대한 해석학적 이슈를 분명하게 다룬다.

74. Sally Barker Purvis("Oroblems and Possibilities in Paul's Ethics of Community," [Ph.D. diss., Yale University, 1987], 202-50)는, Beker가 바울 사상의 기초라고 간주했던 시간적인 묵시 종말론을 대신하여, "관계적 종말론"을 제안했다. Purvis의 제안은 문자적인 묵시 종말론으로 인해 제기되는 해석학적 어려움들과 씨름하면서도 종말론의 비평적이고 규범적인 기능을 유지하려는 시도라고 볼 수 있다. 하지만 여기에서 약술한 이유로 인해, 필자는 그녀의 제안이 옳다고 생각하지는 않는다. 공동체의 정체성에 대한 바울의 인식은 시간성에 대한 바울의 인식과 불가분하게 묶여있기 때문이다.

75. 이 표현은, David H. Fisher, "The Phenomenology of Displacement: Tradition, Anti-Tradition, and Liberal Theology," *RelSRev* 13 (1987): 314-17의 영향을 받은 것이다.

76. 그것은 아마도 George Lindbeck이 내부텍스트적인(intratextuality) 특징을 가진 "후기자유주의 신학"(postliberal theology)에 대해 제안했던 것의 일부일 것이다. 즉, "후기자유주의의 내부텍스트성은, 대체로 전통이 그러하듯이, 성경 이후의(postbiblical) 세계를 성경의 세계와 창의적으로 통합시키는 데에 근거를 제공한다"(*The Nature of Doctrine*, 123).

77. 제3장에 나타난 이 본문에 대한 논의를 보라.

78. 물론 이러한 방식으로 바울을 읽는 것은, 구약(Old Testament)이 성경 (Scripture)로 다루어지는 것과 마찬가지로, 바울서신이 성경으로 다루어질 수 있다는 것을 전제하고 있다—바울이 구약에 대하여 사용했던 직관적인 (divinatory) 해석학과 동일한 방식이 자신의 저작 안에서 적절하게 사용될 수 있다는 것이다.

79. 우리는, 또 다른 예로써, 사 1:9를 인용하고 있는 롬 9:29("만일 주께서 우리에게 씨[σπέρμα]를 남겨두지 않으셨다면, 우리가 소돔과 고모라와 같이 되었을 것이다")에서 들리는 갈 3:16(그 씨는 곧 그리스도이다)을 생각해 볼 수 있다. 이것보다 넓은 맥락에서 관찰할 수 있는 도전적인 예도 있다. 곧, 어떤 이들은 역사적인 홀로코스트(Holocaust)의 경험을 이스라엘과의 연속성 위에서 바라보고, 그 역사 위에서 이스라엘을 향한 하나님의 그치지 않는 사랑이 상호텍스트적으로 재확증 될 필요가 있다고 제안할 수도 있을 것이다. 하지만 본서는 이러한 읽기에 대하여 온건한 입장을 가지고 있다.

80. Kelsey의 분석은 바울에 대한 본서의 연구와 동일한 결론으로 향한다. "성경에 대한 교리나 성경 및 신학에 대한 이차적인 논의를 가지고 … 성경이—신학적 제안이 기독교적으로 적합하도록—신학적인 제안을 '통제'(control)하는 방식(the way)을 확인하는 것은 불가능하다. … 성경에 '권위'(authority)가 있다는 것은 성경이 신학적 제안들의 정확함을 '보증'할 수 있다는 것이 아니다. … 분명히, 기독교적으로 말하자면, 그것을 바라기는 어렵다. 왜냐하면 신학적인 해석들을 최종적으로 평가하는 '준거점'(discrimen)에는 하나님의 능동적인 임재라는 것이 포함되어 있기 때문이다. '신학적인 입장'에서는 하나님이 임재하셔서 우리를 가르치시도록 성경을 어떻게 사용해야 한다고 말하지 않는다. 신학적인 제안들은 현재 성경을 사용하고 계시는 하나님의 행위와 관련되어 있기에 정교한 신학적 방법론으로 예상할 수 있는 성질의 것이 아니다!"(*Uses of Scripture*, 215-16).

81. 이 점은, 본문에 있는 구체적인 인유들의 나타남에 대한 독자들의 직관을 검증할 때에, 역사비평이 수행할 수 있는 적법한 역할로부터 신중하게 구분되어야 한다. (이 문제와 관련한 제1장의 필자의 언급을 보라.)

82. Meeks, "A Hermeneutics of Social Embodiment," 184-85.

83. 롬 15:4-6.

성구 색인